“十三五”国家重点图书出版规划项目

西方古典学研究

罗马法史纲

（第二版）·上卷

Lineamenti
di Storia
del
Diritto Romano

Mario Talamanca
[意] 马里奥·塔拉曼卡 主编
周杰 译

北京大学出版社
PEKING UNIVERSITY PRESS

著作权合同登记号 图字：01-2016-7499
图书在版编目（CIP）数据

罗马法史纲：第二版. 上卷 /（意）马里奥·塔拉曼卡（Mario Talamanca）主编；周杰译. —北京：北京大学出版社，2019.7
（西方古典学研究）
ISBN 978-7-301-30073-2

Ⅰ. ①罗… Ⅱ. ①马… ②周… Ⅲ. ①罗马法 – 法学史 – 研究 Ⅳ. ①D904.1

中国版本图书馆 CIP 数据核字（2018）第 264234 号

书　　名	罗马法史纲（第二版）·上卷 LUOMAFA SHIGANG（DI-ER BAN）· SHANGJUAN
著作责任者	[意] 马里奥·塔拉曼卡（Mario Talamanca）主编　周杰 译
责任编辑	王晨玉
标准书号	ISBN 978-7-301-30073-2
出版发行	北京大学出版社
地　　址	北京市海淀区成府路 205 号　100871
网　　址	http://www.pup.cn　　新浪微博：@ 北京大学出版社
电子信箱	pkuwsz@126.com
电　　话	邮购部 010-62752015 发行部 010-62750672 编辑部 010-62752025
印 刷 者	北京中科印刷有限公司
经 销 者	新华书店
	730 毫米 ×1020 毫米　16 开　30.25 印张　700 千字
	2019 年 7 月第 1 版　2019 年 7 月第 1 次印刷
定　　价	90.00 元（上卷）

“西方古典学研究”总序

古典学是西方一门具有悠久传统的学问，初时是以学习和通晓古希腊文和拉丁文为基础，研读和整理古代希腊拉丁文献，阐发其大意。18世纪中后期以来，古典教育成为西方人文教育的核心，古典学逐渐发展成为以多学科的视野和方法全面而深入研究希腊罗马文明的一个现代学科，也是西方知识体系中必不可少的基础人文学科。

在我国，明末即有士人与来华传教士陆续译介希腊拉丁文献，传播西方古典知识。进入20世纪，梁启超、周作人等不遗余力地介绍希腊文明，希冀以希腊之精神改造我们的国民性。鲁迅亦曾撰《斯巴达之魂》，以此呼唤中国的武士精神。20世纪40年代，陈康开创了我国的希腊哲学研究，发出欲使欧美学者不通汉语为憾的豪言壮语。晚年周作人专事希腊文学译介，罗念生一生献身希腊文学翻译。更晚近，张竹明和王焕生亦致力于希腊和拉丁文学译介。就国内学科分化来看，古典知识基本被分割在文学、历史、哲学这些传统学科之中。20世纪80年代初，我国世界古代史学科的开创者日知（林志纯）先生始倡建立古典学学科。时至今日，古典学作为一门学问已渐为学界所识，其在西学和人文研究中的地位日益凸显。在此背景之下，我们编辑出版这套“西方古典学研究”丛书，希冀它成为古典学学习者和研究者的一个知识与精神的园地。“古典学”一词在西文中固无歧义，但在中文中可包含多重意思。丛书取“西方古典学”之名，是为避免中文语境中的歧义。

收入本丛书的著述大体包括以下几类：一是我国学者的研究成果。近年来国内开始出现一批严肃的西方古典学研究者，尤其是立志于从事西方古典学研究的青年学子。他们具有国际学术视野，其研究往往大胆而独具见解，代表了我国西方古典学研究的前沿水平和发展方向。二是国外学者的研究论著。我们选择翻译出版在一些重要领域或是重要问题上反映国外最新研究取向的论著，希望为国内研究者和学习者提供一定的指引。三是西方古典学研习者亟需的书籍，包括一些工具书和部分不常见的英译西方古典文献汇编。对这类书，我们采取影印原著的方式予以出版。四是关系到西方古典学学科基础建设的著述，尤其是西方古典文献的汉文译注。收入这类的著述要求直接从古希腊文和拉丁文原文译出，且译者要有研究基础，在翻译的同时做研究性评注。这是一项长远的事业，非经几代人的努力不能见成效，但又是亟需的学术积累。我们希望能从细小处着手，为这一项事业添砖加瓦。无论哪一类著述，我们在收入时都将以学术品质为要，倡导严谨、踏实、审慎的学风。

我们希望，这套丛书能够引领读者走进古希腊罗马文明的世界，也盼望西方古典学研习者共同关心、浇灌这片精神的园地，使之呈现常绿的景色。

“西方古典学研究”编委会
2013 年 7 月

塔拉曼卡及其学术生平[①]

（代译序一）

一

马里奥·塔拉曼卡（Mario Talamanca，1928—2009）无疑是20世纪最伟大的罗马法学家之一。与阿兰乔－鲁伊兹（V. Arangio-Ruiz）、德·弗朗奇西（F. De Francisci）、贝蒂（E. Betti），以及后来的格罗索（G. Grosso）、沃尔泰拉（E. Volterra）、德·马尔蒂诺（F. De Martino）、普列泽（G. Pugliese）、瓜里诺（A. Guarino）、阿尔巴尼塞（B. Albanese），乃至和他同时代的布尔德塞（F. Burdese）、塞劳（F. Serrao）、加罗（F. Gallo），还有很多其他人一起——在这里我无法一一述及——代表着意大利罗马法研究的黄金时代。而在他们所处的欧洲罗马法研究的大背景中，昆克尔（W. Kunkel）、卡泽尔（M. Kaser）、维亚克尔（F. Wieacker）、高德梅（J. Gaudemet）、多尔斯（A. D'Ors）等人的大名也熠熠生辉。

作为后来世代的我们站在他们的肩膀上，成长起来并得以举目远眺。我们尝试着去处理这个学科内在的紧张关系，这是在它已经克服了因滥用添加问题的研究方法所导致的危机之后，还须面对这个学科外在的紧张关系，而这也已经严重损害了罗马法以及一般意

① 本译序题目为译者所加。——译者注

义上的法本身。我们尝试着将这一制度板块整合起来，并且感到，面对纳粹主义有计划地反对罗马法的情况下，有必要在欧洲的制度边界以外来进行观察。科沙克尔（Koschaker）贡献的一部著作依然是这方面的一座里程碑：1958 年在慕尼黑及柏林出版的《欧洲与罗马法》（*Europa und das römische Recht*）①；自 20 世纪下半叶以来，欧洲就处在一种故步自封的风险中，意图将法的体系禁锢起来，而后者无论就其起源、流变以及构造②来看，都是开放的，并且远远超越了此等边界。

在这样一种视角，即对罗马共同法体系的关注下，由塔拉曼卡主编、多人参与撰写的《罗马法史纲》（*Lineamenti di Storia del Diritto Romano*），其贡献弥足珍贵。

二

马里奥 · 塔拉曼卡是维琴佐 · 阿兰乔－鲁伊兹的学生，不过肯定也接受过贝蒂的授业。他从法官开始其职业生涯，但他在罗马法上的研究热情让他很快转行成为大学教授，并先后在卡利亚里、锡耶纳和罗马任教。

1980—1995 年期间，他担任罗马第一大学（La Sapienza）法学院院长。在他的领导下，该院在册学生数量以及相应的教员数量实现了巨大增长。

自 1984 年直至其去世，塔拉曼卡都是《“维多利奥 · 夏洛亚”罗马法研究所学刊》（*Bullettino dell'Istituto di Diritto romano “Vittorio*

---

① 但其核心内容是关于 1938 年罗马法和罗马法学研究危机的文章（该书已经翻译为意大利文，并于 1962 年在佛罗伦萨出版）。

② 根据优士丁尼法典即关于法学家在 D. 1. 2. 1 [此为罗马法文献《学说汇纂》的标准引注方式，下同——译者注] 所述的盖尤斯的视角，基于作为强意义上的起源的“原则”，赋予法律后续发展的形态，并且也构成了法律体系的要素。

Scialoja"）这一刊物[①]的主编（该刊由维多利奥·夏洛亚创建，首期于1888年出版发行）。他曾在一篇文章——《学刊百年》（Un secolo di Bullettino）中撰写过这本刊物以及该研究所的发展史，但不限于此，该文发表在学刊1988年第91期。学刊及其刊载的文章均具有很高的学术水准，其中的一些构成了罗马法制度学术研究的丰碑。在该学刊中，既可以看到不少排外现象（如拒绝欧内斯塔诺[Orestano]和塞劳的投稿），也可以发现很多外部力量的补充（如格罗索与沃尔泰拉作为共同主编），而这些都让这座学术宝库里的大作之间的学术竞争生机勃勃。在这里，从书堂高架到字里行间，无论是各种方法论视野，还是各类题材观点，都在意大利和欧洲罗马法学研究的争鸣中交织碰撞，展示出上一世代的意大利罗马法学家极高的学术活力，对此我在上文已经简要提及。尤其是在研究所的这些法学家中[②]，塔拉曼卡由于其出色的能力和雄辩力，多年以来扮演了极为重要的角色。

自1976年的第26卷开始，塔拉曼卡还是米兰尤弗莱（Giuffré）出版社出版的《法律百科全书》（*Enciclopedia del Diritto*）"法律史"部分的主编。他的合作者最初是意大利法律史学家阿斯图蒂（G. Astuti），后来则是格罗西（P. Grossi）。由于这一职务，他独自或是合作撰写了大量的词条。

三

塔拉曼卡的作品所涉范围甚广。

塔拉曼卡首先是作为罗马法学家而知名，但他并不仅仅局限

① 学术引证时的缩写方式为*BIDR*。——译者注

② 参见[意]桑德罗·斯奇巴尼：《20世纪罗马法研究中的罗马法学派》，肖俊译，载于《厦门大学学报（哲学社会科学版）》2014年第1期。

于罗马法。他还在希腊法研究上有诸多建树，体现在两部作品当中，即早在1953年于米兰出版的《希腊法及罗马法中的买卖定金》（*L'arra della compravendita in diritto greco e diritto romano*），以及直到2017年，也就是他去世以后在维也纳出版的文集《雅典诉讼程序研究文集》(*Contributi allo studio del processo attico*)。在此，作为总结，我仅强调他的一篇文章的重要性:《从19世纪至今的希腊法研究》(载于《法的火花：G. 格尔拉纪念文集》第一册，米兰，1994年，第889页以下）[①]。这篇论文是任何一位有意深入了解这一题材的人的必备指南，展示了他在这一研究方向上的杰出才能。除此以外，还要提到的是一本广为传播的小册子，这是他与布雷托内(M. Bretone）合作完成的：1981年在巴里（Bari）出版的《罗马法和希腊法》(*Il diritto in Grecia e a Roma*)(1994年再版)。

塔拉曼卡主要是罗马私法方面的学者，这与其作为法学家的工作方法以及他们的作品紧密联系，它们是某个具体领域学术产出的源泉，但不仅限于此，同时也是法这个部门的源泉。

他这方面的专题著作包括：1956年于米兰出版的《请求继承之诉中的必要被告研究》(*Studi sulla legittimazione passiva alla hereditatis petitio*)；1958年在米兰出版的《和解问题研究》(*Ricerche in tema di compromissum*)，以及1961年在米兰出版的《通过遗嘱的撤销与遗赠转换》(*Revoca testamentaria e translatio legati*)。在这些著作以外，他的论文也极为丰富，范围广泛而且富有深度。要重点强调的是他在分析方法的深化方面具有极强的功力，他关注对古代文本进行片段分析，对这些古代文本方面的证据的尊重，使之正确地避免了任何一种似是而非的做法，即按照空想的方式给这些

① Gli studi di diritto greco dall'inizio dell'Ottocento ai giorni nostri, in *Scintillae iuris. Studi in memoria di G. Gorla*, 1, Milano, 1994, 889 ss.

文本附加上并没有严格得到证实的含义。同样要强调的是，在案例研究中，为了得出任何一个结论，对论题的逻辑顺序的严格把控，还有那些无穷无尽的问题链条，在他看来都是必须为之的。除了结论，他更感兴趣的是用来得出结论的每一个论证步骤的严格性和可验证性。

为了举例说明这种类型的工作，我非常愿意提到的一部作品是:《罗马法学家系统分类方法中的“种－属”公式》(载于《希腊哲学与罗马法》第二册，罗马，1977年，即林琴国家科学院院刊第221期)[①]。这源于他在一次意法两国学者的大会上所做的报告，后来为了发表，又在大会论文的基础上做了进一步改进，变成一篇洋洋洒洒长达319页的宏文。当年，针对在研究盖尤斯和优士丁尼的《法学阶梯》时遭遇的一个问题，我曾经研读这份作品；而这些古代作品的根基既在于库伊特·穆齐（Quinto Mucio）首次使用的那些方法，即按照种和属的范畴来建构“法”，而这些方法后来则被所有法学家所采用；也体现在西塞罗的祝词（auspicio）中，这些祝词被编撰成一本介绍法律的体系化的手册，用于演说家的培养。在塔拉曼卡的这篇作品中，我们发现了他那令人印象深刻的打破砂锅问到底、直至所有的一切都协调一致的研究劲头的例证，而他的功力恰恰就在这种连贯性当中。与这一深邃的主题相近，同样有关论证的形式，然而着眼于一位特定的法学家的深入研究有:《在修辞与法之间的特雷巴奇·特斯塔》(载于《共和晚期法学问题集》，米兰，1985年，第29页以下)[②]。除此以外，在法学家及作为他们的工作方

① Lo schema “genus-species” nelle sistematiche dei giuristi romani, in *La filosofia greca e il diritto romano*, II, Roma, 1977 (= Accademia Nazionale dei Lincei. Quaderni, 221).

② Trebazio Testa fra retorica e diritto, in *Questioni di giurisprudenza Tardo-repubblicana*, Milano, 1985, 29 ss.

式的“论辩的法”的研究上，他也有诸多贡献，例如:《罗马法学的历史》(载《罗马法研究所学刊》第80卷，1977年，第196页以下)[①]。

另一个在“概念—规范”上做出深入研究的例子是他的一篇报告:《罗马法学家中的诚信：法秩序的“空洞程式”及价值》(载于《布尔德赛纪念大会论文集：当代与历史法律经验中的客观诚信的作用》第四册，帕多瓦，2003年，第1页以下)[②]。这是一次大会发言，但其最终的书面文本则被大大地扩充了，变成一份长达332页的大作，几乎每个方面的问题在其中都得到深入的研究，并从中又引入更进一步的问题，既有严格的解析又有对每一处结论的可验证性的研究。在这一主题上还可以补充他的一项研究:《自然公正与杰尔苏在D.12.4.3.7的Ulp. 26中的观点》(载于《罗马法研究所学刊》第96—97卷，1993—1994年，第1页以下)[③]。

他在诉讼法题材上的贡献同样数量众多。在此有必要提及的是:《奥古斯都对私法诉讼的重整》(载于《罗马帝国的司法体制》，那不勒斯，1999年，第63页以下)[④]。

但我不可能引述他的数百篇论文作品。

关于他的研究方式的例证，很大程度上还表现在为数甚多且极为细致的评论，这些评论通过对某一文本所做的片段分析和论证来抓取其中的不连贯之处，而这些评论同样拥有丰富的但并不常见的观察，并提出了一些要点，用来探究做出其他解释的可能性，并开辟出其他道路。尤其是，他在最近的几期学刊发表的作品

---

① Per la storia della giurisprudenza romana, in *BIDR*, 80, 1977, 196 ss.

② La bona fides nei giuristi romani: «Leerformel» e valori dell'ordinamento, in *Il ruolo della buona fede oggettiva nell'esperienza giuridica storica e contemporanea. Atti Convegno in onore di A. Burdese*, 4, Padova, 2003, 1 ss.

③ L'aequitas naturalis e Celso in Ulp. 26 ad ed. D. 12,4,3,7, in *BIDR*, 96-97, 1993-1994, 1 ss.

④ Il riordinamento augusteo del processo privato, in *Gli ordinamenti giudiziari di Roma imperiale*, Napoli, 1999, 63 ss.

可以说是对各领域的欧洲罗马法研究的评价与回顾（如《罗马法研究所学刊》第94—95期，第543—859页；下一期则是第693—924页）。

他认为，所有事物都会对既往获得的内在连贯性不断加以超越，基于这种认识，使得我们通过对传统经验的选择，而承认时间维度存在于法律制度中，存在于对理性所认可的应然状态加以明辨的脉络中。

在塔拉曼卡学术上完全成熟的时期，其关于罗马私法的作品中首屈一指的就是1990年在米兰出版的《罗马法教科书》（*Istituzioni di Diritto Romano*）。在这部作品里面，他那种刨根问底式的研究，即必须以可验证的方式来建立所有结论，在一定程度上因为教学的需要而有所控制；他严格遵循因果论的推理论证能力在其理论体系整体的构建过程中也得以发展。而体系上的连贯性常常暗含在对以个案决疑为主要内容的文本的讨论中——从这些文本中罗马法学家们发展出了他们自己的法——这种连贯性正是这部专题作品追求的目标之一。理论上的各种范畴是这位作者进行法律叙事的基础，在原始文献上，这些范畴来自于各种概念术语，而且对它们的各种阐述仍然层出不穷，众说纷纭充满了任性不羁。因此，他把历史的维度纳入到他的方法论工程中，正如已经提到的，这种方法论得到了自库伊特·穆齐之后的所有法学家，自盖尤斯－优士丁尼以后的所有罗马法教科书作者的认可，并提供了培养法律实践者的土壤，也成为现代法典的基础。这种方法论工程既提供确定性，同时又能为持续的超越提供开放式的多样视角，还能作为关键节点，把制度中的基本原则与未来连接在一起。

历史与当代是无缝连接的，这样一种话语方式最早起源于他的一本民法作品：《遗嘱处分之撤销——论替代以及论遗嘱执行人：第679至712条》（载于夏洛亚、布兰卡主编：《民法典评注》第二卷

“继承编”，博洛尼亚－罗马，1965 年初版，1978 年修订再版）[1]，这部作品肯定与他在该主题上的多部罗马法专著与论文密不可分。在其他一些篇幅相对较小的民法作品以外，还有与路易吉·加罗法洛（Luigi Garofalo）一起主编的《债法专论（民法）》（*Trattato delle Obbligazioni*）。关于这一工作，他向他的合作者们强调：

> 法的历史在于其内部，而非其外。廉价的博而不精必然毫无用处，只有对历史的深入研究常常才会显示出其在介绍乃至发掘一项规范、一个科学论点时的作用，因为它们可能已随时间而湮灭。……通过恢复一些不再流行的观点——这些观点仍然是有依据的，从中可以得出一些可能的成果——在某些特定要点上的各种论点才得以解释。……对历史的深入研究，不应该只是构成关于中世纪或者当代的罗马法先例的一类“序言引论”，而应该真正成为将要完成的研究的完整组成部分。

这里的历史不外乎是对法的各个存在时点的确定，而不能缩减为仅仅是对法律文本的展示，不过必须将法置于体系之中来考察，正如上述所言，也包括置于时间当中来考察。

四

塔拉曼卡的这部作品是一项需要花费很大心血的工作，他不仅是很多章节的作者，而且也担任了总协调人这一棘手的角色。

一些意大利的罗马公法史学家的作品已经在中国传播多年，

---

① La revocazione delle disposizioni testamentarie – Delle sostituzioni – Degli esecutori testamentari art. 679-712, in A. Scialoia (+)-G. Branca (direttore), *Commentario del Codice civile*, Libro secondo. Delle successioni, Bologna-Roma, 1965 (rist. aggiornata, 1978).

比如黄风教授翻译的格罗索所著《罗马法史》(*Lezioni di Storia del diritto romano*)[①],以及薛军教授翻译的德·马尔蒂诺所著《罗马政制史》(*Storia della costituzione romana*)前两卷[②]。这些著作都是以一条解释论的线索为指引的。但本书的线索有很多条。这些线索都受到其所指向的那些资料和既定的结论的严格控制。

在公法领域内,对于塔拉曼卡而言,值得一提的是他与那种被称为"复古的"基调保持距离,后者将法的历史融入更一般意义上的历史中,并且回避法律科学所构成的法律的本质内容。罗马法学家们其实是关注这些概念、原则、制度和规范发展流变的学者,恰恰就是指那些特定的传统,即古代世界的那些罗马文明方面的法律知识的研究者,而不是其架构、前提假设等方面专家。只有实现了这一点,才能理解法律制度是一种有助于人类协调共处的体系,才能理解并且去实践这样一个事实:这种体系亦覆盖了政治制度,后者必须以与法律相协调的方式发挥作用。[③]

为撰写本书所集结的合著者们全部都是一流的学者,代表了意大利罗马法研究的最高水准。其中还包括了两位通史学家,马里奥·马查(Mario Mazza)和菲利普·卡索拉(Filippo Cassola),

---

① 参见[意]朱塞佩·格罗索:《罗马法史》,黄风译,中国政法大学出版社,1994年(初版)、2009年(校订本)。——译者注

② 参见[意]德·马尔蒂诺:《罗马政制史》(第一卷),薛军译,北京大学出版社,2009年;[意]德·马尔蒂诺:《罗马政制史》(第二卷),薛军译,北京大学出版社,2014年。——译者注

③ 对罗马公法及其方法论问题研究的开放状态,在某种程度上与罗马私法的相关问题不同,而这一点已经在中国产出了不同的成果:除了这里已经提到的不同以外,不能忽视的是,就罗马文献而言,"公法"和"私法"并不是两种法,而仅仅是两种视角或者论述方式,在此基础上,人们考察的其实是一种统一的制度。Cfr. D. 1,1,1,2: positiones / posizioni, impostazioni, prospettive. Cfr. S. Schipani, Diritto pubblico romano. Alcune riflessioni su "popolo" e su "diritto pubblico" / "diritto del modo di essere di ciò che è del popolo", in *Atti di Convegno Internazionale "Diritto Pubblico Romano e Costituzioalismo Comtemporaneo"*, Changsha, 2012.

这表现出塔拉曼卡对法律史和通史之间关联的格外关注，但正如上述，他并不希望通史将法律史吸收进去或者成为法律史的定位坐标。

我希望一一论及这里的合著者，但要明确的是，三言两语无法概括这些学者的成就，因此只做简要介绍。

马里奥 · 阿梅洛蒂（Mario Amelotti，1923— ）无疑是20世纪下半叶最卓越的纸莎草法律文献学家，因此也是埃及和更一般意义上东地中海地区罗马法的专家。他的作品包括1972在米兰出版并于1985年增订再版的《纸莎草文献与碑铭文献中的优士丁尼谕令》（*Le costituzioni giustinianee nei papiri e nelle epigrafi*），以及1975年在罗马出版的《论意大利公证制度的起源》（*Alle origini del notariato italiano*）。

罗伯托 · 伯尼尼（Roberto Bonini，1934—2005），来自博洛尼亚大学，主要关注优士丁尼时代以及当代的法典编纂历史，他的作品包括：1963年在米兰出版的《卡利斯特拉图斯的〈论申诉制度〉诸篇》（*I libri de cognitionibus di Callistrato*），1997年在博洛尼亚出版的《意大利私法历史提要——从1865年民法典到1942年民法典》（*Disegno storico del diritto privato italiano* [*dal Codice civile del 1865 al Codice civile del 1942*]），2003年在博洛尼亚出版的《一部整理罗马人法律的法典——意大利启蒙运动学者对优士丁尼法学阶梯的评价》（*Un"ordinato codice di leggi romane". Il giudizio degli illuministi italiani sulle istituzioni di Giustiniano*）。

马西莫 · 布鲁提（Massimo Brutti，1943— ），来自罗马第一大学，曾任意大利最高司法委员会（Consiglio Superiore della Magistratura）委员、参议员、意大利内政部副部长、国防部副部长，他关注的是法学家的论理，其作品包括：1973年在米兰出版的《罗马法中的诉讼诈欺问题》（第一卷、第二卷）（*La problematica del dolo processuale nell'esperienza Romana*, 1 e 2），以及论文《乔尔乔·拉·比拉：政治激情与法科学》（载于《索引》第 34 卷，2006 年，第 39 页以下）[1]。

路易吉·卡伯格罗西·科洛涅斯（Luigi Capogrossi Colognesi，1936— ），来自罗马第一大学，法律史与社会学思想史专家，他的作品包括：1969—1976 年间在米兰出版的《共和制时代的财产权结构与"Iura Paediorum"的形成》（第一册）（*La Struttura della Proprietà e la Formazione dei "Iura Paediorum" nell'età Repubblicana*, 1）；2002 年在那不勒斯出版的《罗马时代意大利领土结构的延续和演进——编年史解释方法及其模型的虚妄》（*Persistenza e Innovazione nelle Strutture Territoriali dell'Italia Romana. L'Ambiguità di una Interpretazione Storiografica e dei suoi modelli*）。

菲利普·卡索拉（Filippo Cassola，1925—2006），来自的里雅斯特大学（Trieste），罗马史和希腊史学家、文献学家，其作品有：1968 年在罗马出版的《公元前 3 世纪的罗马政治团体》（*I gruppi politici romani nel III secolo a.C.*），1993—1994 年间在那不勒斯出版的《古代史作品集——制度与政治》（第一册、第二册）（*Scritti di storia antica. Istituzioni e politica,* 1 e 2）。

朱利亚诺·切尔文卡（Giuliano Cervenca，1934—1996），来自的里雅斯特大学，是一名专注于原始文献的学者，其作品有：1969 年在米兰出版的《罗马法中所谓法定"利息"研究》（*Contributo allo Studio delle "usurae" cosiddette legali nel diritto Romano*），以及论文《后古典及优士丁尼时代立法中"officium"术语的使用》（载于《格罗索纪念研究文集》第三册，都灵，1970 年）[2]。

---

① Giorgio La Pira. Passione politica e scienza del diritto, in *Index*, 34, 2006, 39 ss.

② Giuliano Cervenca, Sull'uso del termine "officium" nella legislazione postclassico-giustinianea, in *Studí in onore dí G. Grosso*, 3, Torino, 1970.

路易吉·拉布鲁纳（Luigi Labruna，1937— ），来自那不勒斯费德里克二世大学（Federico II），曾任卡梅里诺大学（Camerino）校长、法律系主任，他还是国家科研委员会法学委员会主席、罗马法学研究杂志《索引》（*Index*）的创办人和主编、罗马法学研究奖项“布尔维奖”（J. Boulvert）的设立人，以及意大利百科全书学术委员会（Consiglio scientifico dell' Enciclopedia Italiana）委员，他关注的是政治社会史与法律的交叉，其作品包括：1971年在那不勒斯出版的《Vim fieri veto：一种意识形态的根源》（*Vim fieri veto*: *Alle radici di una ideologia*），1999年在那不勒斯出版的《当代法的罗马法起源》（*Matrici romanistiche del diritto attuale*）。

安东尼奥·马西（Antonio Masi，1937— ），来自罗马第一大学，他在那里讲授罗马法，后来则是私法课程，并成为私法研究室主任，同时他还致力于研究优士丁尼法。他的罗马法研究作品包括1962年在米兰出版的《罗马法中的有效行为或无效行为》（*Negozio utile o inutile in diritto romano*），而其私法方面的作品则包括：《关于遗赠（民法典第649条至673条）》（载于夏洛亚、布兰卡主编：《民法典评注》，博洛尼亚，1979年）[1]和《占有与新施工告示和潜在损害担保》（载于雷西尼奥主编：《私法专论》第八册，“物权编”，都灵，1982年）[2]。

马里奥·马查（Mario Mazza，1936— ），来自罗马第一大学，曾任全国罗马学研究会（Istituto Nazionale di Studi Romani）主席，是罗马—希腊世界的经济社会史专家，他的作品包括：1973年在巴

---

① I legati (art. 649-673), in A. Scialoia-G. Branca, *Commentario del Codice civile* cit. Bologna, 1979.

② Il Possesso e la Denuncia di Nuova Opera e di Danno Temuto, in P. Rescigno (direttore), *Trattato di Diritto Privato*, 8, La proprietà, Torino, 1982.

里出版的《公元3世纪时的社会斗争与独裁制的复辟》(*Lotte sociali e restaurazione autoritaria nel III secolo d.C.*),2005年在卡塔尼亚(Catania)出版的《古代晚期社会的文化、战争与外交》(*Cultura, guerra e diplomazia nella tarda antichità*),以及2009年在卡塔尼亚出版的《从罗马到君士坦丁堡:古代晚期的希腊文明、东方文明与基督教文明·评论选集》(*Tra Roma e Costantinopoli. Ellenismo, Oriente, Cristianesimo nella tarda antichità. Saggi scelti*)。

贝尔纳尔多·桑塔鲁奇亚(Bernardo Santaluccia,1938—),来自佛罗伦萨大学,他是罗马刑法方面的专家,其作品有:1994年在罗马出版的《罗马刑法研究》(*Studi di diritto penale romano*),2013年在博洛尼亚出版的《古代罗马的刑事审判》(*La giutizia penale in Roma antica*)。

五

在此,我希望表达我对周杰先生及其所完成的艰苦的翻译工作的祝贺。多年前,周杰先生曾在罗马第二大学(Tor Vergata)求学,并受益颇丰。在其学生时代,我便对他赞赏有加,而我更想表达对他虽历经多年但最终坚持完成译作的欣赏之情,尤其是因为他并非学界中人,而是一名职业律师。早在2000年,塔拉曼卡曾在名为"罗马法及第三个千年"的大会上这样写道:

> 我们罗马法学家是,或者说,应当成为法之存在方式的批判性质的良知,罗马法学家在其中旗帜鲜明地维系着"连续性"的核心地位,尽管有立法者的存在,然而后者的工作成果总是能够通过(法学家们——译者注)正确的解释而被包容进来。
>
> 确保法学家们之间相互论辩的法具有体系上的稳定性,尤其是

> 在适度审慎的基础上调和其创新之处的因素，正是教义体系、一种复杂的“概念网络”的存在，如此，即使这种存在本身是可变的，那也可以感受到它是一种长久存在的因素。（……）罗马人经验的价值是当代人法律经验的根基，但从根本上讲，在于其从罗马法学家身上学到的方法上的功课，这跟他们的个案决疑方法论紧密关联在一起，是“通过概念构筑起来的”。（……）需要非常坚决地抵制任何一种可能对我们这种方法进行文化灭绝的企图。为此，就不能不唤起对一些倾向的担忧，即为了摆脱法律科学中过分的形式化带来的僵化——这已经成为德国法的特点——而对判例法（case law）的曲意逢迎，却不求助于已经在我们自己国家结出累累硕果的罗马法传统。

在企业或者公共行政事务中从事法律活动的律师、法官、公证员或者官员们，作为法律职业共同体的成员，他们虽投身于实践活动，却应当与我们共同面对学术研究和法律制度的流变过程中的那些重大问题，这是非常重要的。同样非常重要的是，保持学术界及其对各种具体的实践问题的评论、建议与批判等交流活动的活跃度，而从这些实践问题中又进一步生发出针对学理的持续讨论，因为我们的制度建立在两大基石之上：法律和法学家。

最后，我非常高兴受周杰先生之邀为本译著作序。

桑德罗·斯奇巴尼（Sandro Schipani）

罗马第一大学荣休教授

2017 年 9 月 26 日

（周杰　译　徐铁英　校）

罗马学派与罗马法研究范式的转变[①]

（代译序二）

薛　军

一

2000年前后，意大利乃至整个欧洲的罗马法学者都在忙着做同一件事情，那就是为马里奥·塔拉曼卡教授的致敬文集而写作。2001年，皇皇八大册塔拉曼卡致敬文集宣告出版[②]。浏览其作者名单，如同欣赏盛大的阅兵仪式，当代罗马法研究者的阵容尽收眼底；观察文集中的选题，如同阅读华彩的乐章，深沉而雄壮，夹杂着文化的清高和自豪以及对那个遥远而又伟大的传统的痴迷与执着。西方世界中的罗马法学者就以这样的象征性事件而步入了新的世纪和新的千年。

塔拉曼卡教授系意大利罗马第一大学罗马法教授，当今西方世界中罗马法研究的领袖，闻名遐迩的罗马学派的当代传人。从1952年开始发表专业著述以来，他已经在罗马法和古代东地中海法领域

① 本篇学术评论，以略有区别的标题，发表于赵海峰、金邦贵主编：《欧洲法通讯》（第四辑），法律出版社，2003年，第321—333页。承蒙薛军教授慷慨授权，特收录于本书，供读者进一步了解塔拉曼卡教授、罗马学派乃至本书的学术脉络与特点。为保证部分书名、人名和机构译法的一致性，本书译者在征得薛军教授同意的前提下，做了个别调整。在此对薛军教授深表谢忱。——译者注

② Iuris Vincula, *Studi in onore di Mario Talamanca (otto volumi)*, Napoli, 2001.

辛勤耕耘整整50年，著述等身——光是收集其已经发表的作品的目录，就密密麻麻地印了17页[①]。他的体系性的代表作《罗马法教科书》[②]以及指导主编并且参与撰写许多章节的《罗马法史纲》[③]是当代罗马私法和罗马公法研究领域的集大成之作，代表了20世纪后期罗马法研究的最高水准。

但是，真正确立一个学者在学术史中地位的，并不主要取决于著述的丰富——若完全按此标准，我们的许多中青年法学家早已是世界级的法学大师了——而是取决于其学术思想对学术方法论发展的贡献。这就是大师和学匠的区别：大师设计新的学术大厦的框架，学匠则在其中修修补补。塔拉曼卡教授之所以能够获得罗马法学者一致的尊崇，主要在于他深刻地推动了罗马法研究范式的转变。因为他，罗马法研究超越了规范研究方法和历史研究方法的框架，而进入到对于法本身所具有的论辩性质（ius controversum）[④]的研究；因为他，罗马法的研究具有了新的方法和意义。这一方法论上的贡献，远远超过了罗马法研究领域，对一般的法学研究亦具有重大意义：对法本身所具有的论辩性质的研究，最终将动摇我们通常所具有的法的概念，促使我们再一次重新去考虑法究竟是什么。

① Cfr. Bibliografia di Mario Talamanca, *Studi in onore di Mario Talamanca*, Vol.1, XVII-XXXIII.

② Mario Talamanca, *Istituzione di Diritto Romano*, Milano, 1990.

③ *Lineamenti di storia del diritto romano, Sotto la direzione di Mario Talamanca*, seconda edizione, Milano,1990.

④ “ius controversum”是一个拉丁术语，字面的意思是“相互冲突的法”。但是，我不采用“冲突法”这样的译名，以免发生与现代国际私法中的“冲突法”概念之间的混淆，同时“controversum”也不是现代法理意义上的“规范冲突”的意思。其实，“ius controversum”所描述的是一种法规范的存在方式。它具有两层含义：1. 从现象描述的角度看，这是指在平等层次上发生的法规范之间的相互论辩现象。这种论辩的存在不被认为是法秩序的一种不和谐状态，也不被认为是一种存在“冲突”的状态，而是一种正常的状态。2. 从本体论的角度看，这是对法的本体属性的一种描述，指法本身所具有的论辩性质。我在这一学术评论中，主要从这一范畴对法的本体论的学术意义的角度进行分析。

要理解塔拉曼卡教授对于罗马法学研究方法论所做的贡献，首先要对近百年来西方的罗马法研究的方法论做出一个大致的回顾。就意大利而言，这也就是对罗马法研究中的罗马学派的历史回顾。

二

从学术师承来看，塔拉曼卡的血几乎属于“纯蓝”。他的导师是20世纪中期的罗马法研究的集大成者阿兰乔·鲁伊兹（Arangio Ruiz）教授，后者先从法达（Fada）教授（温德夏伊德所著意大利文版《潘德克顿》的主要译者）学习，后来则成为20世纪早期罗马法研究的权威彭梵得（Bonfante）的继承者。彭梵得本人则是19世纪晚期和20世纪初期的意大利罗马法和民法研究的鼻祖夏洛亚（Scialoja）的弟子。夏洛亚于1888年创建罗马法研究所（罗马大学法律系罗马法研究所的前身）并且创办《罗马法研究所学刊》（*BIDR*）。这样的简短描述，几乎就已经勾勒出20世纪意大利罗马法研究的精神谱系。如果继续追溯这一谱系的早期，就接续上了人文主义学派和德国的潘德克顿学派。正是这几代学人的薪尽火传，在意大利的罗马法研究历程中发展出伟大的罗马学派[①]。

在大陆法系的范围内发生的罗马法研究运动，在法国、德国和意大利表现出既相同又相互区别的特征。法国由于较早地实现了民族国家的统一，通过拿破仑法典的编纂而结束了共同法时代。这样的条件，决定了法国的罗马法研究从19世纪早期开始就步入学理化、历史化的阶段。但是在德国，一直到1900年为止，罗马法一直

---

① Cfr. S.Schipani, Le scuole di diritto romano nella cultura contemporanea a Roma, in *Studi in onore di Mario Talamanca*(Vol.XII), pp.330-352.（该文已经翻译为中文并在中国发表，参见桑德罗·斯奇巴尼:《20世纪罗马法研究中的罗马法学派》，肖俊译，载于《厦门大学学报（哲学社会科学版）》2014年第1期。——译者注）

就是现行有效的法。整个潘德克顿学派对罗马法的研究并不是把罗马法作为古代的一种法律现象，而是作为一种现行法而加以研究。意大利在19世纪中期完成了民族国家的统一任务之后，在这个罗马法的故乡，发生了波澜壮阔的罗马法研究运动。这一运动的推动力一方面来自德国潘德克顿学派在意大利产生的巨大影响，另一方面来自1865年的民法典编纂之后产生的对法典修订的要求。这些研究最终汇集到1942年的意大利民法典之中。

就欧洲罗马法研究的方法论而言，可以大致地以1900年德国民法典的施行为界限。在此之前，罗马法研究服务于建构一套可以适用于实际生活的法规范。罗马法的历史性因素由此被忽略，优士丁尼法典中的各种规范被罗马法研究者致力于以体系化的方式建构为一套规范（dogma）。这样的罗马法研究方法被称为规范研究方法。萨维尼即以规范研究方法研究罗马法制度，写出了《论占有》《当代罗马法体系》等巨著。这样的方法被其学术传人发挥，最终发展为潘德克顿学派，他们的法学方法论则获得“概念法学”的称号。但是，1900年德国民法典的施行，标志着罗马法作为一种“现行法”的时代的结束[①]。对罗马法的研究不再承担构造出可适用的现行规范这样的使命（这样的规范已经由民法典提供了）。从这一时刻开始，罗马法研究就面临一个定位上的困境：如何面对罗马法不再是现行法，而被“历史化”这样的事实？以服务于法的适用为目的的规范研究方法，来对历史上存在的法现象进行研究是否合适？规范研究方法中有意忽略的罗马法本身的历史性因素应该如何处理？面对这些提问，欧洲的罗马法研究进入方法论上分化和转折的时代。

① 但这并不绝对。在当代的南非就部分地仍然保存着作为现行法的罗马法。

三

20世纪以来的罗马法研究，大致来说，方法论上的变化趋势最明显的就是历史研究方法的渗透和强化。这是罗马法被“历史化”之后必然发生的趋势。罗马法本身的历史发展就长达千年之久，经历了不同的发展阶段（大致可划分为早期法、古典法和拜占庭法时代），要将这千年中出现的复杂的罗马法制度处理为一个平面的规范体系，本来就十分勉强。在规范研究方法中，就规范而研究规范，基本上不考虑规范背后的社会历史背景。而历史研究方法改变了这一切。在这一新的研究视野中，罗马法被看作与罗马各个时代的政治、经济、社会、文化状况相联系的法制史现象，因此从大的框架来看，罗马法研究被归结为一种历史性质的研究。在这种方法论指导下，罗马法研究着重探讨罗马时代的经济社会体制对罗马法的影响；古代世界中的文化交流对罗马法的影响（特别是希腊文化的影响）；各个阶段的罗马法的历史原貌以及发展演变的情况等。在这样的方法论影响下，各种历史学的方法进入罗马法研究中，比如考古学、编年史学、年代学等成为学术分析方法。罗马法研究越来越像一个历史学家而不是法学家的研究路径。

研究方法上的这种“历史化”趋势，深刻地影响了20世纪以来的罗马法研究。从积极的意义来看，它为罗马法研究带来了新的方法，注入了新的活力。罗马法研究因此也具有了一个更为广阔的历史背景。但是，“历史化”的趋势，也对罗马法研究作为一种“法”的研究提出了巨大的挑战。因为，法学研究毕竟与历史研究有区别。如果将罗马法的研究完全历史化，那么它就将成为纯粹的古代历史研究的一个分支，就如同现代学者所进行的拉丁文学、艺术、宗教研究一样，成为一门所谓的“古典学”。罗马法研究因此就会失去其“法学研究”的特征，而成为历史学研究。国内的一些学者一提到罗马法就说，那个两千年前的历史上的东西，现在还说它干啥？这其实就是从“历史化”的角度来看待罗马法，把罗马法看作一种历史现象，而不是看作一种法的类型和样式。

面对这样的挑战，欧洲的罗马法研究在方法论上做出了不同的回应。20世纪罗马法研究的历史也可以说是一部在方法论上在规范研究方法与历史研究方法之间分化组合以及突出方法论上的困境的历史。它最典型地体现在意大利的罗马学派的发展和演变中。

罗马学派是一个大致的概念，它所描述的是以意大利罗马大学的罗马法教授团体为中心，在20世纪进行的罗马法研究所呈现出来的某些特征。罗马学派是一个名声和权势都十分显赫的团体，其中的成员官居大学校长、政府部长、议员、宪法法院法官者多有之。从这个侧面也可以看出罗马法研究者在意大利所享有的地位[①]。不过，罗马学派更为引人注目的是它在20世纪的罗马法研究方法论上的探索以及所取得的成就。

自夏洛亚创办罗马法研究所以后，历史的研究方法就得到高度重视。从扩展原始文献的角度来看，除了原有的法学文献外，罗马法研究所还致力于文学文献、碑铭文献、纸莎草文献以及考古文献的研究。事实上，与夏洛亚共同创办罗马法研究所的德·鲁杰罗（De Ruggiero）同时也是罗马大学文哲系的考古学教授。他们不仅研究罗马法而且研究古代东地中海的法。因此，从一开始，罗马学派就蒙上了浓重的历史研究方法的色彩。但是，规范研究方法并没有被抛弃。夏洛亚等人仍然运用规范研究方法，通过罗马法研究，建构具体制度的规范体系，来实行对现行法的补充和改造，为新的法典编

---

① S. Schipani, Le scuole di diritto romano nella cultura contemporanea a Roma, in *Studi in onore di Mario Talamanca*(Vol.XII), pp.334-335.

纂提供理论准备。他们的这种角色使其同时具有罗马法研究者和民法研究者双重身份，而且这二者也没有严格的区分。例如在20世纪20年代之后，夏洛亚等人推动的意—法债法统一运动中，于1928年公布的《债与契约法草案》既是罗马法研究成果，也是民法研究成果。这样的对于历史研究方法与规范研究方法的平行运用，一直维持到20世纪40年代前后，并且形成了在罗马公法领域以侧重历史研究方法，在私法领域侧重规范研究方法的格局。这一演变的结局是罗马公法的叙述被历史化，形成了“罗马法史”的研究，出现了属于历史学研究的著作类型——《罗马法史》；而罗马私法的研究，仍然以制度规范研究为中心，形成了对制度进行规范研究的著作类型——《罗马法教科书》。两种学术研究方法，在一个新的基础上得到了平衡。

但是，以1942年意大利民法典重新编纂运动为标志，罗马私法领域的规范研究方法也遇到越来越强大的挑战。在不再承担服务于法学实践的法规范构造的使命之后，罗马私法研究的方法论的定位成为一个迫切的问题。罗马法与现行法之间的关系也需要一个重新的界定。若从历史的角度看，毫无疑问，罗马法是一种历史现象。但是，伟大的罗马学派，却倾向于从不同的类型和范式的角度来看待罗马法现象与现代法现象之间的关系，虽然二者之间的确存在历史继承关系。换言之，从法学研究的角度看，应该认为罗马法是一种法的范式和类型，是一种特殊的法律调整“方案”。我们考察罗马法不纯粹出于一种历史兴趣，而是要回答罗马法以什么样的方式解决和回答我们所遇到的问题。这样，罗马法研究就不是一种法的“历史研究”，而是罗马“法样式”的研究。因此这样的研究是一种法学的研究，而不是历史研究。

把罗马法看作一种法的类型和范式，这显然是一种非历史的视角，这就必然要在罗马法的1000年的发展历史中选择一个可以作为典范的时代。罗马古典时代的法成为当然的选择。西方世界其实也与中国人一样，对自己的历史存在一个理想化的“古典时代”的想象。不过，就法学而言，很不幸的是，能够流传到今天的罗马法文献，绝大多数属于拜占庭时期的文献，也就是优士丁尼时代的法。优士丁尼虽然是对古典时代的法进行编纂，但是在其中进行了许多的添加和修改。这样的工作在绝大多数的情况下被认为损害了古典法的科学和优美。为了恢复古典法的面貌，服务于建构一个法的“典范”和“样式”的目的，在罗马学派中发展出一个所谓的“添加学派”（interpolalista）。他们致力于从优士丁尼法中辨认出古典法的原貌，去除后人对古典法的修改和添加，并且以古典法为中心，将罗马法建构为一个完整的规范体系。这样的学术方法，在阿兰乔·鲁兹的时代发展到顶峰。以服务于建构一个法的“典范”，以及各种法规范制度的“罗马人方案”为目的，罗马法学家在现行法之外，另外搭建了一个法的天地，罗马法因此时刻与现代法遥相呼应，提供对照和比较的参照系。

如果我们注意这一学术方法的理论潜台词的话，它似乎隐含着一个“无所不包的罗马法”这样的判断，还包含着罗马古典法的高度整合性以及一致性这样的前提。看看20世纪的意大利罗马法研究选题及其处理材料的方式，真的要使人产生“现代法的一切，罗马法早已有之”这样的感觉，因而生发“阳光之下无新鲜事物”的感慨。

但是，我相信这不过是一个关于罗马法的神话。在浩瀚的罗马法文献中找到一两处与现代法有相似之处的规范是一回事，但是将其建构成与现代法平起平坐的法规范的类型则是另外一回事。完全脱离历史语境的规范建构，在大多数的情况下，不过是对于原始文献的一种过度阐述而已。古代人与现代人存在于不同的生活世界，面对着来自不同时代的问题，怎么能够想象，我们现在遇到的问题，古代人都已经预先给出答案呢？如果说对于众多传统问题，罗马法的确提供了一套“罗马人的方案”，但是这一叙述绝不能任意夸张。如果刻意地为了现代的问题而去寻找罗马法上的方案，那么从方法论的角度，很可能发生非历史化的“以今人之心度古人之腹”的时代倒错。很可惜的是，这的确是20世纪那些拒绝将罗马法研究“历史化”的规范研究者在方法论上的误区。但是，幸运的是，由于塔拉曼卡教授等人的努力，罗马法作为一种法的研究，在方法论上发生了深刻的转变。罗马学派从而再一次获得新的生命力。

四

近现代以来的罗马法研究，一直在寻求关于罗马法的独特性的答案。在理性主义的自然法学派那里，罗马法的优越性在于其高度的理性化，罗马法被认为是一种被书写下来的理性。以萨维尼为代表的潘德克顿学派，认为罗马法的最大特征在于其逻辑的严密和规范的整全，而这恰恰与概念法学的思维方式相吻合。而在历史主义的研究者看来，罗马法的优越和卓著，与整个古典时代发达的政治、经济和文化相联系，这是特殊历史条件下发生的历史现象。从罗马法研究作为一种法的研究的角度看，自然法学派和历史法学派在罗马法研究方法论上并没有许多区别。以历史主义为口号的历史法学，在罗马法研究中却发展出不折不扣的非历史化的概念法学流派。他们把罗马法视作存在于西方古典时代的“法的类型”，认为罗马法的独特性在于其规范的理性、严密，因此应该成为值得现代去效仿的对象。

但是，结合历史的方法而开展的罗马法研究却越来越显示出罗马法的真实的历史面貌。罗马法规范，从来就不像我们所想象的那样，是严密的具有高度逻辑性的整体。抽象地谈论“罗马法规范”，这本身就是非常容易导致误解的命题。罗马法在很多时候，并没有提供给我们单一且确定的规范。罗马法本身就是以一种“各种具有法的效力的法学家观点”的方式而存在。至少在私法领域，罗马人并没有那种一元的、确定的规范观念。这种关于“规范”的观念只与近代以来国家立法主义、实证法学以及法典编纂相联系。所以，当我们以自己的时代所赋予的关于“法律规范”的观念去寻找罗马法上的“规范”的时候，就可预知我们所寻找的结果：我们只是根据现代的观念去解释罗马人的经验而已。

这是一个具有颠覆性价值的描述。它从根本上动摇了我们传统上所持有的关于罗马法的独特性的观念。的确，罗马法是人类法律生活中产生的一种特殊类型的法，但是，它的经典性价值，也许恰恰并不在于它为许多法学问题提供了精妙的规范体系，它的独特性在于它作为一种法，其存在方式本身的特殊性，以及由此所表达出的罗马人关于法的特殊观念。

以上所述就是由塔拉曼卡教授等人发展出来的对待罗马法的一种新的视角。这是一种尊重事物的本来面貌，不将现代观念投射到古代人的生活世界的研究角度。它吸纳了历史研究方法的优点，但是，它所进行的研究是一种最严格的法学研究。

就罗马古典法时代而言，在私法领域，并没有垄断立法权的立法者。许多享有解答权的法学家，针对具体的法学问题做出具有法的效力的解答。同时不同的法学家之间也展开激烈的学术辩论，这些处于辩论中的观点也都具有法的效力。由此，我们看到一种独特的法现象，它让持有现代的“法规范”观念的人感觉匪夷所思。现代人关于法的最基础的观念，乃是一种规范化的观念，把法看作一种具有确定性、唯一性的规范体系。无论是法官立法还是议会立法，法规范必须是唯一的、确定的，怎么能够允许各种相互冲突的规范同时存在？这就涉及如何看待法的规范性的问题。在罗马人看来（至少在古典时代是如此），法不过是一种解决当事人之间争议的方案，而解决同一问题可以存在不同的法的方案。在这些不同方案之间并没有一个对错之分，只是考虑问题的角度、对当事人利益的影响不同而已。

塔拉曼卡教授发展的对罗马法中“以论辩的方式而存在的法”（Ius controversum）的现象的研究，突破了规范研究方法的模式。他不试图通过罗马法研究而建构或阐述出一套法的制度规范，而是具体地深入到罗马古典时期的学派争论、学术争鸣中去，考察罗马法学家是如何面对具体的问题，从什么样的角度，运用什么样的方法来为当事人提供法的解决方案。他还考察不同法学家提出的不同解决方案的依据，以及法学家在这样的相互辩论中所运用的法学方法。这是一种面对实际的法的技巧，它特别鲜明地突出了罗马法学家的实践理性，以及罗马法所具有的高度的实践性的特征。罗马法研究，因此也具有一种法学思维训练的功能，它不再教条地提供一个标准答案，所关注的是面对实际生活给出法的解决方案的能力。罗马法研究还展示出一种特殊的关于法的古典观念。在这里，罗马人表现出与现代人不同的关于法的规范性、法的存在样式的看法。正是这些，罗马法才真正表现出其“典范”的特征，体现出一种不同于现代的古典观念。贡斯当讲古代人的自由与现代人的自由不一样，古代人的法观念也与现代人不一样。而从罗马法研究的角度，以及从研究的方法论的角度对此加以揭示的，就是塔拉曼卡教授的杰出的理论贡献。

五

对于罗马法的存在样式的理论挖掘，给现代人展示了一幅不同的法观念图景。

与现代民族国家的兴起相联系的立法权垄断于国家的趋势，由实证法学进行了精致的理论论证。我们关于法律规范性、确定性的观念，在很大的程度上与那句著名的“法律是主权者的命令”的论断相联系。这是一种被政治化、公共化了的法观念。它把法看作是一种自上而下颁布的，以维持秩序、巩固统治、规划社会为目的的规范体系。它把法与市民的实际生活相隔离，把法的世界与市民的生活世界相区分，将市民生活置于强大的政治国家的立法权的管制和监护之下。但是，在罗马人看来，法是与市民生活世界直接联系的一种解决纠纷的方案，它面对具体的生活而产生，以精确衡量当事人之间的利益关系为前提，以提供一个符合公平正义之原则的处理方案为目的。因此，严格来说，罗马人的法不是一种整齐划一的规范，而是一组解决问题的法的思路。它的效力依据不是来自立法者以制裁为背景的权威（potestas），而是因合乎公平正义的方案以及法的原理而享有的权威（autoritas）。罗马法并不把市民作为一个被动的规范接受者，而是让市民参与选择合适的法规范。市民生活的自治，也包括了适用于市民之间的法规范的产生方式上的自治。事实上，罗马时代的公共立法活动很少介入私法领域。

由塔拉曼卡教授所揭示，并且加以深入研究的罗马法的这种存在的样式，促使我们重新考虑关于法的本体论的重大问题。长期以来，从规范性、强制性的角度对法的界定占据了法理学的中心地位，它落实到制度层面上就表现为法规范体系的一元化，以及法规范创制上的垄断性特征。罗马人的经验表明，法规范并不必然是一元的，也可以是多元的；法规范也不一定要出于一门，可以并行存在多元的平等的规范创制者。在多元的法规范并存的情况下，必然发生相互的竞争。破除规范创制之垄断性的特征之后，法规范本身之合理性，就无法通过"立法者意志之不可违背性"来得到证明，它还要证明规范本身的实质合理性。这就是问题所在：法规范的多元化的存在，导致法规范之间的竞争，这保证了法规范创制和适用上的自由和民主。

我们通常讲通过法来追求民主与自由，但是我们又常常感受到这个本身具有垄断性特征的法对自由的潜在危害。因为这样的法主张其唯一性，排除了竞争者，剥夺了我们对其进行选择的自由，使我们拒绝这种法的唯一方式就是违法；批评这种法的唯一途径就是诉诸道德、伦理之类的法外的因素，让我们不得不面对"恶法是否为法"的法理困境。所以，罗马法的经验让我们注意到另外一种可能的途径。我们所追求的民主与自由也应包括"法规范"本身的民主与自由。这表现为法渊源体系的开放性和多元性，表现为承认当事人有权选择适用于其自己的事务的法规范，表现为废除法规范创制的垄断性特征，促发不同的法规范之间的竞争，表现为拒绝法是"立法者意志之表达"这样的意志论的解释模式，而重新确立规范之具有法的属性仅仅因为它内在的合理性以及与公平正义相吻合这样的特征。

这就是杰出的罗马法学者向我们展示的罗马法研究的理论内涵，而我只从法哲学意义的理论层面上进行了阐述。其实很多方面的意义还没有展现，比如反思大陆法系过于哲理化的传统，对罗马人的法律实用主义与英美法的法观念进行比较等。

六

罗马法的研究会面临一个怎样的未来?

从塔拉曼卡教授的研究及其方法论意义来看，我真的感慨这一伟大的传统居然具有如此强大的生命力。作为西方法治文化基础的罗马法研究，一直如同文化的宝库一样被一代代的学人所阐发和维护，这是它的生命力旺盛的重要原因。在规范研究方法和历史研究方法的相互作用和点化下，罗马学派的当代传人塔拉曼卡教授，在规范研究方法的基础上，吸收历史研究的合理因素，而发展出一种新的罗马法研究路径，对罗马法的典型性进行了新的界定。同样不能忽略的是，在经过历史研究方法的百年熏陶之后，罗马法研究潮流中也出现了一个引人注目的“新历史主义”的研究流派。这一流派，不就历史而研究历史，他们试图挖掘历史的当代性，阐明历史如何对当代发生影响，辨别历史在当代的表现形式，叙述罗马法这个伟大的传统如何参与塑造了现代法的世界。在罗马公法研究领域，这一“新历史主义”流派的杰出代表是卡塔兰诺教授（P.Catalano），而罗马私法研究领域的代表人物是斯奇巴尼教授（S.Schipani）。只要看看他们的研究领域，就可以感受到多少有影响的思想将产生。卡塔兰诺教授所做的研究包括古代罗马世界的战争法观念对现代国际关系观念的影响，古代的独裁与现代的独裁的联系与区别，罗马时代发生的平民撤离运动与现代的工团运动中的罢工运动，拉丁宪政观念与日耳曼宪政观念的分野与罗马公法的历史影响。斯奇巴尼教授的研究主题涵盖了罗马私法与现代罗马法系的形成，现代的法律统一运动的罗马法文化基础，罗马法规范在现代欧洲和拉丁美洲民法典中的表达和发展演变，作为一种文化现象的罗马法传播运动，甚至根据罗马法历史上形成的法的一般原则，而研究国际债务法问题。

新历史主义的研究甚至试图为传统的历史研究提出新的方法论尝试。历史研究的目的，在这些罗马法研究者看来，其主要价值不在于精细地复原一个确切的历史图景，而是要说明历史是如何形成并且如何影响当代：这是一种“活历史”观念。因此，在他们看来，罗马法不是一种已经死亡的法，而是一种当代的法。因为罗马法通过历史的潜流，活在当代，仍然在参与着当代世界的发展和塑造。

在这样的叙述之后，我又想起开头的叙述。罗马法研究已经迈入一个新的世纪和新的千年，但是，它仍然富有蓬勃的生机与活力，具体体现为罗马法研究者的高超的智慧和精湛的学术能力。如果说罗马法研究能够拥有光明的未来，离不开类似塔拉曼卡教授这样的学术大师的看护和发展。毕竟，学术的生命力要靠学者的智慧去浇灌。

各章节作者简表

第1—8节、第11—17节：路易吉·卡伯格罗西（Luigi Capogrossi）

第9节、第21节、第29—32节、第40节、第44—45节、第72节、第79节、第82—84节、第97—100节：马里奥·塔拉曼卡（Mario Talamanca）

第10节、第19节、第22节、第57—58节、第88—90节：贝尔纳尔多·桑塔鲁奇亚（Bernardo Santaluccia）

第20节、第23—28节、第33—39节、第41—43节、第46—56节、第63—67节、第69—71节、第73节：菲利普·卡索拉（Filippo Cassola）、路易吉·纳布鲁纳（Luigi Labruna）

第59—62节、第68节、第85—87节：马西莫·布鲁提（Massimo Brutti）

第74—77节、第80节、第94节：马里奥·马查（Mario Mazza）

第78节：安东尼奥·马西（Antonio Masi）

第81节：安东尼奥·马西（Antonio Masi）、马里奥·塔拉曼卡（Mario Talamanca）

第91—93节、第95—96节：安东尼奥·马西（Antonio Masi）、马里奥·马查（Mario Mazza）

第101—122节：朱利亚诺·切尔文卡（Giuliano Cervenca）

第123—138节：罗伯托·伯尼尼（Roberto Bonini）

第139—141节：马里奥·阿梅洛蒂（Mario Amelotti）

目 录

上 卷

下 卷

第一章

王/政/时/期

3

1. 古拉齐奥地区的经济条件与物质环境

在那些最古老的人类分布地域，其自然景观面貌必然与现如今相去不远，但更为崎岖难行，而且还有一些重大的不同之处。在这些地区，随着时间流逝，在公元前的最后一个千年刚刚开始的时候，出现了罗马城及其他古拉丁人（*Latium vetus*）[①] 城市的起源。虽然时间会在一定程度上将深山峡谷和悬崖峭壁的地貌加以磨蚀，但这些地貌应该也有助于让不同的高地相互隔绝，只是这是在一些相对较小的地域内。尤其是，那些高地上密布着森林，而低地间存在着宽阔的湿地沼泽，则更加有助于形成那些突出的高地，以及在那里聚居的人类社群之间相互隔绝的状态。

在拉齐奥地区原始居民最古老的历史上，直到公元前最后一个千年刚开始的时候，其经济基础似乎都以养殖业为代表。除了绵羊和其他大型牲畜以外，在很长一段时间里，家猪应该一直都是相当重要的，这是一种适应多林地区的动物，具有自行觅食的能力。不过，据说在更加久远的年代里，除了畜牧业以外，一种原始形式的农业就已经为人所知，并被拉丁民族所实践。其中，某种（从食物的角度而言）营养贫瘠的粮食作物必定具有显著的重要地位，它能够经受和适应潮湿的区域，此即二粒硬小麦。在随后较为晚近的时代里，于某种宗教仪式上，尤其是在采用远古的庄重形式的罗马人婚礼上，这种作物尚且还保留着。同样，对某些乔木果实，特别是无花果的利用，也显得非常重要。而橄榄，特别是葡萄则是在随后的年代里才具有了重要性。

公元前 8 世纪以来，随着拉齐奥地区居民的经济条件承受着极大的人口增殖压力，那种有能力确保实现某种或大或小的联合体系的领土结构的重要性也增长了。正是在这一年代，将埃托鲁斯地区和坎帕尼亚地区连接在一起的具有商业特点的航路获得了显著的重要地位（实际上，在此前的年代里，它也很著名）。值得指出的一

4

① 本书中除外文书名与拉丁文使用斜体外，其他外文部分一律使用正体。——译者注（本书原著无脚注，所有脚注均由译者添加，以下不再注明。）

个事实是，台伯河（Tevere）[①] 上的一处可涉水而过的必经之道是由蒂贝里纳（Tiberina）岛所构成的，该岛提供了通向受附近高地所控制区域的途径，而并非偶然的是，正是在这些高地上，诞生了罗马城。那些将沿海地区同拉齐奥内陆直至亚平宁山脉连通的众多道路的重要性也不小，除了商业上的作用以外（一般认为，沿台伯河而筑的萨拉利亚大道 [via Salaria]）是因为向内陆地区贩盐而得名的），这些通衢有助于在拉齐奥地区人民和萨宾人世界之间建立起一种有机的往来联系。[②]

如果我们现在转而考察那些将古拉丁人共同体（即那些按照一些极为古老的关系联合起来的人，这种关系在随后的记录中还仍然可见）的历史联系起来的那些地区，就可以显示出，他们的领域范围相对而言是很不起眼的。实际上，该区域的四至是北起台伯河、西抵大海、东到标志着拉丁人和萨宾民族分界的一批主要的高原（而在这一区域出现了两座重要的拉丁人城市，提伯 [*Tibur*] 和普勒内斯特 [*Praeneste*]）、南至阿尔巴尼丘陵（Colli Albani）——该丘陵朝着大平原延伸，敞向奇斯特纳（Cisterna）、奇尔切（Circei）、德拉齐纳（Terracina）。

因此，如果这就是罗马和其他拉丁人共同体得以出现的物质背景的话，现在则需要来描绘一下一些问题的全貌，它们提出了有关罗马城本身的起源这一棘手的难题。实际上，这里首先涉及的是，要分析给原始社会带来某种自治组织形式的过程，这种形式并不仅仅简单地以特定的城市发展为特征，而是带有一种更为深刻的领土结构和人类分布的转变过程的印迹：这关系到如何将城市化的中心和各个城市逐渐确定下来，并与乡村地区区分开来。于是，我们必须加以追问的是，这种新的社会组织应具备的要素，以及先前的那些社会结构——它们将在这种进化过程中逐渐消解掉。

---

① 台伯河，意大利语 Fiume Tevere，音译为特韦雷河，本书按传统统一译为“台伯河”。

② 在正文部分，编者使用两种字体的行文。其中，宋体部分指向的主要是在罗马法和罗马法律史学界已经达成共识并形成通说的观点，编者希望将这些观点作为一种学术传统讲授给读者并继续传承；而仿宋体部分的主要功能则是对宋体字内容加以细节补充和解释，有时候则是对一些尚未形成共识、对主流学说提出质疑的观点的介绍，编者的目的或许在于引发读者的反思和追问，借以开启罗马法史研究的新角度、新方向。

首先，最好要说明一点的是，在我们的视野里，目前所提及的这种进化过程的最终落脚点乃是一种市民政治共同体的兴起。其实，就在罗马的最初岁月里，亦如拉齐奥地区的其他城市那样，都是以一种“城邦”（*pólis*）、城市的形式，作为主权国家而兴起的。在埃托鲁斯地区，也像在拉齐奥和大希腊地区（Magna Grecia）[①] 一样，这也就如同在古希腊地区那样，城市并非是一种简单的都市化的实体存在，或者仅仅与“乡野”或者村落相对应的一种特殊的人类分布。实际上，它在内部实现了国家秩序，其间有市民社会和某种政治共同体的参与。

对罗马市民共同体的结构进行更为深刻的分析暂且推迟到后面的部分中去，这里我们仅限于提出，这种市民共同体自身之所以存在的基本条件，乃是因为一种集权化的政治—军事权力的兴起，它能够以一种稳定的方式来掌控一定的领土以及在那里定居的人口，这种稳定性只有通过一些社会与政治形式，将这些人口自身有机地统一起来，才能够得以实现。

5 如今，这样一种公元前 8 世纪之前的一体化进程，无论是在罗马还是在位于拉齐奥地区的其他共同体当中都已不复存在。因此，我们必须提出的第一个问题就涉及这种原始社会的特点，这种社会仅仅因为一种深刻而全面的转变过程而具有了城市国家的形式。

如果我们愿意回答这一提问的话，我们必须要先考虑到，“前文明时代”的人类分布的领域范围和形式，是对后世才完备起来的那种城市形态的预演，它们对应着两种相互对立的条件。一方面，本节开始时即已提到的那些处在高地的人类的各个分布领域肯定已经超越了原子化的特点，这种特点是纯粹的家庭集合体或者极为狭小的社会单位才具有的。实际上，只有通过这样的方式，对一处相当明确并且受到相应保护的领域加以稳定的开发和相应的保护才是可能的。

然而，对人口中各个群体无限的增殖而言，却存在着一种限制，这恰恰表现为，想要确保对非常广阔的领土区域加以开发有着日益增长的困难。这种开拓实际上并不容易，也不迅速，它不仅仅意味着抗击外敌的能力，而且还要以人类对自然界不断增长的控制力为前提。

① 意大利南部地区，当时深受希腊文化和政治制度的影响，故称为“大希腊地区”。

因此，当考古学家们说到，直至公元前8世纪上半叶，散布在拉齐奥地区的各个共同体在人口上的特点是数量极为稀少，这就不足为奇了。通常，这涉及的是一些不太确定的进化方式，以及由少量棚屋所构成的村落，这些村落常常最终并不是朝着城市的形态进化，而是在“乡村”占据着某种模糊优势的背景下不断地退化衰落。

普林尼（Plinio）的一份非常著名的文本似乎正回应了这样的状况，这里面提到，在我们感兴趣的这些地区存在着三十个民族（*populi*），它们通过以阿尔巴山（monte Albano）为驻地的宗教联盟联合起来，这些民族恰恰就被认定为是阿尔巴人（*Albenses*），他们终将在历史岁月中消逝解体，而不会留下任何痕迹（Plin.*n.h.* 3. 69）。

这里有两点是非常重要的：首先，有一份准确的记录显示，众多小型的人类社群分布于相对较为狭窄的地区内（普林尼的清单实际上具有真实可信的一切特点）；其次，它们中没有一个在更先进的阶段里最终留存下来。呈现出来的这种情况，似乎因此反映出了一个事实，其特征是：在朝着更为广大的实体加以汇集的进程的最初阶段里，存在着小型村落共同体。如果这样一种共同体能够确保它与领土有着稳定关系的话，那么它们这种微不足道的幅员也就能够允许在它们的自治领域内存在着极高数量的区域划分，不过在它们之间正在编织着一系列的关系，首先是具有宗教特征的关系，并为进一步的发展做着准备。

2. 前文明时代的社会结构

如果在村落共同体中，我们辨认出引发后来的原始城市实体的那种最古老的人口单位的话，现在我们必须要追问的是与之相对应的社会与政治组织的类型。6

就这个主题而言，有一种在希腊哲学中已经表现出来的常见观点，即城市国家无非就是人类社会成长进程的最终落脚点，这个社会看到了在自然家庭——父亲及其最近的直系后代——里面的最原始的核心。在这里，不仅从人类社会的最小细胞上面，而且从国家这一最为完备的政治形态身上，都有可能获取到某种共同因素。我们强调，这种联系甚至从西方政治和哲学思考的最开始就已经贯通了。

如果说，有人在这个意义上提出，那些在本质上基于血亲和部族联系的社会组织的最“基本”的形态和连接着希腊—罗马世界的由城邦（*polis*）所构成的那种最“先进”的形态之间，存在着某种有机的、必然的联系，那么也必然会产生一种进一步的后果。其实，有一种假说显得几乎是不可避免的了，即随着完全是以“自然”的方式实现的较小的族群的成长或者汇聚的过程而来的，是城市模式的自发形成。而这本身也不可能不强化一种观点，即这些不同实体之间存在着实质上的同质性。家庭或者部落，跟城市几乎不外就是同一种现象的不同表达而已，它们是一段统一的历史的相互接续的阶段。尤其是在19世纪的编年史书当中，这种观点注定会有重大的影响。

毫无疑问，至少在意大利，最为坚持不懈尝试着发展并整理这种整体倾向和观点的历史学家是彼得罗·彭梵得（Pietro Ponfante）（在其他语境下也曾出现过这种观点，可以想到比如德国的耶林 [Jhering] 和沃格特 [Voigt]、英国的梅因 [H.S. Maine] 和法国的胡思特·德·古朗日 [Hustel de Coulanges]）。在近一个世纪之前发表的他的青年时代的作品里，他提出了与此相一致的构想。根据这种构想，在罗马漫长的历史进程中，诸多不同的要素（家庭、氏族 [*gens*]、城邦 [*civitas*]）都实践着一种在本质上相同的功能。事实上，这位意大利学者从这样一种观点出发——该观点也为欧洲所有的法律编年史学家所分享——即在人类社会的历史中，国家是一种恒量，而它按照这个社会本身的发展阶段逐次地根据不同的组织方式而得以辨识认定。

这种体制的历史因此得以描绘出来，它建立在那些在社会科学领域占有统治地位的进化论倾向的某个基本观点的基础上。根据这些观点，任何组织机构都必然是从最基本的形式朝着更大和更为复杂的范围发展的。在这个意义上，彭梵得得以提出一种与之一致的构想，按照这种构想，在罗马漫长的历史上，诸多不同的要素——家庭、部落和城市——会在不同的发展时期实现一种本质上相同的功能。然而，在他所做的坚持不懈的研究中，那些组织形式在起源的时候就具有“政治性”特点，他甚至推动了把这些组织体的构造（比如家父 [*pater*] 与他的家人关系等）表现为这些组织形式本身就具有最高主权——国家——性质的功能。

7 家庭，然后是氏族或者部落，在最早的年代里履行着后来由城市国家所承担的那些功能，这一观点还在以更具有启发性的方式被提出来，似乎可以因此来解释家父在自有法家庭（*familia proprio iure*）里的地位。在城市国家已经明确建立起来之后的很多个世纪里，这一角色实际上还保留着一整套相当广泛的权力，而在更晚些的年代里，这些权力似乎要超出自有法家庭具有的功能。在彭梵得的理论重构中，家父权（la *potestas* del *pater*）不外乎是某种“政治性”团体的首脑的一种最为确定的最高权力的痕迹，它延展到了家庭团体所定居的领域以及该家庭团体的所有成员身上。

在继续本段论述之前，应该先明确的是，在罗马人的法律制度中，诸如家庭或者氏族这类相当宽泛的术语所具有的含义。首先，据说罗马人了解各种不同类型的家庭（*familia*）：以下必然最具有重要价值的一个类型就是自有法家庭（我们已经多次提到），这代表的是在严格的一夫一妻制体制内部的基本单位，即一对配偶和他们的直系后代，至少从大趋势上看，这些核心人物都生活在同一个家庭里面。在这个团体里面，那些配置给家父的整套权力毫无疑问地构成了最为重要的方面。因此，在自有法家庭里面，共同生活着处在家父权力之下的妻子、儿子、尚未出嫁的女儿和男性成员们的后代及他们的妻子。女儿和孙女们则在出嫁时离开，加入并成为夫家的一分子。因为最古老的家庭制度建立在有夫权婚姻（*matrimonium cum manu*）的基础之上，所以这是一种具有显著的父权家长制特性的亲属制度，这个家庭成员的团体建立在父系亲属的联系纽带之上，即通过父系血统来显示亲属关系。在这种婚姻中，妻子实际上成为丈夫（或者对后者拥有父权的人）的权力的客体，这与丈夫对儿子（或者祖父对孙子）行使的权力并无不同。

考虑到继承关系、偶尔出现的对未适婚人和妇女进行监护的效果，以及涉及对祖先的某些家族祭礼时，在更晚些时候，于自有法家庭之外，罗马人理解并运用了一种更加宽泛的亲属制度标准，它将亲属联系——这也就是在谈论共有法家庭（*familia communi iure*）这一主题——拓展到了通常是来自父系的一个共同祖先的所有后代身上。自有法家庭的先决条件是一位在世的家父的存在，而在这另外一种类型中，祖先则表现为是某位早已不在人世的先人。

按照某些罗马法学家所认为的，在这样一种父系宗亲制的家庭里面也存在着某种限度范围：准确地讲，这是指它只能将六等亲之内的父系宗亲聚合在一起（其实就是到两个堂兄弟的儿子那一辈）。但实际上，来自罗马人的证据并没有确认这一假说，所以，承认广义上父系宗亲的共有法家庭的身份，可能会更准确：这种联系一直存续到清晰准确的缅怀之情依稀尚存之际，以及有证据表明其来自于原始祖先的共同血缘出身。这种亲属关系通达每一代人，更加宽泛而疏远，但并不会断裂。

然而，无法避免的是，这类记忆总会有失之模糊不清的时候；而且，尤其是不同的家系会相互混淆而有所遗漏。在这一点上，仅存的就只是对共同起源和相隔甚远的宗亲关系的某种概括而不准确的意识，这种记忆实际有效的证据就仅剩下名称（尤利乌家族 [i Giuli]、克劳迪家族 [i Claudi]、科尔内利家族 [i Corneli]……），以及对某种共同的氏族崇拜的参与。而当仅仅是这些因素证明了他们具有相隔甚远而泛泛的共同出身的时候，我们就不再会感觉到这是在面对父系宗亲家庭，而只是在面对氏族。根据这种解读——对我们而言，这似乎最契合罗马人的证据——氏族与共有法家庭似乎并无二致，它建立在血缘纽带之上，只是对于后者而言，这种联系实际上是得到证实了的，而对于氏族而言，则以具有某种简单的假设性特征了事。实际上，如果不当作纯粹的未经证实的判断的话，这种联系是不可能存在的。

8

那些在历史上留存下来的一整套因素明显地证实了，氏族在城市国家的最初阶段或者更早的时候必然具备的那些功能的重要性和广泛性。这里我们仅限于提到，所有的氏族都有的对共同信仰和崇拜的坚守，以及至少某些氏族才有的对限定在一定范围的领土驻地的纪念。同样地，氏族会做出一些集体决议，它们对其成员来说具有真正的规范性法律规则的效力。到了后世，仍然还留存关于这类氏族法令（*decreta gentilicia*）的记载，尽管已经是一些不那么重要的规定了，比如，有关部分氏族成员对某类姓氏名号的使用的规定。不过，从某些重大抉择的依据当中也可以找到类似的决议规定，这类抉择把整个群体的命运都压上了：比方说，决定抛弃某个特定的共同体而加入到另一个当中去（萨宾人部落的克劳迪氏族向罗马迁移这样一个历史片段），或者决定介入一场战争（法比民族[Fabi]针对韦伊城[Veio]的“私人性质”的军事征讨）。在后面这种情形中，这类共同决议所涉及的活动在很早以前基本上是以一种跟城市国家无关的方式进行的。

实际上，更为不确定的是这两者之间的关系：一类是其特点在相当晚近的时期内仍然在很大程度上得以保留的集合体，另一类则是更为短暂而并不长期存续的一些联合体或群体。不过，公元前6世纪末到前5世纪初期间的萨特里克地区（Satrico）古代碑文的发现非常重要，其中提到了瓦勒里·布布里科拉（Valerio Publicola）（其名字来自于神话中的黑暗时代）的“同伴”（*Sodales*），这让我们想到了“雇佣军团”（compagnie di ventura）。从上下文来看，这里记载了一些古代的战争讨伐和征服，它们是通过在很久远的早期就被遗忘了的“神圣春祭”（*ver sacrum*）仪式[①]所召集起来的。

的确，家父能够表现为某个政治性群体中具有最高权力的首领。不过，要强调的是，为什么彭梵得不可能论及自有法家庭（在历史上，它完全只与罗马式的家父相联系）？因为这种组织有着短命的特点，它注定只能存续于其首领的生命存活期间。于是，这位意大利罗马法学家不得不去识别在结构上更具有稳定性的“政治”机构：这就不外乎是氏族或者更大的父系宗亲家族。在彭梵得的研究过程中，他颇具意味地在这两种角色类型上来回摇摆，试图重建“前文明时代”的国家组织所具有的最古老形态。

由于已经做出了这样一种尝试，意大利的历史学家们就不得不去设想，无论何种组织机构都是由一位权威人物所领导的，而这就是以自有法家庭中的家父所提供的那种形象为原型的。由于在历史上，无论是共有法家庭还是氏族，似乎都并不是由一名首领所统治的。彭梵得则不得不为最古老时代构想出另外一种不同的政体。在赋予这种大的父系宗亲家族以“政治”角色后（这是他最初的立场），他同时提出，相对于无遗嘱继承（*ab intestato*）而言（在这种情形中，家父的所有子女都处于同一顺位），遗嘱继承出现得更早。据

9

① 萨宾民族的一种因原始崇拜引发的杀婴祭祀活动，很早就随着萨宾民族和罗马民族的融合而废弃。

此，在家父去世时，会在其后代中指定唯一的一名继承人，他将会对整个家庭团队行使准最高权力（semi-sovrani）。正如已经提及的，在后来，彭梵得抛弃了这种假说，不得不选择另一观点，即在城邦（*civitas*）之前，主权式组织体与氏族直接地相等同。这样，就有必要将这种氏族的形象表现为受到一位首领的集约化权力的统治，并且想象为有机地存在着一位族长（*princeps*）或者氏族长（*pater gentis*）。

关于氏族这种可能的王政制特征，探讨仍然在持续，而且距离在罗马法学家之间达成统一的评价判断尚远。尽管在某些特殊的紧要关口，毫无疑问会出现一位团队领袖。然而，更存疑虑的是，这是否就恰恰对应着一种机构化的、在时间上常设的角色，而且尚无法很好地理解的主要是，在氏族族长（*princeps gentis*）和自有法家庭家父的形象和权力之间存在什么关联。在彭梵得及其追随者的逻辑里，至少就对家父权力加以确定而言，必须是来自于自有法家庭的。但这一点在彭梵得的全部理论重构中可能是最不确定的一点。

尽管彭梵得的理论模式如此成功，并且注定在后世学者那里广受认同，但甚至从一开始就不乏一些重要的反对意见。总体而言，与这种不同立场有联系的是一位重要的德国历史学家埃杜阿德·梅耶尔（Eduard Mayer）的倾向。其实，他与彭梵得一样，也追问过在“前文明时代”的众多组织机构中，哪一个最初能够实践国家职能。但他在此问题上的结论实质上是与那位意大利的罗马法学家相对立的。梅耶尔同样也受到了一种观点的影响，即随着印欧语系人口的大量成群的游牧民族的迁徙，从最广泛的种族单位的实体中分化出了前罗马时代的意大利人（奥西人 [Oschi]、埃托鲁斯人、拉丁人、萨宾人 [Sabini] 等等），梅耶尔想要把主权式的组织体等同于最为广泛的血亲家族化国家。所以，较小的城市单位只是随着最广泛的种族单位的分裂才兴起的。同时，分布于其间的原始的村落结构也瓦解了。在此，有一种对这种颠覆性构想加以补充完善的倾向，即设想较小的团体——氏族——是自我生成的，并且晚于城邦的兴起。这种观点尤其得到了那些在不同程度上受梅耶尔观点启发的历史学家的发展，比如德·桑提斯（De Sanctis）、阿兰乔 – 鲁伊兹（Arangio-Ruiz）和鲁扎托（Luzzatto），他们或多或少地与彭梵得派的观点相左。

据说，作为如此激烈的一场关于拉齐奥地区存在过的国家组织的最古老形态的争论，这些主角却几乎并未显露出已经意识到了，这些论点的出发点带有强烈的意识形态特征。事实上，有这样一种确信，即国家本身（这是一种主权化的政治组织体，从中生发出其他所有的社会组织机构，而就算不涉及这些机构的存在，至少也涉及它们的合法性）并非某种特定的历史存在，而是构成了一种对人类社会之历史而言必然且固有的现象，这种确信来自于对这种历史之本质的特殊解读（这里尚不涉及对这种解读的内在有效性的讨论），以及对这种“国家”观念本身的特定评价判断。而我们简短而迅速地指出的关于最古老历史中那些前文明时代社会结构之本质的相反论点，也全都同样地深受同一种国家主义概念的影响。照此方法，认定“有国家才有社会”就会呈现为是一种无可争议的前提假设，而在这种文化语境中，就不能去对“没有国家的社会”的存在可能加以严肃的追问——即便是根据现代人类学所提供的那些资料。

10

3. “村落”与原始的城市共同体

这种提法当中毫无疑问具有某种根本性的瑕疵，在我们看来，这在不同程度上削弱了各种假说。这就是由某种需求所构成的瑕疵，即在城邦形成前存在的各种社会形式中确认出一种精确而严格的等级制度。一旦确定了无论如何都必然存在着一种国家权力，一种甚至先于城邦的“主权者”，随后它就会从诸多既存着的组织机构中被辨识出来，并因此确认其他的组织机构都附属于它。

这里，一种冗长而并不令人满意的争论是去辨识国家化的体制，有时是从家族里面，有时是从氏族里面，有时是从游牧部落里面，有时又是在民族共同体里面。公元前最后一个千年伊始，拉齐奥地区丰富而错综复杂的背景画面就这样按照一种并不自然的方式而僵化起来。

如果坚决抛弃这种设定，而直接利用传统文献以及那些通常最为重要的考古发现，我们将仅限于重申：“前文明时代”拉齐奥地区的社会生活似乎建构在数个最主要的城市之上。

首先，我们发现有相当数量的小型人口中心：村落（*pagi*），它们常常是由少量屋舍所组成的，并与非常有限的一块领土区域相联系。

各种村落单位（以及在它们内部及在各村落之间）必须建立在存在着共同利益及业已巩固的文化传统的基础上。这样，与祖先祭祀、共同葬礼、当地的传统、神话传说记载以及新的宗教形态相伴，更主要的是那些更为直接的"经济利益"作为一种强有力的凝聚元素在发挥着作用。共同经管或分配草场、对通信体系和商业交通的控制与利用、农业技术的流通和发展以及金属制品的传播，都是以共同利益为基础并将更多共同体联系起来的因素。在这里，出现了不少的祭礼和联盟中心，它们将更多的村落团结在某一个共同的宗教中心周围，而且它们从来都不完全仅具有宗教功能。

11

公共的祭礼庆典，比如在阿尔巴山上集会举行阿尔巴山三十部落大会（*triginta populi Albenses*），不仅仅构成了不同村落间交流与交换体系中的一个重要机会，而且实际上也表现出了其更为直接的"政治性"面貌。照此方式，就实现了在不同中心之间的联系，使得确定一种针对外来威胁的共同防卫体系成为可能。

但是，并不一定要得出结论说，这种协作体就会必然和直接地导致联盟式体制，并因此就可以确定，这种纽带得以加强的过程以及拉丁人城市的形成过程，就等同于伴随着对周围村落逐渐加以吸收的城市国家联盟中心的转变过程。实际上，这种转变的过程无疑要复杂得多，并充满了波折反复。在对其进行分析之前，最好还是回过头来简短地考虑一下我们已经反复提到过的村落结构。

拉齐奥地区的村庄，最早在公元前 8 世纪时还是由少量的棚舍所构成的，这也很好地对应着一种部落社会的发展水平：在那里，人类的定居状态都具有显著的同一性特征，并不存在什么强烈的分化。确保这些群体之间的一致性的联系纽带大概就直接建立在血缘关系，建立在对共同的血统或家系的真实的或推定的归属的基础之上。

我们避免把村落与单一的氏族等同起来：此外，后者的形象可能还要归入以后的时代，因为我们对其的了解是通过最多回溯至共和国晚期的定义。我们能确认的仅限于，村落共同体是按照某种方式以亲属关系纽带为前提的，在罗马，它随后会在"宗亲家庭—氏族"

体制当中获得完备的组织。除此以外，这也引导我们坚决地排除：在公元前 8 或前 9 世纪就具备了从它们中的某一个当中发展出典型的国家化组织体的条件。

极为可能的是，在村落的内部，群体是以相当简单的形式组织起来的，前已述及，至少直到公元前 8 世纪的时候，肯定尚未出现显著的社会分化，因此相对平等的社会状态必然占据着主导。 12

在这方面，考古学上的一些指示看来是决定性的，就在最近若干年里，已经积累了众多重大的证明材料，涉及拉齐奥地区的这个最古老的时代。对溯及这一时期的较大数量的墓葬的发掘和考察使得我们可以确认，直至公元前 8 世纪下半叶，在已经发掘的各种不同墓葬里，配给葬礼使用的那些陪葬品（瓶罐、个人饰品、武器等）都显得非常同一化。这种同一性在随后的年代里则趋于消亡，在后来的时代，我们常常会发现更为明显的装饰陈设上面的差别。一方面，很多墓葬里的物品实际上仍然保持着简朴适度的特征，这是先前时代里所有墓葬都具有的典型特点；而另一方面，也有相当数量的墓葬与此形成对照，以对日渐增加的财富的炫耀为特征。因此，在这一时期，私人共同体内部真正的社会分化似乎就兴起了，相对于村落中其他一些个人成员，那些经济上更加强大的个人和家庭群体就显露出来了。

直至公元前 8 世纪中叶，在拉齐奥地区的那些社会群体仍然显现出实质上的平等性特征来。在村落的内部，这种特征必然是以建立在“客观”要素基础上的一系列确定的角色为本质的：性别、年龄或者跟所有人都有关的特质。这样一来，个人与个人、群体与群体之间的差别肯定不会随着时间而固化，并引发“穷人”和“富人”之间，统治者与被统治者之间的长期对立。

因此，我们与其去设想存在某些等级分化强烈的社会，在其中，财富分配不均（尤其是对土地的拥有）旨在凸显不同的个体和群体之间关系的失衡，还不如去诉诸另外的模式。因此，我们不应该（像很多人倾向的那样）去参考那种根据在家父的“主权式”权威之下的群体模式组织起来的社会结构，而应该参考那些“民主制”的原始模式，在这里面，主权性的权力最终由武装起来的民众大会所掌握。尽管如此，并没有任何东西会阻止我们想到，后来有了一个引领和统治的角色，由长者、元老承担，他们具有智慧和良好地治理共同体的能力，或者说在危难或者险要的时刻，决策权力会被授予某些具有特殊能力和才华的领导者。

在尽到必要的审慎之后，我们可以诉诸的一种社会模式是，恺撒（Cesare）所描述的与日耳曼人（Germani）有关的那种部落和氏族的结构类型。那里其实有两种情形表现出明显的相互对立。在战争情况下，存在着社会群体的某种自我限制，因为根据恺撒的叙述，日耳曼人选择了“受命承担领导战争之责的执法官，他们掌握了生杀大权”。与此相反，在和平时期，他们当中则不存在“任何公共执法官，但是各地区或各村落的首领（*principes*）会调整各群体之间的内部关系并平息解决纠纷”（*Bell. Gall.*, 6.23）。恺撒明确指出了介于执法官和首领之间的那种差别：后者更具有一种调解者的角色，而不是具有发号施令的组织化的领导职能，在和平时期，共同体的这种职能似乎并没有被完全剥夺。这使人可以设想：尚不存在——或者说可能还更加弱小——一个封闭的群体依据共同体的经济基础而具有了一种统治地位，意欲获得在政治和社会上的支配性角色，并把其他的联合体成员降低到从属地位。

13

4. 原始村落共同体的解体

前文已述，传统文献将罗马城的“建立”大致置于公元前8世纪左右，大约在这个时候，原始时期的拉齐奥地区的经济—社会组织中似乎发生了深刻的转变。极为可能的是，随着生产力的增长和财富水平的日益提高，可以描绘出一种已被证实的社会分化进程，亦如我们所知道的，这已经由那些“奢华的”墓葬的存在及其日益增长的重要地位所证实，它们总是由更为丰厚的随葬品所装饰。这种墓葬上的奢华毫无疑问正是某种贵族意识形态的表现，那些在经济上和社会上都更加强大的群体借此表达并确认了他们的统治地位。事实上，在原始社会里面（或许就像在任何一种社会里一样），这种破坏财富的奢侈行为（除此以外，这种墓葬文物中过分的财富还会是别的什么吗?）正如最宽泛意义的任何形式的“浪费”一样，与某种等级制的出现有关联，也与某种封闭的、跟不同的财富水平相联系的人物角色体制的出现有关联。

此外，在这一时期，考古学上的证据证实了技术的显著进步，与之相伴的是主要的手工制品，首先是一些陶器，从“家庭”生产过渡到专业化生产。此前年代里那些贫乏稀缺的陶器都是家庭形态的劳作产品，就这样被质量更为上乘的物品所取代，它们出自业已专业化的手工业者：这是逐渐传播开来的劳动的社会分工以及生产力水平增长这一结果的证据。但要准确地辨识出那些足以决定该转变过程的因素则是更加困难的。但无论如何都可以想见的是，在这里所考虑的那个年代里，农业技术已经有了某种发展。不过，要说成是已经明确地看到了一种文明上的替代则是不恰当的，而且尚不明确的是，农业是在什么时间点已经取代了畜牧业成为这一带人口的经济基础。

实质平等的古代部落形态和社会结构的存在仅仅在那种相当低下的生产力发展水平下才是可能的。随着生产力增长，大约在公元前8世纪中叶，古代社会组织的转变进程变得不可避免。其实，无须想象成，在所有村落共同体当中，财富水平的变化都是以完全一致的方式机械地反映出来的。恰恰相反，很有可能进行着一个过程，它足以在各种群体和各种村落之间引发出不断增长的差异。 14

极为可能的是，从那以后就出现了一种对动产进行私人占有的制度，这些动产甚至囊括了由小型牲畜群，比如猪、羊等所构成的最重要的生产要素。而几种有限的土地归属形式必然也已经兴起，但屋舍以及直接在其周围的区域除外，这与关于牲畜资源的各种不同的分配方式一起，有助于在村落和氏族体制内部确立各位家父拥有不一样的地位。而对于瓦解古代共同体形态这一目标而言，更具有决定性的应该是那种由专业化劳动的兴起而引发的转变。在这种自给自足的劳动中，一系列个体劳动者、手工业者、商人等都处于一种相对于部落共同体而言更加自治的地位。

不过，在这个社会分化的过程中，战争这一原始时期的“集体化大劳动”的功能尤为关键。事实上，在战争中，个人的重要性、武器装备以及战利品通常都标志着地位上的差别，而威望上的差别则更甚：在那些最强大的战士和家族团体的周围就聚集起了数量不一的追随者（这就是领袖 [*ductus*]，尤其是德·弗朗奇西 [De Francisci] 对此尤为强调），这反过来又强化了那种分化并促进了一种最初的进程，即共同体内部的部分家庭和氏族甚至部分单个个体的财富积累。

因此，财富水平的不同和原始共同体各成员间机遇的不平衡对应着某种已经普遍化了的现象，而且正如已经提到的，在拉齐奥地区，这似乎老早就被海量的考古发现所确认，这也就兴起了一种社会结构，它是由新出现的在氏族形态内部组织起来的武士化的贵族政治所统治。

但却很难简单地说，究竟是这种氏族组织本身在短时间内兴起，就像是外来的因素叠加在了那些最古老的家族的现状之上，还是涉及——这更有可能得多——其本身的一种内在转变过程，相伴随的是其朝着贵族政治方向加以自我组织。当然，可以明确的是，这是一种与城市制度的起源相伴随、相联系的现象：不过，我们不能确定它们之间存在的确切关系。但确定的是，城市国家随后的发展会以颠覆和排挤氏族的贵族化体制为终结。

在这方面，目前记载的有关氏族是先于还是晚于城邦的探讨就显得相当无关紧要并可以结束了。事实上，根本的一点是这样一个事实：只有在该结构解体且原始城市形态出现的年代里，才明显地表现出氏族的迹象在某些方面幸存下来，并且在以后的年代里还发挥着影响。这一点跟氏族结构——作为与村落共同体相协调的因素——的存在无关。一方面，氏族表现为社会分化的成分，另一方面，只是同城市一起，它才具有一种“政治性”特征，如同是一个更为广泛的城市体制内部的统治工具。恰恰是氏族形式的亲属结构的成长和转变，成了社会分化的最初阶段中一个最基本方面的原因和结果。我们要参考的正是门客这种或大或小的群体阶层的形成，他们是经济上较为弱势的个人或者家庭，他们求得更为强大群体的保护，并向其提供服务。显而易见，这些从属阶层（仅仅从经济和军事的视角上，可以想到的是，可以获得劳动力补充，以及数量上更多的武装追随者的存在）地位的日益增长加速了原始的“军事民主制”形式的解体进程。这样一来，氏族就变成了对土地进行占有和利用以及确保共同体拥有土地的必备军事组织的形式基础。

15

如果我们认为在氏族和宗亲家庭（参见第2节）之间存在着极为隐约模糊的界限的话，那么这就会令我们想到，对于新型氏族的形成而言，并不存在着什么特殊的形式上的限制。实际上，对自身起源的共同记忆、对特定传统和家族祭礼的珍视呵护，以及对更为久远的亲属联系纽带的认知感是一种情感，根据各种社会群体地位不同而或多或少地依稀尚存。我们在现代社会里亦能查实这种现象，它帮助我们确定了在财富水平与亲属群体或如氏族这种准亲属群体的自我认同度之间存在的准确关系。只有在这些更重要且更富有的家族当中，才具有足够的利益和能力来确认并保存这类联系纽带，而且只有他们才有能力将低微之人吸纳为门客。假设这对于一个氏族群体的形成是必需的话，那么就可以解释这样一个事实：在罗马，从一个贵族政体社会的意义上讲，氏族通常更加明显地构成了一种在贵族政体意义上逐渐增加的阶层分化现象的社会基础，而单个氏族的最高点——家父议事会则正好代表了这个社会的轴心（见第12节）。

另一方面，在以氏族形态的存在为特征的各个村落之间实力关系（除了军事以外，还有经济）的分化，以及一种更加普遍的人口增长进程都对拉齐奥地区既存的共同体的领域范围及其结构性特点产生了影响。随着共同体的扩张以及森林、非耕地与沼泽的减少，各个村落之间的自然界限就被削弱了。因此，这成为各个人口分布点之间关系紧张的前提——它们不会总是和平相处的。为了对付周围那些更为蠢蠢欲动者并保卫自己领地而发生的攻掠和冲突，很早以来就代表着一种并不亚于商业交易和宗教联系的激励手段，使得不同共同体相互融合。此外，以有关罗马建城的神话传说本身为例，其最广泛的吸收合并就起源于位于帕拉丁山（Palatino）的罗慕洛（Romolo）和雷莫（Remo）兄弟与位于阿文丁山（Aventino）的他们的舅父努米托尔（Numitore）的共同体之间的冲突与交锋。同样，这座古老城市的历史转折点——从帕拉丁小城到更加重要的城市体系的过渡，而后者则是由与奎利纳尔（Quirinale）小城的联合体所组成的——的发生则是由于在帕拉丁共同体和奎利纳尔共同体之间的严重的军事冲突（见第5节）。

在这种背景下，小共同体的村落化组织结构就渐渐消失了，而 16

加进来一套复杂的机制，在不同的村落之间进行融合或者一些更为强大的城镇（*oppidum*）进行扩张，而这些强大的市镇处在对周围村落进行吸纳的极点和进行统合的中心地位。尽管宗教联盟和公共庆典的平衡作用构成了不同共同体之间一种强有力的联系纽带，但这也已经被削弱了，因为这些联系本身也已经极大地改变了其表现形式，促进了不同的古代中心之间的融合。

所以，就在这一时代，位于帕拉丁以及可能还有阿尔巴（Alba）、帕勒斯特利那（Palestrina）、蒂沃利（Tivoli）的众多村落及其他一些中心就具有了原始城市实体的特征。因此，无须去寻找那个神话中的4月21日，大约是在公元前8世纪中叶的某一年，那是假想的标志着罗马诞生的日子。我们也可以说，在公元前8世纪后半叶，帕拉丁山上存在一个原始的城市中心，它是由众多较小的村落合并而形成的，而且它朝着毗邻的埃斯奎里诺（Esquilino）和西里欧山（Celio）一带的丘陵延伸过去。

这座城市最早的核心区域被确认为就在帕拉丁山上，这一点在罗马人的历史记忆里面已经是很明确的了。实际上，这些小丘与众多神话传说和那些最古老的宗教典礼都有联系，它们涉及的是那对从台伯河水中被救起来的双胞胎：从所谓的“罗慕洛小屋”到“努米纳尔”无花果树[①]，再到鲁佩奇祭司们（Luperci）在相应的宗教仪式里面沿着神圣的边界线行进的路线，它们位于这些小丘的山脚下。革利乌斯（Gellio）[②]指出，这正是这座城市的宗教边界，是最古老的城界（*antiquissimum pomerium*）（13.14.2），恰恰就是罗慕洛本人所走出来的。

当然，城邦（*pólis*）的形成过程与帕拉丁共同体一样，都只是开了个头。同样要紧的是，要强调城市的扩张后来为什么没有亦步亦趋地遵循由先前存在的那种宗教联系所构成的领土扩张模式，比如说，它们当中最重要的城市之一，即将帕拉丁、埃斯奎里诺和西里欧的村落都统一在了一起的七丘之城（*Septimontium*），仅仅成为

① 即罗慕洛和雷莫兄弟，根据罗马传说，他们被一只母狼救起，并在一颗无花果树下被哺育长大。

② 古罗马帝国文学家和语法学家，曾任裁判官，著有《阿提卡之夜》（*Notes Atticae*）等作品。

日益壮大的罗马的一部分而已。而在这种背景下，另一个以圣阿杰庙（*sacra Argeorum*）为代表的——它覆盖了西里欧、帕拉丁、埃斯奎里诺和奎里纳尔及维密纳尔（Viminale）等为代表的区域——极古老的庆典仪式则显得更加疏远无关了。

5. 罗马城的“建立”

在描绘出一幅城市结构雏形的大致图景之前，最好还是就近进一步分析一下从乡村组织到城市组织的过渡进程。已如前述，很多当代学者宁可将这种过渡解释为连续的，而非一个急剧的转折或者是一种陡然间的跳跃。或许这种判断确实显得更加正确一些。但为此需要简要地强调一下那种最古老的城市体制的特点，正如从我们所掌握的传统文献里面所能得知的，这让我们能够从中查证、确认出各种有关连续性的以及中断的因素。

古代的历史学家们几乎众口一词地将罗马城的起源追溯到一系列关于人口分配的划分方式中去，其中一些以“行政管理性”的特点为主，而另一些更多的以政治和社会性为特点。关于前者，我们了解到，罗慕洛在确立了对他自己建立的这座城市的最高领导权之后，将所有的居民划入三个部落，而每个部落由十个库里亚组成，每个库里亚又被细分为十个宗联（decuria）。统领每个部落的是部落大会，而位于每个库里亚之首的则是库里亚大会（Dion. Hal. 2. 7. 2-3），最后每个宗联受制于宗联大会。因此，我们会首先发现一个由三个部落、三十个库里亚和三百个宗联所构成的关于人口划分的庞大体系。

17

自罗慕洛以来，在贵族和平民之间似乎就兴起了一种具有社会化特点的分化进程，前者是那些最早的元老院成员的后代们。狄奥尼修斯（Dionigi）[①] 在一个非常有名的片段里面补充说，后者为了避免来自贵族的压迫，不得不在前者中间选择一位庇主起到保护的功能（Dion. Hal. 2. 2. 2-10）。该片段是关于门客制度的一个具有重大意

---

① 古希腊历史学家、修辞学家，生于小亚细亚的哈利卡纳苏城，著《罗马古史》二十卷（今存前十卷）及《论古代演说家》《论修昔底德》等。

义的参照点，对这一制度，我们已经反复提出要加以关注（第 4 页）。

因此，古代的传统文献提出了一种从罗马起源的神话时代就已经完备的政治和社会的组织模式。一方面，这是一种建立在王（*rex*）、元老院和库里亚民众会议所构成人民大会的基础之上的政制安排；另一方面，它又是贵族和平民之间的截然有别的状况。在狄奥尼修斯的陈述中，这种区别对应着他们在城邦内部的不同职能。从本质上讲，落在平民头上的是在田地里劳作的义务，因此他们被“豁免”了公共事务（Dion. Hal. 2. 9. 1），而这些事务却是贵族们的权限，留给他们的职务是祭司、法官以及王在城邦领导工作中的辅佐者和助理官员。

受到古代编年史观点的影响，其他一些观点不同的学者则认为，可以把这三个罗慕洛部落解释为最初相互独立，而且从种族的角度来看相互区别的一些集合体的融合的结果。因此，从尼布尔（Niebuhr）的时代开始，与拉姆内（*Ramnes*）和提切（*Tities*）这两个部落相关联的是，定居在帕拉丁山上由罗慕洛统治的拉丁人共同体和定居于奎里纳尔山上由提图斯·塔奇欧（Tito Tazio）统治的萨宾人共同体。

实际上，这无非就是把文献里面已经存在的一些指示重新叙述出来。在这些文献里面，我们其实发现了前面提到的人口划入的三个部落及其与一支由三千步兵（每个部落一千人）和三百骑兵（*celeres*）（每个部落一百人）组成的原始军队组织之间的联系。后面这些骑兵本身被划入三个百人团，显而易见，他们对应着被称之为提切（*Tities*）、拉姆内（*Ramnes*）和卢切雷（*Luceres*）的三个部落。

18

罗马人本身还有一种倾向也是不可避免的，即按照罗马历史上那些“被用于部落命名”的人物来对上述名称进行解读。在这种背景下，很显然，拉姆内与罗慕洛、提切与提图·塔奇欧相连。对于共和国时代最后几个世纪里的那些罗马学者来说，第三个名称“卢切雷”的含义显得更不确定一些。尽管不是唯一的确信，但还是可以确认一种倾向，把这个名称同一位神话式的人物——卢库莫内（Lucumone）联系在一起。这位埃托鲁斯人的军事首领甚至还帮助过罗慕洛打仗，对付奎利纳尔山上的塔奇欧所率领的萨宾人（Cic. *Rep*. 2.14; Serv. *in Aen.* 5. 560; Dion. Hal. 2.37.42, 43）。尽管瓦罗内

（Varrone）还提到了一种不大相同但可能更为可信的判断，但是这里所指出的这种联系的类型使得罗马人自己把他们的历史合理化了，同时把这三个罗慕洛部落（及其军事结构）同它们所在的这座城市的形成过程联系起来，而这里面除了有拉丁人和萨宾人的血统成分以外，还毫无疑问地证明了也有埃托鲁斯人的血统。

有意思的是，这里我们提到的这种严格而且非常具有想象力的联系却并没有被当代的历史学家所复述，不过这些联系的某些痕迹还是保留下来了。比如说，蒙森（Mommsen）本人就曾经以他的权威对这种有些天真的种族关联性进行过评判，但他也同样倾向于把这三个部落解读为是最古老的一类结构在罗马政制中的残存。其实，他设想的是，这三个独立的共同体也融入了唯一的一个政治实体，而它正好就表现为罗马这个城邦。

这类解读即使在今天仍然表现出了其无可置疑的可信度，并且至少很好地描绘出了帕拉丁和奎利纳尔山上的两个共同体的融合，但是仍然可以以完全假说的方式提出一种不同的解读模式对其加以反对。尽管仍需要采纳蒙森的观点，即库里亚体制与部落的分化之间具有非共时性，但也可以尝试着推翻这位德国大历史学家提出的编年顺序模式，并承认库里亚所属的历史阶段要早于部落分化所处的历史阶段。

实际上，按照蒙森式的解读，就可以掩饰一种过分的“渐进主义”态度，按照这种认识，村落（可能最终都会转变成为较晚些时候的库里亚）的多样性就会过渡到三个较大的共同体（帕拉丁共同体、奎利纳尔共同体以及第三个可能是西里欧共同体），而且从它们那里——转变成为部落——最后就会实现真正的城市政制。无疑，这种假设可能是正确的，不过却要冒风险：本质上这是一种进化论的态度，也给其带来了瑕疵，其否认了在历史事件中那些更为曲折、更加交替轮回的进程存在的合理性。

在这几页里，我们已经反复地强调，帕拉丁、奎利纳尔山上的各个共同体最终会在不同的时刻融入罗马这座更大的城市。现在最好对这些走马观花的记载进行总结了，要强调的是，在位于帕拉丁山上的罗马城形成之后，在其扩张进程中有一个特别重要的时刻，

19 就是位于奎里纳尔山上的、具有不同血统的另一个共同体同它的融合。

根据传统文献，这可能发生在一个相当早的年代，甚至要追溯到罗慕洛统治时期。去强调在这个背景下的那些冲突所具有的重要性是没有意义的，这种冲突见证了与两种不同血统却相互联系的两个共同体之间的对立：罗马是拉丁血统，而在奎利纳尔山上的村落则是萨宾人血统。后来随着罗马人劫掠来的萨宾妇女的干预，两个共同体的关系渐趋和平甚至融合，它们处在罗慕洛和提图·塔齐欧的共同统治下。

如果说考虑到帕拉丁山同奎利纳尔山被一片后世将是罗马市政广场所在位置的广袤低地给隔开了的话，那么就必须总结出一点：其实，只有随着对这片低地的改造和经营之后，融合的进程才必然完成。这就把我们带到了一个比罗慕洛起源时代更晚近一些的年代里来。在这个原始阶段，随后还发生了位于帕拉丁山上的罗马的另一个重要扩张：吸收合并了埃斯奎里诺和西里欧（更晚些时候还有维密纳尔）。帕拉丁与奎利纳尔山的萨宾共同体的融合，使罗马在地域和人口上都成了最重要的中心之一，即使在超出拉齐奥这个有限的地区之外也是如此。

6. “王”及其任命

在这座最古老的城市里，最基本的政制构成机构似乎是三个：王（*rex*）、“老人”即元老们（*patres*）的议事会，以及共同体全体成员的大会。但不论如何，这些要素都不能被判定为是某种先进的政制平衡机制的成果，否则这就会把更晚近的年代里才会发展出来的那种政治与社会关系给人为提前了。

我们所发现的毋宁是，在这个原始阶段里，在结构上的转变之前，由于各方面的影响，在这个世界中就已经出现了一些村落和部落共同体。在这种背景下，意义最重大的转变，恰恰就在于某些因素相对于其他因素的此消彼长的变化。因此，毫无疑问的是，王这样一个领袖角色将注定会逐渐地强化，其成长势头也会得到相当的表现，如同其伴随并主导着城邦的兴起过程。

但与此不同而且更为模糊不清的是，我们已经提到的另外两个机构的兴替。就武装民众的大会而言，很可能在统治者与被统治者相分离的渐进过程中，其最初的权力遇到了限制。如果说它表现为是市民生活的一个中心点的话，那毫无疑问的是，其活动似乎就是在追随和强化王的领导，王无疑是位于第一层面的。 20

更为复杂的是元老议事会的功能和含义，假设这确有可能的话。毫无疑问，哪怕上溯到很久远的年代，在元老院身上，凝聚了那些对城市兴替产生影响的社会和政治方面的贵族政体的形成过程。在元老院里，各氏族占据其位置，并结成贵族集团派别，而氏族高级成员（*gentiles*）则渴望对社会和国家行使真正的统治。但是，在罗马王政的最初阶段里，相对于保留给王去完成的对共同体的政治领导而言，元老院似乎并无支配力。

就罗马的“王政”阶段的历史真实性而言，就算在最“苛刻”的历史极端主义的年代里也不曾被质疑过。在那个年代里，所有的古代历史编年文献都被当时的学者照搬过来。另一方面，有关这方面情况的一些较为晚近的证据材料数量很多并且很重要。首先，有关王的确切记载在共和国时代尚有留存，只是其职能已经缩减为纯粹宗教性的而缺少真正的重要地位了。但并非偶然的是，在罗马祭司阶层正式的等级序列里，王还拥有极崇高的地位，这涉及的是“圣王”（*rex Sacrorum*），这种命名本身就要追溯到古代的王政，而有关王的其他记载则存在于共和国时期的各种体制内，可以想到的是摄政制度（*interregnum*）。当罗马最主要的执法官缺位的时候，作为例外，最高权力就会回到元老院手中。同样，在这个名称里，也明显显现出了王的继承制度的记录。此外，还可以想到的是“王出奔”（*regifugium*），这是王在特定条件下举行牺牲祭礼的日子。还可以想到王本人的正式住所，其名称正是来源于王：*regia*（王宫），后来被最高大祭司（*pontifex maximus*）所占用。最后，还有QRCF 程式的记载（*Quando rex comitiavit fas*，“王召会吉日”），这是古代作家们提到的关于罗马立法上的两个日子。[1]

毫无疑问的是，尽管王的更替，尤其是在从萨宾和拉丁人阶段向具有埃托鲁斯血统的最后三个王的阶段过渡的过程中似乎显现出

① 即3月24日和5月24日。

深刻的变化（见第 14 节），但王的角色还是处在古代罗马的政制和政治生活的中心位置。而更有疑问的则是，对附加于这个角色身上的各种特征和权力进行的那些分析性描述的可能性。就算如我们所说的，其总的权力（*potestas*）随着时间的推移似乎得到了加强，具备了更为集中的军事性特征，但毫无疑问的是，从一开始在王的身上就共同存在着两个领域的权力：一方面，他表现为一位统帅（*ductor*），是共同体的军事指挥者，以其职能来确保武装起来的人民（*populus*）和城邦的团结；另一方面，他又是市民生活的最高调控者，是共同体的法官和管理者。不过，把这两个领域联合在一起的机会则是由王最崇高的宗教职能所构成的：他是众神和凡人之间的沟通协调者，而我们还要补充强调的一点是，这似乎才是这一角色最根本的方面。不仅其民事职责，还有其军事职责本身，都与由王履行的最高宗教职能相关联。

21

实际上，就罗马诸王的话题，我们的原始文献以一种相当持续的方式坚持研究神对任命新王的同意，因为这代表着王政组织中的一种核心要素。

在罗慕洛这位罗马缔造者的事迹中——西塞罗（Cicerone）称之为最出色的占卜官——众神的意志具有某种特别重要的价值。对其继任者努玛·彭皮里（Numa Pompilio）而言，这一点则更为明确。事实上，对其做出任命是与一项被古代史学家们非常细致地予以记载的仪式相联系的：在集会的民众面前，于某个特意选定的神圣区域（神庙 [*templum*]）中，这位占卜官在一个富有象征意义的仪式中用右手触碰努玛的脑袋，并询问众神对任命他作为城邦之王是否同意。

> 但是，这种仪式并不仅仅用于对神意的简单问询（对此，其实诉诸一种专门行动即可，即从一系列约定俗成的标志中获得的鸟卜 [*auspicia*] 信息[①]）。占卜（*augurium*）似乎代表着更多的东西，不过，这涉及的也完全是宗教领域。这其中，除了探究神意之外，还要请求神的帮助，以及对受到占祝之人（或者受占祝之地）进行“升华”或者“圣化”（sacralizzazione）。

① 古罗马人根据鸟在天空中飞翔的队列、数量和路线痕迹进行占卜，称之为鸟卜。这种活动往往比一般的占卜活动更为神秘而且更庄重严格。

如果说神的参与在新王的形成过程中具有一种核心作用的话，那么还有一些别的要素也履行着某种决定性的功能。这里涉及的正好就是城市共同体的组成部分：人民和元老院。

就前者而言，我们已经看到他们是如何出现在王的所有的占卜活动（*inauguratio*）中。古代的作者们告诉我们后来人民更进一步地参与其中：在西塞罗看来，他们甚至会因元老院的授权而在库里亚民众会议上选举王（见第 11 节）。在新王形成的过程中有人民的参与，这一点是不容置疑的。这也为共和国时代所存在的一种体制所证实："库里亚（权力）约法"（*lex curiata* [*de imperio*]）。

> 实际上，在百人团民众会议选举出共和国时代的官员们之后，必须经由最古老的库里亚民众大会（或者是由它们那徒有其表的外壳）在它们的命令中对此加以确认。这就是由"权力约法"所提出来的程序。根据大部分历史学家的观点，在库里亚民众大会确实还是一个实际有效的政治和宪制实体的时候，这种程序在涉及王的任命时必须放在最后启动。

有一个不同的问题是，这一约法是否表现为一种真正的人民选举。其实，非常有可能的是，那些古代作者们认定了库里亚通过一种实际有效的选举而参与进来，在他们看来，这一约法为共和国晚期的民众大会的运作起到了典范作用。正是在这个意义上，涌动着这样一种倾向，即把共和国的同类事件解读为对王政时期的城邦的实质延续，这种倾向在那些古代作者当中或多或少地存在着。而这里就有这样一种企图：把对王的任命表现为类似于对执政官的任命。

22

尤其是蒙森还不太重视这样一种解读，他更坚持认为，在新的最高官员的任命当中，来自前任的"拥立"才具有举足轻重的作用。其实，对王的"拥立"与其说属于前任，不如说是被托付给了"摄政"（*interrex*），而王本身是被允许终身任职的。按照这种方式，库里亚民众大会介入到了这个任命过程中来，但是只有一种极为消极被动的职能。根据这位德国的大历史学家的观点——后来得到了更晚近的很多学者的追随——"库里亚约法"不过是来自人民的对新王加以顺从的简单义务。

当代的历史学者们要么接受这种解说，要么转而设想，收到王命的人们对王的这一命令公开表示接受或者纯粹就是民众们欢呼通过，但他们似乎是相当一致地排除了库里亚民众大会的那种真正意义上的选举制度的存在。

如果类似的判断是正确的——这是相当可能的——那么，王的拥立（*creatio*）和摄政制度（*interregnum*）则具有更重要的作用，对此加以深入探讨则是合适的。紧随着王的逝世，元老院就会介入，在总体上承担起王的权力并进行集体统治：这就是摄政制度。实际上，这种权力被分配给了一个由十名元老组成的团体，他们是由贵族议事会选出来的，以便代表全体民众。这种权力被集体归于十名贵族，指挥权的标志被连续地单独赋予各人，每人五天（Liv. 1. 17. 5-6; Dion. Hal. 2.57）。当神旨同意，实际上是政治条件成熟的时候，新王的任命就会由摄政中的一位来完成，虽然不是由第一位完成。

就一些尚不甚明确的关系而言，包括新王的拥立与民众大会之参与的关系，以及这两种行为同我们前面已经提及的占卜行为的关系，值得探讨的是：为什么不同的作者们都试图根据王具有的权力所归属的不同类型而指出其中的区别。这样，可以想见的是：民事权力来自于“拥立”，而军事权力则由库里亚民众大会授予，或者说，来自库里亚民众大会的王的政治权力领域与王从占卜仪式上获得的宗教职能和神职权限能够形成对比。而对另外一些作者而言，则存在着一种王权的三分法，它来源于民众大会、摄政和占卜仪式三方面的授权（威廉姆斯 [Willems]）。

23

作为总结，我们可以说，公元前七八世纪的罗马人是很难出于完整地获得王权这一目的而去把拥立行为（或者占卜行为或者民众大会的欢呼）是否充分的问题搞清楚的。事实上，无论是拥立制度还是随后的仪式都不仅能够真正地得以实现，而且还实现了在相当程度上凝聚一种统一的政治意志。而如今，为了实现这样的状况，在任命新王的形式程序之前，会出现必要的妥协调和。拥立制度无非就是要记录下这种合意，以至于后来的库里亚约法以及占卜活动都很难具有把某个不完整的行为补足的形式化特点。它们或多或少都是些必然的或者“各方协调一致”的结果，对它们的否决相对于这里所描绘的政治模式而言，会具有一种真正的颠覆性价值，但这从未见诸对罗马诸王的历史记载中。

7. “王”的使命和他的主要辅佐者

王作为共同体的和众神之间的最高协调者，这一角色赋予他统治城邦的合法性。作为“与诸神的和平安宁”（*pax deorum*）的护佑者——这对罗马的福祉和存在而言是必需的——王能够也必须通过鸟卜仪式（见第 8 节）向众神发出问讯，以便做出在城市生活中直接实施的所有决定。正是这种职权以某种方式构成了王的最高权力的基石。正如我们已经提到的那样，这种权力既涉及指挥城市军队和在军事上保卫国家的使命，又关涉对市民共同体进行管理的任务，还有保证少量的立法和所有与城邦生活本身相关的措施的公正性。

就军事指挥权而言，这里我们仅限于提及它是如何随着时间进程而最终得以强化的，直至成为埃托鲁斯王政时代王的形象的标志性特点（见第 14 节）。

> 各种学者甚至推测说，对军事方面的强调给王权的性质本身带来了某种转变。这样一来可以想见的是，从拉丁人王的原始性权力（*potestas*，一般被用来指代王的权力）到埃托鲁斯王的治权（*imperium*，通常是被用于说明共和国最高官员们的指挥权的专门术语）。治权主要是凸显了最高指挥权的军事内涵。据说，对国家进行这种理论重构显得并不可靠，至少在涉及有关王权的特定术语时是如此。当然，当我们想强调王权的军事方面时，我们也可以使用治权。但这不意味着，该术语在王政时期就的确开始使用了，也不意味着其含义与权力一词存在多大差异。

其实，军事指挥权涵盖的范围比简单地统率军队要更加广泛，而且一般而言，王的权力实际上要靠一系列辅佐者的襄助才能行使，而他们的职能建立在这位最高统治者或大或小的授权的基础上。　24

我们首先要提到的是，王在部队指挥方面的辅佐团队。甚至可能回溯到很久远的年代，在王的身旁就伴有一位民团长官（*magister populi*）[①]（这里的 *populi* 一词在本质上是指市民 [*cives*] 的战争组

① 因其系共和制时期独裁官的前身，也译为“独裁长官”。

织）。他是王的直接助手，当王在城内因其宗教和民事职责而分身乏术时，他就会成为王在最高军事指挥权上的替补。在民团长官旁边较次要的位置上，我们可以发现骑兵长官（*magister equitum*），他拥有骑兵分队的指挥权。

同样，涉及王的军事权力而非民事权力领域的还有其他一些辅佐者，他们有权惩治严重的犯罪，在这里面就有杀人罪审判官（*quaestores parricidii*）（关于它作为敌对行为两人审判委员会 [*duoviri perduellionis*] 的溯源，参见第 22 节）。

在城邦内部，想要把王的一系列特定权限区分开来而不把这一角色的各个特征搞错是很难的，他的权力和职责是以一种在本质上统一的形式表现出来的，因此，在这里我们仅着重谈谈在特定时期里其注定会具有重要性的活动的某些方面。

那么首先要提到的是，王所行使的最高裁判者的职能，而他的这一角色不仅仅来源于其神职上的地位，在更加基本的意义上，这也来源于他作为城邦统一之保佑者的地位。因此，各家族和氏族群体之内的紧张关系有必要经由外部干预来调解，而不能留给简单的自力保护措施和私力复仇。在这方面缺少规制就会击碎城邦本身并不牢固的统一性，而这种统一的建立则十分缓慢。

不过，如果说王就是调控私人冲突并参与确认有理方和过错方的人，那么他还是这样一个人：为市民们制定并阐明少量的用于调整城市内部生活及各种关系的规范，而根据这些规范就能够确立出“有理方”和“过错方”。这些任务都是属于他的。尽管毫无疑问的是，法律习俗和行为规范是单个氏族的遗产，后来才被城市共同体所接受，但很有可能的是，王对这类材料进行了重新设计，而且必然朝着一种更加宽泛的规范化形式靠拢。

25

古代作者不断地提到，甚至在王政时代就有由民众大会投票并由元老院批准的各种法律。这种“君王法”（*leges regiae*）——我们也看到了对它们的很有意思的援引——的形成机制被想象为与共和国时代真正的法律（*leges*）的形成机制相类似。

在那本神话集里，这类法律是由塔克文王时代的某个叫塞斯特·帕比略（Sesto Papirio）的人完成的，但事实上，在这一点上我们知之甚少。据说，根据对王政时代城邦制度机制进行的更加可信的理论重建，由库里亚民众大会对规范性成文法进行某种正式表决的做法是很值得怀疑的。所有这一切反倒显得很有可能符合我们提到过的共和国晚期的罗马人的那种倾向，即把王政时期城邦的原始制度都用与共和国时代的制度特点相类似的形式表现出来。

但很有可能的是，君王法是王的“制令权”的表现，它只存在于对习惯性的规定进行规范化和固定化的过程当中，有时候，甚至要上溯到很早之前的年代里的习惯（见第9节）。总之，所有的这些素材都会被王当作是由他权威性地引入的规范内容而得以适用，而且可能会在人民大会上公之于众。

就这些法的内容而言，毫无疑问的是宗教素材占有很大的分量。然而，在最直接地与有限的公共关系领域相联系的某些规则之外，另有相当一部分规范所涉及的是犯罪制度和私人关系，而后者同样也主要由宗教或者神罚裁判来调整。这样就会发现一些更加错综复杂的规则与家庭组织和人的地位有关。这里面似乎记录下了女性根深蒂固的依附地位——这倒并不令人感到惊讶——而对子女则规定了一些保护。对婚姻的调整极为详尽。而非常有趣的还有调整葬礼的规范：给人留下印象的是一项限制花费的立法的最早例证，但无论如何，这一限制奢侈行为的立法都并不必然意味着是对贵族阶级的削弱和压制。

其他具有神权特点的规范也很有意思，从中可以推断出：在王政时代前期就有酒的出现，以及出现了土地私人所有权，这是由土地边界的神圣不可侵犯性所确定下来的。然后，还有很多有关城邦内所实施的不法行为的重要规范（见第10节）。

在这个意义上，可以总结认为，极有可能的是，一整套规则不仅仅涉及宗教生活或者用来镇压某些会有损于众神与城邦之间和平的个人行为，而且还牵涉到了各个元老之间的“私人”关系，这在王政时期的进程中都可以被有意识地提出来。还有可能的是，在这一领域，严格说来，依靠王的倡议和权威，还实现了神职团体，包括大祭司与战和事务祭司的参与，他们是城市记忆和政治与宗教智慧的载体。

26

8. 祭司团体

为了有效理解罗马的王政，就不能不对祭司团体做一个简要的分析。尽管它们不能被想当然地看作是王的辅佐机构。相反，在某些情况下，甚至可以想到他们有着比罗慕洛时代更加久远的起源，只是他们也表现出与王的角色和职能的紧密联系。另外，需要认真考虑的是，王本身就表现为罗马的最高祭司，这一点是如此重要，以至于后来随着共和国的建立，这样一个角色身上所有的政治权力都被削去的时候，他在所有的罗马祭司当中，仍然保留着形式上的最高身份。

很明显，这里我们不会寻求从总体上去勾勒古罗马的宗教形态。我们的兴趣仅限于把最直接地影响城邦政治和宪制安排的那些方面表现出来。

因此，出于这个目的，我们可以完全不去考虑农神兄弟（*Fratres Arvales*）、奎蒂安人牧神（*Luperci Quinctiani*）和法比人牧神（*Luperci Fabiani*）等祭司团体，他们都与那些极为古老的仪式和崇拜相联系，尤其是后两者与氏族结构有关联（对于其来源于由图腾崇拜形式而来的牧神崇拜这样一种假说，尽管已有很多不同的作者们提出过，但是我们还是要更加谨慎一些）。

不过，祭司（*flamines*）则显得有更大的重要性：在三位主祭司（*flamines maiores*）：朱庇特祭司（*Dialis*）、战神祭司（*Martialis*）和罗马祭司（*Quirinalis*）之外，还有十二名较低级的祭司，这些祭司也都属于最古老的罗马宗教传统。就朱庇特祭司而言，一系列与其人身相关联的限制甚至都可以回溯到青铜时代。就算是较低级的祭司们的职能也涉及原始城市共同体某个非常久远的年代的仪式。

最后要提及的是维斯塔（Vesta）火神崇拜，这属于具有极高身份的一个特殊的女祭司团——维斯塔贞女（Vestali）——的职责。除了某些庆典仪式外，她们的使命还有看护长明不熄的圣火，以及照看水源：这些元素所代表的象征意义在这里表现得很明显。

我们的注意力将集中在对城邦生活具有首要重大意义的三个团体的身上：大祭司团、战和事务祭司团、占卜祭司团。

实际上，这些祭司团中的第一类以最高大祭司为首。在共和国年代的罗马神职人员当中，他是最为重要的，出现在每一场城邦生活的重大庆典里面。尽管在共同体最严格意义上的宗教领域里，这个团体已经拥有了非常广泛的控制和干预权力，但是其重要地位仍然远远超出了这些范围。

> 就这一话题，我们将要提到的是，在共和国时代，大祭司们的任务仍然是在由城邦议决的各种宗教仪式上发表意见，并在技术上辅佐那些被指定主持这类会议的官员们。此外，很多牺牲献祭和各种较次要的祭礼也是由大祭司们来直接保障的。

27

还有其他两个领域也表现出大祭司团的“技术”支持是必不可少的，而且，我们已经在先前的篇幅里有机会提及：订立和运用与共同体生活相关的原始规范、公布历法。

无论是有关时间计算及年份划分方法的知识，还是对古代法律传统加以记忆，以及连续地精心拟定出各个王的活动安排，这些都成了大祭司们几乎完全专属的职权；因此，大祭司团就显得好像是王的行动本身所不可缺少的成分。在我们看来，大祭司团如同是“技术性”知识的保管人，并且从这个视角来看，这个团体构成了一种能够保证这座城市集体记忆的机制。

在共和国晚期，该团体的成员包括了整整十五位祭司，既有地位较高的大祭司（或称主祭司），也有一些地位较低的大祭司；而在王政时期，其成员则仅为五人，并以最高大祭司（*pontifex maximus*）为首，他们是以增补的形式选出的，且终身任职。

关于战和事务祭司，他们有权负责罗马的国际关系。其实，这一类神职人员似乎遍布很多古意大利民族，尤其是在拉丁民族当中，而且可以上溯到极为古老的年代。

每一次都通过一种相当古老的仪式从战和事务祭司当中选出一位战和事务祭司长（*pater patratus*），由他同另一个民族的战和事务祭司会晤，以期订立两个共同体之间的条约。不过，战和事务祭司的职权还涉及其他同样也很重要的活动，即从事新条约的拟定——其实，他们的参与是为了掌控罗马所有具有重大国际意义的活动在形式上的合规性。在实践上，为保障民族间的公共信义（*fides publica inter populos*），他们的使命就是采取措施来确保或者要求异族共同体对给罗马带来的损害进行赔偿，以及掌控现存条约的准确适用，最后还有以法定形式向那些欺凌罗马人的民族宣告“合法”的战争。

要加以明确的一点是，战和事务祭司这种功能的形式内涵：其实，国际关系的实质专属于王以及对罗马对外政策的选择和导向掌握实际权力的人。战和事务祭司和战和事务祭司长应该只是简单地转述这些政治决定（战争、结盟与和平等），并为了国际行动的有效性而使用罗马制度所要求的那种形式。

28

这似乎很好地反映出了一种严格的形式性，它似乎调整着古代罗马社会（另外，这也如同相当多的其他古代“原始”社会那样），而另一方面，它还构成了一种并未被低估的显著的实践优势。实际上，它通过对一系列形式性的尊重，使得对某个政治性日期进行合理化成为可能。这样一来，就有可能把在尊重某些形式规则基础上所宣布的战争看作是正义的，而不去考虑战和事务祭司要求予以补偿的那些已遭受的侵犯的实际严重性。这样一来，每一项政治抉择都是以被某种形式上的制度所涵盖来完成，它并不要求特别指出其真正的动机和罗马的对外政治准则。不过，从制度上看，这有利于进行伪装掩饰。另外一方面，据说正是作为调整战和事务祭司行为的那种严格的形式性——对此，我们已经要求给予重视——带来了构成一整套战和事务祭司法（*ius fetiale*）的程序性规则及某些方面实体性规则的起源，或者至少是促成了其形成。它们是某种原始的国际法的根源，在古代体制内得以组织起来，并且极大地丰富了古代罗马人的法律经验。

战和事务祭司由二十名终身任职的祭司组成，对其的指命是通过增补方式完成的。不过，除了有一位被临时任命为祭司长（*pater patratus*）以外，这个团体似乎并不存在某种优先秩序或者一种主席地位。

现在转到占卜祭司团上来，最好再次重申一下对一个先前审视过的问题的重视，这个问题在之前的篇幅里已经出现过了。一个原始共同体询问神意，目的在于对社会生活加以调控并做出重要决定，这当然不会是什么出人意料的事情。同样不会令人感到惊讶的是，在这个社会内部建立起有关这类假想意志的标识的某类知识来，而且这成了一个专业人员群体的私产。对我们而言，更难以理解的在于，在罗马，这种经验在引发了两种不同的占卜制度之后就出于某种原因而告终结，在我们看来，在某些方面，这两种占卜制度之间的界限是相当短暂易逝的。

占卜（*Auguria*）和鸟卜（*Auspicia*）：无论从外在标识的特点上面，还是向众神进行询问的内容里面，都无法找到对这两种制度进行区分的原因，而且有时候两者似乎还相互重合。实际上，这两个领域最直接相区别的方面表现为有权探询神意的那些个体：负责占卜的是占卜祭司，而负责鸟卜的则是王政和共和制时期的各类民选官员。

至少按照通常的讲法，真实的情况是：官员承担的鸟卜活动（*auspicium*）大概主要涉及的是具体的情况，在时间上也更晚近一些，鸟卜中的不祥征兆会阻止这位官员在某个特定的日子从事相应的行动。不过，行动也可以在随后的日子里面恢复。而占卜活动（*augurium*）则可能涉及时间上更为久远的一些情况，它可以涵盖某个更加广泛的目标，而不只是某些单一的选择和确定的行为。

29

从另外一方面来看——我们已经看到了王的祭礼（*inauguratio*）——占卜大概包括的不仅仅是纯粹的对神意的探寻，而且还有通过请求众神进行干预而实现精神控制的加强，对人类的行为和地位加以丰富充实。实际上，占卜和鸟卜之间必然存在着极为紧密的联系，这在祭祀与求神内容上面显得更加明显。

此外，正是由于这些原因，对我们而言，多数当代学者的观点是准确的，即倾向于把王排除在占卜祭司的范围之外。因此，一方面有主持祭礼的王（*rex inauguratus*），他有权举行鸟卜活动，而另一方面则有占卜祭司团，他们有权通过举行占卜活动向众神问询，而后者的权限范围可能更接近一种更加纯粹的宗教制度，或者至少更接近于一种更为广泛的与神灵的关系。但是，王通过鸟卜行为来侍奉神灵，从本质上讲是为了其在日常行为及其决策过程中获得指导。

因而提起这个祭司团的崇高声望就是极为正当的了，而且因此，它只是由极少的成员组成，这也是事实：最初是五人，而且他们是少数具有最高社会地位的人的一部分。在这个祭司团内部还存在着一种以不同成员的年龄为基础的优先序列。

正如战和事务祭司一样，在这个领域里，也确立了某种智识或“祭司法”。这些由占卜祭司们所遵循的传统及其解释被收录在文本里，并由这个团体加以珍藏，有些时候还被秘密保存起来。它们构成了有关某种学问的古代文献，而正是通过这种祭司团为代表的集体记忆的形式，这些知识才得以一代代地传播和丰富起来。

9. *mores* 与法

在前面各节里，已经谈到了在法的领域里王和祭司们的行为，并且已经强调了王政时期存在于习惯中的规范体系如何在实践中不再适用，这套体系持续到了《十二表法》的制定（见第 20—21 节）。这是由于在公元前 5 世纪上半叶，人民大会偶尔为之的立法行为必然被极大地限缩了，尤其是在私法领域。此外，从整体上看，向共和制统治形式过渡本身并没有获得某项民众大会法律的批准认可。

毫无疑问，*mores* 引发了某种不成文的体制：*mores* 这一术语指的是“习俗”（usi）、“惯例”（customi），因此也暗指从当代的眼光看来是法律渊源的“习惯”的实质成分。而这种突出的状况使得以《十二表法》为基础的城邦法律制度完全明显地表现为某种习惯法制度。

30

> 就习惯而言，一般理解是按照这样一种方式生成了法，即建立在社会共同成员不断重复一致的行为举止的基础上。他们在具有显著的社会意义的背景下，遵循明确的行为规则。但存在争论的是，所谓的“正当且必要的信念”（*opinio iuris ac necessitatis*）是否是习惯的独立要素，即来自于社会共同成员本身的内心确信——在这些行为举止中遵循某项法律规范。实际上，行为举止本身的应有之义就包括在一种认知当中，即除了有关教化和礼节的那些简单规范之外，按照由在社会层面上具有显著意义的那些行为规则所规训的某类行为方式去行事。

从我们当代人的眼光来看，*mores* 毫无疑问是构成习惯的规范。然而，在同时期人的意识里，这并不一定是事实——这一观点得到支持也不无道理。最现代的学说倾向于这样认为：*mores* 并非是体制得以建立的效力基础，它更多只是表现某项法律的方式，而这些法律所具有的一种基础超越了被认为是习俗本身的那些价值内涵。有两方面的观点使得一种论点具有价值：一方面，主张 *mores* 表现出了在文明社会和前文明社会结构当中与生俱来的某种制度，而且它适应了事物的本质，如果愿意使用这个术语的话，应理解为人际关系和社会关系的本质；另一方面，根据当代人的理解，在与具有神灵意志的规则的相互适应过程中，它们也找到了制度有效性的基础。因此，一种神权统治的基础就建立起来。显然，这涉及那一久远时代里的宗教和法律、宗教规范和法律规范之间的联系甚或是混同。

从术语的角度上看，在宗教和法律的关系上面，一般而言是用“法”（*ius*）和“神法”（*fas*）这对术语来表现的。在它们之间存在的对立自公元前3世纪以来就被证实了，不过，在这一时期的这种明显的对立却并不必然对应着这些术语在两个或者更多个世纪之前所具有的那些含义。

法律和宗教的关系问题对起源时期的罗马而言具有极端的重要性，必须首先从概念角度上予以正确地界定。首先需要指出的是，这种关系会涉及宗教的两个不同方面。第一方面涉及的是伦理或道德的评价体系，这在某种程度上是所有宗教都固有的。从这个角度上看，需要观察到的是，法律规范和那些对应着某种积极意义的宗教道德规范之间关系得以表现的方式，与法律和道德之间关系通常得以架构的方式是相同的。 31

道德规范对人类的行为进行评价，而在这方面其实可以与法律规范共同起作用。后者则在这些行为上附加义务（从另一方面而言，这些法律规范并不会穷尽整个制度）：不过，在概念层面上讲，并不存在这两类规范相混淆的可能性。事实上，道德规范所履行的功能是对人类行为进行伦理评价，但不会规定因为对其订立的准则的违犯而导致何种后续的后果，也不会阐明作为此类规范在社会层面上具有的效果；但法律规范在本质上就会致力于去调节相对于其他社会共同成员的个人行为，对它们的违犯会带来某种制裁。

> 这伴随着对破坏该类规则之人的社会意义上的明显恶行的惩治。从概念角度上讲，这样一种状况，即同一事实既有法律层面上的评价，也有道德伦理层面上的评价，而且评价的目标也是相同的，这并不会混同某项道德规范和某项法律规范，这两种评价其实根据各自的功能会取得它们各自的效果。

一种宗教并不能完全穷尽某个信徒的全部意识形态领域，它所代表的是一种社会现象，它主要表现为认同这种宗教的信徒共同体的存在。这个共同体就像任何一个有组织的共同体一样，拥有它的法律制度。而且不考虑其与一般意义上政治共同体制度，即国家的关系。在某个宗教共同体的内部制度中会明显发现，与那种宗教的积极意义上的道德相适应的伦理评价，在法律层面上也具有特殊的重要性，这些评价从本质上建立在与神灵的关系的基础上，其本身被看作或具有某种功能，即引导单个信徒针对共同体本身、其他信徒或者一般意义上的其他个体的行为举止，对这类有关伦理评价的义务的违反就会被看作是在宗教共同体体制层面上的某种罪行。

在古代世界，尤其是诸如前文明时代的那些共同体或城市国家的社会结构当中，国家和宗教之间的关系具有某种很特殊的形象，宗教乃是普遍的政治共同体，即国家，发生实质聚合的时刻：这涉及的并不仅仅是有关单个个体的方面，而是所有人都拥有聚集在一起实践其宗教信仰的自由。“城邦”（*pólis*）里的宗教是有着最严格界限意义上的国家宗教：没有人能够去实践一种有别于共同体宗教的宗教，而且对城市国家的归属必然就会带着对这个国家宗教的归属。在这种不同于当代社会所发生一切的背景下，可以想见：从一个以法律制度为基石的社会的角度看来，人们是无法识别出宗教信徒共同体和市民共同体的之间的差别的。人法（*ius humanum*）和神法或圣法（*ius divinum* o *sacrum*）——在一定限度内，于罗马起源时可能存在着差别——是两类规范的综合，它们平等地共同参与到城邦体制的形成过程中来。

32

另外一方面，在古代社会还存在着一种基本价值（在罗马，其表现得尤为强烈）：“与诸神的和平安宁”（*pax deorum*），这是对与神灵的关系所做的保存，从中神灵会保佑共同体和归属于该共同体的个体的福祉，这种福祉被认为是共同繁荣和个体繁荣的基本条件。从这个角度来看，则必须避免任何一种会搅扰与神的和平的行为。如果这种行为一旦发生，就必须遭到镇压，并且根据城邦制度做出补救。

在这样一种场景里，很明显是不能接受试图将宗教现象与国家和法律组织现象进行严格区分的观点的，这种观点实质上无非是在古代世界里植入了（当代）欧洲自由主义的政治和文化价值观而已。我们所拥有的罗马在这个久远年代里的信息毫无疑问是不充分的。但这些信息同样允许我们得出这样一幅图景，从中显示出，宗教命令的评判表现为具有决定性，而从法律的观点来看，在市民共同体生活中极为广泛的领域都是按照这种方式加以调整。

而这种特性所能发生的场合是相当曲折复杂的。一方面，我们其实会预料到对某些行为的法律制裁，这些行为在神灵和人类的关系方面基本上会消亡。在我们目前考虑的那个年代里，是不可能像共和国时期那样来区别人法和圣法的操作性的，即前者的适用被托付给了共同体内的“世俗”机构，而后者则成了祭司们的权限（即使后者中的规定在城市制度环境下仍保持着某种重要性）：为了确证这一点，只要想到王作为城邦的政治、军事和宗教首领这一地位就足矣。

然而，在另一种不同背景之下，社会生活的宗教方面所具有的法律上的重要性也被用于一些目的，从现代人的眼光看来，这些目的处于一些非宗教的层面上，并且能够在这些层面上加以实现：比如，人们会考虑利用宗教圣式（sacertà）（见第10节）作为对那些本身并不具有宗教特性的事实加以制裁的程式（作为一个例证，只要参考公元前449年的《瓦勒里和奥拉兹法》[*lex Valeria Horatia*]规定的平民保民官的神圣不可侵犯性[*sacrosanctitas*]和对违反的人所做的相应的宗教圣事制裁[*sacertas*]，见第18、36节）。另外，还想到的是，对誓约（*sponsio*）这种工具的相当广泛的利用。誓约（参见第60节）的原始形式是那种允诺性的誓言，它在《十二表法》以及紧随其后的年代里被世俗化了：未能实现保证的事情之后所产生的法律后果，则属于对神灵所做的宗教不法行为。这些神灵是被请来为那些承诺的责任作证的。另一方面，在誓金法律诉讼（*legis actio sacramento*）（见第29节）中，由于两造之间交换相

33

互所立的誓言，使得城邦机构介入以便解决当事人之间的纠纷成为必要。在这些誓言中，每一位当事人都诉诸神灵的作证，对各自确信的依据做出断言：确定这两个誓言中究竟谁是真实的，谁是虚假的，这种必要性在最初的时候也是与一种职能联系在一起的，即确定究竟由哪一方来对其因不正当的誓言（*sacrementum iniustum*）而犯下的神事上的过错进行赎偿。

在这样一种复杂的背景下，一个问题就被提出来：王政时期的共同体制度，正如在 *mores* 中所表现出来——在同时代人的信仰中——是否会在众神的意志当中找到它的效力基础。从罗马传统的整体来看，完全没有任何迹象显示出那些直接来自于神灵——通过共同体最高统治者在不同程度上进行复杂的调和——的规范的地位。

然而，类似的神灵的规范却广布于近东和中东文明当中：作为两个最为著名的例证，人们可以想到的是西奈山（Sina）上的摩西（Mosé）所授的十诫以及汉谟拉比法典（Codice di Hammurapi）。但是很明显，努玛 · 彭皮里（Numa Pompilio）和埃杰莉仙女（Egeria）[①] 则是处在完全不同的层面上。

因此，接下来要考虑的是，在 *mores* 当中，以神意所表现的那些规范之间的关联是否正如人们所坚信的那样，不应该存在于诉讼程序当中，因为王的裁决应该被看作是直接受到了神灵的启示，他通过鸟卜行为获得参考，或者在神明裁判——或者用中世纪的术语称之为"上帝的审判"——的举措中直接表达自己的意志。这种假设尽管显得很有启发性，但是并没有考虑到鸟卜和神明裁判的具体作用方式。由于它并不令人满意，因此必须做出改变。

在事实层面上，并未显示出证实了在罗马有神明裁判特征的证据的存在。这种裁判要呼唤神灵来证明当事人谁有道理谁有过错，因为想要用来查明事实的证据就该目的而言是不够用的。另一方面，缺乏任何迹象表明把鸟卜当作确定判决内容的工具而加以利

① 努玛王的妻子和参谋，在罗马历史传说中，她是一位先知和预言家。

用。此外，就我们所能知道的而言，鸟卜本身被官员们用作向众神问询从事某项确定活动的可能性而已。因此，它所指向的必然是将来。所以，一方面，鸟卜的程式表现为跟对过去的事实加以确认是无关的（而这正是诉讼程序的目标特征）；另一方面，需要观察到的是，在那些经由传统文献所证实的习俗当中，根据其准确内容，它也从来未曾被用来决定官员们应当采用的举措，而只不过是用于向神灵问询从事某项特定行为的可能性和适当性而已。

此外，在更加抽象的层面上，还有一方面需要看到的是——对其本身而言这是决定性的——鸟卜和神明裁判是解决纠纷的工具，而这些纠纷在事实确定上处于争议状态，或者更常见的是对争诉当事人谁有理谁有错做一个总的审理。不过，在后一种情况下，其实不可能在以这样一种方式进行的审判中去区分所适用的法律规范和适用这些规范的事实认定：但只有通过这样一种区分，才能够根据具体案件的判决来明确引发这些判决的抽象的行为模式及那些法律规范。

34

然而，前面提到的另外一种观念则揭示出了，在罗马最初起源的规范创制（nomogenetico）过程的一个基本阶段。*Mores* 并不显现为拟人化的神灵的意志（在很久远的年代里，罗马人的宗教经验就伴随着外来影响而缓慢地实现了神权的人格化 [personalizzazione]），而是显现为在“事物的本性”中那些人的以及神的关系结构中内在固有的制度。这种制度同时约束人和神，这正如在圣法这个领域里所表现的那样，由人类所正确完成的仪式具有的重要意义也会约束神的行为。

另外，神灵从属于某种同时凌驾于神和人之上的人格化的秩序，这并不是一种不为古典时期世界的其他先祖们所知的构想：人们可以想到的是，荷马史诗里那些神灵以及宙斯本人与天命之间的关系。

这里所论及的明显是很早之前的出发点，而它在最近的年代里仅仅代表一种倾向性路线。可以认为，在超越这里所描述的模式的严格性的意义上，与埃托鲁斯王政阶段同一时代的社会经济发展已经实现了某种显著的影响，而早在公元前 6 世纪伊始就已经得到确认，能够从政治意志中寻找到特定法律规范效力的基础，而且将其表述为至少是有组织条理性的。

其实，在文献中很少有一些提示指出某个更加精准的对该论题进行论证的段落，这就被迫只能提出一些对普遍和抽象意义上的秩序的思考。一方面，需要考虑到，从 *mores* 中表现出来的制度并不是一种与神灵的某种永恒不变的意志相联系的“神圣的自然法”。社会政治关系中固有自然秩序，这种内在论观念使得如下情形成为可能，即将与各类关系上的变化相呼应的法律秩序上的某些变化予以正当化，而无须背离一些原则或者牵涉到规范性行为的可操作性。照此，法学得以用来面对市民法（*ius civile*）的调整和社会需求的变化，并且发挥着一种重要作用。另一方面，需要考虑的是，这涉及一种或多或少有意识的但当然不是总括性的态度，即在不同的限度内，这种观念——从 *mores* 中表现出来的事物的性质所内在固有的法律秩序——的实践操作性能够同另一种意识相互共存，即法是由在共同体中占统治主导地位的政治意志提出来的。

就目前所说的而言，表现得很明显的一点是，在共同体生活当中，法的“专业人员”的居间调和功能具有重要意义，而这即是我们所能够知道的祭司（*pontifices*）（涉及鸟卜的素材时则不考虑占卜祭司的职能），他们与王这个从神职角度看来也是共同体首领的人存在某种联系，但这种联系的具体形态却不明确。

35

在法律领域的那些职能与具有宗教特征的某种结构之间的关联性同已经观察到的罗马法律与宗教之间的那些关系紧密相关。乍一看，有一种假设似乎有可能成立，即在法律祭司团体里所有显要人员的地位在王政末期都被加强了，而此时在王的个人身上，最高统治者的政治权力和宗教权力之间的关联则终止了；最高大祭司很快就掏空了圣王（*rex sacrorum*）残存的宗教职能，很早就将其限制在一个缺少任何实际重要性的机构中。

早在能够对 *mores* 加以解释（*interpretatio*）以前，托付给大祭司们的还有对城邦本身进行“记载”，而这尚未交给由某项成文立法来完成。随着《十二表法》编纂的完成（见第 20—21 节），在这个意义上显示出对先前有关习惯的“记载”是的确存在的，但只有大祭司们才能从事此事。在这些传统文献的记载当中，或许就保留下来了那些所谓的“君王法”（*legis regiae*）的痕迹。

关于君王法的问题，在学说中引起了广泛的探讨，其目标首先在于这样一些规范结构的存在及其性质。这些来自于拉丁人王政时期（尤其是传说中最早的几位王）复杂的规范化过程（normazione）的信息，它们基本上涉及的是国家的政制组织，但它们在细节上都缺乏任何的可信度。然而，也很难否定传统文献证实了这些规范在《十二表法》十人立法委员会之前的时代存在的可信性，这些规范的内容在结构上都是相似的，而且常常与十人立法委员会订立的规范在内容上吻合。但要排除的是（见第11节），就像某些编年史书总喜欢把年代加以提前一样，去讨论由王在当时已有的人民大会（如果不是像从塞尔维·图里乌 [Servio Tullio] 时代开始在百人团民众大会的话，就是在库里亚民众大会）上发起对各项规定进行表决。如果人们想要遵循那些可以看清的有关明确的规范性行为的观点的话，就必须考虑到的是，由王本人权威性地并单方面地提出了法（*leges*）（而且有时候会向民众大会公布）。但更为可能的是，在编年史里的那些君王法当中，编织出了关于“回忆”的记载，它们是由大祭司们所做的一些 *mores*，并且随后由《十二表法》加以法典化。

10. 刑事制裁的发端

城市组织与较小的社会团体之间的重合，为国家制裁逐渐嵌入到私人复仇的原始体制中开启了一扇门。

原始阶段的共同体很少会介入对犯罪的镇压，这在很大程度上被保留给了受侵犯人自己的反应，有时候这由同态复仇或有关补偿的习惯所构成。只有在一些特殊情形当中，犯罪事实表现为对与神灵的和平关系的侵犯，而这种和平和友谊的关系必须长久地存在于城邦与众神之间，那么国家就认为有必要以自身行动插手对这种受到侵害的秩序的重建中来。由于王就是这种与众神的和平关系的天然守护者、共同体的最高神职官员，就应当适用合适的具有宗教 36

性质的制裁手段，用以针对那些因其行为造成整个群体都触犯天威的人。

在与奥古斯都同时代的人所能够大致掌握的那个久远年代里极少的证据材料当中，所谓的君王法保留了这种基于宗教救赎的惩罚制度的大量痕迹。从这类法律当中，或者更恰当地说，在它们更具有历史可信度的那一部分当中，当代的批判者们确定无疑地辨识出了罗马刑事法最古老的渊源。这些保留至今的成文法的大部分在本质上都是些宗教内容，但不能置疑的是它们的规范性价值。其涉及的法则是由最高统治者颁布的，他身兼最高神职官员和政治首领的职能。可能会观察到的是，即使对我们而言，某些规定表现为意欲保障公共安全，但在古人眼中则全然是另一个层面，因为对他们来说，“世俗”利益相对于修复共同体与神的世界之间的平衡而言，仅仅只构成了一种次要的、间接的利益，或者充其量也只是混杂在前一种利益当中。此外，必须强调的是，这种字面上的法律并不表现为一种有机的规范体系，而且它们给君主进行自由的镇压、给受侵犯群体进行私力制裁都留下了广泛的空间：笼统地规定（或禁止）实施特定行为，并宣布对其规定的违反行为施以具有神圣性的制裁，或者对已被习惯合法化的人们的复仇行为加以调整。

在这些赋予君主权力的成文法当中，归于宗教领域的有很多是用于镇压一些颇有意思的罪行的法则，以及对那些有害于原始共同体基本关系，如家庭关系、门客关系和邻里关系等进行镇压的法则。最初，它们是在家庭内部范围内，或者通过群体之间不分青红皂白的报复行为来加以惩治。在某些情况下，王的规范被简单地限定在收集古代的氏族习惯而已（只要记录一条归结于罗慕洛的法律就够了：他赋予丈夫以权力，在家事委员会 [*consilium* domestico] 的协助下，以死刑惩罚通奸行为或者妻子的其他严重过错）；但是更多的时候，家庭或者团体的这种古老的制裁手段都让位于基于宗教救赎观念的国家制裁手段。

37

而不那么重要的违法行为（文献中称为“可救赎之罪”[*scelus expiabile*]）给违法者带来的仅仅是提供某种救赎品的义务——赎罪罚（*piaculum*）——它表现为将某个动物用作牺牲或者为受到侵犯的神灵崇拜转让一个财产实体，比如说，根据传说中归于努玛王的一项法律，在服丧期满前改嫁的寡妇必须为土地女神（*Tellure*）献祭一头怀孕的母牛，而违反了禁止触碰朱诺（Giunone）[1]神庙之规定的姘妇则必须向这位女神献祭一头羔羊（“献祭鬃毛”[*crinibus dimissis*]）。同样，根据罗慕洛所述的法律，丈夫是没有正当理由休妻的，必须向丰收女神（Cerere），或者更有可能是土地女神献出他的一半财产，而另一半则要让给被休掉的妻子。还有，同样是根据这位王的规定，当父亲在最近的邻里中的五人尚未查证其子畸形时就将其遗弃，则必须用一半的财富来弥补过错，据推测，这些财产会被用于祭礼事宜。由哈利卡纳苏城的狄奥尼修斯（Dionigi di Alicarnasso）提供给我们的不那么可信的信息是，根据塞尔维王的一项法律，市民拒绝透露其收入的，将处以没收财产和贬为奴役的惩罚：其实有足够的理由认为，在最早的年代里，这样一种违法行为也仅会招致某种纯粹的宗教救赎举措。

然而，仅仅只有赎罪罚并不总能够平息天怒神怨，最严重的过错是不接受救赎品的（这称之为“不可救赎之罪”[*scelus inexpiabile*]），违法者本人会被要求以其人身或者有时候以其全部财产来对受侵犯的神灵偿罪。在保留给我们的文献中，见证了两种神罚形式或者说死刑（*supplicium*），这通常被认为涉及平息怒火的功能：将犯罪人遗弃并把他留给受到冒犯的神（“人格与财产献祭”[*consecratio capitis et bonorum*]）以及作为赎罪牺牲祭品而直接将其处死（“神灵夺命”[*deo necari*]）。

在那些发现可以适用前一种制裁的犯罪当中——表现为具有“将你作为祭品”[*sacer esto*]这种特有的程式——我们可以记述的是庇主对门客违背信义以及门客对庇主违背信义的行为，它们受到“罗慕洛”（romulea）法律的制裁，即把其献祭（*consecratio*）给某个阴间的神灵（或许是复仇之神[Vediovis]）；儿子对双亲或者儿媳对公公的暴力行为，归结到罗慕洛（或者塔奇欧）及塞尔维·图里乌名下的法律对其的惩罚是将其献祭给家事的神灵；用耕犁移动田地里的界石则会受到归结到努玛名下的法律的制裁，把这个违法者及其耕牛都献祭给界神（dio Termine）；或许还有丈夫贩卖妻子，如果普

① 罗马的三大主神（朱庇特、朱诺和密涅瓦）之一。

鲁塔克（Plutarco）[①] 使用的 *thúethai* 一词所涉及的“罗慕洛”的有关法律应被看作是将有罪之人献祭给地震火山之神（ctonie），那似乎就不是指杀生献祭。不过，显得不那么确定的是（或者说因为没有明确的文献证据的支撑而不确定）：在取出胎儿之前不得将已经死去的孕妇埋葬，违反这一禁令也是处以献祭刑的充分条件，法学家马尔切罗（Marcello）将其溯源至一项不知名的君王法。

38

献祭刑导致的是将犯人从共同体中驱逐出去，并使其面临受到冒犯的神灵的报复，他将不再享有任何来自人间和神的保护，而且任何人都可以杀死他而无须担心会招致制裁。然而，宗教上并没有认定需要通过有罪之人的牺牲这一惯例来平息天怒神怨，而且虽然承认献祭刑中被献祭者的死亡是其最终并且通常的结局，但并不认可将其牺牲并加以献祭会是共同体各机构的工作（因此必须要对 Fest., s.v. *sacer* [Lindsay, 第 424 页] 中那个具有争议的论断加以解释：将他用于献祭并不合乎神法；但谁将其杀死也不以杀人罪论处 [*neque fas est eum immolari, sed qui occidit parricidi non damnatur*]）。

不过，对于某些被认为是有害于某个时期的宗教和市民社会（*societas civium*）的罪行却规定了以赎罪牺牲品的名义直接处死罪犯。他们带来的社会危害使得共同体自身背负了神明灾祸显现的具体后果。典型的例子就是敌对行为（*perduellio*），在当时这是直接针对城邦的各保护神和盟友同伴的罪行，文献展示给我们的是，从图洛·奥斯蒂里（Tullo Ostilio）王时代开始，罪人会受到被吊在（*suspensio*）一棵枯树上鞭笞致死的惩罚。还有一项规定也同样意义重大，它被囊括进了《十二表法》里面，但可能在某项君王法里面就已经颁布了：夜间盗取农作物的贼人（“搜获耕地产物”[*fruges aratro quaestiae*]）应被绞死或者处死以向丰收女神赎罪（“丰收女神绞刑”[*suspensio Cereri*]）：该规范一方面制裁对经济利益的损害，另一方面惩处给神灵带来的侮辱（最初是土地女神而不是丰收女神），因为罪人使得人们献给她的丰收成果减少了，而不能如惯常那样提供果蔬，也不能按既定程式向其报告。

就那些旨在用于调整受侵害群体私力制裁以实现牺牲献祭目的

① 古罗马作家，主要代表作是《希腊罗马名人传》。

的君王法而言，必须首先提到的是归到努玛王名下的那项著名的规范，它涉及的是故意杀害某一自由人（我们可以参阅 Fest., s.v. *parrici* [Lindsay, 第 207 页]），其用语是“如果某人故意杀死一名自由人，你将作为杀人犯而遭到报复”（*Si qui hominem liberum dolo scie, morti duit parici das esto*），对其做出针锋相对的制裁行为——“你受到报复”（*paricidas esto*）——似乎必须在这样一种意义上加以解读，即附加给被害者的亲人杀掉杀人者的义务，其目的即在于防止——这与希腊的德拉古[①]（Dracone）法相似——在源于流血冲突的不法情况下，这些亲人通过金钱（补偿）的调解而得以满足。通过与努玛王有关的非故意杀人罪的补充法律规定加以对比，这种解释获得了意义重大的确认（其内容由 Serv. in *Verg. Ecl.* 4. 43 用如下语言转述给我们：“如果某人不慎杀死一个人，他应当在民众会议上向死者的宗亲献上一只公绵羊”[*Si quis imprudens occidisset hominem, pro capite occisi agnatis eius in contione offerret arietem*]），它附加给杀人者一种义务，在人民的面前向被害人亲属献上一只公绵羊，这正是他本人的替罪羊（拉贝奥 [Labeone] 正是这样明确说的，见 Fest. s.v. *subici* [Lindsay, 第 476 页]：献上公羊……奉上公羊，为了罪者自己的利益而被屠宰 [*subigere arietem... dare arietem, qui pro se agatur, caedatur*]）。

39

毫无疑问，这样一种规范不仅根植于作为那个时代的社会和文化环境特点的宗教观念，也代表了罗马刑事法律进化过程中一个决定性的进展，这不仅是因为其突出地区分了故意行为和非故意行为，而且也因为它在各方面都开启了将对杀人罪加以镇压的权力收归国家的道路。一方面，实际上它将故意杀人罪转变为一种不能接受调解的犯罪，共同体必须对该罪加以知晓（这种复仇的实施必须在人民的面前进行，即在民众大会上 [*in contione*]，如同强行将其假想为具有一种前提，即类似于豁免了杀人罪的主观故意一样）。另一方面，给被害人亲属无所限制的反应确定了界限，认定他们只在故意的前提条件下才可以杀掉凶手（在相反情形中，他们就必须满足于以替代牺牲品名义敬奉的公绵羊）。这就为杀人罪逐渐表现为一

---

① 德拉古（Dracone）系公元前 7 世纪左右古希腊的立法者，其颁布的法律被认为是独立刑法的最早起源，该法规定故意杀人和非故意杀人分别承受不同的刑罚。

种事关公共利益的罪行提供了基础，它受到了国家判处的刑罚的制裁，而且相对于其他那些最初归属于氏族复仇范围内的不法行为，比如盗窃和人身损害（身体部位受伤、骨折），它具备了自己的个性特征，而后者则集中在受私人罚金的一般性制裁的范围当中。

报复刑（*paricidas*）这个术语的含义和对 *paricidas esto* 这一程式的解释仍然是法学家和语言学家们激烈争论的对象。曾经占有统治地位的一篇文章如今已经少有追随者了，它从报复所具有的某种假想的积极主动的含义，及其与弑亲罪（*parricidium*）的某种假定的关系出发（根据不同的词源学上的意见，该术语最初是指杀害家父、亲属、贵族或者甚至就是简单纯粹的谋杀），假设认为努玛王法律（*Lex Numae*）的终极规定致力于将既存的对弑亲罪的制裁扩展到对任何一名自由人的杀害行为当中（“这被认为是弑亲罪”：很多语言学家以及法学家尤其是彭梵得与德·弗朗奇西 [De Francisci] 都在这个意义上理解这个程式）或者把 *paricidas* 当作该句的主语，表达被害人亲属对流血事件进行审判的需求。

40 （“有一位复仇者亲属”：勒内尔 [Lenel] 及其追随者格拉索 [Grasso] 是这样理解的）。虽然，这样一些解读最近因为某些权威（昆克尔 [Kunkel]、克劳德 [Cloud] 和拥有一些特殊观点的马格德雷 [Magdelain]）的附和而得以复苏，但仍然不再能赢得批判者们的一致赞同了，这既是由于与其词源有关的重大质疑，即与归属于该术语的最初含义有关的重大质疑，也是因为按照前述方法被解读的那个努玛王法律的规定被限定在仅仅是对有罪之人的定义上（或者说被限定在指示究竟是谁被要求来实施复仇），而忽视了对“什么是制裁手段”以及“罪行是如何表现的”加以明确，这跟我们所知道的其他君王法有所不同。

如今赢得大部分追随者的（至少在法学家当中）解读是从一种与上述解读截然对立的前提出发的，它赋予报复这一术语一种在本质上消极被动的含义，并从 *paricidas esto* 这一表述中辨识出了努玛王法律的制裁性条款。这种假设由阿兰乔－鲁伊兹（Arangio-Ruiz）首次提出（根据其观点，所讨论的这一条款意味着“他[指加害人——译者注]同样是被杀死的对象”），并且随后由德·维斯切尔（De Visscher）加以显著的精确化（他认定 *paricidas* 一词是

paricidatus 一词的省略形式，就像 *damnas* 相对于 *damnatus* 一词一样，并将其解释为“他以赔偿的名义被杀死”），还有科里（Coli）亦如此（他翻译的是“因为复仇行为而被杀”）。毫无疑问，更好地达成一致意见的是，与之相伴的努玛王关于非故意杀人行为的规定，即敬献公绵羊以履行替代罪犯做出牺牲的功能，这构成了对 *paricidas esto* 的天然补充；沿着这样一种构想的轨迹，梅兰（Meylan）和帕里阿罗（Pagliaro）又提出了新释，他们将 *paricidas* 解析为 *parici* 和 *das*（*datus*），并且假设，前者是努玛王法律的程式，认可对杀人者处以重刑（*parici* 应该是一个不知名的名词 *parex* 或 *parix* 的与格形式），而后者则规定有罪之人“由 *parici* 加以处置”（王政时代那些设想中的官员们被授予任务以确保法律的平稳）。而在这些观点序列当中，值得予以特别提及的是托多（Tondo）最近极为细致的研究，他将 *paricidas* 一词的一端引向了名词“皮革”（*pera*）（包裹、口袋等类似物），并假设努玛王法律的制裁程式提出的杀人者“是用一套皮革处死的人（之一）”。不过，很显然，对此我们一直都还在推测当中。

还有一个单独的假说如果得到证实的话，甚至可以消解这个问题，它是由托马斯（Y. Thomas）最终构想出来的，认定努玛王的法律规定无非就是古人的捏造，意在将对造成流血的不法行为的镇压追溯至这位传说中的“和平之王”。不过，用于支持这个大胆观点的那些证据都缺乏实质内容。

然而，国家的惩罚性干预行动似乎并不总是可以引申到在面对天怒神怨时集体做出清洗这样一种观点上来的。我们现在所叙述的是那些以献祭刑（*sacertas*）来打击或者通过报应这种宗教手段来制裁的罪行。与此相伴得以确立的还有其他一些犯罪事实，由于其致力于反对国家整体本身的存在而成了公共镇压的目标，其目的倒不在于清洗净化，而是基于以暴制暴、以犯制犯这一原则。在这些犯罪事实当中，有背叛行为（*proditio*）或者勾结敌人的叛国行为（较早前一些学者们不正确地认为一系列的敌对行为 [*perduellio*] 都是叛国罪，这些犯罪反对的是与战争法领域无关的城邦的政治秩序），以及一系列广泛的等同于叛国罪的不法行为，它们容易使按照军事方式组织起来的人民之间的团结处于危险之中，它们是盟友的背信

41

弃义（*defectio*）以及那些最严重的军事罪行（脱逃、怯战、反叛[*seditio*]、通敌等）。

王并不以神职人员身份而以军事指挥官身份镇压这类罪行，并行使其源自于其治权（*imperium*）的不受限制的强制性权力。他并不受规范也不受事先确定的程序的约束，而是自由地采用任何对其而言是必要的镇压罪行的救济手段，不仅仅涉及军人，而且也涉及所有其他违反者，这种刑罚具有世俗性而非宗教性特征，通常有鞭笞刑，后来则是杖击与利斧斩首刑（*virgis caedere et secure percuotere*）：这方面的实践还反映在传统文献保留下来那个著名的片段当中，即早在引入向人民申诉制度（*provocatio ad populum*）之前，最早的一批执政官们宣布并执行了针对布鲁图（Bruto）王子及其他想复辟塔克文王（Tarquini）统治的谋反者的死刑判罚。但要看到的事实是：这样一种行动并不算是真正纯粹的司法职能的实践，而毋宁是最高指挥权的镇压权能。我们发现，用古代作者们的语言来讲，这是在强制权(*coercitio*)的地盘上，而不在司法审判(*iudicatio*)技能的地盘上。

就王行使制裁性权力的方法而言，文献当中的不确切和相互矛盾之处使得我们无法就此获得精确的结果。李维（Livio）和哈利卡纳苏城的狄奥尼修斯的记述中分歧明显，使得王究竟是独自、还是在听取了元老们的建议之后，或者甚至就是在他们的参与之下进行审判并不明确。考虑到要求他审理的不法行为日益增长，在对这些罪行加以镇压的过程中，他利用一些帮手似乎就是可能的，然而究竟这些辅助人手是谁，而他们又被赋予了什么职能却并不容易确定。关于这个主题，传统文献谈到杀人罪审判官（*quaestores parricidii*）和敌对行为二人审判委员会（*duumviri perduellionis*）：前者的任务似乎是证实杀人罪的发生是否为故意，或者在民众大会上（*in contione*）主持于人民面前实施报复刑，后者则如所有人认为的那样，组成一个非常法庭并委托给它一项职能，来宣告被捕获的敌对行为现行犯的责任，并对其直接执行死刑。

更加困难的一点是，确定人民是否也会以某种身份参与到这些刑事程序中来。由西塞罗和李维所收集的传统文献甚至回溯到，在王政时期，受死刑威胁的市民有权向人民申诉（*provocatio ad populum*），该项权利最古老的证据是在著名的奥拉兹（Orazio）诉讼程序中提出的，他是在与库里亚兹（Curiazi）的战斗中唯一的幸存者。他由于敌对行为被判死刑，但人民却感念其对祖国所做的功勋。实际上，向人民申诉制度，正如我们将要看到的那样（见第19节），构成了一种典型的共和国时期的制度，而只是为了将其本身带回到王政时期（也许愈加古老也就愈会给它带来更大的声望威名吧），那些公元前1世纪的编年史家们才会在之后（*a posteriori*）将那种传说中的形象赋予这个程序。

奥拉兹幸存这一事件似乎并不是由编年史籍所杜撰的，而是来自于史诗遗产中一个经过适当调整的古代片段。尽管传统文献提供给我们的那些要素都极端自相矛盾，但仍有理由相信，在原始的记述中，并不包括那些有关申诉制度的迹象。而人民对此次审判的参与是基于王的提议，意图通过公众的意见使这位英雄免遭法律规定的残酷刑罚（在李维的记叙中，是指严酷条款法 [*lex horrendi carminis*]）。只是在稍晚一些的年代里，当那些编年史学家们想到生造出诉讼程序的某种原型并将其起源回溯到王政时代，以此来证实这一制度源远流长时，这段古代历史就被适度地加以重新设计了，并且在严酷条款法的（权威）文本中引入了申诉制度条款。李维的记叙（1.26.5ss）就建立在这样一个重新编订的编年史基础上，这造成了更晚近的文本叙事和原始文本叙事有明显相互重合的痕迹（这一点也为 Dion. Hal. 3.22.3ss 所证实），而且使得人们想要改变业已扎根并流传甚广的那些关于古代历史的相关期限范围遇到了难题。尤其是，始作俑者图洛王（*auctore Tullo*）基于他仁慈的赐予才制定出申诉制度，对此做出的证实很难与严酷条款法的文本相契合。这一法律明确地赋予罪犯申诉权，并且显示出“向二人审委会申诉，在申诉中争辩之”（*si a duumviris, provocarit, provocation certato*）是嗣后的添加。重要的是，这样的条款并没有表现在西塞罗为拉比里奥（Rabirio）所做的辩护词所包括的该法律的参照文本中（*Rab. perd.* 13），而且同样是西塞罗在他辩护的另一部分中明确地宣传，二人审委会的规定并不考虑认可申诉制度，其导致的是不讨论原因而判罚死刑（宣告犯罪原因 [*indicta causa*]: *Rab. perd.* 12）。如果考虑到西塞罗并不像李维那样获得的是某种编年史文献，而是保民官拉比恩诺（Labieno）在这座城市祭司们的卷宗里发现的那些最古老的文本的话（编年史传记、王的回忆录 [*annalium monumenta, commentarii regum*]: Cic. *Rab. perd.* 15），那么上面的证据则值得关注。

总是与西塞罗相一致，祭司团的那些文件在排除了向二人审委会申诉制度（*provocatio a duumviris*）的同时却又承认了向王申诉制度（*provocatio a regibus*，*De rep*. 2. 54, 在祭司们的文献里，也就意味我们关于占卜的文献里曾证实过向王申述制度 [*provocationem autem a regibus fuisse declarant pontificii libri, significant nostril etiam augurales*]）。但或许应该从实质含义而非字面含义去理解该证据。很可能的是，这些大祭司和占卜官们的典籍没有明确探讨过申诉制度，而仅仅概括地提及了审判时人民的参与，而西塞罗具有决定性地将其转译为申诉制度。并非偶然的是，在参考了西塞罗的肯定意见后，塞内卡（Seneca，*epist*. 108.31）指出：因此，这存在于祭司们的文献里，而其他人以及费内斯特拉[①]也相信这一点（*id ita in pontificabilibus libris esse et alii* [*qui*] *putant et Fenestella*）。就祭司们的记录证明向王申诉制度的存在而言，这也并非是确经证实的资料，而仅仅是共和国后期某些学者的猜想（supposizione）。

43 不过，尽管申诉制度是一种须予以否认的人为的提前，共同体成员对刑事审判的某种参与却既非不可能，也并不虚幻。而考古学上的文献似乎也肯定了这一点，它们证明了在公元前 7 世纪最后几年当中，在卡皮托里诺（Capitolino）要塞脚下开辟出一块空间用于人民集会（民众大会 [*comitium*]），尤其是最古老的罗马历法上的一个缩写词：王召会吉日（*Q*[*uandoc*] *R*[*ex*] *C*[*omitiavit*] *F*[*as*]），显示出王在特定日子里“召集民会”，或者似乎应该理解为举行某个旨在进行司法审判的大会。当然，最开始的时候，人民的参与必然不会以表决投票形式存在，而只是简单的提交证据，决定权仍属于王。以库里亚民众大会这种最古老的形式召集的大会被限定于辅助审判以及对有罪之人处以献祭刑（或牺牲祭祀）。但随着时间推移，开始是王的授权，随后是通过习惯获得权力，毫无疑问人民开始在刑事制裁领域发挥一种积极的作用，这样市民大会的一种排他性的刑事制

① 费内斯特拉（Fenestella），奥古斯都及提比留时代的罗马历史学家、诗人。

裁权范围便逐渐形成。

11. 库里亚

在前面，我们已经考察了市民们按照库里亚形式聚集的大会（见第5节），现在应该进一步深入地审视这种人口配置的制度（以及更加概括意义上的库里亚民众大会的特殊功能）。

正如我们业已有机会提及的那样（第4节），基于库里亚所做的划分在一个更为复杂的市民组织体系中确立，而库里亚是其核心要素。就此而言，需要重点强调的是，这一类组织体是如何同某种特定的领土分布范围相联系的。一旦与市民共同体这个大环境相融合，每一个库里亚都会保留一块它的集结地：在这个地方，库里亚的所有成员聚集在一起，为了共同庆祝牺牲祭祀。而这样一种风俗，在共和国时代晚期仍有留存，这正如那些实际上举行这类仪式的建筑一样受到罗马人的关注，那些早期的库里亚（*curiae vetere*）位于西里欧山和帕拉丁山之间，距现今君士坦丁大帝凯旋门（Arco di Costantino）不远的位置，后来仍然是某些库里亚所在，而其他所有库里亚则搬进了更为晚近的一处建筑中，最初它就是用于容纳全部三十个库里亚的，这就是新库里亚会址（*curiae novae*）。

> 在那些以库里亚形式举行的最为重要和最具古老特征的仪式当中，我们要提到的是和谐节（*Fornacalia*）和维纳斯节（*Fordicidia*），这两类仪式当中，库里亚都按照不同的单位参与仪式：这一类庆典仪式几乎要上溯到那样一个年代，那时候众多库里亚尚未融合在一个单一的市民共同体当中。具有重要意义的是，比如在和谐节的仪式当中，它属于保佑库里亚的公共神灵（*Sacra publica pro curiis*），可以回忆起的是，在原始农业的生活中，烘烤硬小麦是一种重要活动。每一个库里亚都在不同的日子里聚会，而在这一系列聚会的结尾时，即最后一天，所有的库里亚会欢聚在一起，这几乎完全反映出了在城市环境下所发生的那种融合。

44

不过，我们现在考虑的是，人口在这些组织体当中是如何配置的，就此而言，我们已经有了一个非常重要的信息，这是由哈德良皇帝时期的一位法学家雷里欧·费利切（Lelio Felice）提供并抄录在 Gell. 15.17 片段中，与百人团和部落不同（它们是领土性的，参见第 15—16 节），市民们按照氏族（*per genera hominum*）被分置于不同的库里亚当中。人们就这一解释进行了长期的争论，有些学者利用它将库里亚与氏族（*gentes*）建立起一种直接的关联（在这里，*genus* 与 *gens* 是等同的）。而根据其他学者的意见，这种关联并不那么明显，他们认为 *genus* 一词有一种更为宽泛和概括性的含义，但它的确可以毫无疑问地指代某种纯粹的血缘单位，甚至在简单的氏族纽带范围之外。

当然，如果这种纽带能够在多代人当中稳定下来，就像必然会发生在库里亚中，那么氏族（*gentes*）的形成过程就会顺利地完成，尤其考虑到大的宗亲家族和氏族之间的界限很快就消失的话。

因此，我们可以假设，大致上，各个不同库里亚的归属应该是建立在家庭和家族联系的纽带上的。此外，能很好地达成一致的是，可能从前文明时代起就存在一些库里亚了（第 4 节）：那时候，正是这种亲属关系和血缘关系的纽带构成了紧密结合的部落社会和村落共同体。不过，更为不确定的是库里亚制度和领土结构之间的关联，尽管某些库里亚的命名取自其所处的地名（例如 *Veliensis*，*Foriensis*），但可以想见，很可能真实的是，这种关系是由单个库里亚内部占有更大分量的那些氏族群体来调整的。

有一点很有趣的提示能够用来指明该问题的某些方向，这一点可以在狄奥尼修斯对罗马政制的描述中找到，Dion. Hal. 217.4 不仅记载了罗慕洛是如何在将人民分置于部落和库里亚当中，还将罗马的领土划分成三个部分（它们之间并不必须是一模一样的）。一个用于建造庙宇和王庭之需，另一个直接划给集体所有，而第三个则授予单个市民私人所有（著名的两尤杰罗[①]土地制 [*bina iugera*]，大约是半公顷）。根据狄奥尼修斯的观点，最后这一类土地被划分为很多块相同的部分，分配给三十个库里亚，按照这样一种方式，相对于土地被单个私人所占有的进程而言，库里亚行使了某种缓冲调节的

① 尤杰罗，古罗马面积单位，一尤杰罗约等于两千五至三千平方米。

功能。归属于库里亚的公共财产似乎是存在的，至少根据对于归属于整个库里亚的墓葬有关的那些碑文所做的权威解释看来似乎如此。

但是，政治统一化进程注定就是要削弱氏族和家族群体与其各领土分布之间的这种联系的，最初这种联系是相当牢固的，尽管可能从来都不是绝对的（这些村落 [*pagi*] 在后来的年代里在城市领土当中尚有留存）。按照这种方式，库里亚及其领土之间的关联得以解体的前提就会实现，随着祭祀崇拜地点的集中以及不同的库里亚汇集在某个特定的住所中，这种解体就表现得特别显著了。在这个意义上，在这一进程行将结束之际，从整体上讲，在市民和罗马领土之间将呈现一种全新的关系，摆脱掉那些氏族组织和旧有的村落体制（见第 16 节）。 45

在进一步考察库里亚更为直接地召集人民大会这种功能之前，我们先快速地讨论一下它作为具有“行政管理”特征的人口板块的功能，这尤其在军事方面起到了重要作用。狄奥尼修斯所描述的（或者想象的）罗慕洛时代的原始政制中的三千步兵构成了罗马军队组织，这其实是偶然确定的数量，由三十个库里亚各提供一百人，随后这些库里亚似乎还有义务各提供十个骑兵，总计三百个。这样，库里亚制度就表现为是以一种有机的组织方式在三个罗马部落的结构上建立起来的（见第 4 节）。

最后，我们看到了以库里亚形式集中起来的人民是如何参与到对新王的任命中来的，这种行动尽管确定无疑是那些最具重大意义的行动，但也完全没有挤占那些应当是最古老的库里亚民众大会的职能活动。

在继续进行这一简短的讨论之前，最好对另外一个问题加以重视，而这个问题的提出与这样一些大会有关。真正的库里亚民众大会颁布了诸如“权力约法”（*lex de imperio*），人们根据它来宣布新王，古人们还记载了与此相伴的另一类库里亚会议：卡拉提（*calati*）民众大会，这似乎意味着存在一种不同的召集方式，后面这种民众大会是以通报官和传令官（*calator*）为渠道来召集的，这属于祭司们的工作（Gell. 15. 27.1-2），这是应王或者祭司所做的占卜（*inauguratio*）的要求进行的。更难确定的一点是，它们究竟存在什么样的实质区别，以及正如某些当代历史学家所说的，提出有两种不同的民众大会是否合理。最后，不太确定的还有，相对于库里亚民众大会而言，卡拉提民众大会究竟有些什么特殊职权：当自权人收养（*adrogatio*）似乎已经属于库里亚民众大会时，正如它的名称所证明的那样，会前遗嘱（*testamentum calatis comitus*）应该是卡拉提民众大会的职权，尽管它与自权人收养紧密地联系在一起。

首先，我们要考察的是第一组职能：商议，并向在民众大会上聚集的人民执行或者告知某些行动，以及它作为这样一种民众大会对于市民共同体所具有的一种直接的重要性。比如，对于王的任命本身而言，我们想要排除的是，在这种场合下，民众大会会按照一种正式的批准提案的形式来参与，而且还要求它对该提案予以审议。我们的观点是，在城市的早期，民众大会只具有一种相对消极被动的功能。这是有证据的，而且得到普遍赞同，但需要承认的是，我们仍在处于高度假设的领域里。

46

此外，很难说有什么真正纯粹意义上的投票，把要人民大会投票的那个拉丁文术语 *suffragium* 与“响声雷动”一词关联起来当然绝非偶然，如此一来可以回想起，在那样一个时刻，在大会上通过赞成或者反对的呼声来表达意见。在这一阶段，必然证明人民（*populus*）和领袖之间存在某种实质性的角色区分。前者仅拥有一种有限的控制功能，只是在随后的某个时刻，这可能与以其他形式兴起的人民大会有关，因此必须实现对人民的参与的作用和特点予以事后的正当化，并更加强烈地强调人民同意的因素。唯有此，*suffragium* 才不再仅仅来自全体人民的集体宣告，而是逐渐与我们所熟知的那种投票模式相一致。在这些模式中，在投票单位的内部（或者是百人团，或者是地域部落），投票都是由个人独自表达的。

在那些于库里亚进行的最重要的活动当中，当然必须要列出的是，王在每月月初订立历法。在祭司们的辅佐下，王指示出吉日和凶日（在这些日子里，相当多的活动是受到禁止的），并对时间和整个共同体生活进行分段划分。这并不仅仅只是在宗教方面发挥影响，而且也会排列出适于召开民众会议的日子，以及那些可以进行司法审判的日子，还有那些标示和调整各种农业劳动的庆典的日子。而比王的这些指示更为重要的是，罗马立法年被划分为十个“灵活”的月份：这其中对时间的划分法并没有成为让所有人都很容易理解的一种规则的时间周期。

此外，狄奥尼修斯还记载了，在库里亚大会的职权中还涉及战争与和平的抉择、对王的辅佐官员的任命(Dion. Hal. 2.14.3)。据说，或许在某些情形之中，可能在更多时候王是带着最终决定而非纯粹的提案出席大会的。不过，很容易理解的是，就战争而言，只有王宣告与会人员已经达成某种最低限度的合意，才能以缔约的形式告终。如此，王的决定才会得到确认，并受到那些代表着军队征兵区域的库里亚的赞成和欢迎而得以巩固。同样可以理解的是，那些并非选举产生的王的辅佐者们也会出现在民众聚集的大会上，并构成王的指挥权的实际掌握者。

就法律（*leges*）而言，已经谈到了它们只不过是王单方面的规定而已，它们建立在他的权威基础上，对我们来说，民众会议实际上很难真正有效地以其表决权来对此加以干预。　47

不过，库里亚民众会议除了涉及市民利益这一领域外，还涉及参与一系列更直接与家庭和氏族结构相联系的行动。此外，这也就证实了这些构造与库里亚制度之间存在明显的联系。

因此，在整个共和国时代，仍然必须召开徒具外壳的库里亚大会，来对自权人收养行为（*adrogatio*）做出明确的批准：用这种举动，某位家父就自愿地处于另一位家父的支配权（*potestas*）之下，并尽到作为家子的所有义务。这种严格庄重的收养制度确保了家族团体的存续，否则这些家族可能就会由于缺少自然生育的后嗣而消亡。

在我们曾有机会提到的会前遗嘱制度（*testamentum calatis comitiis*）中，对某位继承人的指派也表现为他是一位拟制的后嗣，他只是在遗嘱人死时才具有重要性，即作为被指定的人而具有死者的地位，并独自继承。脱离圣事制度（*detestatio sacrorum*）则具有相对不同的重要性，凭借这种行为，某个氏族成员就割裂了他与其所属团体的家庭和宗教纽带。那些同样都必须在库里亚会前进行的活动也均在某种程度上改变了氏族的组成和结构：从贵族到平民的过渡，在共同体内吸纳一个新的氏族团体以及根据很多学者的观点，还有本氏族范围外的婚姻（*gentis enuptio*）（但在我们看来，疑点甚多）。

12. 元老院

与王和库里亚相伴，我们必须要提及的是作为原始宪制机构的元老院：从技术层面来说，它就是用众多的元老（*patres*）来指代其原始成员的。它从市民共同体的诞生起就存在，这可能与在村落世界里那些村里的长老们必须履行的职能相关。此外，并非偶然的是，在罗马内部，这种组织结构显得很适合用年龄这个因素来加以突显：来自 *Senes*，即年长者的元老院。

因此，这是各氏族的年长者，族长们的大会，在对城邦的治理中，他们被召集起来并与王合作，并且当王的统率付之阙如的时候，它则凭借其最大的权威进行干预。然而，正如城邦并非只是既存的较小政治共同体的简单加总一样，元老院也并非只是纯粹的各氏族首领的大会，这要么是因为元老的数量和氏族的数量之间不存在一种机械的对应关系，要么如我们已经看到的（第 2 节），是因为是否真有这样一位真正的族长尚且大有可疑。

48

实际上，那种观点是由很多学者提出来的，他们鼓吹诸如摄政制度（*interregnum*）这类要素，为的是得出结论说元老院无非就是所有氏族首领的集合，他们是市民体制的参与者。于是，他们对摄政制度的解读无非就是：当王这个最高权力单位付之阙如时，可恢复这些前文明时代组织的最高首领们已被收走的那些权力。

然而，如前所述，这种理论重构的薄弱性显而易见。可以想见，元老院很难与各个氏族首领的简单加总相等同。在一百名元老，后来是一百五十名或二百名，最后是三百名，这样一种明显是生造出来的数字面前，似乎不太可能出现一个与之对应的氏族的数目。显得更不可能的一点是它们随后在数量上的增长，这同样是生造出来的。不过，正如我们所见，最根本的一点还在于，有一种观点仍然相当地不确切，即在城邦“之前”，国家化实体等同于众多的氏族，以及原始城邦本身应当纯粹被理解为氏族的联盟。

随着城市结构的巩固，元老院则不再总是等同于氏族共同体的政治智慧与财富的受托人这样一种各氏族族长的大会了。为了给这些氏族成员赋予某种特殊的政治职能所需的老龄化的客观“自然”事实，也就不那么突出了。参加元老院所根据的是某种社会分化。被召集参加的是那些因家族门第和个人能力而最具威望的家父们，他们分属于不同的氏族或者说是那些最重要的氏族。

就元老的数量而言，应该从一百人增长到一百五十人（或者两百人，这取决于不同的观点），而根据一种广为传播的论点，随着帕拉丁城和奎利纳尔的萨宾人共同体的融合，在塔克文·普里斯科王（Tarquinio Prisco）治下元老数量则增至三百人，紧随而至的就是罗马将要经历的一次社会和经济增长。

关于该机构的职权，我们已经有机会简短地说明过（见第6节），在王政时代，它或许是最显要的机构，这里要提到的是摄政制度，根据该制度，在王驾崩之时，通过元老院里某几位经授权的成员来行使最高权力，直至任命新王。与其谈论这种体制的宪政基础（诸如，究竟是由较低的机构修复最高主权，还是新的氏族贵族政治占据统治地位而导致的结果），不如去强调这样一点会更有意义：我们在共和国时代所提出的那些证据为什么试图指出，即便在更晚的某些年代当中，这种权力也不是被简单移交给元老院，而只是给它的某些贵族成员，即元老。得到普遍认同的一种观点是，在最初阶段，元老与元老院应该是一致的。这就正如元老院的另一项重要的特权，似乎也可以追溯到王政时期，这即是根据元老院准可（*auctoritas*）来批准民众的审议决定。 49

就元老们有关摄政的独占性权利而言，不大能够提出什么疑问。这种制度毫无疑问归属于罗马宪政中最古老的阶段，而更复杂的却是有关元老院准可（*auctoritas patrum*）的问题。实际上，在罗马文献里遇到的这一表述的确告诉我们，它存在于元老院和众多元老们相等同的那个阶段。不过，这也可能追溯到共和国早期，而不必然是王政时期。就此而言，我们不应该低估的一种倾向是，即在回溯原始年代里某些相对异质的情形时，以本质上的延续性和同质性的形式来阅读罗马政制史，比如，可能对民众大会的审议决议所做的一项正式的批准：参见诸如 Liv. 1.17. 8-9。德·弗朗西斯就该问题考察了在王政时期的准可的表现形式如何直接与库里亚民众大会的功能相联系，后者是唯一的对偶尔出现的集体审议决定加以表决的行为。如果说普遍认为，其在选举和立法领域的价值是广受怀疑的话，那么由元老院来对他们的这类决定做出进一步的批准的观点也是站不住脚的。

而与摄政和许可制度相伴——不过，正如已经看到的，第二方面是不大可能的——元老院的基本职能还在于做出指示、决议和辅佐王。在此，不应该把随后时代里才具有的那种情形提前，那时候，元老院的决议（*consulta*）在涉及共和国官员的领域方面拥有相当不同的分量。不过，在王政时代，元老院的意见应该也已经代表了某种政治和解的场合，这对于达成合意以及形成共同的（或者占据多数的）政治意愿这类目标而言很重要。而这样一种机构，同库里亚民众会议一起，因其某种形式上的决策权力的资格，成了核心工具。

现在转而考虑该机构的组成，正如我们已经见到的那样，要排除的是将其成员与那些假想存在着的各民族首领自动地画上等号。我们必须想象，王将以某些方式施加干预。其实，并不存在一种选择元老的"客观"标准（比如，正好是氏族首领），但是，也不能轻易地设想这是一种"自下而上"的指命，好像是氏族成员们对其代表的授权一样。在这里，王真正的选择明显是以每一位被指定的人在各个氏族内部所占据的地位以及他于众多氏族所具有的分量为前提条件的。因此，至少在某些情形下，这种选择不过就是对氏族结构背景中的客观情况和客观存在的力量关系做出纯粹形式上的批准罢了。

50　不过，在这一领域，王的作用有时候也是决定性的。塔克文·普里斯科王增加元老数量这一事件就是明证。他是埃托鲁斯人王朝统治罗马的第一位王，而这似乎与该城市的宪政轮替的第二个阶段相联系（见第 14 节）。

实际上，这些措施的含义对于古代的史学家们来说完全是显而易见的：李维明确地写道，新任元老们俨然已经是"一个保王党了，为了王的利益，他们被塞进了元老院"（1.36.6）。在这里，有一个问题无关紧要，即这种扩充吸纳了至少一百名新元老，究竟应该是王的集权化行动呢，抑或是新的政治和社会均衡的结果，而塔克文王表现为这种结果的操纵者，至少部分地是这种结果的标志。对于我们来说，更为重要的是这样一个事实，那些古人们在明确指出塔克文王所作所为的破坏性特征的同时，并没有去提及这些新元老们都是由王任命的这一事实。这似乎并非是在前一层面上的安排，因为在这个特定的问题上并没有什么变化。

创新的因素毫无疑问是由剧烈地扩充行伍之人这一点所构成的，因此，塔克文的创举就很难说只具有传统的吸纳新元老制度的特点了。不过，这仅仅是古人所坚持认为的那些最显著的创新里的一个推测而已。其实，在先前，总是由王负责的对元老的任命终究是被限定在了一个相当有限的候选人圈子当中，而这一点在塔克文王的事例中便不再是真的。以前，能够吸纳进元老院的只是那些有资格的个体，所根据的是世袭化的条件（属于某个氏族）以及在氏族结构内部拥有某种显要身份的特殊的个人地位。根据李维的观点，新的元老们则似乎完全取决于王的喜好：对这种任命，他们并无权利可言。在来自哈利卡纳苏城的狄奥尼修斯那里，这一点还要更为明显，他明确地说到，王在民众（*dêmos*）当中（即氏族贵族体制之外）选取新元老，根据的是军事能力和政治态度（Dion. Hal. 3.67.1，不过也参见 Zon. *ann.* 7.8）。这种选择（正确领会的话，如果说并不是王的习惯，本身似乎是合法的）似乎并不考虑业已巩固的社会等级。就此形成对比的是，在狄奥尼修斯所写的有关贵族阶级和元老院的起源那里，名望和财富不是那么重要的因素。（Dion. Hal. 2.8.1-3）

塔克文王对这一百名或者一百五十名新元老的任命似乎具有一种含义，在古代作家那里，他们迥然有别于远古时代的王所创立的最早的那些元老们。对后者的指定其实是建立在既存的社会分化的基础上：在本质上，我们可以用存在着某种非常确定的有组织的贵族体制来解释它。而塔克文王所做的任命似乎就描绘了一种不同的进程：这种任命还加剧和推进甚至可能引入了另一种尚不十分明确的社会分化。

实际上，那些古代作者们并不把新元老们划归到先存的那些氏族（可能是处于较低等级的）中去；而是从新的元老身上直接衍生出新的氏族来：那些“较小的”的氏族（在这个意义上，主要参见 Liv. 1.35.6；Cic. *rep.* 2.35；也参见 Tac. *ann.* 11.25）。

51

13. 贵族与平民

为了总结这个展现出罗马历史的最初阶段特点的制度背景所做的简短考察，我们应该对另外一个方面加以追问，至少对那些古代作家们来说，它同样可与此加以对照。我们要提及的问题是社会分化，以及我们已经多次谈到的那种氏族贵族体制与城市居民整体及民众（*dêmos*）的叠合。

贵族阶层通常是以氏族为架构的，他们与在数量上要大得多的、处在较低地位的市民群体是相对立的，后者从一开始就被称作为“平民”（*plebs*），这是古代作家们提及的在罗马最初起源时一个长期存在的事实。此外，正如我们所见，一种社会分层的形成以及氏族机构向贵族体制的转变，在与公元前 8 世纪中叶之后的年代有关的那些考古资料中获得了完全的证实。但是，平民的起源及其随后的历史仍然表现为是整个古罗马时代中最为模糊不清的问题之一。

对我们而言，从本质上讲，这个难题的起因似乎在于对这种社会对立起作用的各种因素的数量和多样性，以及当代历史学家们就此能够提出的各种解释学说的丰富性。在这里，我们仅限于提供一种当下的学术方向，准确说来，是一种综合概括性的蓝图，而忽略那些已被今日历史学家所抛弃的解释。

因此，我们仅限于简单地记录下，诸如在先前的年代里，人们总是坚持认为“贵族—平民”之间的区分如同种族区别的结果，或者说是某个前文明时代的群体对另一个群体的军事征服，而市民共同体的起源就来自于他们的融合。于是，人们一次次地设想，贵族来自于萨宾人，而平民来自于拉丁人，或者分别来自于埃托鲁斯人与拉丁人，抑或是阿尔巴人和拉丁人。还有的假设是，平民对贵族的依附关系来自于先前的历史事件，在其中某个入侵民族征服了早期居民。最后，其他的一些倾向意见则试图确定，不同类型之间差别的基础在于经济领域里所扮演的不同角色。因此，把这种差别与游牧民族和农耕民族之间的对立联系起来或者意欲将平民同城市阶层，贵族同乡村和农业领域联系起来。尽管这些判断毫无疑问都表现出了某种正确的成分，但是这些曲解也导致其生硬僵化：直到杜梅泽尔（Dumézil）还在提出一种判断。他认为这种现实是一种绝对静态的表现：犹如所有印欧民族一样，罗马对功能角色的重新划分都是以一种严格的功能角色的区别为前提，并且会导致特权阶层的产生。

毫无疑问，就我们的这一问题，向当代的历史学家们所开放的是最为丰富的路径，它是由这样一种可能性所开辟出来的，即把这两种相对立的社会群体的形成看作是城市内部兴替本身的历史发展进程的结果，而不是某种先验的或者必然的静态存在着的事实。在新的共同体历史中存在的那些冲突都随着不同群体的兴起而表现出来并得以明确，他们成为这些矛盾冲突的主角和掌控者。 52

或许，第一个用务实方式来应对这一问题的人正是维科（Vico），我们不能忘记的是，他的兴趣与其说是在编年史上，不如说是投入到了去理解一般意义上的原始社会里普通法律的历史演变上去，但是在他的作品当中还是展现出了一种十分令人兴奋的观点，尽管表现方式相当缺乏条理：在“前文明时代”的家族结构中已经存在着一些依附关系的形式（门客相对于庇主 [*patricii*]）。这位作者甚至认为，可以把这座城市的起源引回到这样一种对抗上来，因为各个家族都感受到了团结联合在一起的需要，以加强他们相对于门客们的实力。因此，这种城市国家只会存续并强化这样一种对立冲突。只是后来随着塞尔维·图里乌的改革，它们才得以缓和（或者说朝着更好的层面改变）。不过，在他那里，“草民”（bestioni）和“大人物”（eroi）之间对立的显著性并不会更小。对此，直到最近的莫米利亚诺（A. Momigliano）都还在呼吁予以重视。

在 19 世纪，我们首先发现了两种具有普遍性的重构假设，其一是由尼布尔的文章所提出的。他认为，罗马这座城市源自于罗慕洛时代的三个部落形成的三个自治市的融合（见第 5 节），在这其中只有元老贵族（*patres*）居于库里亚当中，作为具有完整权利的城市成员。而实际上，市民范围以外也存在着被罗马所征服并被转移到它的紧邻区域或者自愿迁徙而来的人口。他们则不能够被吸纳到城邦共同体内部来，因为再创建一个新的部落是不可能的。不过，这些群体也是由自由人所组成的，他们参与到城市的经济生活中来，只是阻止他们参与对国家的治理，这是保留在氏族手上的排他性特权。

简单说来，这才是平民的起源：一个新的农民实体出现在城市的门口，而在那里，被组织在三十个市民库里亚中的氏族却筑起了堡垒。如今，没有疑问的一点是，来自其他时代的那些模式以及尼布尔另外明确提及的一些距其最近的事件，对这位历史学家产生了某种明显的影响。一个农民自由共同体与一个贵族政体社会之间存在着对立，后者隐藏在这个城市当中，并且在最初阶段是全部政治权力的掌握者，这引导着尼布尔以一种普遍化的形式来表现平民和贵族之间的冲突，而这种冲突注定会在历史上不断地重演。而这表现为农业世界以其全部积极的价值理念与城市进行着斗争，以及相对于城市贵族政体而言，农村地位朝着与其平等的方向有了缓慢的上升。

但是伊内（l'Ihne）和后来的蒙森等作者们则似乎涉及不同的立场，其实对他们而言，罗马最初的市民身份也是根据氏族贵族来确定的，不过他们赋予了门客制度更大的分量，看作是新的平民阶层的构成部分，这种阶层的起源来自于门客与氏族之间联系纽带的松弛。

53 实际上，尽管在尼布尔和伊内之间存在着持续的论战，而且后来的编年史作家们也极为强调这里的对立，然而，不同学说倾向之间的差别或许不像人们通常认为的那么严重，德·桑提斯（De Sanctis）正确地强调并指出，伊内对尼布尔的反对并不在“贵族作为真正的市民资格之存在这个基本点之上，而是在平民起源于什么时候这个次要点上”。

此外，在伊内理论的最权威支持者西奥多·蒙森看来，门客制度本身似乎是有机地同农村这个实体联系在一起的。事实上，是由氏族贵族将其农业领土的一部分按照很多小的份额授予门客耕作。在这种情况下，人们会本能地回到对封建化世界的典型情态的回忆中去，在那里，农民们表现为被束缚在他们的领主授予的土地上。

这种观念类型随后注定会明显地影响德国编年史文化的方方面面。只要想想这样一些情况就够了，即诸如耶林（Jheing）、后来的梅耶尔（Mayer）和马克斯·韦伯（M. Weber）这样伟大的作者们是如何遵循他的观点的，尽管方式各有不同，以及在梅伊曼（Meumann）的研究中是如何出现了一种有机的发展的。

不过，尼布尔与蒙森的立场相去不远这一事实可能是这样被加以证实的：在尼布尔那里，对罗马周围出现的与农业生活相联系的其他人口的论述，至少根据他的逻辑，完全不会与蒙森提出的解释不相容。相反，伴随着征服和移民，他在门客制度中看到了平民起源的核心要素。一般说来，这一点并不为后来的历史学家们所重点强调。只是对于尼布尔而言，因为其他人口的迁移，这种主客关系已经具有了实实在在的巨大规模。

从 19 世纪最后几年开始，更有力地反对当时占统治地位的论点的观点被提了出来。尤其是贵族所专有的原始的罗马市民籍这一特征（正如我们所见，这是从尼布尔到其追随者蒙森所提出的全部理论构想的基本前提）遭遇到了明显的诘难。其实，他们曾提出的问题是，平民是在什么时候被整合到了市民库里亚中去的。蒙森本人接受的是，在不那么久远的的年代里，平民加入到库里亚中来，这其实是非常平稳的。但从另一方面来看，无论是关于最古老的库里亚最初因外族人成分的加入而扩张，还是关于平民的这种追求，都没有留下任何记载。所有这一切都使得人们去猜想，这种加入从一开始就是存在的，因此必须要排除的是，最初的罗马市民资格仅仅是由氏族构成的。此外，并非偶然的是，可以观察到，在罗马的早期历史上，许多重要地点和人物的名称似乎都并非是贵族的，而是都被看作是平民的。所以，有一代历史学家（比如约丹 [H. Jordan]、梅耶尔、胡尔森 [Huelsen]）所做出的批判性反思展现了为什么将最早的市民主体和贵族相等同是更加不可能的。

非常明确的是，平民的某种起源来自门客（*clientes*）这一观点并没有被全盘削弱。随着数量的增长，门客们与贵族氏族的联系已经断裂了。而在这样一种背景下，库里亚当中平民的出现就能够得以解释了。可以设想的是，在市民大会里门客们追随着氏族，而且

54

> 即使出于某种动因，他们同氏族之间最初的联系纽带消解之后，他们还留在市民大会里，只是对库里亚体制的参与已经是具有自主地位的了。或许要提到的是，必须承认与此相伴的其他一些因素也必然共同参与到平民的形成这一进程中来。
>
> 而更为明显的是，在20世纪最初的几十年里，不仅是通过种族因素来辨识社会分化的基础这样一种旧理念似乎并没有得到支持，而且有另外一种更具政治化特点的解释模型也受到削弱。从尼布尔本人开始，这种解释模型被19世纪最权威的历史学者所采纳，这种观点将平民最初完全排除在罗马市民之外。

据此，可以记录下我们就这一复杂问题所做的真正研究：从第二次世界大战前开始提出的那些研究。渐渐地，当旧有的那些理论手段显得不那么实用和富有成效时，当代学者们的兴趣已经从平民的“起源”问题上转移到了与两个等级之间的辩证关系有关的问题上来。如今达到顶峰的标志性作品集是法国人理查（J. C. Richard）的。因此，对前面那些问题进行论争的那种关于年代顺序的理论背景便落幕了。

正如我们所见，当平民的起源问题追溯到城市本身的起源时，根据古代文献中一致的指示，平民和贵族之间的对立和冲突状态则在更晚的年代里获得了实际的发展，其最为紧张的时刻处在共和国时代最早的那个世纪。

因此，从这样一种构想出发，即最近的历史学者更多的是在追问，平民的组成以及决定平民们凝聚在一起的那些因素，而不是平民的起源。更为明显的一点在于，对贵族阶层得以确立的时点，可能存在着一种不同的时间断代法。

在这种理论背景下，很多当代的作者们其实已经提出了一种不同的并且更加复杂的关于平民形成过程的理论重构，其中，首屈一指的尤其要数英国人拉斯特（H. Last）在30年代末的一篇重要评论。这些作品不仅仅把目标瞄准弱化平民与贵族冲突的时代的重要问题，而更在于笼统地把两个等级的分化进程和对立的问题剥离出来。其实，在王政时代，得到完全证实的仅仅只是氏族结构的存在及其在一种牢固的贵族政治体制的意义上被逐渐确定下来。相反，不那么明确甚至可能更加含糊不清的是，将会成为平民的构成成分的情况。

在这个意义上，意义尤其重大的是莫米利亚诺所做的观察，他致力于明确地指出贵族以外的社会群体本质上的构成特点。而在王政时期，这些成分已经是城市的一部分了。根据他的观点，只是在共和国时代早期，随着社会冲突的加剧以及完全处于一个封闭和排他的群体当中的贵族身份的结束，这种阶层之间的异质性才被超越。 55

考虑到塞尔维·图里乌引入的罗马军队的新的组织形式，并援引了罗马军团的战士与上等人（*classis*）之间的同等地位（见第15节），莫米利亚诺试图把这种上等人等同于具有贵族以及门客这两类成分。还保留有一种较低等级的社会群体，他们处于军队之外：非上等人（*extra classem*），他们应该是平民最初的核心。随着时间推移，他们加入到了门客群体中来，而门客与贵族氏族的联系纽带正在变得松弛。不过，还有一种不同于贵族的社会群体，他们具有相对较高的地位。或许在王政时期的最后几年里已经是由征召元老（*conscripti*）所组成，他们是不属于贵族的元老院成员。因此，对他们的称呼有别于贵族元老（*patres*）（这种假说把在共和国时代的元老院里才被证实肯定存在的招募兵的出现提前到了王政时代）。

在共和国时代以前，非贵族的各个群体之间的联合尚未发生，只是相对于贵族而言，平民当时也已经有机会展示出某种政治创举以及组织才能，来吸引诸如招募兵这一类中间群体，以实现某种新的社会组织集团。

应该可以照此来解释在共和国的最初那些年里诸多非贵族的执政官的名字，他们常常被当代的学者们当成是捏造出来的而予以删除。如果说将平民执政官这一史实提前到公元前5世纪，会与贵族势力的恢复这个史实相抵触的话，那么可以说成是某个中间团体，比如招募兵的领袖参与到最高职位上来，直至这个群体最终与平民确定地联合起来，这就变得能够理解了。

实际上，对于我们而言，对平民起源的这些令人痛苦的问题加以分析的准确出发点在于，最近这一代历史学家所追求的那种相当明确的企图：不承认在共时性的层面上解读“贵族—平民”

> 的两极对立具有直接且显而易见的必要性。相反，从这座古代城市的贵族政体特点出发，就可以避免不得不在这种贵族政体的边缘地带，有时候甚至是些附属地带中去寻找所有社会领域的某种单极性特点。因此，面对在这座城市的形成过程中这种贵族政体的统一化和一致化特征，需要指出的是，不同的甚至相互异质的种族和群体的一种渐进统一的过程，而这一过程是到了共和国时代早期才完成的。

照此方法，以一种进化过程的形式来解释平民的兴替（将其当作是罗马社会结构进一步发生转变的结果），这种倾向可能就找到了最具组织性的表述模式。当对很多特定前提所做的探讨仍将长期悬而未决时，这样一种构想在今天看来是最具有启示性的。因为它使得对这样一点的强调成为可能，即贵族和平民之间的对立与罗马社会的经济形式必然具有确定无疑的联系。

56

对我们而言，正是在这一背景下的学术运动显得极为丰富多产，因此就无须考虑任何一种基于平民“起源”问题所做的进一步探讨。那个确实关涉到这种“起源”的长期延续的论战并使这些论战具有了正当性的问题是：平民和贵族之间的冲突。这种冲突在数个世纪当中都强有力地主宰了罗马的历史，现在应该重新提出一套曾经多次强调的话语，或许它从未被提升到一个最大可能的明确性的水平上来。据信，这种非常明显的明确性在某种程度上强化了我们提出的一些事实，但它具有风险，会在一种封闭的模式下使一种复杂的，并且与一些不被本书所认可的事实相抵触的真实进程固化。然而，这能够提供出一种理论图景，这种必要性应该可以使得我们能够接受这样的风险。

已经强调过的是，在王政早期进程中，在日益增长的某种社会分化过程这个层面上，氏族结构所发生的那种转变。在这个意义上，随着各氏族群体之间以及单个氏族内部日益增长的分化，一种贵族政治组织取代了原始的村落共同体。不过，还可以观察到的是，仍然是在王政时代早期，上述进程在很大程度上是在氏族内部进行的。从本质上讲，那些氏族高级成员（*gentiles*）是氏族里因此也是这座城市里的较高阶层。他们具有某种经济和政治贵族的角色。同时，在氏族内部也还存在很大一部分处于依附地位的群体，比如门客、“食客”和一些边缘成分等等。

在随后的年代里，即王政的最后一个世纪当中，一种新的进程出现了，可以看到的是，处于氏族社会顶端的贵族体制自身遭遇到了凝聚在氏族之外的对抗性势力（那些古代的边缘性成分）。正如我们在以下的章节里即将看到的那样，这种现象正对应着罗马历史上的某个阶段，当时氏族和贵族的职能角色遭受到最初一系列的限制，而这正是埃托鲁斯王的所作所为。

我们已经强调过的这两点之间其实并不相互矛盾。一个社会中具有强烈的贵族政治意味的组织在其发展的极盛时刻都会收聚并打压那些潜在的反抗势力。而当这个进程开始由盛转衰时，在贵族政体结构内部的那些有凝聚力的成分就会被削弱，并被该社会里涌现出的新的群体和阶层所吸纳，它们是古代贵族政体的反对势力。我们当然不想以一种机械的方式，而必须概括地运用这些指示来重构古代罗马的历史。我们所感兴趣的更在于指出一种可能的发展路径，并质疑把平民和贵族当作是绝对同时出现的现象是否是有必要的。

57

就这一点而言，我们的探讨不可避免地使得我们对似乎发生了深刻变化的那一段罗马历史产生了兴趣。当时，罗马社会极为普遍的成长壮大似乎正对应着某种实质改变，事关氏族贵族体制当时行使其统治权的那些形式。而这种改变要么就更为直接地涉及经济关系，在其中新兴势力似乎正崭露头角，要么就涉及政治形式和制度安排，而这其中埃托鲁斯王时代表现为一个巨大变革的时代。这种改革似乎明显地指向对贵族群体的削弱，以及在一个更为复杂或许也更加充满了对立的社会内部达成了某种新的力量平衡。正是在这里面，在贵族以外所逐渐涌现出的社会群体当中，首先显露出来的就是未来的平民。

14. 埃托鲁斯人的王政

古代传统文献几乎完全一致地指出：在罗马王政时期的历史当中有一处节点相对深刻，并且被认为是意义重大，它把具有拉丁—萨宾人出身的前四个王和具有埃托鲁斯人血统的后三个王区分开了。

有一种看法是机械地把这种转变同罗马的政治安排上的某种更为普遍的变迁联系在一起，如今在这方面通常要更加小心谨慎些了。在一个特定时期里，这座城市的兴致在于追求相对于拉齐奥地区其他共同体的一种霸主地位，这似乎正好与埃托鲁斯人世界的利益相近。尽管这一点是毫无疑问的，不过在公元前6世纪的进程中（正好与罗马的埃托鲁斯王时代相重合），埃托鲁斯人好像在意大利南部扩张了其影响范围，直至覆盖坎帕尼亚的部分重要地区。

塔克文·普里斯科及随后的塞尔维·图里乌问鼎罗马王位很可能主要是与强大的军事团体的出现相联系，它们追随的是很有能力的统帅。这些统帅被置于一种以灵活性为突出特征的政治社会格局中。自然，也不该排除的是，这种军团的存在及得以加强也要归结于当时国际政治的状况。

古代的那些证据不断地将罗马王政的新阶段与罗马特别健康的状态、政治扩张热情及其政治体制中深刻的变革联系在一起。那个“塔克文王的大罗马”在几年前尚且只能出现在当代人的幻想当中，而如今尤其多亏了考古学家们的丰硕成果，它逐渐具备了实实在在的面貌，并获得了一度不容怀疑的证据。不过，对这座城市在公元前6世纪经济—社会方面的显著增长的确认，本身也给文献中讲述的埃托鲁斯王，尤其是塞尔维·图里乌进行的复杂的政治改革提供了证据。

58

首先，我们要提及的是，在贸易往来方面的强度和水平，尽管相差巨大，但仍得益于罗马作为重要的交通体系上的必经之路这种角色功能的强化。人们想到的是，以拉齐奥地区，特别是以罗马为具体参照点，埃托鲁斯人朝着坎帕尼亚地区北部所进行的领土扩张；也能想到，覆盖了拉齐奥沿岸地区并因此触及罗马的海上交通，不过，更为重要的或许是众多手工业活动的发展，这很大一部分是来自于埃托鲁斯王大兴土木的带动（从兴建著名的大型引水渠 [Cloaca Massima] 到一些重要庙宇及其他建筑的建设）。

但这并不意味着，农业活动的重要性在绝对意义上降低了。恰恰相反，也正是在这一领域，出现了生产力的某种显著增长。只要考虑到这样一个事实就足够了：在公元前6世纪，种植谷物已经不再代表农业领域中生产力发展的最高技术形态了。已经证实了在这一时期对橄榄、很可能还有葡萄的种植。

即使是有限的（几种作物的）种植形式的兴起也使得我们想到了这会强化土地重新分配的形式。在先前的年代里，由于更加低下的生产力发展水平，极为贫乏的谷物培养和种植的形式仍占有统治地位，农业活动能够（注意：这并非必然）通过氏族对领土范围的控制以有限的共同作业形式被组织起来。所有这一切现在似乎都不大可能了：把更加集约化的农业形态，特别是种植业，与一种单个种植者的个人所有权制度联系在一起更加容易了。

不仅土地私人所有制的兴起和扩展同最古老和广泛的氏族共同所有制展开了竞争，而且与商业和手工业（这通过最原始形态的铸币业而得以表现）相关联的一种城市经济的重要性也日益增长。这些现象的重要性不仅仅只有社会方面的后果，而且也在政治制度方面直接发挥着影响。

一方面，对耕地的控制实际上部分地与氏族脱离开来，渐渐地，单个家庭（就其而言，是指家父）的所有权就扩张了。比如，已经说过的这种土地利用形式直接与氏族的共同所有（*possessiones*）相竞争。而后者则是氏族经济和政治权力的主要基础（此外，它还确保门客与其的联系纽带）。另一方面，某种市民经济的发展本身应该很难按照与氏族结构相同的形式发生。无论是商业还是手工业当中，显得最具效用的是一种最为精干灵活的组织体：自有法家庭（*proprio iure*），而它在氏族社会中的角色尚不十分明确。

一种新的社会结构对应了新的生产关系之重要性的日益增长，而贵族政治的分量虽未被瓦解，也遭到了削弱。尤其是它对生产关系的控制能力首次衰落。 59

就像经常发生的那样，一个长期处于经济扩张阶段的社会总会吸引新的劳动力，一系列的移民个体必然会聚集到埃托鲁斯人治下的罗马来，他们属于位于边境地区的最底层人口，而罗马俨然已经是拉齐奥地区最重要的城市之一了。而这种移民在一定程度上可以不予考虑氏族提供的中介作用：这就意味着在坎帕尼亚地区，以传统的门客制度来配置那些新的劳动人力就不再是不可避免的了。正好相反，以私人所有制为基础的那种农业重要性的日益增长及埃托鲁斯王保障并发起的那些公共工程都为劳动力的供应提供了新的出路，所有这一切都不可避免地导致了新的生产关系的出现，而它与传统的门客制度和典型的氏族结构相差甚远。

三三两两抵达罗马的那些小型氏族开创了比被它们抛在身后的那些氏族更好的生活条件，并不是所有人都成了边缘人或者穷人。也有一些重要的个体只是希望获得某种社会晋升，他们也是被约公元前 7 世纪末的罗马所开放出来的那些机遇给吸引过来的。其实，李维就提到了一个伟大人物的到来，即未来的塔克文王。当追溯其当时行为的动力时，他注定会在历史上被反复提起，塔克文迁徙至罗马是因为“在那个新的氏族当中，富贵都是全新的，并且所根据的是个人的价值，一个勇敢而勤劳的人是会找到属于他的位置的”。（Liv. 1.34.6）

很容易理解的是，在出现了这种新形势时，如何摆脱氏族贵族政体的操控，在罗马社会复杂的安排中开启出一片现实的天地。总之，氏族贵族政体还留有相当大的分量，只是它的统治地位已经不是全面的了。它本身也不再能够履行那种统一社会进程的职能，而只是作为一种“有局限的”实体，这使得那种即使尚未能明确地与之对抗、但亦能潜在地与之竞争的势力崭露头角成为可能。只有置于这样一种背景下，前面篇幅叙述过程中所面对的主题才能得以评判。因此而开启的正是为一种社会力量兴起所必需的现实条件，它将会削弱贵族的统治霸权，因而，或许在稍晚一些的时候，大家一致地认为它们就是“平民”。

在这个地方，应该强调的还有这个进化过程的另外一个方面，它构成了罗马王政时代末期与共和国时代最初五十年这一阶段的特征，我们要谈到门客制度。正如此前我们已有机会提及和看到的，它代表了一种核心机制。通过它，依附关系的形式和从属性劳动关系都被安排在了氏族社会当中，并在单个氏族内部表现为有如一种统一但区分阶层的结构。

60 从百人团制度开始，伴随着氏族体制的危机，门客制度关系不是作为一种社会和政治权力统治的形式，而是作为共同体的制度成分，它必然会以更为间接的方式得以发展。很可能，氏族群体与其名下的主体——门客之间那种泛泛的关联性减少了。《十二表法》使得对紧随公元前5世纪中叶的那段时期的法律关系的现实进行评判成为可能。实际上，它的全部制度都建立在自有法家庭（*familia proprio iure*）的基础上，而氏族似乎已经是处于法律领域边缘的一种实体了。出于这个理由，从某个特定时期开始，氏族与门客之间的联系纽带应该就是由自有法家庭（也即家父）和单个群体的门客之间的信义（*fides*）来调整了。

把新的平衡关系说成是由埃托鲁斯王所承担的那种特别重要的职能的原因或结果，这是毫无用处的。一方面，他的确是这种转变的一个强大的推动者：他是那些公共工程的伟大建设者，是将公田（*ager publicus*）划分到自有法家庭的私人所有权这一做法的创始人，是最为激进的政治扩张主义人物，能够给罗马引入众多新的成分。可另一方面，毫无疑问，在这一时期，王的威望得以巩固是源于这样的事实：由于社会反对势力已经在博弈中兴起，他能够从古代贵族政治沉重的掌控下被一定程度地解放出来，这种贵族政体主宰了不仅是贵族的，还有库里亚的，甚至是祭祀团体的合意。

我们已经有机会提到过，在王政最早的时期，罗马领土的一部分表现为直接归共同体所有。而古代作者们多次提到了王将公田分配给那些不富裕的市民。然而，貌似很有可能的是，随着众所周知的埃托鲁斯王治下罗马的扩张，这种土地类型注定就会迅猛地增长。显而易见，那些战败的对手们会被罗马人剥夺掉一部分土地，并被当作公田保留给国家（见第47节）。

这样，那些古代传统文献以统一的模式给我们提出来的那些有关埃托鲁斯王的画面，就变得可以理解了。一方面，作为特别专制有时候甚至是独裁的领袖形象，王的威望涵盖了一种广泛的符号体系，从中隐隐可见到其得以巩固的军事职能。另一方面，埃托鲁斯王又代表了那些伟大的制度改革者；甚至把塞尔维等同于那套在共和国时代仍然存续的宪政的缔造者。

于是，具有重要意义的是，古代人提出的在这些王和那些古老的城市结构之间的关系类型，即他们是旧秩序的破坏者，是新的均势的创建者。可以想见，在大部分古代历史学家那里，塔克文·普里斯科和塞尔维·图里乌问鼎王位或多或少都显得在宪政形式方面有所欠缺和不妥。因此，他们获得的人民爱戴却受到了历史学家反对。而以往正是人民的同意才标志着塔克文王以及尤其是塞尔维王统治的特征。因此，人民与王（*populus-rex*）的关系才获得一种特别的重要地位（更为明显的是小塔克文王 [Tarquinio il superbo] 对宪政形式的违反，他谋杀了前任王，塞尔维·图里乌——而在这个事件中，似乎欠缺人民的同意）。

61

出于这些原因，具有了某种真实性的是，由不同的学者们所实现的将埃托鲁斯王的统治向以希腊人的世界里希腊式的专制统治为代表的那种政治体制类型靠拢。这种政体在本质上致力于通过对古代贵族政治的削弱来巩固市民结构，其根源于人民实质上的支持。毫无疑问，在罗马的埃托鲁斯王政的历史里，也出现了不止一种普遍存在的原因。在这里，纯粹只涉及了那种有利于“人民”并致力于限制贵族权势的政治（Liv.1.35.3 和 5；1.47.7；1.49.1）。这种政治伴随着一些重大的公共工程和某种强烈的军事扩张政策。

军事指挥方面的一种新特点构成了另外一个核心要点。这似乎成了此前的时代里那些重要节点中最具决定意义的音符。此外，毫无疑问的是，塔克文和塞尔维作为军队改革者的特别重要地位，正如我们所看到的（见第 7 节），当代人甚至已经假设：埃托鲁斯王引入了一种新的最高统治权类型——治权（*imperium*），而这并不为最初的拉丁—萨宾人王政所熟知。我们将仅限于承认：由于埃托鲁斯王的出现，王的权力体验到了一种特别煊赫的地位，而通过埃托鲁斯文化对罗马的渗透，一系列最高权力的象征在共和国时代注定还会留存下来，比如绛红色的长袍、鲜红色的长靴、象牙王座、桂枝王冠以及以利斧和束棒为武装的侍从保镖。

现在，埃托鲁斯王业已巩固的声望和威望无非就是在城市国家及其成员之间那种变化了的关系的表现而已。只有在这个年代里，城市具有的那种完全且绝对的主权才得以实现，与之相随的是，氏族作为共同体和个人之间的中介因素的制度性功能的减退。就算不像某些当代历史学家所实现的，将该城市国家的兴起推算到公元前 6

世纪，但是必须要承认的是，从这一时期起，为这个城市实体开启了一种全新且更加完整的历史面貌。

我们已经看到，随着塔克文·普里斯科王的到来，勾勒出了宪制政治一条意义重大的线索。我们要回忆的是，有关元老数量扩大和大量安插忠于新王的成员这类信息（见第12节）。尽管如那些古代历史学家们所述的，这是如此的“极权专制”，但我们仍然确信，虽然这很显然是出于王的利益，不过，也还是解决了当时不得不被提出来的那些新问题，其中的代表就是在古代贵族体制之外，出现了一种具有市民身份的更加广泛的组织体，可供支配的新出现的军事人员也日渐增长。

对我们而言，这种前提假设似乎是由我们所知的同一位王所发起的另一项重大改革加以确认的。我们要提到的是，塔克文王试图创建一支新的快速骑兵（*celeres*）百人团，却遭到了阿托·纳维奥（Atto Navio）占卜官的反对。因此，他通过把旧有的百人团拆成两半后再各自翻倍的方法越过了这道障碍。极有可能的是，在骑兵组成的人员中进行添加（intervento），如果说这一方面解决了战术上的需要，那么另一方面骑兵组织应该也有了更大的容量，并且旨在超越罗马部落体制本身。这样可以更好地理解占卜官的反对及其对旧秩序的捍卫，他们是那些氏族贵族政体的利益和价值可能的保卫者。 62

总之，骑兵组成人员的这种有限改革也显示了：跟过去相比，塔克文王对军队里最杰出的军事组成人员有了更大的掌控能力。市民身份的结构也扩大了，并且从中可能已经兴起了新的社会阶层。

在塔克文王的那些大事件里出现的另一个毫无争议的事实是，元老院的扩大在某种程度上打乱了在先前的年代里本应进行的那种社会流动进程。新的氏族群体的形成和他们的“高贵身份”在先前的年代里毫无疑问是可能的，不过必然是以一种极端有限且渐进的方式实现的。这正是为了保证罗马贵族政体在本质上的稳定性。而一百名或者一百五十名新元老大规模地加入，与先前存在的吸纳接收形式尖锐对立，而这有助于一种新的社会群体的出现：低等氏族（*minores gentes*），它们“完全”不同于以前那种氏族贵族。这样在共和制伊始，这种所谓的贵族阶层的堤坝就早早地筑好了。实际上，当时氏族贵族排除了新的氏族能够（通过相关的圣事礼仪 [*sacra*]）构成这类贵族。

实际上，这只是转变的开始阶段，而塞尔维·图里乌会更加强烈地对其加以巩固。其实，这些新的元老们似乎并没有处于与那些旧贵族尖锐对立的位置上，相反，这些新集团随之具有了与旧有的贵族政体相雷同的构造，尚不确定的是他们更晚些时候的贵族身份归属。这使人想起，在那个时代的观念中，地位安排上存在的差别应该是非常显然的。（比如，一旦两个共同体相融合，阿尔巴人就被认为是与罗马氏族处于同一地位，而且随着克劳迪人 [Claudi] 移民的到来更是如此。）

因此，至少部分地将这些新的元老们等同于征召元老（*conscripti*）（在共和国时代，他们是指元老院里那些非贵族的成员们）是可能的。在这种情况下，他们只是逐渐地被塞进了贵族队伍里，但只有较低的地位。这可以强调的是，他们最初的外来身份：低等氏族贵族（*patres minorum gentium*）。在随后的某个阶段里，那些最晚近的征召元老集团就确定地处于氏族组织以外了，他们更加明显地代表了一种业已不同于氏族组织的社会团体。

塔克文·普里斯科所发动的改革表现出来的形式并不是直接颠覆旧有的氏族结构，而仅仅旨在限制氏族对市民共同体的统治。而这一进程却由其继任者、伟大但不幸的塞尔维·图里乌引领得更加深入彻底。他不仅仅让该城市的军事组织得以根本性地转变，而且原有的人口配置的全部构造也基本上被彻底取代了：库里亚被百人团制度所取代，而拉姆斯（*Ramnes*）、提切（*Tities*）和卢切勒斯（*Luceres*）三个部落（我们已经发现，为了对付它们，其前任并未能成功地实现规划构想）则被新的地域性部落这种组织所取代。

63

尽管不必把古代作者们不断地提到的那些改革都归功于塞尔维，但毫无疑问的是，在他的治下，全部城市面貌都经历了一场深刻的转变。对此，从这一节开始我们就将予以重点论述，它与那个时代前后所发现的其他转变似乎都有机地联系在一起。

现在，我们放弃对这个历史阶段的罗马政治做出某种的评判，最好是就近分析一下某些体制上的根本变革的意义。出于某些可能性，我们能够有效地将这些变革追溯到塞尔维时代。

15. 百人团体制

在这座古代城市里面，战争是市民的使命与独占的特权：市民（*civis*）资格和参与保卫国家的义务乃是一体两面。因此，并不会令人感到惊讶的是：在罗马直至共和国晚期的各个时代里，市民的政治组织和军队的构造都不可分割地联系在一起。

最初，罗马三大部落和库里亚制度提供了军队组成人员的保障（见第 11 节）。鉴于氏族在库里亚组织上的强大影响力，毫无疑问的是，军事体制也处于这些群体的控制之下。

此外，这也与我们所知的那些最古老的有关军事技艺的形式相吻合。在罗马，亦如古希腊，都是由贵族政治所统治，在《荷马史诗》里，就表现了这一类型的战斗，在本质上，它们都建立在个人搏斗的基础之上。这种冲突毫无疑问具有一种“英雄式”的特点，其中还出现了战车和战马。已获得证实的是，存在着某种防御性和进攻性的武器，它要求有相当数量的金属。而考虑到当时大宗资源的匮乏，相对来说，在一个共同体当中只有很少的个体能够拥有这类武器。不过，正是因为如此，他们显现为个人战士（combattenti）（如《荷马史诗》中的“英雄”），而且所有的原始军事组织都作为他们的后盾支援，而这显然明白地强调了这种类型的战斗所具有的贵族政治特征。

因此，在库里亚体制内部保留其单位的每一个氏族都根据其经济实力在战斗中组建出一定数量的武装人员。而其他的氏族成员（*gentiles*），尤其是追随着这些真正战士的门客起到一些辅助作用。

骑兵（*celeres*）和步兵部队之间的关系有可能就表现出了这种情形，但这一点并不确定。在这种情形下，只有前者代表了装备有全套武装的战士。另外，在真正的战斗中，骑兵会从战马上下来的这样一个事实也具有重要意义。不过，据说为了反对这种假说，弗拉卡罗（Fraccaro）提出了一种有关罗马军事组织进化的复杂的理论重构。他实际上假设认为，不止有三百名骑兵，而且那三千人的部队在原始军事结构中具有某种核心功能。

64 在那些古代城市更为发达的某个历史阶段里，出现了一种非常普遍的现象，这也最为贴近地涉及罗马。随着资源的增加，对金属可支配能力的日益增长，使得为更大数量的市民装备上全套盔甲已经成为实际可能。因此，一种新的军队形态兴起了，其建立的基础是“重装步兵”（从字面上看，即“武装起来的士兵”），大规模地出现了那种除了装备有进攻性武器以外，还有防御性武器（这才是最为重要的）的士兵。就此而言，这标志着贵族武装部队无可挽回地没落了，它们建立的基础在于各氏族首领（*principes*）的个人武艺。这种个人武艺在抵挡整齐列队而无甚间隙的武装士兵们坚固的盾牌和胸甲时，是注定会被击碎的。

总之，绝非偶然的是，古希腊亦如罗马一样，那些证实了这种新型战斗兴起的记载正好与氏族贵族政治的某种危机或者至少是某种削弱存在着意味深长的巧合。因而，就罗马而言，能够追溯到这两种现象的正是在埃托鲁斯王的时代，尤其是塞尔维·图里乌时期。就上面提到的在社会和经济方面的削弱而言，我们仅限于记录下在最近的两段文字里提出的那些观察。而关于新的重装步兵战术的到来，需要强调的是，它们是如何构成了引入百人团体制的历史基础。

实际上，古人们所坚持主张的是百人团的政治意义，而非仅仅是军事意义。因为他们赋予塞尔维一种更加广泛的形象，他是全新的政治安排的缔造者，而这种安排首先建立在百人团民众大会的基础上。

毫无疑问，就此而言，这样一个事实是具有影响力的：在共和国晚期的那些历史学家眼里，回溯历史时，百人团体制是直接与百人团民众大会相等同的。因此，这个体制就被归于塞尔维名下，而不考虑其军事方面早就已经与百人团制度脱钩了。

尽管这种表述契合了最终结果，但不应该认为新的安排像一种政制工程式的精确作业，在一朝一夕之间就被创建出来。恰恰相反，要强调的是，这种新体制有强烈的进程化特点，可能直至共和国时期《十二表法》时代之后，其完备的形式才得以形成。

从这一事实出发，与大部分当代历史学家一样，我们就必须承认百人团体制的两个方面——民众大会的军事方面和政治方面并不具有同时性。现在已经被普遍确信且很有根据的一点是，只有前者才是其原始功能，而只是到了后来的某个时期，这种出现在罗马体制当中的新型民众大会制度，可以作为共和国的宪制基础。 65

适合用来确定与百人团体制最初的军事特点相吻合的那些要素各不相同。首先要记录的是，在不断地提到百人团民众大会时使用军事方面的术语形式。因此，就该民众大会中人民的召集问题而言，人们使用了“号令”（*imperare*）这一术语，这是典型的军事命令，或者甚至用了“号令部队”（*exercitum imperare*）的表述（Varr. *l. Lat.* 6. 88, 93），而且这种百人团大会本身即被确指为“城市部队”（Varr. *l. Lat.* 93）。此外，也正是由于其“军事”方面的因素，百人团民众大会的召集是在城市的神圣界限——城界（*pomerium*）以外进行。雷里欧·费利切（Lelio Felice）解释说，在城界之内，不能实施这种军事命令，并据此召集该类民众大会（*quia exercitum... intra urbem imperari ius non sit*）（Gell. 12. 27. 5）。

此外，这种判断也相当符合对埃托鲁斯王不断进行的特征化、类型化塑造。这种改革在其治下得以实现，他犹如一位具有某种不断加强的尚武特点的权势掌控者。很显然，古罗马历史学家把罗马势力的显著增长及后来的军事胜利都归功于他。

为了最为贴近地分析塞尔维军事改革的实质和逻辑，在做出这些阐释后，最好简短地强调一下百人团体制的特点是如何在后来的年代里被明确下来的（见第 41 节）。这样，我们就可以领会在塞尔维的首次改革当中必然已经出现的那些具有普遍意义的线索。

在百人团制度里，根据个人财富（或者更确切地说是自有法家庭的财富），罗马人民被分置于五个能够持有武器的等级当中。第一等级由四十个青年人百人团（*iuniores*）（从 18 岁到 45 岁）和四十个老年人百人团（*seniores*）（从 45 岁到 60 岁）组成。第二、三、四等级各由十个青年人团和十个老年人团组成，而第五等级总共有十五个青年人团和十五个老年人团。此外，还必须列出的是十八个具有最高等级的骑兵百人团，它们是最早的提切、拉姆内和卢切雷三个部落的百人团数量翻番的结果。除此以外，还要加上其他四个百人团，由手工匠人和乐师加入其中，最后还有唯一一个包括全部贫穷者（*capite censi*）的百人团，他们是那些未能达到归属于最后一个等级所要求的最低财富水平的市民。如果说，为了军事目的，每一个百人团都代表了一个人口单位，必须向军队提供一个固定数量的武装人员分队（最初是一百人）的话，那么在民众大会上它就构成了一个投票单位。

关于应该以什么样的方式来具体实现三千步兵的部队向新的百人团部队的过渡，我们不得不遵循弗拉卡罗所进行的那些基础性研究。

这位学者实际上是从这样一种观察出发，即一系列的古代文献所指出的，尤其是李维和狄奥尼修斯都证实了，只有头三个等级的青年人百人团才给重装步兵配备了相当沉重的武器装备，而其他百人团的士兵好像仅仅是前者的帮手。弗拉卡罗据此推断说，可以很容易地得出结论：最开始时，前三等级所提供的“他们的六十个百人团这一组织代表了原始军队所拥有的三千人，即三十个步兵百人团数量翻倍”。另外一方面，这六十个百人团（六千人）的组织又对应着一个罗马军团的人数。在埃托鲁斯王政时期，该军团构成了城市军队的全部，只是到后来该原始军团被一分为二，但这一次，新的两个军团并不对应实际人数的加倍。实际上，它们每一个都包含六十个百人团，不过每个百人团并没有超过一百名士兵，而仅有更小的数目，根据士兵质量决定要么是六十人要么是七十人。

66

弗拉卡罗的另外一个有趣的观察涉及对旧有骑兵的重组，这也是由塞尔维实施的，其间以每三百人为一骑兵分队（*turmae*）取代了旧的百人团，并随之抛弃了建立在罗马三大部落基础之上的那套制度。随着这样或那样的改革，那种由一位长官率领一千人所构成的较小的军队单位消失了。根据弗拉卡罗的意见，这些改革标志着一种意图：打破军事组织和三大氏族部落这种最古老的组织之间的联系。于是，随着独立地按照“平民和贵族之间的财富等级”进行招募，军队也就组建完成了。

弗拉卡罗所得出的这些结论具有显著的重要意义，能够进一步明确那些在先前的段落里已经强调过的指示，首先要指出的是，罗马军事组织脱离了氏族结构，以及一种建立在市民财富基础上的财产调查制度的兴起，这都是一些相互依存的现象，而且是“同时发生的”。

其次，大概能够加以确定的是，根据传统来标明这种百人团制改革发生的时间年代。其实，相当有可能的是，罗马军团的一分为二应该可以追溯到这样一个阶段，即当时有罗马最高统帅这一头衔的是两人而不仅是一人：（双）执政官。在这个意义上，可以确保这两位统帅都各自拥有一支武装分队。如果说这一做法要追溯到共和国的初始阶段，那么很明显，拥有六千人阵容的单个军团的形成是在更早的某个时期里提出来的。照此一来，我们就要追溯到最后几位王的身上，并确认传统的说法是，将其归结到塞尔维·图里乌名下。

在某些当代历史学家那里，尽管并不质疑军事改革要早于新的民众大会的创建，但也从另一种视角出发，对弗拉卡罗的文章提出了一些质疑。实际上，他们怀疑这一时期的罗马能够如原始罗马军团所要求的那样，将具有武装的六千人阵容投入战斗。据说，有这样一种普遍的态度是，我们在最近的一些作者身上还能查找到，比如维纳（Werner）和阿尔弗雷迪（Alföldi）（还可参见科尔内利[Cornelius]、达姆斯[d’Arms]和科里[U. Coli]，以及很显然耶尔斯塔[E. Gjerstad]的更加普遍的论调，他想要把古罗马所有的纪年顺序都往后推延）——它实际上提到了对王政晚期罗马的人口规模和经济发展能力的一种悲观评估。 67

如果说今天还有一种占据统治地位的倾向性意见，它试图重新评估长久以来坚持把这里所考察的那些改革都归到塞尔维·图里乌头上的话，那么这必然也就是弗拉卡罗所提出的那套东西，它对很多学者产生影响，比如拉斯特（Last）、贝尔纳迪（Bernardi）、德·弗朗奇西（De Francis）、斯塔维利（Staveley）、冯·吕布滕（von Lübtow）、马扎利诺（Mazzarino）和厄尔冈（Heurgon）。当然，尤其是在最后提到的那些作者那里，还有一种对整个古代时期罗马社会—经济发展所做的更具普遍意义的评估。此外，与每平方公里内的居民数量关系不大，在王政时期末叶，对于由罗马所控制的领土来说，提供出相当众多的人口支持以保障一支六千人阵容的军队应该不是不可能的。

相对于弗拉卡罗所做的理论重构而言，另一种似乎并不完全相同的解说构成了有关百人团军队原始组织的最后一个问题。其实，正如我们从古代作家那里所了解到的，配备有全套重型武器的战士的实际数量应该对应着由前三个等级的百人团所提供的士兵数量。

不过，我们在文献中发现了另外一种指示，其中上等人（*classis*）这一术语，即军队，被用来指代仅仅是第一等级的百人团，而其他所有的市民则都被指称为次等人（*infra classem*）。那么照此方式，根据上等人一词的最初含义，似乎在某一时期的百人团组织当中，真正的军队并不等同于前三个等级的百人团，而是仅仅与第一等级的百人团相等同。于是，我们会发现，军队组成人员不超过三千人，就像建立在罗马三大部落基础之上的那支部队一样，而没有像弗拉卡罗所设想的那样有六千人：实际上，第一等级百人团提供了总计四千人。为了解释这种个别的矛盾，人们假设在军队组成过程中会有某个中间阶段。但在这一点上，我们距离获得某种明确的证实还相去甚远。

现在，我们回到“在不同的百人团等级之间分配人口的标准”这一问题上来。正如我们所知，这建立在个人财富（或者说是单个自有法家庭的财富）的基础之上。显然，就塞尔维时代而言，其特征是强劲的经济发展，但是认为最富有的市民（他们被分配到数量上占绝对优势的百人团当中去）与更多的不那么富裕的市民或者穷人的比例相称就不应该了。恰恰相反，在百人团之间所做的分配并不考虑各社会阶层的规模大小。实际上，它建立的基础仍然是这座古代城市的典型原则，即市民的政治分量和军事义务都不是绝对相等的，而是与财富水平成正比。

很显然，最富有的市民被分配在骑兵和第一等级百人团中，他们所承受的是相对于其他市民而言重得多的涉及军事义务的负担，而每一个百人团不论如何都必须提供相同数量的战士。不过，这种财富等级体制随后就在不同等级的政治分量上得到了反映，这也是实情（此外，在民众会议之前，对军队的掌控确保了其政治上的有效统治)。事实上，按照百人团来进行表决，那些最富有的市民就用相对较少的人数控制了最多的表决单位，而那些无产者在民众大会上甚至只有无关紧要的分量(1/193)，尽管他们必然完全不只有如此少量的人数。不仅如此，老年人团和青年人团数量相同，但前者的数量绝对应该要少于后者，故必然可以得出结论说年长者的地位要高于年轻人。此外，这也圆满地融入罗马社会强烈的阶层制的逻辑。在这种体制中，百人团制度只是基于不同的基础对其加以微调，而不是削弱。

尽管有不同于贵族的新的阶层的出现，他们受益于塞尔维的改革，但是我们当然不必得出结论说，这绝对会削弱这座城市里已经存在着的社会分化。我们毋宁说，恰恰相反，百人团体制正好从某种指向上记录下了这种分化，而且在这种分化的基础上，从城市政制内部给每个市民赋予其角色职能，以及整套的的权利和义务。在这种新体制当中，仅仅那些相当富有以至于能够确保自己拥有全套重型武装的人才拥有实实在在的地位。相当广泛的大量个体、旧氏族的门客，以及更一般意义上的未能从这种财富中受益那些人尚处在边缘人地位。而且，从某些方面来看——尽管是从相互对抗的意义上来说——他们组成了那些旨在统治该城市的那些群体的某种附属性力量。而且，在重装部队里，他们也处于边缘地位，相对于在军团阵营中整装列队的那些战士们而言，只起到一些辅助作用。

此外，古代作家相当明确的一点是，这种新制度为城市共同体内部引入了一种很强烈的社会分化的要素。李维明确地把在市民之间引入阶层制这一业绩归功于塞尔维(在这里面，或许他夸大了古代库里亚那种平等性特征。在氏族贵族政体的掌控之下，在古代库里亚当中其实还有其他一些团结聚合的形式在起作用)。而李维写到，其实是塞尔维“建立了财产监察制”(*census*)，这对于这座城市将来的兴盛壮大是极其有用的。据此，战争与和平的任务就不再按人头(*viritim*)加以分配了——正如在库里亚体制当中那样，即每一位市民均按照统一的方式——而是与财富水平成比例(1.42.5)。

随着财富等级制度的兴起，随着土地私人的所有权具备了特殊的重要性，而这是归属于不同等级百人团的基础，根据财产来划分市民和家族就成为绝对的必要。尽管那种专门的官职——监察官只是到了公元前 5 世纪末才被引入，但是很可能在此之前，王就应该在主管这一行动了。此外，传统文献上还明确告诉我们，塞尔维本人就实施过财产普查。

16. 地域性部落

归功于塞尔维的另一项重大改革在于，以更多数量的具有地域性特征的新部落取代罗马古老的三大部落。

69　据信，一般说来，地域性部落所履行的使命是以一种有组织的并且可穷尽的方式把所有的市民都加以安置。它们的功用不仅仅在于构成某种招募兵源的区域（正如百人团最初时那样），也还代表着某种真正的行政管理上的重新配置。它们还要履行的使命有，确保在司库长（*tribuni aerarii*）这些古老的部落官员看来，赋税的变动是有利于国家的，这种赋税与单个市民财产的价值要相适应。

但是，这种表述并没有减少对该机制与百人团体制的功能可能发生重叠的某种质疑。此外，一部分人甚至谈到，在这两种制度之间存在着真正的对立以及相互抵牾。但如果接受了它们非共时性特点的话，那么有一种判断可能就是有根据的，那就可以用“它们是在不同历史状况下出现的”来解释它们之间缺少相似性。

但是，我们却并不想把百人团体制的起源转移到共和制时代。因此，这样一种解释就显得是不可接受的，因为很多普遍确定的事实也都已经把重新划分地域性部落这一事件追溯到王政时代晚期。

由于地域性部落的数量在逐渐增长，从最初的四个城市部落起到共和制初期的二十一个部落，再到公元前 241 年达到的最终确定数目：三十五个。实际上大概很难确定出这一组织体的数量和百人团数量之间有什么有机的和一贯存在的联系（见第 53 节）。

在这样一种背景下，唯一的可能性大概就是把这两种制度之间的数量对应关系确定在它们发展进化的某个特定的时点上。其实，很多历史学家都曾经对此加以尝试，尽管方式各有不同。比如德·马尔蒂诺就在百人团制和最初的四个部落之间确定了一种圆满的关系。他认定“各个等级百人团的数量是完全按照部落数量进行划分的”（因此他提出，就为军队提供人员的义务而言，所有部落都处在同一水平层面上）。而其他一些更为复杂的尝试则旨在寻找共和制时代早期的二十或二十一个部落与百人团体制之间的对应关系。

事实上，我们应该表明，多部落这一制度本身就表现为仅有很少的相同性。对该城市加以划分的最初四个城市部落，是根据其所在地的山丘而得名的（这与这座城市所谓的四大区域直接有关），而随后数量不断增长的乡村部落则进一步细分了罗马人田（*ager Romanus*），在这二者之间都发生了市民区划制度上的某种变化。需要指出的是，传统文献告诉我们塞尔维创建了最初的四个城市部落，而且，只是在随后的某个时刻，才组建了最早的一些乡村部落。我们必须假定，在一段时期内只有前者的存在，尽管时间很短，人口是根据住所而被划分到这些城市部落里。随着乡村部落的创建，这种划归标准完全地被改变了，除了住所以外，还要根据土地财产。那些已经拥有某处田产的市民被登记到这些土地所位于的那些农村区域所归属的部落里。相反，那些赤贫者则被登记在四个城市部落当中。 70

因此，把全部市民都登记到四个城市部落，以此为代表的那些实质划分就转向另一种体制，当中对各个个体和主要家庭的划归实质上或多或少就建立在土地所有权存在的基础上。此外，这也与我们所看到的有关百人团体制的那套东西十分一致，它所根据的也是个人财富，尤其是土地所有权。另外，在部落制度当中，个人的分量也同样取决于他们的财富水平（尽管不像百人团体制中那种分层形式）。事实上，土地所有者们被划入一个相当大数量的乡村部落，因此在每一个部落中，全部人员数量就少于容纳了所有草根民众的四个城市部落。而大约在公元前5世纪中叶，这些被召集起来的部落按照这一人口单位在部落民众大会里进行投票表决时，乡村部落就会有着更重要的地位。

此外，乡村部落的引入代表了真正的转折点，但其特点完全不是渐进式地实现的。蒙森已经正确地观察到，最早的十六个乡村部落的出现是按照一种十分统一的方式，以至于可以推断它们是成批组建的。而这并不能简单地解释为是对城界（*pomerium*）以外的领土加以安排的需要，显然，这个问题其实早在塞尔维引入四个城市部落时就存在了。在某种意义上，人们可以设想，从一种较为简单的结构（四个城市部落）到一种更为错综复杂的结构，其中土地和所有权具有头等重要性，期间经历了某种相当短暂而迅速的发展和过渡。

但必须要加以指出的是，这样一些说明并不为所有学者所共享。实际上，由于其巨大的权威性，即便在当代学者当中，蒙森的观点也是很有分量的。他表达了在部落之间分配市民的一种全新的重构理论：这种分配实际上并没有涵盖所有市民，而仅仅是根据财富而确定了其中某些类别而已。然而，对我们而言，弗拉卡罗对这样一种判断的反对十分正确。另外，他还相当着力强调，这种假说缺乏足够的文献来证实。在这样简短的考察中，不可能深入地审视这一复杂问题。对我们而言，应适当重申的是，我们其实赞成弗拉卡罗的论点，尽管尚有不同学者提出质疑。

非常明确的是，部落体制能够真实地反映出的，不仅是单个个体参与的及其社会身份地位所根据的家族联系的全貌，而且尤其还有该个体或者其父作为所有人的所有权关系的全貌。

现在，要对埃托鲁斯王政时期，尤其是塔克文·普里斯科和塞尔维·图里乌所引入的那些改革进行审视并得出结论了，对我们而言，似乎可以划分出两个不同阶段来。在第一阶段，一系列的革新大概部分地沿着传统路线运行：诸如，扩增快速骑兵（*celeres*）百人团、元老数量的增长，还有四个城市部落的形成。而第二阶段则与塞尔维杰出的个人能力相联系，出现了差异显著的制度模式上的一种决定性的转折点。无论是在由百人团构成的军队人员的征募组织方面，还是更为复杂的乡村和城市部落制度上，都完全兴起了一种财产等级体制。土地的私人所有权成了各种新标准共同的基础。虽然我们不能确定地认为这种制度起源于塞尔维时代，但是毫无疑问，这种制度在罗马社会内部具有一种核心地位，并且构成新的政治平衡以及一种变化了的生产关系类型的基础。

71

第二章

共/和/制/时/期

75 17. 罗马王政的垮台

古代的作者们记载了，大约在公元前6世纪末，在同属于王的各氏族成员们的带领之下，罗马人一场突如其来的抗争是如何将塔克文·苏佩布王及其儿子们驱逐的。这个专制君王被抓获以后，罗马人再也不愿意忍受王的统治了，更倾向于由民众大会选举出两位任期一年的首领，称之为*praetaes*（执法官、裁判官）或者*consules*（执政官）。从此开始了共和政制的纪元。

76 在不同的学者那里都能看到，在罗马王的倒台与覆灭这一时期，发生在意大利中部的那些国际性事件之间存在的关系。人们注意到，在埃托鲁斯人向坎帕尼亚地区以及拉齐奥地区的扩张趋势的停滞乃至随后的撤退趋势，与罗马抓捕了埃托鲁斯王之间表现出了某种联系，这是相当具有启示性的。而在公元前504年，拉丁人与库玛城（Cumani）结盟的行动导致埃托鲁斯人在阿里齐亚（Ariccia）战败，而使得这种反应[①]达到了顶点，几乎扩大到把与埃托鲁斯人利益最为接近的那座拉丁城市[②]都牵扯进来的地步。由于其功能和地理位置本身，该城市为他们确保了一条安全的台伯河水路通道，以及相对于其他拉齐奥地区的城市而言的优势地位。

尽管不把公元前6世纪末左右的罗马大事件同古意大利中部地区最广泛的现实持续加以对照，这是不可理喻的，但是对我们而言，这里所记载的表述由于过分地模式化和欠缺一系列必要调整而具有瑕疵。而且，很多迹象使得人们认为，外部政治和罗马联盟上的某种急剧变化与塔克文王的倒台并不相互对应。此外，这本应可以解释在罗马王政结束后紧接着的十年内发生的拉丁人和罗马人之间紧张关系的加剧。

随着把埃托鲁斯人扩张主义的结束和塔克文王的倒台非常紧密地联系在一起，更加不可理解的一点是，古人们向我们讲述的在罗马港口出现了博森纳（Porsenna）。据说，这位寇西城（Chiusi）的

① 此处是指埃托鲁斯人扩张趋势的停滞和倒退。

② 即罗马。

埃托鲁斯人领袖为了塔克文王的逃亡者的利益而进行了军事干预，但受到了罗马人英勇战斗的打击。随后，他就放弃了与罗马建立良好关系的规划。但事实上，这些传说毫无疑问是篡改过了，却并未完全掩饰罗马人由于博森纳的行为而遭受的战败结果。这次战败尽管意义重大，但未能带来塔克文王的复辟。而只是罗马人被牢牢地置于附庸地位，尽管这并未持续多久（直到对战胜者单方面"解除武装"这一极其奇特的状况做出反应时为止）。而所有这一切使得人们甚至认为，在共和国最初几年里，博森纳对罗马产生某种重大的政治影响，几乎成了罗马的第八位王。并非偶然的是这在普林尼（Plinio）和塔西佗（Tacito）的作品中都有反映。

在很多当代历史学家那里，对传统文献所描述的从王政到共和制的过渡都抱有一种相当怀疑的态度。古代传统文献一直坚持指向一个迅速而暴力的进程，但事实上，这些文献的价值是不怎么被当回事的：由于塔克文之子的所做所为使得卢克蕾西娅（Lucrezia）遭受到了凌辱，某些作为军队首领的贵族就推翻并抓获了这位王和他的儿子们。而以这一明显具有神话色彩的卢克蕾西娅受辱事件为出发点，却最终导致把文献中能够留存下来的少量真实史料排除在考虑之外。

与其说是一场迅速而暴力的危机、一种突如其来且暴风骤雨式的改变，不如把共和制政体的产生想象成是一个极为平缓进程的结果，如同是王的那些军事辅佐者们缓慢造就的杰作：削弱王的权威并将其限制在仅具有某种纯宗教地位。照此方式，王的角色逐渐遭到削弱，而他的那些军事指挥官相应地日益增强。这种设想一直持续下去，直至罗马的传统历史文献提供给我们的有关这类状况的表述被颠覆为止。

77

尽管传统文献可能表现出一些不确切和歪曲，但是我们必须要说，这里提到的这种解释好像也并不更有道理。只有在认可了实实在在地存在一段足够长的时间段，以确认这种掏空王的角色功能并逐渐将其排挤到圣事（*ad sacra*）中的过程存在着渐进式特点之后，这种解读才是具有建设性的。现在，我们必须要考虑的是，公元前6世纪末叶，在罗马的政治舞台上，塔克文·苏佩布的权威形象是如何占据统治地位的，这当然完全无法令人想象到对王权的某种削弱。而且，直到公元前 5 世纪中叶，随着十人立法委员会的出现，王才确定地从罗马政治舞台上消失。这使得我们得出结论认为，这种渐进式的掏空过程应该发生的时段要被浓缩在不到半个世纪当中：还不到两代人。这样一个期间可以充满众多的历史事件，然而，这对于证明我们现在正在审视的这种具有“渐进式”特征的假说而言，却是不够的。

除非尝试着以某种方法把这一进程的起始时刻做出变动（否则无法解决这一难题），比如，似乎是德·弗朗奇西（De Francisci）所做的那样，他强烈地坚信，对旧的拉丁人王和埃托鲁斯王统治所做的区分才是一个基本的分节点。前者是作为不同类型的权力持有者出现的，而且似乎是在行使前任军事统帅的职位的过程中获得了合法性。进一步深入这一分析是不大可能的，我们仅限于强调，按照这样一种方式，王的形象的转变过程是随着王在拉丁—萨宾人王政末期被削弱而完成的。从某种意义上讲，新的王政建立在一种不同的合法性基础之上，而且，他们大概是一种不同类型的权力持有者。因此，将他们驱逐出去一事就具有一种双重面貌：一方面，“回归”到古代拉丁人的占卜祭祀王（*rex inauguratus*）的形象，但仅限于圣事（*sacra*）范围之内；另一方面，又把与埃托鲁斯“僭主”相类似的所有权力赋予这些一年一任的官员们，授权他们实际管理公共事务 / 共和国（*res publica*）。

另外一方面，传统文献非常坚定地指出存在着某种历史的断裂，因为某些史实可能被忽略了。当然，这并没有排除说，反王政的团结机制以及领导共和派的反抗斗争都是由王政时代晚期政治安排中的头面人物所掌控的。或许他们还能够通过在军事指挥过程中充任王的助手而掌控一部分军事权力。

78

令人印象深刻的是，在一种广泛传播的倾向性观点中，有利于将王政向共和制的过渡解读成是一种“进化”，而不是文献当中所描述的反抗，在这里有一系列复杂的因素在起作用。首先，在某些人那里（比如，德·桑提斯），就可能出现莫米利亚诺所强调的那些重要的希腊化城市的模式，即“王”（*Basileús*）的职能实际上为了新的政治领袖的利益而逐渐遭到削弱。并非偶然的是，在众多的探讨中我们会看到，罗马和希腊“城市”（*póleis*）的演化之间存在着一种相似性。

> 不过，我们尤其要想到，在法律历史学家里面，有一种思想态度更具有主导作用。这涉及一些思想动向，它们牢牢地根植于我们的文化传统当中，至少从公元前9世纪上半叶开始，它就把这些历史进程和法律制度的转变表现为是受到了历史发展的一般法则的调控。这些法则确保了这类变化的不可避免与合理性，但是隐含了一种“缓慢而渐进”的特点。从具有浪漫主义色彩的历史循环论到积极能动的进化论（实际上，这更多的是以拉马克而非达尔文主义为模型[①]），这种渐进式的演化几乎被当作是自然法则而接受了。

各种重要要素，比如圣王（*rex sacrorum*）的真实含义完全是被解读出来的，它们构成了一种巨大的激励因素，使得我们的研究也运用了这种以“缓慢的转变过程”的观点为基础的理论模式。实际上，这种模式自然而然地会被解读成是“老顽固”的一种典型例证：一种制度被历史发展演进过程所超越（准确说来，具有缓慢性特点的），但是并未被完全摧毁，它本身只是被掏空而幸存下来而已。实际上，没有任何必要用这里提到的这些理论方式来解释圣王的留存。其实，可以很好地想象到，那些论及反王政国家之战的作者们，在提出一种新的政治安排和不同的领导国家的方式时，曾试图把宗教职能和民政职能区别开来，并且只是把后者保留给共和国的那些最高民选官员们。

> 另外一方面，我们必须要提到的是，古代的王是占卜祭祀官（*inauguratus*）。如今想要在罗马内部保留这样一类角色形象，就不能想象任期一年的那些民选官员们还拥有这样的地位，因为其职位注定是要在一年任职期满时被取消。另外，就此需要一个合适的非占卜祭祀官职（*exauguratio*），这是有必要的。因此，被保留在圣事圣礼中的古代的王就更加简单了。
>
> 尽管行使鸟卜官（*auspicia*）之职的那些共和国官员们具有宗教意义上（如“城市宗教”）的特征，但是很显然，城市政治的导

① 拉马克，法国博物学家，进化论的先驱，提出了生物进化理论中的“用进废退”学说，与达尔文进化论的“自然选择”学说存在一定区别。

向本质上还是朝着世俗化意义发展的。此外，这种世俗化与罗马人法律经验的适时发展状态相互平行，从总体上看，这种经验被认为是更加清晰地分为人法（*ius*）和神法（*fas*）。

79 于是，对于我们而言，可以得出的结论是，王政结构的没落不应该被认为是某种缓慢垮台过程的后果，而是一种暴风骤雨般的进程，而且在某种意义上可以说是具有伤害性的。就此而言，大约公元前6世纪末的意大利中部地区最为普遍的状况，只能在一定程度上对此做出合理解释。但无论如何，这种政制变革都首先会同罗马社会的内部平衡的变迁联系在一起。此外，准确说来，当代历史学家们看到了，在埃托鲁斯王的倒台和共和国的创建过程中出现某种标志，即相对于那些新的政治结构以及在塔克文和塞尔维时代大概已经出现的那些势力而言，存在古代氏族强有力的复辟态势。

在这一背景下，可以想见，新的政治安排具有主要是塞尔维治下的那种形式，并且其现实基础建立在已经变化了的社会平衡的基础之上。在某个要点上，对于该世纪末叶可能已有某种衰弱迹象的那些社会和经济结构而言，它显示出相当的“先进性”。此外，这也表现出，正是在公元前5世纪的最初十年里，意大利中南部的全部经济状况急剧地恶化了。如果说某个不再仅仅作为农业劳动者“既存领地”的城市所出现的经济形势已经进入了疲劳期，那么就能很好地解释相伴而来的氏族贵族政治的复辟，他们也得益于在拉齐奥地区处于孤岛地位的罗马的政治情态。

这种复辟自然无法质疑业已确保了城邦团结的那套军事结构（首先是重装部队）和政治安排上的某些转变。对贵族政治团体来说，唯一的可能性只是去打击宪制中的一个组成成分：王。整个公元前六世纪，王确实从不利于贵族的那些变革当中获利颇多。但这并不能简单地回归到旧有的拉丁—萨宾人王作为最高首领的角色形象，仅仅受到库里亚和贵族元老们牢牢地限制。不过，可能是以一种不同的方式弱化了这位人民领袖的形象，把最高职位限定在了一年任期内，并且引入了同僚制原则。

于是，从共和制这种新的“自由”诞生伊始，似乎就伴随着一种模棱两可的特点，犹如是那些支持并唤起反王政起义的势力的混合体。另外，这种模糊性似乎也影响到了后来的历史阶段，在那里要提到的是相互对立的社会力量之间的冲突。而这种冲突要更为残酷。因为王所创立的那种尽管不太稳固但却融合而协调的时刻都不复存在了。

18.《十二表法》前的共和国事件

根据通说理论，在罗马抓捕塔克文并建立共和制度要追溯到公元前509年，而实际上这一纪年虽然得到每一份可靠文献的权威认证，但在我们眼中却并没有显得具有绝对的准确性。正如我们所要见到的，这一纪年直接来自于罗马人的年鉴（Fasti），但正如我们所要见到的，这些年鉴却并非以唯一的版本流传下来。

80

不过，首先最好应该简要地强调一下罗马人用来衡量时间的那些制度，它们与我们的制度表现出深刻的不同。因为并不存在一个唯一的时间顺序参考点，比如，对我们而言，这就是指那个（假设的）基督诞生年。

罗马人和其他一些古代民族都用某个或多个在任的官员的姓名来对其任职的各个年份里所发生的事件进行时间标注（因此被称之为“名年官”[eponimi]）：“命名年份的人”。因此，为了计算日期和不同时间之间的间隔期间，就有必要精确地保留下名年官的名单。在罗马，这种名年官的荣誉通常都轮给最高民选官员，通常是指执政官。因此，我们所感兴趣的那份名册被称之为《执政官年鉴》（Fasti consolari）。

但是，这些年鉴只是从公元前300年才开始变得可信并被准确地保留下来，而从这一事实当中就生出一些显著的难题来：对前两个世纪则存在着不同的编撰记录，而且每一位古代历史学者所遵循的都是他所掌握或者对他来说更适合的那些记录。因此，如“第二次马其顿战争开始于苏尔皮其和奥勒留执政年”（*P. Sulpicio C. Aurelio consulibus*）这样一类描述，在我们的编年史顺序中（前200年）可以很容易地翻译解释，因为它涉及的是一个相当晚近的时期。然而，“十人立法委员会以后，共和国的法统是于瓦勒里和奥拉兹执政年（*L. Valerio M. Horatio consulibus*）重建的”这种表述则可能对应于公元前449—前441年中的任何一年，这取决于分析者所采用的是哪个年代顺序体系。

为了避免混淆和矛盾，当代的学者们一致同意使用统一的一份名单：不幸的是，据我们所知，他们全都挑选了与史实相去最远的那一份。当代的纪年体系建立在《卡皮托利版（Capitolini）执政官年鉴》的基础上，这是刻在位于古罗马市场遗址中的奥古斯都凯旋门石壁上的巨大碑文：最初仅仅发现了其中一部分，如今它位于卡皮多利（Campidoglio）博物馆的保守宫内；多亏了一份古时的复制本才使得人们能够填补其中的疏漏之处。

《卡皮托利版年鉴》共涵盖两百一十年，从共和制时期直到公元前300年：一百九十九年是执政官或者行使执政官权力的军团长官这一同僚制集体存在的时期，两年是十人立法委员会（前451—前450年）、五年是无政府状态（前375—前371年）以及四年是“独裁官制”，其间由某些执政官掌握某种独裁官权力（前333、前324、前309、前301年）。如果这份清单是准确的，那么共和国元年就要上溯到公元前509年，而瓦勒里和奥拉兹是在公元前449年成为执政官的，到公元前390年罗马城则遭高卢人纵火焚烧。

所有这一切指示都仅仅具有一种纯粹是约定俗成的意义：仅限于在古罗马历史这一背景下来描绘各个事件的发展，它们是足够的。但是，如果想要在罗马历史、希腊历史之间建立某种时间顺序上的联系，它们就毫无用处。不过，这些古老的日期长期以来一直被采用，以至于已经无法舍弃，否则就会造成极大的混乱。重要的是指出它们仅具有约定俗成的特点。

在其他一些名单当中，执政官同僚的数量在一百九十六对到两百零一对之间徘徊，有一些作者甚至还添加了第三年的十人立法委员会，但是占主流的倾向是加以简缩：很多作者排除了四年的独裁官时期，而另有一些则把无政府状态时期从五年减少到一年。因此，与《卡皮托利版年鉴》中那种“较长”的编年法相伴，我们还拥有：

1）一种“中等”编年法，这主要以提图斯·李维为代表（共和国元年，公元前503年；瓦勒里与奥拉兹执政年，公元前443年，这有不到六年的差距；高卢人纵火，公元前386年，这有四年的差距），李维忽略了那些独裁官制年份和一些最古老的执政官同僚。我们所熟知的大多数作者都与李维的立场相近，不过还有很多的变动，这里无须提及。

2）一种“较短”的编年法，这以为迪奥多罗·斯库罗（Diodoro Siculo）服务的一位不知名的学者为代表：在他的文献中，一部分资料已经被篡改。不过，幸运的是，还可以恢复其原貌（共和国元年，前502或者前501年；瓦勒里和奥拉兹执政年，前441年；高卢人纵火，前381年），独裁官制年被忽略了，而且无政府状态时期被缩减到了一年；由于还有其他一些较小的分歧，所以，在最古老的那段期间上相对于“较长的”编年法相差了六到九年。

81

重建那份原始的、真实的名单，即准确的编年法自然是不可能的，但是可以确证的是，在所有编年法中，那种较短的编年法是最接近史实的一种。实际上，人们也不可能相信无政府状态会持续五年；这种危机如此拖延会酿成共和国的毁灭，它的那些邻邦总是时刻准备抓住机会来向它报仇雪恨。不合逻辑的关键一点在于有关独裁官制年的观点：我们知道，独裁官（见第33节）任职持续最多数月，而且他的权力来自于两位执政官之一的任命；一旦执政官年限到期，独裁官权力通常也要终止；有时候，执政官缺位，人们会指定某位独裁官，但目的仅限于主持选举性的民众大会；最后，关于高卢人于公元前381年纵火的纪年大概是由同时期发生的一段希腊历史所确定的：叙拉古王国（siracusa）的迪奥尼索一世（Dionisio I）当时在意大利南部忙于征战，这介于公元前382—前381年之间。同时，他还接待了高卢人的使节，“在此前几个月里，他们刚刚纵火焚烧了罗马”（在Iustin20. 5.4里是这样写的，通过各种间接文献，该书追溯到一份真正的希腊传统文献）。

现在需要追问的是，这份清单上的那些篡改捏造之处为什么会被制造出来？我们无法解释创制那种较长的编年法的动因何在，但可以就中等编年法的创制提出一种假设。可以设想，第四个世纪的那些纪年（并且，还有此前所有的纪年）都被提前了数年，因为大多数希腊和罗马的历史学家们都确信，高卢人纵火要追溯到公元前386年而非公元前381年（或者公元前382年：在迪奥多罗的文献里即使弄错一年也是不可能的）。可能他们相信，在公元前4世纪的希腊作家们那里找到了纵火是在公元前 386 年的信息，而且由于要面对同时代的那些作者们或者事件本身，他们也不敢背离那些纪年日期。

但是，可以想见，有关高卢人的那些最古老的信息并没有被后来的历史学家们大量地解读。尽管从 4 世纪伊始，罗马已经是拉齐奥地区最重要的城市了，但是在多数南意大利和古西西里“城市”（*póleis*）看来，它不过是一个可以忽略不计的实体。所以，对这一时期的希腊历史学家而言，重要的消息并非罗马的大火，因为它只不过是被高卢人劫掠的众多城市之一而已，而是高卢人侵入了意大利，这才必然会是那些最古老文献所讨论的事件。可能绝大多数古代历史学家就假设，高卢人侵入这个半岛和纵火焚烧罗马都要上溯至同一年份。然而，这却是不可能的。因为这些新来者必须花费相当长的时间来穿越波河与埃托鲁西亚谷地，在那里包围并攻陷很多城市，它们当中的一些城市毫无疑问会有坚固的防御。不过，至少还有一位罗马作者对此状况了然于心：科尔内利·尼波特（Cornelio Nepote），实际上他算出了从高卢人抵达梅尔普（*Melpum*，后来的梅蒂奥兰 [*Mediolanum*]/ 米兰）到他们进攻罗马之间有六年的间隔期。

总结：出于传统习惯，在有关古罗马的话题时采用较长的编年法中的指示，但这纯粹只是约定俗成的。想要接近史实的话，则必须把从共和制伊始到前 4 世纪最初几十年的全部纪年都推后大约八年，把从公元前 371—前 334 年的纪年推迟大约四年。这样一来，慢慢地就把独裁官年份跨越过去，错误也就逐渐地消失了；并且从公元前 300 年开始，《卡皮托利版年鉴》的编年法与真实的纪年顺序就吻合了（*F. C.*）。

这个共和制国家生命的最初五十年或许是整个罗马历史上最为模糊不清并且富有争议的阶段了。即使相对于此前的年代而言，有关这段古代共和国历史的文献也明显匮乏。对此，至少在这里当然不可能提出充分的解释。但更具有意义的是这样一个事实：正是这种信息上的匮乏使得一种倾向具有了合理性，并且在某种程度上也是不可避免的，即对那些大致能够掌握的寥寥无几的资料重新加以解读。

82

实际上，我们能够从有关这一时期历史的文献中获得的那些指示本身既不明确也不是唯一的。所以，这种严重的不确定性也牵涉到了政制事件本身：首先就是最终取代王的那位最高官员的组织形式，一方面，年鉴里实际展现给我们的是从塔克文王倒台之后那一年起，一对执政官代表了新的常设官制；但另一方面，一系列有着不同价值的指示所强调的似乎是仅有一位最高官员的存在：最高裁判官（*praetor maximus*），与之相对应的是一到两位处于从属地位的官员。

我们已经提到过当代编年史书当中的不确定性，以及存在着一种强烈的倾向，从渐进式的转变和缓慢地排挤掉王的角色的过程这种意义上来解读共和国的这段最古老的历史。对于这样一种提法，我们要重申的是一种强烈的质疑：对我们而言，它注定会延伸到先前提到过的一种假设上来，即共和国制度的演进是通过一对拥有地位和各种权力的民选官员这样一种中间角色来实现的。但无论如何，仍然必须要强调的是那种不确定性，就是基于这种不确定性，除了一个概括的近似主线以外，人们还能够重构出最古老的政制事件之轮廓。

在共和国初年，年鉴中记载了一些平民执政官的名字，这一事实引起了另外一个严重的问题。但是，与在相当长的一段时间里年鉴中仅能看到很少的平民官员，尤其是平民执政官的姓名相比，这一事实是非常孤立的，他们只是在公元前 367 年以《李奇尼·塞斯蒂法》（*leges Liniciae Sextiae*）为标志的转折点以后才重新出现。

实际上，这个问题同执政官的更替本身联系极为紧密，因为从中可以找到解答它的渠道。更通常而言，这一时期的全部历史显得极为复杂：根据文献（而首先是根据年鉴），必须要承认的是，随着王的垮台，直至公元前 5 世纪中叶，在罗马，人们一致同意任命一个含两位执政官的最高集体。而后一到两年里，该集体曾被一个由十名成员组成的集体所取代，后者的任务是收集并编纂罗马法律的文本：十人立法委员会（*decemviri legibus scribundis*）。随着该集体于公元前 449 年解散，在之后很短的几年里却并没有回到选举两位执政官的做法上来，在而后大约八十年的时间里，几乎是以持续不断地方式进行着任命行使执政官权力的军团长官（*tribuni militum*

83

> *consular potestate*）的活动。一直到公元前 367 年，当实现了平民和贵族之间明确的政治平等，承认了两位执政官中的一位可以是平民时（见第 23、25 节），这才回归到了正常的官制上来。正如人们所见，执政官制的第一阶段是公元前 367 年的这一种明确安排，将执政官制的第一阶段从一段非常久远的年代中界分开来，但不可能不出现怀疑的是，这一时间间隔所具有的意义，以及有多大的可能性把公元前 367 年之后的双执政官制解读为是对从公元前 5 世纪开始以来就被架构为惯例的那套政制的简单"重建"。

把与共和国最初二十五年相关的年鉴上的平民执政官的名字都删掉，这种想法当然传播得非常广泛，尤其是有些人想要把这些历史事件表现为完全符合朝着一个方向进行的线性流动（并因此把早期共和国的历史解读为平民的成长这样一种持续性线索，而非衰落与复兴相伴的进程）。然而，恰恰相反，并非不可能的是，与年鉴上平民执政官名字的消失所对应的，正是这个社会群体面对贵族的复兴而大规模撤退的时刻（不过，这也对应着其表现为是一种有凝聚力的集合体）。

此外，从我们所熟知的公元前 494 年在圣山（Monte Sacro）和阿文丁山（Aventino）上爆发的著名的"平民撤离运动"，也能发现与此完全相对应。实际上，这标志着平民在国家内部整体处境的一种严重的危机时刻，并且代表了他们对于其所处的饱受压制的处境的一种强有力的反应。当然，不能排除曾提到过的这样一种假设（见第 15 节），即这些名字对应着这样一种中间的社会阶层，他们还没有完全与平民相联合。

另外一方面，对于这座由贵族所统治的城市而言，这种撤离运动几乎构成了另一种具有"替代性"的共同体，这一特点有助于我们理解这场平民斗争的真正内涵。至少在最初阶段，这种斗争大概还不能够获得平民与贵族之间的实际平等这样一个重要成果，不论是在政治层面还是社会层面。或许，这是因为撤离运动这一机制还不能够实现一种完备的政治形式："城市"当中的"城市"。因此不会导致城邦的解体。而且，在贵族也多次做出了重大让步之后，这一撤离运动最终还是被重新吸纳回既存的政治结构体之内。

很有可能的是，某些适合担任城市政治职位的官员领导了平民撤离运动。一对军团长官（*tribini militum*），甚至一些由平民选出的百人团部队的军团长，由于他们被指命为平民保民官而成为平民“领袖”（也见第36节）。在我们看来，当时承认由平民们获得这些官职，构成了平民们迫切的目标和有限的胜利。其实，这些保民官的工作相对于整个城市而言具有某种重要性。就像那些仅有的平民们的大会，即平民会议（*concilia plebis*）一样——召集该会议所根据的是地域部落的分布——它们选举这些保民官并对与该阶层相关的其他事宜加以商讨，因此其对于城邦而言也变得非常重要。 84

不过，正如已经提到过的，至此还未能完全实现这两个阶层的平等化。相反，有关对城邦的政治控制、百人团民众大会中的统治地位、共和国主要官员的选举方面存在的深刻差别，就在这一刻被平民们所默认了，同时，凭借他们自己的官员和大会，来提防由氏族贵族控制的城市政治制度里可能出现的腐败滥权。

或许，在其最初的特点上看，没有什么比平民保民官能够更好地表现出在贵族强烈复兴的那个年代里平民所处的普遍地位了。保民官被承认拥有的那些权力的功能——在这个地方我们相对更感兴趣的是，是否仅通过公元前449年的《瓦勒里·奥拉兹法》，城邦就将这一官制吸纳进了其宪制的内部——在于承担护佑（*auxilium*）的使命，保卫平民阶层与个体，以反对某个贵族官员的武断专横。对此，尤其要提到的是那种典型的“消极性”权力，即否决权（*intercessio*），这种否决权所针对的是城邦官员的任何一种行动和决议；还有就是强制权（*coercito*），这种权力可能要更晚一些，凭借它保民官可以制裁官员本人，因此使得其否决权更为强大和权威。

这里把保民官的权力形容成是“消极性的”，这一事实并不意味着它们在阶层制结构中是软弱无力或者处于附庸地位的。这种阶层制以拥有治权（*cum imperio*）的那些官员为首，他们能够进行军事指挥，而保民官则被排除在这之外。它涉及的毋宁说是在国家管理上的一般性控制权的一种类型而已，它被平民领袖掌握，而且得到了一种可能性保障，即制止任何可能导致平民利益受损的行动。

如此一来，保民官的权威就与其处在城市结构中的附属地位这一状况相去甚远了。从理论上讲，他能够实现在总体上使城市生活本身瘫痪。而在这其中，撤离运动这一机制本身——市民都团结在城邦范围之内的那种契约面临被瓦解的威胁——就转移到了罗马制度性结构的内部。实际上，这就构成了一种可能性，使得平民的那些代表们可以阻止共和国官员们的正常行动，因为在这种情况下，从根本上讲就缺少一种更为普遍的社会共识。然而，可以很明显地看到，保民官的权威由其不断增长的数目而得以巩固，但完全没有转化为对政治治理加以掌控的使命这个领域里来，这类使命仍然停留在它们最初的创设之外，并依旧被托付给氏族贵族。

85 本质上，这种一般性分析建立在公元前5世纪中叶的平民保民官和罗马国家制度之间既存关系的基础之上，它高估了某些形式的方面，这自然都要冒曲解当时具体的政治体制动态的风险。那种动态几乎从来都不会像这里所认定的那样，以如此简单纯粹的方式实现过。特别是，完全不应该排除的是，平民斗争是在不同层面上进行的。一方面，这些社会群体因其行动的客观条件的改变和恶化而实际上处于守势，必然不会放弃斗争以保卫其有效地参与到城市生活中来的可能性；另外一方面，正是由于这种使其边缘化的威胁手段显得十分奏效——将平民长期排除在执政官职之外就是明证——为了特别保险起见，在平民中出现了一种导向，即致力于为共和国官员的专横武断设置一系列限制和控制（显然要承认的是，贵族阶级对此具有决定性的影响）。据说，在公元前5世纪上半叶，这第二种姿态似乎取得了更为有效的结果。

对我们而言，这就构成了这一时期的政治和社会冲突加剧而产生的最终后果：平民世界逐渐地获得了作为一个自治的社会实体的意识，而且越是在这个意义坚决地引导下去，那些贵族团体就越是在某种封闭性中寻找庇护，当时这种封闭性为其提供了对国家结构加以总体掌握的优势。于是，在贵族官员之外，平民组成了他们自己的全部自治实体，从宗教传统（可以想到的是谷神崇拜）到他们自己的神庙，甚至在该城市的神圣边界之外也有他们的领地范围：阿文丁山。

在这一阶段，以与贵族进行最为艰苦的斗争为标志，目的是参与到政治共同体中来。平民们表现得有如铁板一块。但是，在前面的篇幅就已经揭示出，这一社会群体本质上的混合性特点。在这

> 里，我并不想回到已经提出的那些叙事，我们仅限于强调，与贵族相比，其相对不那么具有同质性特征的另外一个方面。与他们共同拥有的相对于贵族而言的外来性不同，在平民当中实际上还至少存在着两种不同的社会阶层，一种是非贵族的经济上强势的群体，他们是贵族们潜在的竞争者，领导着争取政治平等的斗争；另一种则是经济上远为弱小的阶层，他们处于百人团体制的边缘，其目标首先致力于改善其经济地位。在此，不同的诉求相交汇，而且引申出了几乎相互对立的逻辑，一边要求政治平等，另一边至少也具备相同的势力，而且时间上或许还更长些，则要求分配公共土地给不富裕的人并免除其债务：债务是一种传统的惩罚手段，它重重地压在那些极为卑微的农民身上。

而所有这一切被认为只是部分地对这种所谓的贵族“封闭结构”的回应。用这种“封闭结构”，贵族们对那些新的氏族关闭了晋升的大门，而且同时主要是在法比氏族（Fabi）的政治推动下，最大限度迫使非贵族们被排除在政治生活和城市统治之外。当然，显然应该设想到的是，还有某些“抱团儿”的机制也在发挥作用，其方式独立于贵族们的上述“挑衅行动”。不过，如果没有这种“挑衅”，也很难造成两个阶级之间尖锐的对立和斗争。据此，平民们提前带来了一种政治，这种政治最终迅速地转变为强烈地要求与贵族平等的政治和社会地位。 86

实际上，平民斗争本身就证明了其利益的存在，以及在平民内部也存在分歧。这种政治上的团结仅仅只能归结于他们同贵族的深刻对立。

谈到这一点，我们就有必要简要地回顾一下所看到的公元前5世纪贵族与平民之间的对立，它体现在很多方面：“政治的、经济的和社会的。”就这些对立的第一种类型，只要参看最后这几页里所说的内容就足够了。正如已经见到的，在本质上，这一核心要点涉及的是对共和制国家的领导。

而这两个阶层在经济上的对立则更加错综复杂，实际上好像是在两个层面上展开的。首先，那些古代的历史学家们不断地提到平民们的一个要求，即减轻那些重压在平民最弱小的一部分阶层上的债务。

在这个问题上，要展示的是最贫穷的农民阶级，他们在很多社会里都处于那些深陷债务重压的群体当中：一年的收入仅够温饱，甚至糟糕的收成使得收获无几，而那点储备和种子本身也被消耗殆尽，在这个时刻，借债的过程就会压过来。因为首先为了重建以种子为代表的劳动资本，这类借债行为就不得不为之，这样就会有不断增长的失去小块份地和陷于赤贫状态的风险。在古罗马，就此增加了一种特别沉重的义务的行为形式，当中以债务人沦为准奴役地位（债务奴役 [*nexus*]）而告终。除此以外，还有一种人身性的执行方式，即由于确定不能清偿债务，而导致成为债务奴隶（*addictio*），而且有时候会被当作奴隶卖到国外（跨台伯河流域 [*trans Tiberium*]）。正是为了反对这种重压在债务人身上的特别沉重的条件，随着时间推移，利用平民们的势力来批准一些法律，致力于减轻这类情形中最严重的情况，并最终取得了成功。

然而，这种冲突显得更为严重并且有给罗马社会内部继续带来撕裂风险的一点在于，从公元前 5 世纪起可耕地的开发问题。古代历史学家记载，实际上，平民阶层坚持要求被征服的土地应该以私人所有权形式向全体市民分配，这种诉求似乎冲击并动摇了氏族贵族们致力于以公地（*ager publicus*）形式保留绝大部分数量的土地这样一种严格的倾向，即形式上的国家所有权，但留给私人耕作开发。平民们投向贵族们的指控是，贵族想要把这些土地当作公田予以保留，其目的是为了他们自己及其门客、友朋的利益，从而能够对土地加以占有和开发利用。

87

围绕着公地展开的这种斗争引得相当多的历史学者假设，平民们最初即使不是在法律上至少也是在事实上不允许占领和使用这类领土。否则就无法理解，大概因此而生发出来的平民政制为什么有兴趣将这种地产转化为私人所有。

最后，涉及使贵族和平民敌对的社会方面，通常而言，关键因素是平民和贵族之间缺少通婚（*conubium*）。换言之，在贵族和平民之间不能够维系一种有效的婚姻关系，反之亦然。毫无疑问，这种排他性安排使得平民仅有较为卑微的地位。他们实际上为了反对这一禁令而斗争，而这构成了罗马古代历史的一处阴暗面。

一部分学者认为可能的是，提示这种婚姻关系上的排他性正是公元前5世纪由贵族实施的“封闭结构”作用的结果。在这个意义上，可以佐证这一说法——就此问题我们已经谈到过——即并不能确认的是，这一禁令的引入是由第二个十人立法委员会在最后两表里实施的。尽管这一假设同两个阶层晚些时候的分化的事实相当吻合，我们也倾向于这一观点（见第13节），但仍有重大的疑难似乎与此对立。

根据李维的叙述，这里涉及对平民和贵族敌对这一问题最详尽的叙述，会有两个阶层之间从最开始就缺乏通婚关系这种印象。从这种文学化的重构来看，其论点是，平民领袖卡努勒亚（Canuleio）在这一点上与贵族大体上达成了一致，并毫不掩饰其革新的特点，即把两个阶级之间存在的婚姻障碍消除了（尤其参见 Liv. 4.1.2; 2. 5-9; 3. 2-5）。

就此而言，仍然留待澄清的是，在两个阶层之间缺乏通婚关系本身的含义。毫无疑问，这个问题远远超越了我们这些论述的视野：因此，我们仅限定在几个根本要点上，以此来理解该问题本身。

正如我们先前有机会提到的，通婚（*conubium*）这一术语在罗马人的法律经验中（不过，这与其他古代社会的民族经验并无二致）具有某种精确的含义。它指代的是，作为不同的国家体系的成员用以维系婚姻的、并被国家本身认可为有效的一种合法性。　88

这也正是李维在描述两大阶层之间对立时大概具有的那种含义：卡努勒亚为了保卫平民想要与贵族平等化这样一种期待，强调他所要求的实际上无非就是“常常赋予临近民族甚至外国人”的那种通婚权（4.3.4）。

缺少通婚权阻碍了一种合法的婚姻联系纽带的形成，而且在后果上，使得罗马法律制度不承认这种关系中所生子女的合法性。他们因此与罗马家庭法的原则相悖，而不能成为家父权力下的对象，而在本质上只能与母亲的地位相连，被认为是自然生育子女，并因此获得母亲的市民籍：而如果她是外国人，即使父亲是罗马人，他们也要成为外国人；而母亲若是罗马人，他们则也是罗马人。

于是，与贵族和平民相关的通婚关系不应该反映在子女的市民地位（*status civitatis*）上，也不反映在一位贵族和一位平民之间（或反之）相对于罗马法律制度而言的婚姻正当性上。实际上，很长一段时间以来，早在这一问题出现的公元前5世纪中叶以前，贵族和平民就全都属于同一个国家共同体了（根据欠缺通婚关系而将平民一开始排除在城邦之外的做法是徒劳的）。相反，可以想见的是，在两个阶级之间的婚姻关系上也适用一种与有效的国际关系相类似的机制。根据最近重新提出的一个观点，可以把这一机制设想成：通婚禁令只是在把平民和贵族通婚所生子女排除在贵族之外这一点上才是有用的。根据这样一种解释，就不排除平民和贵族之间（或反之）存在着城邦法律（*iure civitatis*）上的有效婚姻的可能性，即获得了城市制度的认可，只不过阻止在这种婚姻关系中所生的子女进入贵族阶层。以这样的方式，排除与平民的通婚才会具有真正实在的效果：这有助于保存氏族血统的纯正，并把那些出身于混合婚姻的人剔出贵族阶层。

另一方面，如果我们回过头来考虑一下什么是这种有缺陷的通婚关系的实际效果，而且它直接作用于子女的阶级地位的话，那么我们就能够更好地证实：事实真相的核心内容可能就包含在我们刚才提到的这种理论类型当中。实际上，贵族和平民之间通婚关系的欠缺并不能阻碍这两个阶级的成员之间那种不可避免的两性关系的交合，而在家父属于氏族贵族的情况下，出身于这种结合当中的子女并不能被归于家父权力下，而且也不能成为家父所属的贵族的氏族团体的一员。而在女方属于贵族阶层的情况下，根据我们现在所提示的那些一般的解释模式，子女应该要遵循其母亲的地位，因此会被贵族氏族所接受。然而，很有可能的是，会挑出一种选择标准来，其残留痕迹在西塞罗为“血族”（*gentilis*）一词给出的定义中尚有留存。由于该标准，贵族阶级所接受的前提条件必须是合法婚姻（*iustae nuptiae*）。正如我们所知，这无非是因为，氏族结构本身的基础是父系宗亲关系上的纽带，而这种纽带恰好为非婚生子女所欠缺。

在这里，贵族与平民之间通婚关系的欠缺对一种可能性是有帮助的，即从贵族政治体制中把这类关系中所生子女排除出去。此外，这还使我们理解了，这种禁令所具有的单方面特征，它由氏族通过并对氏族的组成成员起作用。这种禁令随着直接来源于古代氏族贵族集团的贵族政治体制而传承。另外，氏族贵族中的那些平民成分的支系可能也具有这样的起源。 89

综上，这些就是约五十年之内罗马政制事件的中心要点，从埃托鲁斯王的垮台算起，直到平民们取得的尽管是部分的但毫无疑义的胜利这一深刻的历史转折点：十人立法委员会的创建以及《十二表法》和随后的《瓦勒里法》的通过（*L. C. C.*）。

19. 刑事诉讼的发展和有关申诉的法律

从王政向共和制的过渡所具有的宪制上的变化带来了宗教职能和政治—军事职能的彻底分离。在此之前，这是统一在最高统治者身上的。神职上的最高尊荣被转给了圣王（*rex sacrorum*），更晚些时候则转到了大祭司团的首领——最高大祭司身上。而武装力量的指挥权则赋予共和国最高民选官员，其结果是对全体市民（人民 [*populus*] 这一概念本身在那一时期其实就等同于军队）行使广泛的强制权（*coercitio*），这是治权（*imperium*）的典型表现形态。考虑将这类权力保持在一定限度之内，为的是防止任何专政和欺压其他同胞的企图，这可能要肇始于贵族家族成员之间，他们的这类倡议要追溯到废除王权并于抓捕小塔克文王翌日即创设的自由权（*libertas*）。保留给官员们自由裁量的那些最严厉的镇压刑罚要受制于集结在大会上的人民的审判，这似乎也是一种合适的保障手段。因此，就诞生了向人民申诉制度（*provocatio ad populum*）。罗马公法学者认为，这种制度是共和国政制的支柱之一，因官员以强制方式行使治权而受到惩治的市民能够要求在民众大会面前创设一种常设的程序，以此免死或者逃脱通常会被处以死刑的惩治。不过，文献中对此的评估与近来所支持的那种假设并不相符，根据该假说，申诉制度最初是随着两大阶级斗争的兴起而由平民对抗贵族的一种防御性武器手段所构成的，只是表现得更像是贵族阶级为了自己的利益而引入的一种救济手段，为的是防止他们的官员可能出现的滥权：理论上这种救济也向平民开放，但在共和国最早的时候，他们在实践中却很难能够用得上，因为当时贵族们垄断了权力。

90　这种工具被引入的具体时间仍然是争论的对象，我们那些替代传统编年史书的文献里保留了后来的三个有关申诉制度法律的记录：一个是公元前 509 年的《瓦勒里法》（*lex Valeria*），这是由执政官瓦勒里 · 布布里科拉（P. Valeria Publicola）于共和国建立当年提议并获得百人团大会通过的，根据该法确立了“任何官员都不得鞭笞及处死一位向人民申诉的市民”；另一个是公元前 449 年的《瓦勒里和奥拉兹法》，这是由执政官瓦勒里 · 波提托（L. Valerio Potito）和奥拉兹 · 巴尔巴多（M. Orazio Barbato）在十人立法委员会倒台之后提出的，旨在禁止未来创设出任何其他可以被免于申诉制度约束的官职；最后第三个是公元前 300 年的《瓦勒里法》，这被记在瓦勒里 · 科尔沃（M. Valerio Corvo）名下，其内容与公元前 509 年的那部法律相似。但据李维所说，它获得“一种更加强有力的批准方式”（谨慎批准 [*diligentius sancta*]），因为它会宣告官员不顾申诉制度而鞭笞并处死一位市民的行为违反该法令而“应受到惩罚”（恶行 [*improbe factum*]）。这三部法律中最后一部有着不容辩驳的历史真实性。尽管有些学者对这些传统文献的价值表示怀疑，但似乎也很难认为第三部法律无非就是先前两部法律在未来的投射而已。有关同一素材的更多规范都归功于同一个氏族的成员，这一事实并没有真正支撑一种有效的论点，即认为只有最后这一步法律才真正存在过。因为就算不考虑公元前 449 年的法律与另外两部的内容完全不一样，也不能排除的是编年史上对此加以歪曲篡改（如果有这种歪曲篡改的话），其目的就在于不让该法律被垄断和被一人控制，而是将其归功于瓦勒里氏族的不同成员。此外，早在《十二表法》之前（就算第一部《瓦勒里法》必须被看作是某种提前诞生的产物的话），就存在申诉制度的限定范围了。这不仅仅与那些古代作家的证据材料相暗合，他们认为十人立法委员会委员和独裁官不受该制度约束，从公元前 454 年的《阿特里 · 塔尔佩法》（*Ateria Tarpeia*）和公元前 452 年的《梅内尼 · 塞斯蒂法》（*Menenia Sextia*）可以看到，确立了官员们能够处以罚金且数量是不受向人民申诉约束的最大限额。而主要是在西塞罗的《论共和国》（*De res publica*）的讨论中给我们提供了信息，从正面确认了《十二表法》“在众多规定当中 [*compluribus legibus*]”都认可市民可以诉诸人民，以对抗那些对他们施加的惩治手段。

因此，就不存在什么有效的理由来阻止人们对这些文献中的证据，至少对其核心主线表现出信任了。但是，同样的规范不得不多次更新（不过，正如已经提到的，公元前 449 年的那部法律并不仅仅构成对先前法律的简单更新而已），其中理由就可能更为多种多样了，与真相相去不远的或许是李维的观点（10.9.4）：导致这种重复规定成为可能是因为共和国初始阶段“与平民的自由相比少数人（贵族）的权势拥有更大的分量”。事实上，很容易想见，在对一名贵族进行审判时，官员多数情况下不得不给予其申诉机会，而在平民被判死刑的情况下这就必然罕见得多了，也并不尊重他的应接受民众大会的审判的要求。的确，这个被镇压的平民能够诉诸平民保民官的护佑（*auxilium*）。然而，由于平民保民官的介入本身就带有碰运气的特点，这既有赖于保民官行使其自身职责的良好意愿，又取决于当时的政治形势，故反对武断专横地行使惩罚权的最根本的救济手段就留给了向人民求助：文献中记载了人民实实在在地反抗那些不愿意授予申诉权利的官员的一些片段。

91

尽管有了立法上的规定，但后来执政官们仍然能够毫无顾忌地无视已然确立的申诉制度。这在当时不会令人感到惊讶，根据文献记载，可以想到的是第三部法律（公元前 300 年的那一部）相对于前两部被更加无阻碍地批准通过，而那也仅限于宣告该官员的违法行为——恶行（*improbe factum*），只是简单的道德谴责的对象（据认为，除非偶尔适用监察评议 [nota censeria]）：这使得最古老的那些法律实际上都是些不完全法律（*lege imperfectae*）的说法是对的，即不以罚则来震慑违法者。因此，承认平民的申诉权（*ius provocationis*）以对抗官员们的强制权，这在多数时候纯粹就是一种阿 Q 式的保票。

在申诉制度的本质和效果上，不同学者之间存在着观点上的某种截然不同，传统的观点要追溯到蒙森那里，他把申诉制度看作是一种纯粹的上诉以及人民审判，犹如第二级审判。不过，近来这种观点成为昆克尔（W. Kunkel）广泛批判的对象，他沿着赫斯（A. Heuss）和布雷肯（J. Bleiken）先前的研究轨迹，否认申诉制作为对官员判决的上诉工具的特点，而认定它是一项在平民—贵族斗争中出现的特殊的政治制度，它实际上只是在公元前 300 年最后一部《瓦勒里法》当中才实现了在法律上的批准。直到这一时期，申诉制度才成为一种革命性的斗争工具，它建立在平民共同体政治力量的基础上，在被压迫的平民大众的某项请求当中得以实现，为的是保护他们免遭贵族官员们武断专横地行使强制权（*ius coercitionis*）。

上述所言使得究竟是接受这个观点还是那个观点变得困难，正如我们所看到的（第10节），在王政时代结束之前，审判权的行使就已经转交到人民手中，而留给王的只有与治权所有者这一资格相联系的强制权（*coercitio*）。共和国时代的官员则有资格获得直接来源于王权的那一类权力：他们并不拥有审判权能，而仅仅掌握着强制贯彻执行其权威的权力，并且可不经审判直接对付违抗其命令或者阻止他行使职权的人。正是为了反对僭越这种强制权，官员才不能如同法官那样行事，而只能作为最高指挥权的掌握者。于是，申诉制度才被引入（文献中记载的那些最具有重大意义的事件，参见 Liv. 2.27.10-12 和 2.55.4-7）。所以，蒙森在其论述中把这种救济手段认定为"向人民的上诉"并不准确。因为上诉是以某位法官此前的审判为前提的，而这里缺少这样一种审判，执政官的强制权介入是一种行政行为，而非司法审判行为。更为可靠的认定是申诉制度具有司法性质，是一种反对官员强制权的行为，与之相伴随的是要求在民众大会前进行诉讼，完全可以认为这种诉讼程序是第一审也是唯一一审。

92

同样，昆克尔的论点的基础也很薄弱，即申诉制是一种政治制度，与民众大会前的诉讼缺乏任何关系。想要承认在以贵族寡头政治为特征的共和制初始阶段，平民就能够向贵族们提出这里所指出的那种政治制度，一般说来存在困难。除此以外，还必须要看到的是，如果说申诉制实际上表现为昆克尔所认为的那样的话，那么它所构成的那种救济手段在本质上就会与保民官的护佑职责（*auxilium tribunicium*）相重合，而古代作者们（特别是李维，Liv. 3.45.8）明确地提到，它们是"保护自由的两道屏障"（*duae arces libertatis duendae*）：这种评判被文献中的辩论所证明，在其中，保民官护佑制度和申诉制度表现为两种互相竞合[①]的手段，但相互之间截然有别（参见，比如 Liv. 2. 55. 5；3. 56. 5, 11；8. 33. 7）。

---

① "竞合"一词来源于经济学中的合作竞争理论（cooperation-competition theory）。而在法律领域，"竞合"通常指向的场景是，同一类法律事实可以适用不同的规则、程序和权利 / 行为类型，而必须依据主客观需要择一适用，从而确定其对应的法律关系。比如，法条竞合、诉权竞合、犯罪竞合等。

文献中并没有告诉我们，在共和国最古老的时代里，究竟是在哪一种民众大会前进行人民的诉讼。但可以猜想得到，这涉及的是库里亚民众大会。在前面，我们已经看到了更多场面（见第 10 节）关于为什么是在这种大会面前由最古老的最高统治者行使司法权，以及在这大会上由被害人家属对故意杀人者执行死刑。更不会忘记的是，根据传统文献记载，针对生还幸存的奥拉兹[①]的司法审判的开展也交给了这种民众大会。

在这种情况下，就很难摆脱掉这样一种论断：正是在新政体诞生伊始，库里亚大会就被赋予了刑事司法审判权，而且官员强制行为的受害者，可以通过向人民申诉制度而诉诸审判程序。

事情的这一状态却在公元前 5 世纪中叶发生了改变，《十二表法》这一作品引入了一条规则：当市民脑袋（*caput*）问题涉诉之时，判决必须被保留给百人团大会来做出。西塞罗间接地告诉了我们决定这一变革的一些背景状况，在《为塞斯蒂辩护》（*pro Sestio*）一书中（见第 65 节）给我们留下了证据，表明十人立法委员会的这一规定在某一部“神圣约法”（*lex sacrata*），即一项经由平民共同体起誓做出的决议当中已有先例，这就引得人们认为，早在《十二表法》之前，死刑审判程序就被当作是贵族阶层的政治武器加以利用了，而平民们与之抗争，为的就是将它从库里亚大会那里——贵族们由于门客的表决权（*suffragia clientium*）而占据统治地位——转移到百人团大会手上来。从传统文献中我们可以得知，平民们为了实现这一目的而使用这种手段，如果删除那些传说的成分，也能证实他们频繁地诉诸各种革命性的审判形式。 93

平民们的刑事制裁制度明显是对这个城邦里实施的那套制度的模仿，正如官员拥有来源于治权的强制性权力一样，保民官则拥有一种概括性的强制权力（*summa coercendi potestas*），这得到了“神圣约法”赋予的那种不可侵犯性的保障。任何人对他有所冒犯都会被当作祭品（*sacer*），并可以被任意地处死（人头祭 [*consecratio capitis*]），以及为了平民的尊严而剥夺其全部财产（财产祭 [*consecratio bonorum*]）。这种强制行为是超越法律的和革命性的，

---

① 奥拉兹是罗马在与其他民族的战斗中唯一幸存的战士，后担任罗马执政官，因杀害自己的姐姐而受到民众大会审判。这一故事是古罗马的传说。

不能适用申诉制度来对抗之，这是因为保民官实际上享有的是一种尚不能被贵族官员所享有的权力。

这种强制权还得到了诉讼程序权的补充，与库里亚民众大会相似，平民们自己组建了一个审判团体，由一名保民官或一名市政官主持，并攫取了处以罚金的权力，甚至是针对任何一个贵族处以死刑——如果他被认为应该对平民共同体利益有害的行为负责的话。尽管所述的事实有特殊之处，常常使得我们怀疑其真实性，但这一传统文献所表述的基本线索似乎完全是可信的。

面对一种经久不息的压力，贵族阶层被迫做出让步：第一步，平民获得的部分成功是，公元前 454 年的《阿特尼 · 特尔佩法》和公元前 452 年的《梅内尼 · 塞斯蒂法》进一步限制了官员们的强制性权力，规定他们能够根据其权力开出的罚金的最大限额是三十头公牛加两头绵羊（约合 3020 阿司铸印金币 [*aes signatum*]），超过这一限额就可授予向人民申诉的权利。不过，最重大的胜利在几年以后就随之而来了：公元前 450 年《十二表法》除了重新确认申诉权之外，还郑重地批准了唯一有权宣告市民死刑判罚的场合是百人团大会（“关乎市民生死，未经最高民众大会，不得为之”[*de capite civis nisi per maximum comitiatum ne ferunto*][①]）。而在贵族方面，他们则实现了在该法典中加入相应的禁令，即未经通常意义之判罚，不得将某人处死（“未经审判，不得处以死刑”[*indemnatum hominem interfici*][②]）：该禁令使得保民官们将来在平民会议面前进行变革性的死刑程序的做法被废除掉了。随着新体制的到来，当罪犯的责任已经交由一项普通的审判程序来加以确定之后，即使是献祭刑可能也不能由平民大会加以判处了。

94

20. 十人立法委员会

文献里承认，直到王政时代才有成文法律的存在：事实上，我们获得的某部“神圣约法”（即罗马广场遗址上著名的黑色大理

① 参见《十二表法》第九表第二条。

② 参见《十二表法》第九表第六条。

石 [*Niger Lapis*] 碑文）上的一些残片，就规定了王和卡拉特传令官（*Kalator*）在一项或者多项宗教仪式过程中的职权。

但是，毫无疑问，这仅仅涉及数量很少的一些文本，并且没有串联在一个体系内。实际上，司法是根据习惯性规范加以管理的。它们在贵族氏族这一范围当中被加以口传心授（或者主要是被祭司们加以“铭记”：见第 9 节），这一状况就使得，最早从王开始，随后再到共和国官员们大大地拥有了武断专横的空间：可以注意到的是，在我们文献中，最初的对法律文本（*corpus*）加以编撰和公布的那些要求就表现为是一种对执政官治权加以限制的意图（即“有关执政官治权的法律起草五人委员会”[*ut quinqueviri creentur legibus de imperio consular scribendis*: Liv. 3. 9. 5]）。

平民为争取成文法典的运动始于公元前 462 年，由保民官盖尤·特伦蒂里·阿尔萨（Gaio Terentilio Harsa）首倡，并在其多位继任者的领导下持续多年。据记载，在公元前 454 年，平民和贵族首次达成了妥协，其结果是向雅典派遣数位元老负责去学习著名的梭伦（Solone）法典（在这一点上的质疑和争论颇多：见第 21 节），直到公元前 451 年，选出了一个“立法者”团体并立刻就职，共十人，而不是如最初计划的五人。

就十人立法委员会（前 451—前 449 年）短暂的存续期间，古代的历史学家们却相对着墨甚多，超过了古代罗马共和国的其他任何一个阶段。这些年里的众多事件引起了如此热烈的想象和描绘，这一事实本身就证明了它们在历史记录里已经留下了深刻的印记，并且也合理地证实了一种假设，即它们在罗马社会的进化发展中具有伟大的意义。

在传统文献的语境里，有一些信息被认为是可信的，而另一些则显得至少是有可能的，还有一些几乎可以确定是晚些时候重新解读的成果。

1）所有当代的评论家都承认，在多年激烈的对抗之后，于公元前 451 年选出了十个人（法律起草十人委员会 [*decemiviri legibus scribundis*]），其使命在于编纂并公布一部“法律”文本，用于汇集那些自远古时代以来就被口传心授的习惯规范。十位立法委员都是贵族，拥有全部的军事和民政大权，因此当时所有的正常官职都被中止了。同样被中止的还有保民官和平民市政官的选举，这一点特别值得注意：因为实际上贵族们并没有如此强大，以至于能够迫使平民们做出这样一种放弃。据此，我们只能假设：十人委员会是两个阶级之间某种协议的产物，即使文献中没有明确这样说，但一样可以接受的一种信息是：法律的法典化主要为平民所期盼（尽管并非仅仅是他们），他们为此目标已经奔走斗争多年。

十人委员会立法的重要意义并不太在于那些规范的内容，实际上那些东西都是在传统中保留下来的，而在于实现了规范的明确性和公开性，这要归功于那份正式的文本。它在罗马首次保障了法的“确定性”，这有利于那些最弱势的人：因此首先是平民，其次才是部分贵族，他们受到政治斗争事件的推动而共同具有了为共同体实现“成文法律”的诉求，当然，这是为了各自的目的。明确地公布被每个人所“同样知晓的”那些规范，实际上就构成了对权力的一种客观限制条件——虽然只是一种法律性质的——此前，掌握政府领导之位的官员们行使权力尚无任何正式的“明确”限制，这些官员就是范围有限的寡头政治团体的化身（比如，垄断了法律解释权 [*iuris interpretatio*] 的祭司们），他们将其统治权力不仅强加于平民，也强加于那些反对他们的氏族贵族。

这种现实——但不是指任命（不受申诉制度限制）具有绝对权力的非常设官职的情况，就此而言，这并不罕见——就解释了李维的评价，并且证明其具有合理性，他认为十人委员会这一体制本身就代表了城邦制形态（*forma civitatis*），即与那种古代城市的法律和政治制度安排的一种急剧的断裂。“这就像是先前从王到执政官所经过的那种转变一样。”这种认定还伴随着一种认识，它不断地出现在后来的文章里：法律平等化的要求（即使是在已经指出的那层意义上而言），具有“革命性”的意义，它犹如“新的”城邦的统一化和立宪时刻。因此，在古代编年史书中，交由贵族领导集团完成的法典化工作的成果就被反映为是共和国制度的基石，是“所有公法和私法的渊源”（Liv. 3. 34. 6）。

2）随后的一年里，这个团体被更新了，而且应该认为，极有可能的是，这个十人委员会，或者更恰当地说是他们中的一些人，恋栈他们那广泛的权力，要求任职到期后继续履职，并且干出了专横武断和滥用职权之事。最后，他们被一次军队起义以及平民们向阿文丁山的撤离运动（Liv. 3. 50. 13ss）所强行推翻。

96

> 赞成这种假设的首先是有关平民少女维尔吉尼娅（Virginia）的那个著名传说，即贵族阿庇·克劳迪（Appio Claudio）[1]想要把她收为女奴和情人，她的父亲维尔吉尼为了挽救其名誉而遭到杀害（Liv. 3. 44-48），而这一描述也可能是纯粹想象的产物，缺乏原始的准确的时间顺序参照：不过，或早或晚也无论怎样，这都与十人委员会的倒台相联系。假如（按照某些人想的那样）这个立法集体真的是以和平方式履行其使命，并正确地在明确的期限届满之时交出了权力，那就很难解释这样一种联系了。此外，需要注意的是，当很多属于十人委员会成员的氏族人名在紧接着《十二表法》编纂之后的几年里就又出现在《执政官年鉴》中，克劳迪氏族的名字的重新出现则是在相隔很长一段时间以后了：有一个克劳迪被认为是那个十人委员会成员的儿子，直到在公元前424年的时候才升任最高官职，也就是说是十人委员会后的第二十五年了，并且距离其父亲首次担任执政官已经过去整整四十六年。这毫无疑问代表着一种颇不寻常的迟延，似乎就正好证实了这一显赫的氏族在一段时期内处于麻烦当中。

撤离运动这一方式可能出现，抑或并未出现过，但无论如何，文献中谈论的这种起义不可能完全是由平民参与的运动。公元前5世纪的平民已经能够拥有实力联合一部分贵族一起要求进行成文立法，但这当然不是那种推翻政权的力量。相反，这种创举还是由一些贵族氏族提出来的，为首的就是瓦勒里（Valeri）和奥拉兹（Orazi）家族。他们成功地拉拢了一大批人追随自己，并拆散了平民与克劳迪氏族领导的派别之间先前建立起来的联盟。

在这种背景下，显得可信并且能够做出解释的是，瓦勒里·波提图（L. Valerio Potito）和奥拉兹·巴尔巴托（M. Orazio Barbato）在公元前449年十人立法委员会倒台之后从最高官员那里承接了权力。他们也采取了一些有利于平民的举措，同时还有别的一些具有“保守”特性的措施。这些举措（因多部《瓦勒里和奥拉兹法》而知名）的内容、法律价值和政治内涵都相当不确定并且充满矛盾。

文献中谈到了三部不同的法律（而不是四部）：第一部是有关平民

---

[1] 第二个十人立法委员的成员。

会决议的（*de plebiscitis*），它承认了平民大会（平民部落大会 [*concilia plebis tributa*]）的决议对全体人民都有约束力。但对于更多的人来说，正确的看法是，似乎是把一种政治上的征服不令人信服地提前，据证实，为了赢得这种成就，平民们还必须要再斗争一个世纪：直到公元前 339 年（《布布里利和费罗尼法》[*Lex Publilia Philonis*]）或甚至要到公元前 287 年或前 286 年的基安尼科罗（Gianicolo）撤离运动和随后的《霍尔滕西亚法》（*Lex Hortensia*，见第 38、42 和 43 节）。很有可能的是，首部《瓦勒里和奥拉兹法》的宪制效力（即全体人民对平民会决议的法律认可）在于选举平民们的官员，这自然是在他们自己的会议（*concilia*）上来实行。如此一来，在政治—法律的逻辑中就发生了变化，而这种逻辑主要体现在公元前 449 年所有立法以及尤其是普遍指出的第三部《瓦勒里和奥拉兹法》之中。

97

这里涉及的是一种立法政治的主线，它表现为贵族做出的一种小心谨慎、缓慢渐进但又现实且具有重大意义的行动。据此，平民大众（或者更恰当地说是某些平民家族）在城市生活中更为明显地承担了新的经济、军事，因此也有政治上的职能角色，这也就相应地决定了在长期的相互对立的历史进程结束之际，把平民阶级的官职与制度吸收到了共和国的体制范围里来，以免其具有一种革命性的特征。

这样一来，很有可能的是，还有一项规定同样也属于后者——根据某些文献，这一规定也归于 L. 瓦勒里·波提图和 M. 奥拉兹·巴尔巴托，并指明这是他们的第四部自成一体的《瓦勒里和奥拉兹法》——即把在谷神神庙里保管元老院决议正式文本的使命托付给平民市政官（所谓的《有关元老院决议保管的瓦勒里和奥拉兹法》[*Lex Valeria Horatia de senatus consultorum custodia*]）。

不能排除的是，《有关平民会决议的瓦勒里法》（*Lex de plebiscitis*）并非一部自成一体的法律，只不过是随后要讲到的那部最基本的《有关保民官权力的瓦勒里法》（*Lex de tribunicia potestate*）的一个预备性条款。在多部《瓦勒里和奥拉兹法》当中，最为重要的当然要数第三部了，这是关于保民官权力的（*de tribunicia potestate*）。它再次确认了（Liv. 3. 55. 7）平民保民官的人身不可侵犯性。这很久以前就由平民们自己批准通过，宣告了其神圣（*sacro sancta*）的权力，确定违反者被献祭于神（*consecratio*）（即被委弃于神），因此任何人都可以将其杀死而不受追诉（见第 10 节）。所以，直到那时候，这个以自成一体的平民规定为基础的保护手段——因此对贵族来说没有司法效力——才被该法律赋予了在全体民众当中的约束性效力。这种保护手段的基础本是一项以被通过的“神圣约法”为主要内容的集体誓约，根据传统文献，这是指前往圣山的撤离运动（见第 18 节）。自此，一种由平民约誓（*iusiurandum plebis*）规定的从根本上具有革命性的制裁手段，转变为整个共同体批准通过的对平民领袖的人身加以法律—宗教性保护的手段。自然，由于在共和国初始年代的事件中的历史性对立，这还不是一种阶级（如果愿意的话，或者说成是社会势力之间的）平等。不过，这也是朝着这个方向上的一个决定性步骤。事实上，正如所言，该法律与其他几部《瓦勒里和奥拉兹法》一样，在我们看来就好像是与某种业已成熟的政治妥协相一致的成果，它开启了平民未来征服的大道（当然这并不容易，但是却不可避免），并且与共和国政治和法律体制的深刻转变相联系。在这当中，当时就从形式上引入了城市国家制度上的“二元制”原则，这是一种有强烈革新性的原则，注定会以一种特定方式“标志”着共和国社会的发展。

98

第二部《瓦勒里和奥拉兹法》是有关申诉制度的，在十人委员会这一间隔期结束后，向人民申诉制度这一宪制保障得以恢复，将献祭作为惩罚手段来禁止创设任何可以免受申诉制度约束的官职（见第 19 节与第 22 节）。

3）据记载，在公元前 450 年，十人立法委员会这个团体已经几乎被完全废除了：最初的十人立法委员会里仍然留任的唯有阿庇·克劳迪。第一届十人立法委员会囊括了最显赫的一些元老贵族，并编纂出了最初的十表法律（Tabulae）。而第二届委员会则汇集一些无名之辈，或者说甚至是平民，文献中所记载下来的那些恶名罪行都要归咎到第二届十人立法会委员。他们在最后两表中的一表里面引入了贵族和平民不得通婚的禁令。

不过，这种说法很明显是站不住脚的。仅仅相隔一年，在同样的背景环境里，阶层之间的关系和政治均势上的联系都没有什么重大的改变。那么，同一个选举机构（当时有可能是任意一种投票大会）在官员的选任上所遵循的不仅仅是有所不同甚至是完全相反的标准，这是不可能的。尤其是在公元前 450 年，平民距升任最高职位的可能性相去甚远：他们要为此付出艰苦斗争的代价，在大约九十年以后才能赢得它。所有这一切都使得我们不用去考虑这样一种谬论，即平民们的代表首次成为该立法集体的一部分，就滥用职权来反对平民自己。

所谓的通婚禁令，即贵族和平民之间婚姻结合上的不可能，不仅是法律上的，首先还是宗教上的，归根结底是政治上的。这不过是一种传统原则，十人立法委员们很有可能只是在他们的法典里加以转述而已，当然不会是来自于他们的某种革新（而且，这也是不可能的）（也参见第 18 节）。这一禁令的根源在于，罗马原住民的宗教和平民宗教之间存在着的某种不可通约性，而其深刻的理由则在于那些非出身于合法婚姻之人被宣告不可能成为鸟卜者（*auspicari*），即获得鸟卜官职（尤其是那些公共鸟卜官）。这种婚姻须有固定仪式的庆祝并且须是贵族氏族成员：第二方面则是基本条件。正如人们所知，这是为了能够进入到主要的城邦官职。而这道禁令当然是一个具有巨大重要性的政治转折点，一方面它解释了贵族对废弃该古老原则的抵制（因此，由十人委员会的立法所规定的政治妥协这一背景下，不考虑对其加以明确接受）；另一方面，这也给平民的斗争赋予了决定性意义，他们想要实现对那种不受兼容的状况加以超越，因为这本身就在宗教层面上（这最难以对付）阻碍了他们进入到共同体政府的重要位置上来。

99 有些评论家认可，在第二个十人立法委员会里有平民的存在，并将其归功于阿庇·克劳迪的倡议。这样，他显得好像是一个大胆的改革家一样，贵族里的大部分人看到自己的统治受到了威胁，就推翻了这个混合成员的集体，并以瓦勒里和奥拉兹这两个“保守”的执政官取而代之；而贵族政治的宣传工具使得改革者克劳迪显得像是一个专制者，而两位反动的执政官却好像是“人民之友”一样；但有关真相的一丝痕迹还是被留了下来，因为据说最后两表法律（被称为“不公之表”[*tabulae iniquae*]）是由瓦勒里和奥拉兹而不是由这个十人委员会颁布的。但事实上，这种痕迹是根本不存在的，因为只有一位作者，即迪奥多罗·斯库罗（12. 26. 1）把这最后两表归入公元前 449 年的两位执政官名下，而且迪奥多罗还忽略了“公平”和“不公”之表之间的区别。另外，“不公之表”这一概念是西塞罗生造出来的（*rep*. 2.3），很明显它仅涉及这里所说的贵族和平民之间的那道通婚禁令。

21. 十人立法委员会的法典

从法律史的角度看来，在十人立法委员会法典编纂所带来的“政治”事件方面，《十二表法》表现出了各种重大问题。现在可以确定地认为，一种激进的批判倾向已经被克服了，这种倾向是兰伯特（Lambert）和帕伊斯（Pais）发起的，即否认十人立法委员会以及公元前 5 世纪任何市民法法典编纂的历史真实性。传统文献在这些基本要点上都可以相互吻合，而且长久以来，在罗马对这一官制和十人立法委员会法典编纂的历史真实性都深信不疑。除了一些还说得过去的质疑之外，这些因素都使得涉及这一事件的信息的真实性确定无疑，尤其是在当前这种方法论风向之下，即倾向于对文献里提出的那些资料保持一种有时甚至被过分强化的怀疑态度。

尽管如此，也还是有关于《十二表法》内容上的一个问题——对我们而言，首先是这一内容的可知晓性的问题——就这一主题需要做一些澄清。从原则上看，必须要区分的是各表的原始文本和从公元前 2 世纪以来由罗马的学者们和饱学之士处理过的那个文本：即使是后一个文本——它是唯一一个在共和国末期和元首制时期经由罗马人处理过后的文本——我们也仅仅是部分地知晓，因为当前只能够零散地复原它，所根据的是从公元前 2 世纪起直到拉丁化时代终结之时的那些罗马文献。

那么，第一个问题就涉及《十二表法》文本和这里所说的从共和国最后两个世纪起在罗马流行的那份文本之间的关系。后者所根据的完全可能就是一部对十人立法委员会法典所做的校订评注，它是在公元前 2 世纪头几十年里由法学家塞斯特·艾里·贝杜·卡多（Sesto Elio Teto Cato）在其《三分法》（*Tripertita*）中（见第 61 节）所做。毫无争议的是，它有别于原始文本。不过，存在着哪些不同则仍然存疑。通过与古代拉丁文碑文，尤其是与位于古罗马遗址里的黑色大理石碑文的对比，就证明了词句的用法和写法上的变化，尽管从公元前 2 世纪起，经罗马人处理过的《十二表法》文本相对于当时共和国末期的拉丁文而言已经显得极为拟古化了。

100

> 与罗马广场上碑文一起可以看出最明显的对比：*iumentum* 对应 *iouxmenta*（四足动物），*iusto* 对应 *iovestod*（正义），*aere* 对应 *aisid*（空气），*erit* 对应 *esed*（对方）。一般而言，在这个文本当中，任何一种古代的特殊拼写方式的痕迹都已经消失了，这种特殊拼写方式在公元前 3 世纪中叶之后随着所谓的中元音循环现象的出现就减少了。另一个问题在于，所有这种现代语化现象是否都必须要算到塞斯特·艾里·贝杜·卡多和他的那个时代头上。能够对《十二表》的文本实施正式修订肯定是在高卢人破坏事件（*ruina Gallia*）之后，对此，我们随后马上就会说到。不过，肯定的是，在共和国末期的罗马通行的文本与公元前 4 世纪初的那种拼写方法并不一致，更不用说公元前 5 世纪了。

不过，缺少的是词法方面的更新的确切证据。对此，必须要考虑到，从公元前 1 世纪起，罗马法学家和古文献学者在语义学背景下去解读通常被接受的那份《十二表法》文本时——它必然保留下来了最初的用词——所遇到的那些词形变化很难解读。

与此相联系但更为普遍的问题是，塞斯特·艾里是否真正地能够在公元前 2 世纪初获得一份实际上与原始文本相一致的文本。没有证据说原始文本在《三分法》一书的法典编订完成后两个半世纪的这一阶段里被遗失了，这样一种假设必须建立在相当牢靠的证据上，因为《十二表法》对于罗马人生活而言总是具有特别重要的价值，这种重要性在临近其颁布的那段时间又尤为明显。

《十二表法》在编纂的时候是书面撰写的，这一点不容置疑。不过，公认的一点是，它毁于公元前 390 年左右高卢人的纵火事件。但要排除的是，传统文献认为这确定无疑就是这场大火造成的，尤其是李维（Liv. 6. 1）的文本里强调了这是高卢人破坏的结果。如果愿意在这一意义上来解读李维的记述，那就必须千方百计地从中得出《十二表法》的内容被重建之类的信息，从而认为，因为这种重建发生在大火之后不久，故不可能是不可信的。但从另一方面来讲，不能理解的是，十人立法委员会法典为什么不属于那些最宝贵的物品，而根据另一份编年史传统文献，这些物品都被转移到谷神庙以防备高卢军队的入侵。从抽象的线索来看，不能排除的是，一些已经被获知的部分具备原始文本的模样，不过，这又显得欠缺真实性，必须逐次加以证实。而能够明确地加以排除的是，存在着来自塞斯特·艾里·贝杜·卡多的有意识的改动。

因此，从其内容上讲，在共和国最后两个世纪和元首制时期，罗马人拥有的《十二表法》的文本在实质上是得到了证实的。但如所说的，我们只是通过文献里查明出来的那些直接引证和间接指涉才间接地知晓了这一文本。此外，这种复原也是高度碎片化的。从另一方面来看，这就显示出有充分的理由对各个表的题材分配和各表的内部顺序加以质疑。 101

而共同导致我们的认识产生某种偏差的另外一方面事实是，罗马人可能把一些并不属于十人委员会法典编纂内容的规范也归到了它的名下，因为将许多事件和信息都集中到某一个人物形象或者事件身上的现象是相当普遍的。但是，如果说对于雅典的梭伦立法而言，这种现象在很大程度上似乎还可以明确地加以证实的话，那么，从来就没有任何证据能表明：在《十二表法》上，于某个特定的情形中确定地发生过这种做法。因此，必须要排除掉的是对这个立法文本的直接引证。

所以，特别是我们认识到了这一不朽的法律作品的零散和非体系特征，它妨碍我们从罗马人法律经验的历史背景下对其做出公正而准确的评价。给那些解读者提出的第一个问题就是，这种法典编纂中客观存在着的张力，即在什么样的限度内——在十人委员会成员的意图和后代人的意识里——它可以理解为是穷尽式的，也即囊括了至少所有私人关系的制度，这试图表现出一种传统的判断，即将《十二表法》主要与这一领域的法律联系起来。

针对对十人委员会立法内容的这种解读，另外一些人并非毫无道理地强调指出，在各表中存在着很大篇幅的政制原则（这些规范有关民众大会程序：见第22节；有关通过法律来创制法：见第44节；有关特权[*privilegia*]：见第19节）。在另外一方面，人们愿意看到的是，《十二表法》里确立了成文的刑法和程序法，在它们所构成的那个法律部门里，业已出现的平民阶层可能主要是畏惧贵族在法律适用时的武断专横和无边无际的自由裁量。但是面对我们积极获知的这个立法文本的那些内容时，这种观点并不占优势。

在某种程度上，当前的学说倒向了一种倾向：把《十二表法》看成是一种部分的法典化工作，它把或多或少的法律领域留给习惯来调整。从原则上来看，习惯与不成文法（*ius ex non scripto*）（见 D. 1. 1. 6. 1）和无文字形式的法律（*sine scripto*）相重合，后者被彭波尼（Pomponio）在 D. 1. 22. 5, 12 当中确定为与仅仅建立在“法律解释”（*interpretatio prudentium*）基础之上的那部分法律制度相等同（关于这一点，可参见第 45 节）。

罗马人认为，法的一部分继续存在于十人立法委员会之前的102 那些习惯当中，而没有被《十二表法》所法典化。但这一点并没有被这样或那样的研究所证明。根据共和国末期的文献，十人立法委员会的法典编纂似乎就是法律体制最初的以及唯一的渊源，文献中这类并不罕见的认定几乎常常暴露出它们与一种偶然出现的背景的确切关系，在这种背景下做出此类认定具有强烈的意识形态意蕴。如果不能否认这一点的话，那么我们就难以摆脱带有这些因素的评价。

还有一些不同方面的看法与上面这类看法发生了竞合，尤其是涉及私法制度时，要说的是，在我们的文献里，曾明确地指出上溯到十人委员会之前时代的那些制度和原则都未被重新收录在十人委员会法典化工程中，但那绝非显现出来的实情。如果遵循这样一种当下通行的假说，即部分法典化，那么就不可避免地会抛弃另外一种设想，即法律起草（*legibus scribundis*）十人委员会的确切职能就是在贵族和平民之间达成妥协。这种妥协曾带来了这一制宪性的官制的创建和公元前 449 年的《瓦勒里和奥拉兹法》的制定。如果平民们最基本的政治和社会期望都落空的话，《十二表法》能够代表的就仅仅是由于其保障了“法律的明确性”而给平民带来的好处，尤其是那些有着最高社会地位的平民；但如果说法典本身尚不能穷尽一切的话，那么这种保障也不过是徒有其表的骗人把戏。

另外一方面，需要探寻的是，确定出《十二表法》在十人立法委员会从事其工作的那种客观历史条件下具有的穷尽式的特点。这并不是要高估十人立法委员会立法者的技艺，而是要强调《十二表法》代表了一种文本，在这里面预防性规范不仅是以相当简明扼要并且通常极为简单的方式，而且还是以集约化、抽象化和一般化的方式构思出来的（尽管还是可以注意到，有时候会有某个列举实例的特定片断与单个章节相对应）。十人委员会法典化工程采用的立法语言和共和国晚期的民决法律（*rogatae leges*）[1]的结构有着巨大的差别，后者通常表现为具有一种精致的解析化形式。

> 在已经表达出来的规范性规定里，那种解析性结构通常犯了立法者的忌讳：对立法文本进行解释以及与之相联系的解释者的恣意武断。对于这样一种担忧，人们试图通过完备描述各种案件情况来加以纠正，并把恣意擅断减少到最低。而这种运作方式在民决法律通行于共和国晚期这一背景下，是有一定条件的。这是因为，正如即将要看到的（见第63节以下），民众会议立法这一工具大多数时候都被用来执行风格多元的各种改革了，它们几乎总是与寡头政府的利益相对立。因此，对这类法例及与之相联系的效果进行解析性描述的方式会有助于制止一种情况，即在法律执行之时，执法官甚至元老院通过带有倾向性的解释去试图掏空它的内涵本身，但避免公然地将其束之高阁；从另一个角度来看，以此种行为方式，那些立法改革推动者们毫无疑问就会受制于罗马人的法学理论，至少面对《十二表法》文本（或许还有别的私法，比如《阿奎利亚法》[*Lex Aquilia*]），这类法学理论就可以在很大的自由度上行事。撇开影响《十二表法》那种表述性结构的其他原因不谈，很明显的一点是，十人立法委员会的立法者所怀有的那种担忧不可能类似于困扰着共和国晚期民决法案（*rogationes*）的倡导者的那些担忧。

103

正如业已强调过的那样（见第9节），十人立法委员会必定在《十二表法》文本的编纂过程中使用了有关习惯内容的"记忆"，这些"记忆"是由大祭司们在此前的年代里留下来的。实际上，不可想象的是，十人委员会在很短时间里所从事的该项活动，居然能够使得文本的编撰具有那样一种特点[2]，对此我们已经提到过《十二表法》的特点。它仅仅表现为一些已经被挖掘的素材，而且涉及排序的问题，有时候还包括挑选和修饰（以及补充）的工作。因此，在当时那个年代的文化条件下，这使得该立法文本的编撰成为可能。

---

① 民众会议根据执法官提案（*rogatio*）表决通过的法律。

② 指民决法律解析式的特点。

> 此外，必须要强调的另外一个方面是，该法典编纂文本的文字风格。无须过分地落入窠臼：视十人委员会的文风为一种韵律化结构。但人们亦不得不证实说《十二表法》的文字呈现为一种有节律的面貌，这就如一个事实所表明的：我们大约会不由自主地把这些规定称之为“章节式的”。正如共同的经验（或者至少对于撰写该文本的那一代人而言是这样），撇开其他任何与这种结构相适应的动机不谈，分段节奏会有助于口头记忆。因此，这种立法表达形式的面貌相当符合前述那种假设，即十人立法委员们利用了先前由大祭司们已准备好的那套记忆模式，而对于这种模式而言，有节律的结构完全就是与生俱来的，但是人们无法排除的是，在那些完全口传心授的古代记忆之上加入了一些书面的支撑手段。

从这个观点来看，就实现了对十人立法委员会法典编纂工作的某些本质特点的揭示，这也标志着这种特点在以后的经验中具有的可操作性：自古以来（*ab antiquo*）就被承认的那些习惯的口头表达内容被交给了《十二表法》（*Lex XII tabularum*）加以记载。这种背景状况并没有改变共同体，尤其是大祭司们对在这部法典中所运用的那些原则的态度，哪怕是细枝末节的改变（对此也可见第 45 节）。这尤其导致这些原则被理解为，以已经提到过的那套内在论观念为基础的一种准则标准，其正当性和它的限度都处于那种受到调整的社会—经济关系结构当中。

104 此外，这就带来了一种具有某种重要分量的后果，就算从十人立法委员会法典化工作的“完整详备性”的角度来看也是如此。由于被认为是“完整详备”的，《十二表法》则没有必要像任何一种现代的立法文本所希望的那样，必须直接地调整制度的各个方面。因为在同时代人看来，《十二表法》建立在事物本质内在秩序的基础之上。就这个主题而言，可以证实的是，十人立法委员会用语上简约省略的特点也正好就对应着其规范上同样简约省略的特点（非要这样说的话）。正如所愿，在很多要点上，这些规范都常常变得含蓄隐晦。似乎不大可能的是，《十二表法》规定了从家长权（*patria potestas*）到夫权（*manus*）再到市民所有权等家父权力的内容，并且还完备地调整了那些具有重要法律意义的行为方式，比如铜块和秤式（*gesta per aes et libram*），尽管我们无法从正面排除曾做过这些规定的可能性。这一些结构上的成分似乎更像是十人委员会法典的一种前提条件，而不是规制的内容，该法典只是从其他一些方面对其加以调整。

从另外一个角度来看，以那种当代法律的一般理论为出发点，在《十二表法》里面，关系的规范相对于组织的规范似乎更占主导，前者解决的是利益冲突，后者则架构起了主体地位和行为方式。

> 比如说，就书面证据的情况而言，在《十二表法》当中既未显示出规定了家长权的内容，这种权力也并未明确地被归到家父的名下，但同时却用了一节来确定其限度，针对家父滥用其出卖家子之权力（出卖权 [*ius vendendi*]）的行为加以制裁，并规定：家子经三次出卖，则从父权之下得以释放并获得自由（*Si pater filium ter venum duit, filius a patre liber esto*）[1]。而在另外一些情形中，则对某类情况做出隐性的规定：在家父死亡而未留下遗嘱的情况下，根据最久远的规则，继承应归于那些在死亡之时仍处于死者家长权之下的后代们，即所谓的自家继承人（*sui heredes*）。就对家父有继承权的人而言，这里仅仅是以间接的方式做出提示，但在这条规范的上下文语境里，却明确规定了父系的非直系亲属（父系宗亲 [*adgnati*]）的继承权以及在没有自家继承人（和遗嘱）的时候，同属一个氏族的那些成员的继承权："如果某人死亡而未做遗嘱，又无自家继承人的，其最近的父系宗亲有继承权；若无最近之父系宗亲者，则同一氏族宗亲有继承权"（*Si intestato moritur cui suus heres nec escit, adgnatus proximus familiam habeto; si adgnatus proximus nec escit, gentiles familiam habento*）。

毫无疑问，法典中的话语可能是政制结构以及更一般意义上的公法结构的全部整体。尽管不能证实（本节已经提到）在《十二表法》里缺少这一类规范，但根据我们的书面证据，这种规范的确相当罕见。此外，很难将这类信息的缺失仅仅归咎于书面证据的鲜见。这类保留给我们的信息事关对各种政治机构加以相应规制的各种法典化工作，虽然某些方向性的要点可能被提出来，但是这里涉及的那

105

① 参见《十二表法》第四表。

个问题仍然留有相当的讨论余地。

毫无疑问，对于那些具有公法特点的规范而言，值得从已经提到过的那种私法层面的视角来观察：宪制性机构的架构以及它们的权力可能是先决性的前提条件，或者它们只是在《十二表法》的撰写中被隐含地提到过。实际上，这其中的规定是百人团民众大会立法权的限度和效力，并且规定了市民借助申诉以求得民众大会做出判决的上诉权利，然而似乎并没有关于这些机构的组织和职能方面的规定。同样，似乎也没有任何十人立法委员会的规范涉及那些最高官职并向它们赋予相应权力（用在那个时代尚未被明确证实的术语来说，那种权力被称为“治权”[*imperium*]），不过，根据前面提到的申诉制的规范，这种权力被限定于一个范围内。另外要考虑到的事实是，共和国政制的明确安排是由《李其尼和塞斯蒂法》所确立的（见第 25 节）。

尽管只是部分地了解了这部法律，但《十二表法》的内容还是忠实地反映出它被颁行的那个年代的社会—经济结构。城邦的社会结构仍然牢牢地扎根于父系宗亲家族体制之内，并受到集中于家父的那种权力的统治，而家父则凌驾于所有受其统治的人之上。从消极意义上讲，在他们当中通常是以奴隶（*servi*）的地位最为明显：从社会层面上讲，他们的处境尚未深刻地脱离古代那种父权制奴隶制度的背景：因此，他们所代表的一种形象全然有别于那种被役使的劳动力的形象，后者将会从公元前 3 世纪起逐渐显露出来。

另外一方面，这种家庭结构依然牢固地与氏族结构相关联，尽管随着其在库里亚民众大会的政治重要性迅速降低，它实际上失去了在政治—宪制安排层面上的重要性：已经提到过的那条关于宗亲属继承权的规范和有关未适婚人和妇女的监护（以及精神病人保佐 [*cura furiosi*]）方面的规定都足以再一次印证这种认定。

另外，在这一领域里的发展状况——相对于拉丁人城邦而言，这种发展状况主要是在埃托鲁斯人王政治下所具有的——也不能不受到影响。人们可以注意到，在家父的绝对权力当中有了最初的一些减损，比如，已经提到过的有关由于出卖权的滥用而丧失家长权的规范。还有另外一种规范，使妻子可以避免由丈夫获得父权的可能性，其根据的是“离夫三夜中断（夫权）（*usurpatio trinoctii*）”的规范。另外一方面，在没有自家继承人时由父系宗亲属进行无遗嘱继承的规范中，其语法结构似乎推定了存在当着婚生子嗣之面立下遗嘱的可能性，而这明显与那种最合乎对牢固地扎根在父权制家族之中的社会组织加以规制的手段并不一致。

106

当然，这是用更为晚近的术语来说的，私法制度的一部分是关于所有权和债的。而且，它更为直接地与共同体的经济结构相联系，这证明了这个组织仍然牢牢地建立在农业和畜牧业的基础上。从埃托鲁斯王政时代以来就已经能强烈地感受到财富的分化与社会的阶层化；这种分化经历了从公元前5世纪上半叶以来在平民和贵族之间爆发的冲突，尽管这种分化并非这类冲突的全部。但这种分化并没有发展成一种运动，并以一种显著的方式在经济安排方面产生影响。交换经济在这一时期仍然是一种附属性的功能，而很有可能相对于塔克文王时代已经达到的发展水平还有所退步。

所有这一切在我们给《十二表法》提出的那些书面证据里都可以找到印证。在十人委员会的法典规范当中，所有权制度就表现为基本上是一种静态的制度安排。在这其中，财富，尤其是产品的流通实际上似乎只是一种例外，而且大部分的注意力都投入到为土地之间的关系订立规则。同样，法典对契约之债的规范也并不以提升财产和劳务的交换作为实践上的导向。因为恰恰相反，从社会重要性的角度来看，对不法行为之债加以规制似乎更占据主导：这涉及的就是这个社会的一个典型阶段，在其经济组织当中，财富流通并不具有显著的重要性。在一些仪式性的形式化行为当中，还可以发现这种证明。这种形式化伴随着那些用于财产让渡的法律行为。这些形式的深刻根源毫无疑问来自于别处。但是，它们能够继续占据统治地位，正是因为它们继续存在于其中的那种社会结构与“别处”并无本质区别。

为了给这种认定迅速地提供书面证据，要提到十人委员会立法文本中的一些规范所处的位置，它们涉及梁木（*tignum iunctum*）、木料（*sarpta*，这才是梁木的真正材料）、界线（*fines*）、道路（*via*，被修筑出来的，这倾向于被看作是在道路上的“所有权”而非地役权）、雨水（*aqua pluvia*）、边界上的树枝高度以及落入他人土地的果实的收获权：从我们的联想来看，这种位置是有意义的，它与这些规范本身的存在无关，而与它们付之阙如时有关。无独有偶，它们被用来将土地所有权的静态制度安排加以规则化；同样也可以注意到的是，从立法者兴趣的角度来看，城市所有权具有明显更为低下的地位。而在“交易制度”这一范围内，《十二表法》好像完全集中于形式化行为上：铜块和秤式（*gesta aes et libram*）、誓约（*sponsio*）（以及其他仪式化或实质性的承担担保责任的形式，比如应诉保证人 [*vades*] 或者保证人 [*praedes*] 的组成），以及有时候还有拟诉弃权（*in iure cessio*）。还可以想到的是对私犯和犯罪制度所做的广泛援引（见第 22 节），这种援引是由当代编者们对第八表内容的复原调整而来的。

107　而私法程序上的规范也证实了这种普遍的背景状况。如果说在《十二表法》当中，必须理解关于审判程序的“世俗化”的一个关键阶段就是，同时规定了请求审判员或仲裁人之法律诉讼（*legis actio per iudicis arbitrive postulaionem*）和誓金法律诉讼（*sacramento*）（见第 29 节），那么从这种程序的整体结构上来说，还保留着私力救济措施的重要痕迹，它们是共同体公共机构的干预方式的基础或者替代品，而它们都可以上溯到并不太久远的某个年代里去：人们能想到的只有通过拘禁之诉（*manus iniectio*）来实现权利的方式。此外，从十人委员会的规范里也显露出了一种深刻的程序上的形式主义，这也对应了在法律行为层面上相类似的现象。

前面提到十人委员会的法典编纂主要是对习惯加以书面编撰，这些习惯是以大祭司们做出的那些“记忆”的形式流传下来的，而对此类习惯加以记录的做法一直存续到古典法学时代晚期。

可以看到，D. 27. 10. 1. pr 中，乌尔比安还在明确地做出警示，在浪费人保佐[①]（*cura prodigi*）这个例子里，在基于习惯引入某项制度和《十二表法》对其的接受之间仍然存在着脱节现象。这也就证明了，当要把一些制度的引入——共和国末期和元首制时期，罗马人将其记录为是由《十二表法》本身所批准通过的——归结为是十人委员会的创新时，必须要何等的小心谨慎。

---

① “浪费人”是罗马法上的一个述语，指挥霍无度的市民。“保佐”指对特定人群的监督管束。

但这并不意味着就不存在任何创新之处，比如说，已经提到的对请求审判员或仲裁员之法律诉讼的引入很可能就是：不过，就我们的知识状态来看，要准确地确定出这类情况则或许是不可能的。实际上，法典化这一事实本身就构成了一种真正的“革新”。从对各种关系加以规制调整这个角度来讲，具有重大意义的一点就是，《卡努勒亚法》（*Lex Canuleia*）所通过的一项重要改革（认可了贵族和平民之间可以通婚）晚于《十二表法》数年（见第23节）。或许在权利和刑事程序领域里，能够找出更具创新性的成果（见第22节）。

从上述内容中，完全清楚地显露出《十二表法》与罗马社会的发展状态和先前的法律经历之间的对应关系。在对有关该历史事件的文学作品里的另外一个传统问题，即有关希腊的影响力所持的支持立场里，这种对应关系应该会被注意到。在传统编年史文献中，因向希腊派出使团（Liv. 3. 31-33；或者按照 Dion. Hal. 10. 51ss 中更真实的记载，或许是向大希腊地区 [Magna Grecia]①）而选出了十人立法委员会成员——有人认为这是贵族阶层的一种拖延战术——为的是考察那里现行的立法。而在同一部传统文献中（在彭波尼的 D. 1. 2. 2. 4 里也有所反映），还讲述了被流放到罗马的厄莫多罗·德菲索（Ermodoro d'Efeso）也参与合作了《十二表法》的编纂。 108

这种论调提出的一些问题却并不容易解决：带有前见地对文献不予信任当然是不可取的，但是以有时令人不安的天真心态而全盘相信文献则更差劲。可以明确的是，有没有向希腊或者大希腊地区派遣使团，对于罗马法律经验的内在历史目的而言并不十分重要。因为《十二表法》的内容是由与过去岁月的联系相勾连起来的，想要看到的这种受（希腊）影响的情况是相当稀少的。而且，它们中任何一个对希腊规范的直接模仿都不能保证不受质疑，尤其是在《十二表法》时代罗马法律经验的那种发展状况，以及各城邦已经能够取代它们曾经学习的榜样的背景下，应该想到的就是在各种规范之间客观地出现巧合的可能性，只是嗣后地（*a posteriori*）被解读为其中一种对另一种产生了影响。故而，在十人委员会法典中所反映出来的法律则具有完完全全的罗马化和内生型特点，但无论如何都

① 指今天的意大利南部沿海地区，当时是古希腊的殖民贸易据点，政治、经济、法律和文化制度完全模仿希腊而建立。

不能从这种角度来加以讨论。

22. 刑法与十人立法委员会的法典编纂

未经百人团民众大会审判，不得判处一位罗马市民死刑，为了这一原则获得确认，平民领袖们在十人立法委员会法典编纂之前许多年里做了艰苦的斗争。正如所言（见第 19 节），通过《十二表法》这一成果，这得到了法律上的承认。该法律起草十人委员会除重申此前有关申诉制度的规定以外，还通过特定的规范规定，未经全体人民的最高民众大会，不得对攸关一位罗马市民之生死（有关市民资格 [*de capite civis*]）的任何案件加以审判。通过这样的手段，就把对死刑罪行的审判权从库里亚民众大会中明确地剥除出去了，而唯一有权查获这类罪行的机构就变成了最高民众大会（*comitiatus maximus*），也就是百人团大会。

并非不可能的一点是，十人委员会的立法者们还规定了需要加以遵循的在人民面前进行的审判程序。对此，可援引的是彭波尼所证实的：在《十二表法》当中提到了杀人罪审判官（*quaestores parricidii*），正如已谈及的（第 10 节），从很古老的年代开始，他们就被赋予去调查杀人凶手的职责。文献并没有明确说明十人委员会法典编纂时期杀人罪审判官官职的属性，而仅限于观察到他们的活动范围与通过死刑来镇压应予惩处的罪行有关：不过，考虑到他们最初的职能具有调查纠问式特点，那么在这一时期里，他们已经被赋予的使命则应该是——该使命还会被保留至更晚近的历史时期——预审程序和向人民审判提起公诉，这似乎是可信的。

109

在十人立法委员会的法典中，有关市民资格的（*de capite civis*）的规范与另一项规范形成了对比，后者是由贵族们提出的，它禁止处死一位未经通常的审判程序判决的市民。正如所言，这旨在对平民保民官们的革命性行动设定某种约束。在公元前 5 世纪上半叶，他们曾经多次获得权利，用（甚至是）死刑去镇压那些被认为应该对触犯“神圣约法”负责的贵族阶级的头面人物，特别是那些违背了职责，尤其是在行使军事指挥权范围内的义务，而应受责罚的前官员们。如果这种指控仅仅只触及非死刑的某种刑罚的话，那这些犯错的行为人有时候会被保民官传唤到平民会议（*concilium plebis*）

前对其行为做出解答；相反，如果其行为应受到死刑判罚，则有必要提起民众大会审判程序，其中保民官在行使职权的过程中相当于基层审判官（*quaestores*），以调查员和控诉方的身份行事。

根据基层审判官和平民保民官的指控而在人民面前提起的审判是第一审级也是唯一审级。而根据蒙森的观点，民众大会的审判是在由这些执法官们行使惩治权并宣判之后的上诉中才能发生，但这遭到了一系列的反对意见，并与文献里面反映出来的信息是相对立的（见第19节）。实际上，正如布雷特（Brecht）所强调的，留存下来的那些证据给我们提供了确定的指示，表明在人民大会之前的程序并不是按照审判和执法官判决形式来进行的，那位保民官从头到尾都是以控诉方的身份行事，即仅限于执行预审并向民众大会提议刑罚，而唯一的和真正的审判是人民审判。

另外一个引发讨论的要点所涉及的是适用该民众大会程序的范围。近来，昆克尔想对百人团民众大会与审判普通犯罪的说法提出质疑，而他把其职权仅仅限制在与政治有关的犯罪中。在他看来，一般犯罪不应该是公共惩治的对象，其导致的应该是一种通过誓金法律诉讼（*legis actio sacramento*）引发的私人间程序。这会在一个由杀人罪审判官主持（或组成）的审判团面前进行，根据他们的宣判，有过错一方被交给受害人或其亲属加以报复。然而，就这一大胆的假设，该作者所提供的证据却极为含糊并且经不起推敲——瓦勒里·普罗布[①]（4. 5）的一个注释中所做的解释存在相当的疑问，费斯托[②]的一个片断存在严重的缺陷（s. v. *sacramento* [Lindsay. P. 666]），而李维的一个残篇（23. 14. 2ss）则晦涩含混——而且，从另一方面来看，一系列广泛的证据都完全地或者部分地与这种假说形成对立。这使得其仅有部分薄弱证据的观点并不被看好。尤其是，他不得不沿着拉特（Latte）的一种不可能的假说的轨迹去否认杀人罪审判官和金库财政官（*aerarri*）的同一性（而抛开彭波尼的D. 1. 2. 2. 22-23所能引发一些质疑不谈，传统文献在这一点上是很明确的：尤其参见Varr. l. Lat. 5. 81和Dio Cass.-

110

① 瓦勒里·普罗布（Valerio Probo），公元2世纪的古罗马语言学家。

② 弗拉维·鲁菲奥·普斯图米奥·费斯托（Flavio Fufio Postumio Festo），公元5世纪到6世纪的罗马政治人物。

Zon. 7. 13），并认为无论是早于还是晚于《十二表法》，古代作者们所提出的在基层审判官引领之下于人民面前进行审判程序的那些例证都缺乏任何的历史价值（对斯普里奥·卡西欧[1]的审判[Sp. Cassio，公元前485年]：Cic. *de republ.* 2. 60; Liv. 2. 41. 11; Dion. *Hal.* 8. 77. 1; 马可·沃西[2]审判[M. Volscio，公元前459—前458年]：Liv. 3. 24; 3. 25. 1-3; 3. 29. 6; 卡米略审判[Camillo，公元前396年]：plin. *n. h.* 34. 13; Cic. *de dom.* 86；特洛古审判[Q. Trogo，晚于公元前243年]，在马里奥·塞尔焦[Mario Sergio]的《古代审讯评注》[*Vectus commentarium anquistitionis*]一书中提到过，Varr. l. Lat. 6. 90-92）：但如果不做很大的保留，将很难接受这种观点。

此外，在普劳图（Plauto）[3]的剧作中也发现了有关民众大会对一般犯罪加以干预的明确证据，诸如"我的头颅属于民众大会"（*de capite meo sunt comitia, meo sunt capiti comitia*）一类的台词（大约相当于我们说的"攸关我的性命"）。作者常常把它们挂在民众角色的嘴边（参见 *Aul.* 700; *Pseud.* 1232; *Truc.* 819）。如果不承认百人团民众大会的职权不仅仅限于政治性犯罪的话，这就无法得到解释。

在纯粹的刑事惩治的范围以外，拥有治权的执法官们那种古老的强制权仍然可以畅行无阻地加以行使，而只受到向人民申诉制度的限制。正如已经说过的，只有在执法官想给市民处以死刑或者迫使他支付超过由阿特里·塔尔佩和梅内尼·赛斯蒂的法律所规定的3020阿斯罚金的情况下——最早时是三十头牛和两只羊——方才能够实施向人民大会的求助。而那些不那么严厉的强制手段则并非申诉的对象，比如，少于最大限额的罚款、入狱监禁（*in vincula ductio*）、罚没财产（*pignoris capio*）以及至少直至公元前2世纪上半叶的多部《波尔其法》（*Leges Porciae*）颁行之前的鞭笞刑（*verberatio*），它被认为是相对于执行死刑而言的一种自成一体的刑

① 公元前502年、前493年、前486年任执政官，古代文献称其被百人团大会以谋求王权为名指控并判罚。

② 平民保民官，古代文献称其主持了对执政官切索尔·库伊齐奥（Cesore Quinzio）的审判。

③ 公元前3世纪的古罗马剧作家。

罚（通常而言，这已经接近死刑了：也见第 57 节）。

在其他一些方面，向人民申诉制度的权利也受到限制。申诉制度只能在城界之内实施，即在罗马城内和城市方圆一千步长以内（Liv. 3. 20. 7），在这一限度之外，则是军事治权（*imperium militiae*）的领地，执政官的强制性权力就能恢复其全部的威力。执法官有权处死或刑杖犯罪行为人而他们也不能向民众大会求助（申诉制度扩展到城市之外的领土似乎应该要归功于已经提到过的多部《波尔其法》中的一部）。此外，同样是在罗马城里，如果是外国人、奴隶或妇女实施犯罪，向人民申诉制也不能启动，因为这些主体缺乏参加民众大会的资格（只是随着时间的推移，仅限于在妇女实施的某些犯罪里，我们看到人民共同参与到刑罚的判罚中来：参见 Gell. 4. 14. 3; Liv. 10. 31. 1 及 25. 2. 9）。至少直到公元前 300 年的《瓦勒里法》之前，独裁官的判罚都可以不受人民审查。而且那些非常设的执法们所宣布的判罚也明确地不受其约束（如十人立法委员会）。最后，申诉制度还被排除在某些有特殊性质的罪行之外，它们属于宗教领域而非法律领域。通过“有节制的强制权”（*modica coercitio*）来加以惩处，这是最高大祭司享有的对其下属神职人员的权力（不过，在这一领域里，在更晚些时候也同意可以向人民审诉：见第 57 节）。

111

只有针对现行的敌对行为犯罪，镇压才可以在没有任何人民大会干预的情况下进行。执政官（当时相当于王）授权给两位随机选出的特别委员：敌对行为二人审判委员会（*duumviri perdue uionis*）。据我们推论，他们拥有一项使命，宣布罪犯的责任并不经审判直接处以死刑（宣告犯因 [*indicta causa*]）。与作为执政官的助手而拥有有限职权来引领程序并提出审判的杀人罪审判官不同的是，二人审判委员会是由执政官逐案任命的，并以直接的且不加变通的方式针对有罪之人启动程序，他们并不是法官而是纯粹的行刑官。由于其公然性和现行性，就省去了任何犯罪证明的必要，也省去了审判程序的必要，而且罪犯没有任何自我辩护的可能性或者至少是使得减轻其罪过的理由成立。他会被绑住双手并蒙上面罩而绞死在一棵不结果实的树上或者被杖毙。

学者们的通说与这里所支持的观点是对立的，他们认为，二人审委会的决定是受制于向人民申诉制度的。然而，他们所根据的论据，尤其是前面提到过的 Liv. 1. 26. 6 中的证据完全不具有决定性。在这一点上，只要诉诸第 10 节的那些考虑就足够了。

可能让人感到意外的是，像这种二人委员会（*apud duumviros*）所进行的专断而即时的没有人民干预的程序能够在罗马得以实践，不仅仅是在王政时期，而且甚至还到了共和国早期，至少直至保民官程序开始站稳脚跟时为止（见第 57 节）。不过，就这一点而言，不能忘记的是，该保民官程序并不构成一种规则，而只是一种例外。如果罪行并非现行的，那么罪犯就由一般的保民官审理，而不交由二人审判委员会。具有重要意义的在于，在公元前 485 年进行的针对斯普里奥·卡西欧的审判程序，尚早于保民官程序的兴起，根据李维所认定的最可靠的观点，这场审判表现为是由基层审判官（*quaestores*）在人民大会上主导的，而不是这里我们所关注的那些特定的保民官所主导的（Liv. 2. 41. 11）。

除了这里提到的内容以外，有关二人审判委员会的信息我们知之甚少。文献中仅保留了由此类官员主导的三起审判程序的记录：对奥拉兹的审判，在其他地方我们对此已经广泛地关注过（见第 10 节）；公元前 384 年对曼利·卡皮托利诺（M. Manlio Capitolino）的审判，根据李维记录的版本（6. 20. 12），他是被二人审委会而非人民大会赦免的；最后是公元前 163 年对拉比利（C. Rabirio）的审判，这涉及西塞罗那篇著名的辩护词。不过，在最后这起案件中，所涉及的是对保民官拉比恩（Labieno）所看重的那种古代审判程序进行的矫揉造作、绞尽脑汁的挖掘。而在他那个年代，二人审判委员会的司法管辖权早已随时光流逝而湮灭多时了。

如果我们把关注点就停留在十人委员会立法的实质内容上的话，那就会很容易揭示出，二人审判委员会的这套程序为什么一方面表现出公共惩罚手段不断扩张的特点，大量的对普通人利益有害的行为在以前不被认为应该受到制裁，如今却都被它们所囊括；另一方面，则有一种典型的倾向要把古代那种复仇的私力救济体制纳入国家的控制之下。

112

自然，少不了有一些规定是用来重新确认某些根据此前的规范，包括王政时期的，或者根据习惯就已经要受到刑事惩治的一些犯罪事实，比如，对于非故意杀人罪，向被害人亲属献上一只公绵羊这种原始的制裁方式被更新了（正如已经说过的，现今必须是来自于人民的判罚），我们并不认为这些规定是对与古老的报复刑（*paricidas esto*）相类似的法规的补充。对于庇主对门客的诈骗罪，则存在使其处于阴间神灵之下的献祭刑（*consecratio*）（对此，费斯托能够证明，这也是根据人民审判做出的）；对于叛逆罪，其两种最为严重的形式：挑动敌人对付祖国（煽敌罪 [*hostem concitare*]）及向敌人献出市民（出卖市民交予敌人罪 [*civem hosti tradere*]）则保留了死刑，这是在执法官强制权行使的实践中兴起的。

与这些在十人立法委员之前时代就被判犯罪的行为相伴，《十二表法》还规定了一系列可观的新犯罪类型，因为它们可以对城市共同体的利益造成损害或者对共同体成员的伦理—政治意识造成伤害，所以也会招致公共惩罚。在这一方面，尤其重要的是，那些对市民们的司法公正这一不容侵犯的最高利益造成损害的罪行，比如，审判员或者仲裁员与诉讼一方当事人通谋，将被处以死刑（对我们而言，其执行方式尚不得而知）；蓄意地将争议物献祭给神，为的是给诉讼对方当事人造成偏见，对其处以两倍于献祭之物价值的罚金（但即便古人自己也对这究竟是为了国家的还是为了损害一方当事人的利益有所质疑）；作假证，则以把有罪之人从塔尔贝岩壁（Tarpea）上扔下去作为镇压手段（不过，这或许是根据《十二表法》之前的习惯做出的惩罚，该法至少规定了要造成他所针对之人被误判有罪才会适用此刑）；最后是拒绝作证罪——如果是通过一种久远的具有特色的仪式（登门唤证 [*obvagulatio*]）而公开地予以确认——其制裁是从今往后丧失作证能力以及相应地不再具有要求他人为自己作证的资格。

对容易破坏农业活动顺利进行的某些行为的镇压也是很强有力的。正如刚刚揭示出的事实一样，这些农业活动构成了本质上属于农业经济的那种社会生活的最基本的成分，而那个时代的罗马社会就是如此。如果谁蓄意对他人住处或者位于该住处周围的谷物堆纵火的话，则必须承受火刑；谁于夜间在他人土地上放牧牲畜或者盗取庄稼，如果他是适婚人，会被献祭给谷神，否则就要遭受杖刑并被处以两倍于所造成损失的罚金；谁在自己的土地上诅咒邻居的收 113

成或者企图对其庄稼施以巫术，则（可能）会被处死。最后这道规范所反映的是尚且十分原始的巫蛊和迷信观念，关于这种观念，还可以在十人立法委员会法典的其他规定当中找到大量的印迹，而首要的相关成文规定就是对巫蛊之术和诅咒行为的制裁，即“催眠术”（*occentare*）和“唱念污祸他人之歌谣”（*malum carmen incantare*）（这种表述是由西塞罗和奥拉兹，另外还有一些当代学者无端地想象出来的，意指“创作或散布玷污名誉的诗歌”，而它们最初指涉的是念诵一种巫术程式口诀而直接导致某人死亡）。

某些严重性较小的罪行可能并不成为公共审判的对象，而只是由执法官在其行使警察权的过程中予以惩治，具体而言，尤其是指违反公共卫生（比如禁止在城墙界限内埋葬骑兵）和城市安全等方面（如禁止在夜间进行集会）的禁令。

现在所提到的那些行为，被设想为是对整个共同体的利益有害并因此成为公共惩治手段和城邦机构工作的对象。与之相伴，《十二表法》还规定了其他一些犯罪行为，它们被认定为是有害于个人权利而非社会之整体，对其的镇压同样还是留给受害一方的个人意愿。在这方面，十人委员会的立法标志着变迁的时刻。古代那种私力复仇的体制在很大程度上已经被自愿调解制所超越，即留给加害方和受害方之间的自由协议。同时与此相伴的是，一种新的法定调解的制度也被勾画出来，由国家为每一种罪行规定一个特定的金额。从此，显现出重要意义的就是，对某些人身物理性伤害行为规定了制裁方式，后来这些伤害行为都被吸收到了“不法行为”（*iniuria*）这个一般化概念当中。如果当事人不能达成自愿和解，那么对身体某个部分的伤害行为（*membrum ruptum*）采取同态复仇的做法仍然也是被接受的（无协议，即复仇 [*ni cum eo pacit, talio esto*]）。而在其他的一些情形里，和解金直接由法律来规定：折断一骨（*os fractum*）为三百或一百五阿斯，这要取决于受害人是自由人还是奴隶，更为轻微的身体伤害行为则是二十五阿斯（这是十人立法委员会法典编纂当中提到的仅有的不法行为 [*iniuria*]）。

114

关于盗窃罪方面，也可以观察到类似的规定。在现行盗窃（*furtum manifestum*）的情况下，如果基于盗贼夜间行窃（夜盗 [*fur nocturnus*]）或者白天带武器行窃（白天行窃以武器自卫 [*fur diunus qui teo se defendit*]）的事实，被盗人可以将抓获的盗贼杀死，而在后一种情形下，还有一个前提是被盗人须发出求助，召集邻里证明其遭受侵害（求助诸邻 [*endoploratio*]）。而在另一些现行犯情形中，则不允许随心所欲地实施报复，而且如果盗窃系自由人所为，则应仅受鞭笞并被交给被盗人成为债奴（*addictus*）（对此，就算古人们自己也在争论这是一种奴隶身份还是只处在待处分状态 [*adiudi catus*]）。如果系奴隶所为，则要被鞭笞并从塔尔贝岩壁上丢下去。不过一旦如此行事，就排除了达成友好调解协议的任何可能（即所谓的“与盗贼立约”[*defurto pacisci*]）。

十人委员会将另一种类型视为等同于具有现行犯罪的前提，即物品由被盗人正式搜查盗贼住处起获。这种搜查的执行要符合一种极为古老的带有魔法性质的仪式（所谓的秤盘与丝线式审查 [*quaestio lance et licio*]），关于它的准确含义，存在不少争议和疑问。

对于现行盗窃而言，和解尚且只是自愿的，而对非现行盗窃来说（*furtum nec manifestum*）就是法定的了。对此，盗贼应当以罚金的名义向被盗人支付相当于被盗物品两倍价值的金额（加倍赔偿损失 [*duplione damnum decidito*]），对于查获盗窃和转移盗窃（*furtum conceptum e oblatum*）（它们各自发生在这样的情形中：被盗物品在证人在场的情况下被发现于嫌疑人住处，但并不是通过郑重的秤盘与丝线式搜查仪式；以及被盗物在善意第三方处被发现，第三方也可以合理地起诉向其转移放置赃物之人），两种情况下都处以三倍罚金。

不诚实的保管人和因蓄意窃取而使被监护人遭受损失并因此应当负责的监护人，也会招致与非现行盗窃犯相同的罚金。而对高利贷者则处以四倍罚金，如果他们借出钱款的利息高于法定最高限额，该限额似乎定为百分之百的年利率（十二分之一月利率 [*fenus unciarium*]：这一规范被认为可能是平民施加压力的结果，他们承受着来自贵族有产者强加的毫无节制的过分的利息重压）。最后，还有一些由物件引起的损害情形受到金钱制裁手段的打击，比如，毁坏他人物件，则每弄掉一棵林木就处以二十五阿斯罚金；在他人土地上随意放牧（我们已经见到过，如果是在夜间悄悄实施的话，将被作为公罪受到惩治），以及并无人为过错而由家养的四足动物引起的损害：不过，关于后两种犯罪相应的罚金数额，我们一无所知。 115

什么样的违法行为被《十二表法》规定为是公共犯罪而受到人民审判和制裁，什么样的违法行为危害个人利益，受害人可以因此合法地私力惩治加害人，这总是不太容易被明确（此外，正如所见到的，在一些情况下，连古典时期的法学家自己也质疑金钱性制裁究竟是为了国家利益还是受害人利益而做出的：参见 Gaio in D. 44. 6. 3）。不过，根据昆克尔的轨迹而形成的一些作者的观点显得过分激进了，他们认为在这一时代，只有敌对行为（*perduellio*）以及最严重的宗教犯罪才被提到了公犯的高度。实际上（正如一些文献所倾向于承认的一点），据认为，借助有关市民性命的规范，十人委员会并未试图废除具有革命意义的平民保民官，而只是想把决定市民生死的大权交还给百人团大会。制裁手段这种攸关生死的特点构成了罪行明显的公共特质，这一点似乎无可置疑。

这样，在《十二表法》的体系内就描绘出了公共罪行（专业上称之为“公犯”[*crimina*]）和私人罪行（认定为“私犯”[*delicta*] 或“侵权行为”[*maleficia*]，但也存在一些外延上的起伏不定）。前者由国家通过被授予司法管辖权的机构加以镇压，并以肉体或金钱上的公共刑罚加以制裁，而后者则是以私人诉讼程序的形式加以惩处并以私人刑罚加以制裁，通常是金钱性的并且专属于被侵害一方。这种区分在古典时期的罗马刑罚上也留下了印记。

从此以后，只有前者才是我们研究的对象，而后者在法学上表现为债的渊源，则属于私法领域，因此与现在这里所做的讨论范围就无关了。

23.《卡努勒亚法》和军团长官

根据一种如今传播极广的观点，平民最初并不是军队的组成部分（“人民”这一术语就是军队的同义词，而它与平民相对立）。不过，到了王政晚期，情况肯定已经改变了。事实上，无法否认传统文献上传播广泛的观点，即平民们采用了拒绝响应征调命令作为其斗争的工具，而当时人们正在担心邻近民族的入侵。这也就是公元前 445 年时平民的态度，而这种态度必须依赖于保民官盖尤 · 卡努勒亚（Gaio Canuleio）的提议，其提议旨在废除贵族和平民之间的通婚禁令（见第 18、20 节）；贵族被迫让步，虽然他们又一次成功地拒绝了平民们另一项与此相联系的要求，即平民可取得城市最高官职（Liv. 4. 6. 3, 4）。

《卡努勒亚平民会决议》的历史真实性及其被贵族们批准通过是不存在疑问的，传统文献上的日期似乎也是可信的。对于平民来说，接受其与贵族的通婚代表着他们长达百年的斗争中另一个具有特别重大意义的阶段，这种斗争是为了，在共同体范围内，他们在法律上、因此也是政治上的平等。在分属于贵族氏族和平民家庭的成员之间的婚姻被承认为 *iustae*，即“合法的”之后，对后者（及其子女）参与氏族祭圣活动以及获得公共鸟卜官职的那些排斥必然也就寿终正寝了。因此，从原则上讲，这就潜在地减少了对平民行使治权所施加的法律—宗教方面的所有障碍。 116

尽管在公元前 445 年平民们直接进入城市官职的渴求又一次被击退，但无论如何，《卡努勒亚平民会决议》被贵族所接受，这就为平民们的百年目标的实现克服了最后一种带有法律—宗教特点的偏见：这样，为了法律的公正（*aequatio iuris*）所做的这些斗争就清洗掉了与此无干的、被当作幌子的所有因素，而且平民参与共和国统治的问题正式具有了政治斗争的内涵：在一定限度内，这是一种真正的阶级斗争，为的是让所有罗马人参与并完全地享有市民权利。

在这一关口，或许要强调一下文献上告诉我们的具有决定意义的重要之处，这部批准了平民们根本性胜利的公共法律（*lex publica*）的形式在那个年代是不同寻常的，它的名称是被冠以作为平民会决议提议人的那位保民官的名字，而不是像通常那样用法律提案的（贵族）执法官的名字：《关于贵族和平民通婚的卡努勒亚法》（*Lex Canuleia de conubio patrum et plebis*）。

当然，并非偶然的是，在同一时期，罗马国家结构经历着某种变化。这一点从《执政官年鉴》上也有证明，从共和制开始到公元前 445 年（除了十人委员会时期以外），两位最高执政官的姓名每年都会被不间断地保留传承下来，但是在公元前 444 年却似乎有了一个三名成员的集体，而且接下来每年都有数量变化：起初是从两名到三名，晚些时候从两名到四名，最后从两名到六名。最后一个六名成员的集体被记载于公元前 367 年，我们会看到，在这一年，这一阶段的罗马政制史画上了句号。

这一时期，在仅有两名执政官的那些年份里，那些最高官员被我们的文献称为“执政官”，而在其他年份里，那些官员则被称为“具有执政官权力的军团长官”（*tribuni militum consulari potestate*）（或者也简称为“军团长官”[*tribuni militum*]）。不过，当代撰写的编年史表明，即使在集体成员达到三名、四名或者六名的时候，他们中的两位仍然拥有更大的权威，并且常常被这类文献称之为“执政官”。换言之，就是通常选出两名“执政官”，如有必要，则并置其他官员，它们亦拥有“执政官权力”。

117

此外，从常识里也可以得出这样的结论来：如果说在很长一段时间里都潜在地（也是抽象地）有效存在着两套宪政机制，而且还要逐次选定应该实行这两套中的哪一套的话，那就太奇怪了。另外，正如人们所熟知的（见第 17 节），古人习惯于通过每年在职的执法官的姓名来指示日期，那么某些年份要用四到五个甚至六个名字来定名，这就显得不大可能了。因此，在每一个集体当中，必然最多有两位“名年”官员。而且，不可避免的是，这样两位官员即使不是以更大的权力被认可，也是以更大的威望被认可。还要补充的是，军团长官们并不能进行鸟卜仪式（*auspicia*）（从他们不能进行凯旋庆祝仪式这一事实就尤其显现出了这一点：Zon. 7. 19. 5，以及参见 Livio 4. 6. 2; 6. 41. 5 中的一些隐含的指示）。不过，也很明确的一点是，共和国不可能在一整年里都不存在拥有鸟卜权的官员（甚至仅仅一天都不行）。所以，每一个集体都不能或缺的是两位拥有鸟卜官资格的成员。因此，这里记录的信息所涉及的都是那些“增补的”军团长官。

根据也被很多当代学者接受的古代传统文献的那些观点，军团长官体制应该是平民们所希望的，而且有些文献说到（比如，Liv. 4. 6. 5），是公元前 445 年盖尤・卡努勒亚的另一些保民官同僚们想要的，他们当中有一些对此还持有异议，而另一些则更为中立。他们曾认为，一个人数更多的集体会使得平民进入最高官职变得更加容易。但是，在很多年里（直到公元前 400 年）也没有任何平民被选为军团长官。一项改革要经过近半个世纪的推延之后才能产生其最初的效果，这是不可思议的。另外，可以很确定地认为，就算从公元前

400年起往后，在这个混合集体里，最重要的两名成员（名年官员）也仍然是贵族。所以，应该更倾向于另一种解读，古人们将其提出来，并与已经提到过的那种解读相提并论：这一改革是由军事及政治负担的扩大所引起的，而这又是由罗马社会和领土开拓上的发展所造成的。为了面对这些新问题（这如何不成为新的问题？军事秩序中来自平民们的压力比来自外邦的难题更加要害得多，它导致平民步兵们的合作是不可或缺少的），罗马人首先是限制执法官数量的增加，在进入这个集体履职后，被选出来的人则共同分担各项任务，这种制度明显是不完善的（另外一方面，也可以想见，在有关人员之间总是不太容易达成协议）；在外部事件和与此相伴的内部斗争的刺激下，到了更晚些时候，罗马人倾向于通过一项新的改革（前367年采用）确立出一种在职能、权力和名分上有着明显划分的官职等级制度。

118

在军团长官之间进行任务分配的倾向也留下了某种痕迹，比如说，他们中的一位总是留守在罗马来料理日常行政事务，而其他人则参加军事战斗：文献中称前者为城市行政长官（*praefectus urbi*）。根据某些人的观点，监察官也属于这个范围。据传统文献记载，对罗马市民及其财产的调查工作被托付给裁判官—执政官；不过，在十人委员会之后，很明显的是，他们在有其他职权的同时不能身兼如此重大的责任。因此，创设了新的"监察官"这一官职（从原则上，每五年选举一次；但实际上间隔期总是在变化）。不过，出现了一种情况：同一个任务角色，有时候被文献认定为是监察官，有时又是军团长官。由此，一些人认为，他们也是被当作为军团长官一样选举出来的，只是后来才承担起了特殊使命，即监察官的权力（现代人因此称之为具有监察官权力的军团长官[*tribuni militum censorial potestae*]，也见第34节）。

就平民进入这一同僚集体（前400年）而言，具有重大意义的是，与此同时发生了针对维伊城（Veio）的长期战争。因此，应当明确归结于这样一个事实：贵族领导阶级对于单独承担统治职能的重担已经力不从心了，特别是军事上的负担往往更为严峻而沉重，首先是保卫共和国免受外敌的不断入侵，然后是有效地执行常常带有扩张主义色彩的政治策略（见第 24 节）。在这种条件下，权力集团必然会感受到更多的需要，在可能的限度内调和社会冲突和其他的内部对立，因为它会阻碍在共同体内对可支配的全部力量的有效使用。

因此，似乎接近于事实的一点在于：引入军团长官并非是遵循平民们的要求，其本身并不代表着平民和贵族斗争的某个片断。在本质上，这种行政管理性质的改革，是由必不可少的军事需要和政治实用性所驱使的。当时，在各种社会与政治势力之间的旧有权力关系上积累了一些危机。而在很长一段时间里，它们无法找到一种新的平衡。正是由于这些原因，这种军团长官的集体体制既没有被明确地法定化，也没有按固定的方式来调整其组成及其职能。这样使得其成员数量本身并不固定，而是根据需要浮动，故显得无序可循。当然，导致这一状况出现的上述背景情况促使那些对共和国最高层的安排所做的临时“改革”有助于平民政治地位的提升。

119

那些看到了平民在军团长官制上取得了胜利的古代历史学家们也在相当程度上注意到了这样一种固有的难题：在大约半个世纪里，没有一个平民进入到该集体。他们试图用一种孤立的论证方式来解决这个矛盾：原则上，平民们满足于业已获得的最高官职的当选资格，他们想表达一下感激之情而放弃了实现自身权利并投票给贵族候选人（比如 Liv. 4. 6.11）。就算从别的方面来看，编年史上的这种叙述也是不可接受的，比如说，他们忽略了由贵族担任的执政官长官与该集体的其他成员——从公元前 400 年起以后在他们当中才出现了某些平民——之间存在的差别。从那种判断中会得出荒谬的结论：只要改变一下名字，叫某军团长官而不叫执政官，贵族们就会向平民们开放最高职位。而他们曾经是那样顽固地维护自己对执政官职位的垄断。此外，那种理论使得公元前 376 年和前 367 年进行的斗争显得毫无意义，而这些斗争恰恰就是为了接纳平民进入更高的官职（见第 25 节）。

24. 从卡西安条约到高卢人纵火期间的政治军事事件

在塔克文王垮台以后，一些拉丁人城市（它们中有 Tuscolo，Larino，Ardea）联合成一个联盟以对抗罗马在拉齐奥地区称霸的野心。就这个联盟，我们所知的只是它由一位拉丁人独裁官（*dictator Latinus*）所统治（Catone, frg. 58 [PETER]）。

在好几年里，罗马人都处于战争状态以对抗其他拉丁人：根据传统文献，这种敌对状态随着罗马在雷吉洛湖（Regillo）的一次大捷而告终，但日期不详（前 499 年或者前 496 年）。不过，恰好也是在同一时期，两个具有古意大利人血统的民族，埃奎人（Equi）和沃西人（Volsci）也从他们在亚平宁山脉的驻地推进到了拉齐奥平原一带：沃西人还取得了更大的成功，他们抵达第勒尼安海沿岸，占据安齐奥（Anzio）和德拉齐纳（Terracina）。同样在扩张的还有埃托鲁斯人，他们仍然牢牢地盘踞在几乎整个台伯河右岸一带，而在右岸他们还有费德尼人（Fidene）的支持。

面对共同的威胁，拉丁人内部的竞争在一段时间内被搁置起来。公元前 493 年，罗马也参加了拉丁同盟（《卡西安条约》[*foedus Cassianum*]），这个称呼是源自当时代表罗马共和国缔结该条约的裁判官斯普里奥·卡西安（Spurio Cassio）。根据编年史学家们的观点，罗马承担起了联盟的军事和政治领导之责，但是公元前 1 世纪的大学问家卢齐奥·琴其（Lucio Cincio）（在费斯托看来，P. 276[Lindsay]）明确地说到，联盟成员常常在阿尔巴山脚下的弗伦蒂纳泉（Ferentina）聚会，并且每年指定应该指挥联合部队的城市。所以，这涉及的是一个平等的联盟。

拉丁人逐渐收复了一部分被沃西人占领的阿尔巴山南麓的领土：为了巩固其占领，他们建立了殖民区：它们中最古老的要早于公元前 450 年，据记载是塞尼（Segni）、诺尔巴（Norba）和维勒特里（Velletri）（后者随后曾落入沃西人之手，但仅在很短时间内就被收复了）。

120

对“殖民区”这一术语的字面理解，应该是“殖民人口的分布区”，而并不意味着对参与其建立的城市的附庸关系。拉丁殖民区是作为主权国家出现的，并且直接加入该联盟，（在与盟友之间关系上）拥有与其他成员同样的权利（关于联盟成员之间的关系，见第 46 节）。

在大约七十年时间里，与埃奎人和沃西人的战争几乎从未中断。最后在公元前 431 年，联盟的军队于阿尔基多山（Algido）打败了这两大民族。这次胜利的决定性意义得到了一系列相互一致的编年史信息的确认。据记载，此后十年里，战争舞台就不再属于阿尔巴山一带地区了，而是逐渐转移到了南方（直至奇尔彻 [Circei]，在那里于公元前 393 年建立起了一个拉丁人殖民区）。

一旦远离沃西人和埃奎人的威胁，罗马就感到强大到能够与菲德尼人战斗。更晚些时候，它更是参与到征服战争中来，除了以台伯河一带为目标，还针对富裕的埃托鲁斯城市维伊（Veio）。

这场战争持久而艰难（据文献记载，持续长达十一年，从前 406—前 396 年）并在各个领域都产生了深刻的影响，既由于它最终取胜的结果，也是因为它所要求付出的艰苦的努力。在各种后果中，最重大的一个在于平民的政治和经济地位的加强（实际上，对被征服土地所有权的分配使得有产居民 [*adsidui*] 的数量大大增长）以及已经提到的接受由平民担任军团长官（第 23 节）。

为了对联结罗马与位于维伊城的驻扎地的道路加以控制，以及保护围城部队免受其他埃托鲁斯城市的攻击，罗马人急于加强骑兵部队，在已有公家配备马匹的骑兵（*equites equo publico*）（见第 15 节及第 44 节）以外，还征募了其他骑兵。与前者不同，他们自费购买并喂养战马，这种新的骑兵从最为富有的市民中征召。为了财产调查并在百人团大会中投票的目的，他们被编入第一等级步兵行列（公养骑兵归属于十八个百人团，这是一种令人尊敬的身份，只保留给那些有古老门第的家族，首先主要是元老贵族及其子嗣）。不论如何，这都在事实上构成了一种新的贵族阶层的胚胎，所根据的是财富并且有别于传统贵族（关于其进一步发展，见第 39 节）。

作为新式骑兵，这些罗马军团使用自费武装（见第 41 节）。不过，从针对维伊城的战争那时候起，他们中的一些人和另一些人就开始领取军饷（*stipendium*）了，或许以实物形式，周期也是并不固定。在罗马历史上，第一次必须要在围攻的城市墙界周边长期地留守一部分军队，这一事实导致改革不可避免。在此之前，军事战斗都还总是季节性的。为了应付公共开支的增长，一种针对财产征缴的税种——地税（*tributum*）——被引入，这也是实物形式的，而且这自然会导致国家的组织机构更为复杂化。这次胜利的获得对盟友

121

之间的关系而言却有着一种消极的效果。罗马的领土表现为翻了不止一倍（从大约一千平方千米到约两千二百平方千米），因此仅就它而言，就显得已经等量于其他拉丁城市的加总了（根据所参照的现代的计算方法，在稍微晚一些的年代里大约是两千四百平方千米，而在公元前 396 年，其面积必然还要小一些）。从此，猜忌和愤恨滋生出来，这在随后破坏了联盟的团结。不过，这场危机的最终爆发却因为高卢人的入侵而推迟了。

在公元前 4 世纪伊始，一些来自高卢地区的凯尔特人部落翻越了阿尔卑斯山并定居在波河河谷一带，征服了埃托鲁斯人在北方的城市，而那些最为好战的部落则沿着半岛继续其征程，他们不大追求新的领土，而是看上了简单易得的掠获物。这些部落中的一支瞄向了拉齐奥地区，在阿里亚河（台伯河左岸的支流）战胜了拉丁联盟的军队后，他们占领了罗马。这座城市被洗劫一空并遭到焚毁，卡皮托利奥山丘也被围困，而他们直到收到金币贡奉之后才离开。阿里亚大战（*pugna Alliensis*）的一天留在了罗马人的记忆里（公元前 390 年 7 月 18 日），并在历法上被标记为宗教日（*dies religious*）。

编年史作者们在不得不提及令人蒙羞的这一幕时，都对此加以掩饰，坚持去表现那些具有个人价值的行为，比如马可·曼利·“卡皮托利诺”（Marco Manlio “Capitolino”）的行为（他恰恰就是保卫“卡皮托利山丘”的那个人）。此外，还记载了马可·弗利·卡米洛（Marco Furio Camillo），维伊城之战的胜利者，被推举为幸存者们的头领并多次向高卢人进攻而且还收回了金币（在李维看来，他甚至及时地赶到了罗马并避免了交出金币）。不过，在这里面，有些东西也可能是真的：罗马的疆域已经如此广阔，以至于当然不缺乏收纳新的势力的可能性，即便是在遭受一场重大失败之后亦是如此。

如同已提到的，那些拉丁人同盟者们也参与到阿里亚河大战中来，在高卢人入侵拉齐奥期间，一些城市像罗马一样在抵抗侵略者，而且很有可能也与罗马进行了协作。在后来几年里，埃奎人、沃西人和埃托鲁斯人都相信，一个报仇雪恨的天赐良机来了，也正是这一因素有助于维持联盟的团结。关于这一点的证据就是在公元前 383—前 382 年，有三个拉丁殖民区的建立：Setia，Sutrium 和 Nepet（现在的塞泽 [Sezze]、苏特里 [Sutri] 和内比 [Nepi]），尤其是后两个，就建立在已经归罗马所有的维伊城领土以北。所以，相对于其他拉丁人中心，它们是孤立的，如果罗马不是联盟成员的话，它们就不可能出现。

122 那一古老盟约（*foedus*）的瓦解过程后来持续经历了很长时间，或许是因为外来威胁似乎减轻了，因此拉丁人倾向于站到老对手那边去来对付这个业已十分强大的盟友。不过，罗马还是成功地渡过了这个困难时刻，并占领较大的拉丁城市中的一座——图斯科洛（Tuscolo），并因此将对手们的联合给打断了。大约在公元前 382 年，它向图斯科洛的居民授予完全的居民权（Liv. 6. 26. 8）。在拉齐奥地区，罗马的霸权已经十分稳固。

25.《李其尼和塞斯第法》

文献记载，在公元前 385—前 384 年期间，罗马曾经有一种建立专制体制的企图，而其中主角马可・曼利・卡皮托利诺是一位杰出的贵族（见第 24 节），他想要利用平民来实现自己的野心，但终被揭穿并被判处死刑。现代人承认，这一叙述的核心内容具有某种历史真实性：但是，在这种记叙里面，有意义的只可能是诸如贵族内部紧张关系的那些征兆迹象，而与平民政制这一主线毫不相干。罗马平民当时并不是在寻找一位领袖，因为在他们的队伍里已经出现了一个领导集体，由某些富裕且有威信的家族组成，其成员很久以来就作为平民保民官或市政官来代表平民，而且近来他们还被纳入共和国的某个高级官职。军团长官（见第 23 节）这个集体所追求的目标并不是颠覆共和国宪制，而是与贵族一道登上共和国的最高宝座。

为了实现这一目标，唯一缺少的就是获得“名年官”一职：执政官职位。而在具有执政官权力的军团长官这个关键职位上出现的这种具有决定性意义的状况，能够显示出他们已经接近这一目标。实际上，据记载，在这个集体范围内出现了两个成员（正如已经说过的，他们被称为执政官 [*consules*]），他们总是贵族，而其他成员（有执政官权力的军团长官）则是平民或者贵族，他们在地位和责任上没有差别。在要求获得执政官官职的同时，平民们基于其已经得到与贵族通婚的权力，宣布他们自己有能力为国家举行鸟卜仪式，而且，在更普遍意义上讲，是在与众神的关系中去代表罗马人民。

这种斗争活动是由两位平民保民官所领导的：盖尤·李其尼·斯托洛内（Gaio Licinio Stolone）和卢齐奥·塞斯蒂·拉特兰诺（Lucio Sestio Laterano），前者是贵族法比奥·安布斯托（M. Fabio Ambusto）的女婿，而编年史上恰恰把法比奥·安布斯托说成是《李其尼和塞斯蒂法》的提案人。尽管这一记述在很大程度上是一种传闻，但可以合理地设想：实际上，当时贵族中的一派已经提前理解同平民达成更加全面协议的必要性和优势。 123

根据传统文献，这场冲突持续了十一年，从公元前376—前367年。然而，这其中的编年史资料掺假的程度比罗马古代史中其他任何阶段都更甚：当然，这涉及的只是一段相当短暂的时期。李其尼和塞斯蒂在整个十一年中每年都被选为保民官，并在其中五年（前375—前371年）让各种官职选举活动陷于停滞。对这种信息的质疑声很大（此外，这也与某些文献相矛盾，尤其是Diod. Sic. 15.75.1）：共和国在相当长的一段时间里处在完全瘫痪的状态，却还能够保全下来，甚至没有周围的氏族抓住这一报仇雪恨的天赐良机，这是不可能的。

相反，某些尚可接受的信息所涉及的都是这场斗争的结局。贵族们两次求助于独裁体制，并将此职务委托给大名鼎鼎且受人尊敬的马可·弗利·卡米洛，第一次（前368年）卡米洛坚决地反对平民的要求，但他被迫退位；第二次（前367年），这位独裁官和元老院则做出让步。为了确认这一和平局面，大家投票决定兴建一座“和谐神庙”（Tempio alla Concordia），李其尼·拉特兰诺作为首位被选为执政官的平民于次年履职（前366年），其贵族同僚则是艾米利·马梅尔奇诺（L. Emilio Mamercino）（Liv. 6.42.9-11; Plut. Cam, 42）。

通常，传统的编年史文献都用一种公式化的方法来对人物形象加以描绘，赋予其一成不变的性格特点和态度立场。卡米洛被描绘为贵族的头领，既有描写他作最后抵抗之企图的时刻，也有双方达成协议的时刻。这一状况倒显得是个例外，而这一信息因此就值得相信：贵族们已尽一切可能来捍卫其自身地位，但是在意识到他们的努力无效之后，则“不得不相信”（正如李维写的）应该订立一个现实的和解协议了。

关于这项改革得以通过的形式的那些记载是很令人困惑的，有时候甚至让人无法理解：就连那些编年史作者自己对这个问题似乎也都搞不清楚。人们一般说有一部《李其尼和塞斯蒂法》（即所谓的“关于平民执政官的”[*de consule plebeio*]），不过也说成是《李其尼法》：因此，甚至在其是某一位提议者还是某几位提议者的名称上面也并没有一个明确的传统文献材料：“法律”这一术语通常暗指由人民大会做出的批准和同意，却从未记载人民大会对此进行表决；此外，也从来没有提到过有某项平民会决议，而文献仅仅是在（民众大会）不愿意或者不能够对保民官的提案加以表决的情况下，才提到平民会议（*concilium plebis*）。

唯一不存在模棱两可的资料就是元老院的同意，以至于不得不设想：并不存在什么法律，而仅仅是贵族们的某种政治性义务，接受执政官一职的平民候选人被允许参加选举。此外，正如已经看到的，在《卡努勒亚法》原则上已经清除了这类选举的所有宗教和政治上的阻碍之后，也并不需要严格的正式律法层面上——这并不当然等同于这段历史上的各种力量在现实的行为层面——的一部“法律”了。

124

最初，在执政官集体中出现一位平民似乎被认为是合理的，但并非是必需的。事实上，在从公元前366—前343年里，我们发现出现了五次两位贵族担任执政官，但随后，可能是由于惯例而不是什么新的改革，执政官通常都分配给两个阶级（从公元前172年之后，还多次发生选出两位平民执政官的情况）。

就像我们看到的，执政官职位并非平民们征服的最后成果，但毫无疑问，这却是最具有决定意义的一次征服：可以说，在公元前367年，被定义为“平民革命”的这一漫长的历史进程达到了顶峰。最初相对于罗马原始社会，平民们是外来人或者边缘人，被迫仅能召集属于自己的、有别于人民（*populus*）大会的那种大会，选举自己的代表来对抗共和国的执法官；晚些时候，他们随着塞尔维·图里乌王的改革而成为军队的一分子，而到公元前 5 世纪时则已经成为军队的基本组成部分（见第 15 节）。十人委员会的立法限制了官员们的专断，之后不久，平民保民官也被贵族们承认为是神圣不可侵犯的（*sacro sancti*）（第 20 节）；在婚姻关系上的《卡努勒亚平民会决议》则确定了两大阶级在民事和宗教层面上的平等，并接纳平民担任军团长官，它最终开启了平民走向执政官职位和政治平等权利的大道。

因此，公元前 367 年达成的和解——目前我们已经考察了其最重要的方面（但尚未穷尽）——从总体上看来是某种政治、经济和社会现实的产物。这种现实在公元前 4 世纪上半叶基于各种缘由发生了深刻变化。就其本身而言，它为阶层之间关系的某种新的安排奠定了基础，也通过保民官们所希望并被元老院所接受的其他一些方式（比如，所谓的关于债务和土地的各项法律 [*leges de aere alieno e de modo agrorum*]：见第 47 节），影响了平民物质生活条件的重要方面（而且还不止这些方面）：由于这些方式，因此，至少从长远来看，彻底改变了罗马的阶层斗争的形式，尤其是通过对执政官和拥有司法审判职能的裁判官的官职安排明确地加以规则化——另一些人倾向于将其“简单地”说成是一种“创建”——这就决定了在共和政治和制度结构的进化过程中出现了一个具有关键意义的转折点。就像所看到的那样，通过激烈的争夺和持续的冲突（对此，也有理由说，阶级斗争的这种性质得以突显出来），共和制结构得以巩固。多数时候，是用惯例的方式，即无需明确的成文法规定：通过对由多数人（*maiores*）建立起来的传统规则加以象征性的尊重和实质性的改变，而且一些约定俗成的技巧也在根本上改变了那些古老的惯例、风俗和规范。

在公元前 367 年的改革之后（很显然，在这里，如同通常对那些缓慢而渐进的历史进化过程所做的概括一样，精确的年代顺序参照系仅仅是或者说变成了一种纯粹的约定俗成的惯例而已），业已巩固的国家体制拥有了一种更为明确的特征，这是由于明确了更多的（我们将会多次提到）“宪政”上的清晰原则，并且确定了对公共事务加以领导的那些机构之间被重新划定的平衡关系。在它们之间（民选执法官、元老院、人民大会，在某些方面还有神职人员，但这要少得多）确定了序列等级、派生关系和限制条件（也是相互制约），

125

这给那种典型的政府模式带来了生命。在某些人看来，它是明确无疑的“民主式”的，但从根本上讲，它当然是“精英式”的，并以“元老贵族式政府”而闻名，这注定会在本质上长期延续，一直维持到共和制危机的出现。

新的贵族—平民领导团体坚持一种实用主义的政治路线——对此已经谈起过，并且其效果曾多次得到试验——并因此最大可能地避免了理论上的空谈或原则上的认定，同时，他们逐渐实现了政治领导权力中心明显更强烈地向元老院转移。就这一点而言，实际上会发现，民选执法官们的权力是附属性的。在理论上，作为除了权力（*potestas*）以外治权（*imperium*）（即军事、民事、行政和司法上的最高指挥权）的拥有者，他们从总体上而言是最高主权者，但事实上却受到了限制，除了在同僚集体范围内或者不同执法官之间的紧张关系时常导致其瘫痪以外，还尤其受到该职务身份有效期（通常是一年任期）以及与此相联系的连任禁令的限制。所以，未经元老院寡头政治的许可，是无法提出并推进一种能够持久并充分休整的政治路线的。这种寡头政治在其内部虽然也分划为不同集团和派别，但在整体上仍然成功地扮演了一种角色：对公共事务进行本质上“保守的”领导，并且控制住了“民主化”倾向。出于各种原因（从“古代”的生产方式过渡到一种新的制度，即所谓的奴隶制生产方式，其中奴隶劳动具有一种全新的经济生产性职能和角色，与之相伴的是这种职能角色在政治上显著的反映：对土地加以占有和利用的体制；附庸阶层本身内在的弱势地位；缺乏有组织的群众；以及因此我们还会说到的，传统上给民众大会的职能施加的那些调控手段），这种民主化倾向都无法在人民大会上得以完全地实践。至少在理论上，主要执法官及其最高权力已经是这种大会的直接表现形式。而且，归根结底，那些元老本身就是根据明确的亲缘关系从这种大会上被选举出来的。据此，兴起了关于所有常设的民选执法官职务的选任资格的规则以及某些实践，根据这种实践，主要的民选执法官（并且也只有他们）在离任的时候就进入元老院，成为其中一分子。

126

就理解这种权力平衡关系的复杂性而言——这种权力是在政治事件发展进程当中，而不是在一套抽象的和形式化的政制建构的理论表现形式当中，被具体地加以利用——这已足以反映出各种关系之间的纠结以及相应的彼此之间的张力。然而，就此而言，在公元前 367 年的和解之后，重建那些重要的原则路线并非是不可能的，但要强调的是，这种修复是渐进的——尽管短暂但并不鲜见的是，内部的特别是暴力性的纷争（很少外部的）对此带来了干扰——但也是很明显的。虽然并不总会被人明显感知到，但通过采用一些新的实践或者因政治和社会状况的发展演进而带来的一些明确的规范性干预手段，多年以后又陆续实现了这种修复重建。

26. 成熟的共和国“政制”安排

于是，所谓的《李其尼和塞斯蒂法》在其所在的体制现实之内确立起了对共和制国家结构的一种重新安排，此外，还确立了民选执法官职上的一种相当明确的（也很经验主义的）等级制度。处于最顶点的除了监察官以外，还有执政官、裁判官和独裁官（伴随与之相联系的骑兵长官 [*magister equitum*]）：这些是拥有治权的高级官员（前两者是日常性和常设性的，而第三者则是非常设性的）。在某种意义上（如果说我们对从军团长官过渡到执政官所做的重构是准确的话，那么应该是在直接意义上），与他们相联系的是古代对百人团军队指挥权的行使权。因此，这种头衔资格一般包括了有着广泛的强制性权力的军事指挥权及主持征兵活动的权能。此外，还赋予其召集和主持市民大会和元老院的权力（代表人民、元老院行事权 [*ius agenda cum populo, cum patribus*]）；直接（但也是以附带的形式）行使某些强制行动的权力，以便获取市民及下级执法官的服从（强制权 [*coercitio*]），即使这是通过附带的方式，但一般说来那些会牵连出向人民申诉制度的行为是被排除在外的；在市政广场上（位于广场岩壁上 [*apud forum palam*]）颁行并公布自己的告示（*edicta*），即有关其自身职责的特殊规定或治理计划（告示权 [*ius edicendi*]）；从事重大鸟卜仪式的资格，即凯旋仪式的资格（所获得的军事胜利只有在经他自己举行了鸟卜仪式的情况下才能庆祝）。相应地，除了独裁官以外，这些执法官（每年）都由百人团大会进行选举，由一位官阶高于或者等于候选人的官员召集并主持。监察官即拥有大鸟卜官（*auspicia maiore*）的名号，他们是唯一没有治权的“高级”官员，每五年选举一次，任期十八个月（见第 34 节）。　127

在某些情形下，在这套等级制中创立的某些拥有治权的，但又有别于独裁官职位的非常设性官职还是跟从前的先例一样。

另一方面，治权资格的显眼标志（治权标记 [*insignia imperii*]）是侍从官们的陪伴，不过，（至少从某个特定时期起）他们只在城墙界限以外才能在束棒里插入利斧：就是说，只有在那里，执法官才能够具体地行使其拥有的军事指挥权（军事治权 [*imperium militiae*]）。而“不得在进入城墙之后行使军事治权”这一禁令只有在庆祝凯旋的场合里才会中断。这是为了允许凯旋者带着武装部队通过凯旋大道前往卡皮托利山的朱庇特主神（Giove）表达感激之情。

处于从属地位，即“低级别”的执法官是市政官（我们会看到有贵族的和平民的）、财政官和那些具有特定任务的所谓“助手”集体。文献中记载，有这种权力的人（在晚些时候）被笼统地命名为二十六人执法官（*vigintisexviri*）。所有的这些（常设的）执法官都未能获得参与最高权力的行使（最初基本上都是军事方面的），因此只是被授予了单一的权力（*potestas*）。低级的鸟卜官们同样也拥有告示权（*ius edicendi*）和强制性权力，但受到限制：尤其是开出罚金（*multae dictio*）及通过扣押财产来迫使进行强制性付款的权力（扣押 [*pignoris capio*]）。

最后，还有一种传统的平民“执法官的职能”，最终注定加入到共和国的政制结构中来，并且具有来源于其历史上的那些功能。这些职能在平民保民官的全部职能里是第一位的，其特殊的地位来自于他们的反对权利，即（保民官）否决权（*intercesso tribunicia*），针对的是全体民选执法官（从某个时代开始，还可针对独裁官）。

27. 执政官

作为名年官员、最高民事和军事权力的拥有者，两位执政官集体行使的是最高权力（*suprema potestas*）及他们的高级治权（*imperium maius*）。理论上是不受限制的（在军事领域）（*domi militiaeque*）。从原则上讲，他们两位中的任何一位都拥有全部权力，因此能够自主地行使，除了一位同僚行使否决权（*intercessio collegarum*）来阻止另一位的任何行动，即诉诸一种否定性的权力：未经一位执政官明确或暗示的同意，另一位同僚提出或者实现的任何倡议都可能被阻止或者废止。

有各种补救措施使得这里所描写的那种“平等的同僚制”的抽象体制可以调整适应统治实践中的日常需求。因此，至少对于某些类型的行为来说（但是，不包括法律提案行为，这常常要求一种实实在在的共同意愿）可以诉诸不同的机制，使得在获得每个人对其同僚行为的一种事先同意的同时，在事实上排除了否决权的使用：轮岗制（一般说来，对于民事事务的管理是一月一换，而在他们两人都在同一前线带领同一军队作战时，通常就不是这样了，就军事指挥权而言是一日一换）；抽签决定，或者更好的情况是两人就共同的职责事先划分出各自行使的某些范围（行省 [*provinciae*]）并达成政治协议（比如说，对独立作战的不同军队的指挥权，但是，执政官之间不能达成协议规定一人承担民事统治之责，而另一人承担城市军队指挥权）。

128

正如所说的，执政官的职权（据记载，他也是“高级”鸟卜官这一头衔的拥有者，第 25 节）是极为广泛的；在理论上这是不受限制的，或者更应该说成是不特定的，而是具有所有领域的公共权力。实际的限制完全来源于向人民申诉制度（因为其可适用性）以及拥有各自自成一体的治权的其他执法官的存在，这种治权虽然是由具有较小权力的执法官来掌握，以及是在非常细化的领域内行使（比如，可以想到的是裁判官在有关民事事务上典型的司法审判职能：见第 28 节），但其治权与执政官治权在本质上也并无二致。于是，可以说，未被特定地赋予其他执法官（总之，提供给他们的都只是一些较小的权力）的其他所有权力都统一地归属于两位执政官。在文献中，也说成是审判官（*iudices*）（作为民事治理的统治者以及剩余的有限的司法审判权限的掌握者）和长官（*praetores*）（作为军事指挥者），而在传统文献里，则是执政官（*consules*）这一称谓占据多数，这使得关于这一官职及其行动的所谓同僚性质的意蕴更为明显。

关于城内治权（*imperium domi*），即执政官民事治理权力的基本表现形式是代表元老院和人民行事权以及与之相联系的立法提议权（提案 [*rogatio*]）。正如我们所知道的，这些权力归属于所有拥有治权的高级执法官，所以除了独裁官之外也属于裁判官。不过，就像我们所看到的，这些人很少行使它们：当然，在不具有政治重要性的情况下，以及多数时候，是在执政官不在城市的时候行使。

通过主持元老院和民众大会（由他本人自行召集），通过向人民大会提出候选人提案并加以承认（人民大会只能投票给被认可的候选人），每一位执政官享有作出任命的权力（*creatio*），这通常可以免受同僚的否决权。因此，也就是在大会投票之后（指定[*designation*]），通过对当选人加以宣示（*renuntiatio*），来任命其继任者和其他官员（裁判官、监察官、市政官和财政官）。而在指命（*dictio*）独裁官的情况下，则无须事先选举而是根据执政官的自主选择继续履职，但通常这是在遵循元老院的指示（见第 33 节）。

129

一般说来，元老院的这类政治指令会被加以遵守。与此具有根本联系的是，执政官在有必要为共同体做出重大的紧急决定时，都会利用由这些城邦元勋们（*principes civitatis*）所组成的一个有限的委员会（*consilium*）的协助。

尽管执政官在民事方面拥有有限的司法审判权限，但对这种实际上的资格还是提出了很具有权威性的诸多质疑。不过，这里涉及的那种怀疑不定的态度都主要缘于对执政官官职的起源所做的各种理论重构（但对我们来说，它们都是不合理的）。在任何一种情况下，都可以明确地是，执政官拥有法律诉讼（*legis actio*）主持人的身份，而且主管奴隶解放制度。每年，在两位新的执政官履职当日都会解放一大批奴隶。毫无疑问，共同体的政治利益是控制奴隶的解放，而正是由于解放行为所具有的显著的政治特性，实际上就解释了这种职责应当归属于共和国统治的主要负责人，但这当然不足以削弱其所具有的司法审判的特性。

执政官当然也拥有刑事强制权领域的职权，他们负责维持公共秩序：为此目的，他们可以采取适当的预防性和惩戒性的治安措施并使用合适的助手。另外，在共和国中期年代，通常由在任的监察官履行行政职能：他们有权课加新税（后来由监察官来管理，除了在必要的时候去求助于执政官的强制权）以及管理公共财产（一般而言，至少就较大的花费而言须依据元老院的政治指令）。

作为军事治权的拥有者，执政官自然有权指挥军队并在战争中对其职务履行负完全责任，这里也要根据元老院指令（除非执政官把指挥权托付给裁判官或非常设性的执法官）。此外，还常常根据元老院决议的规定来实行征兵（*dilectus*）；任命一部分军团长官（最主要的四个军团的长官由选举产生）；如有必要，则课加军税；为公共利益使用战利品。

军事治权不受限于宪制（因此不受向人民申诉制度、更不受保民官否决权控制），但是它完全只能在城墙界限之外行使，并且只能针对军事事务和敌人。这意味着执政官对这种极为广泛的强制性和惩治性权力的利用并没有什么程序上的约束，即使是被用作附属性权力。作为这种极为广泛的权力的有形标志，只是在城外有十二名侍从官组成他们每人各自的个人卫队，携带插有利斧的束棒，而进入城界之内就必须取下利斧，就像已经说过的，除非是在凯旋当日：得胜归来的执政官能够在罗马身着披风（*paludamentum*），在战时用紫红色短外套代替紫红色长袍（*toga praetexta*），在城内则身着镶红边的白色礼服；还有象牙座椅和塑像权（*ius imaginum*），这代表了这些执法官们崇高地位的另一种外部标志。 130

由于这一职位的一年任期，每一位执政官在职务到期时，都要（像其他任何一位常设执法官一样）对他行使的权力进行答辩，而因此可能会由于其掌握该官职期间存在的违法行为或所犯罪行而受到追诉。

28. 裁判官

这是由最重要的民选官员（通常是执政官，他本身拥有最高鸟卜权 [*auspicia maxima*]）主持下的百人团民众大会所选举出来的另一位主要执法官。这是执政官较低级的同僚（*conlega minor*），尽管其权力较小，但从本质上讲，其作为治权拥有者的身份与执政官并无差别。在历史上，裁判官主要是在民事司法领域拥有特定职权。不过，除了司法权（*ius dicere*）以外，这一新的执法官追随着执政官，根据其城内治权，在执政官不能行使权力或者不在城内的时候，以其自身职权而不是以执政官的授权来顶替执政官进行民事方面的统治。不过，他会避免做出一些具有政治约束力的行动。此外，如果更高的执法官中的任何一位不同意的话，也能够在任何时候废止这种行动（只有在有同等或更大权力 [*par maiorve potestas*] 的情况下，这种同僚否决权 [*intercesso collegarum*] 才是可能的。所以，裁判官要承受执政官的否决权，正如所说过的，他是较低级的同僚，但反之则行不通）。裁判官似乎并无权力掌管公共财产（除了在监察官未任职期间由他代行），不过他确定地是代表人民和元老院执行行事权的持有者。据前一种行事权，他可以召集并主持民众大会选举较低级别的执法官，并拥有自主的权力进行立法倡议。不过，他并不经常而只是在一些不具有重大意义的情况下才使用它。这样一来，尤其是执政官在城内出现的情况下，他就更少使用召集和主持元老院的权力了。

由于被赋予军事治权，他经常被元老院授权在城外指挥军队，131 尤其是在很久远的年代里，他要么是单独地，要么是会同执政官一起（在这种情况下，接受执政官领导但并不是以其部属的名义）。在行使军事指挥权过程中，由六名带利斧的侍从官相伴（在城内则是两名），自然由裁判官行使所有相应的权力，并成为与之相联系的所有权力的持有者（军事强制权、征兵提议权等等）。

但是，他的首要职权（实际上是随着时间推移而被吸收进来的）是管理与罗马市民相关的司法工作，李维描写道（6. 42. 10s），根据这样一种特定目标，该官职在公元前 367 年被保留给了贵族，为的是让他们支持达成接受平民担任执政官的协议（见第 25 节）。当然，保留该职位代表了在当时那种政治条件下一种具有重大意义的补偿。这对于贵族来说特别重要，使其根深蒂固的历史诉求得以满足，即完全独占地执掌司法。在祭司垄断法学的同时——（贵族垄断司法的局面）得到捍卫的时间则更为长久。根据传统文献，只是到了公元前 4 世纪末，这才开始被打破（见第 61—62 节）——这种状态仍然有效地存续了数十年：直到公元前 337 年，在没有遇到多少抵制但也没有加入什么新的规范性行动的情况下，首次选出了一位平民裁判官布布里利 · 费洛尼（Publilio Filone），而他刚刚已经担任了执政官和独裁官。

此外，关于裁判官明显的古老特性，尤其是他与执政官一样在古代最高民选执法官集体当中具有共同渊源的证据是：前面所述的归属于共和国这三位民选官员的这种最高权力具有潜在的同一性；他们并不平等的同僚关系（裁判官是比执政官低级的同僚，尽管他也是那种毫无二致的治权的拥有者）；两者都享有的外在尊荣及荣誉性特权的实质一致性（侍从官、象牙座椅、塑像权和紫红色长袍等等）；最后还有其单一性这一事实：裁判官是唯一一个拥有治权却并不具有集体同僚性特点的常设性官职。

这种非集体同僚性是如此强烈地成了裁判官的特征，一直保留到公元前242年。由于罗马在地中海地区的占领区域更为迅猛地扩张，亟需对外国人加以特定的法律保护，为了满足特别是由日益频密的经贸关系所滋生出来的需求，就在当时存在的唯一一个裁判官职位的基础上——他被授予与这座城市市民有关的民事司法管辖权（所谓的内务裁判官［*praetor urbanus*］）——添加了另一个职位，他实际上被赋予了司法任务。在异邦人（*peregrini*）为一方当事人的争议中行使司法管辖权（*iurisdictio*），如同已知的，罗马人的市民法不适用于这种争议（因此被称为外务裁判官［*praetor peregrinus*］）。但就算在那个时候，两位裁判官也没有形成一个集体，每位裁判官相对另一位而言独立地在各自相应的职责范围内行使和履行其职能。这种状况到后来的年代里也没有发生改变，直到为了行省的治理才创设了另外的新职位，一开始是两个（前227年），后来则是四个（前197年）（见第54节）；而且到了苏拉时代仍是如此，只是那时候每年已经变为选出八位裁判官了，但行省政府的裁判官除外，这些人注定都是由卸任的执政官和裁判官来担任：首先有两位各自负责内务司法权（*iurisdictio urbana*）和外务司法权（*iurisdictio peregrina*）（见第67节），然后有六名副手来主持常设刑事法庭（*quaestiones perpetuae*）（见第67节），对各自管辖范围的（行省）划分要适应于每次的情况需要，通常是在上任之前，在各位选出的裁判官中间（不同时代分别是两名、四名、六名和八名）以抽签方式决定的（以及由元老院指定，尤其是根据其军事职责）。关于涉及集体同僚制的消极方面的那些问题，即否决权的可能性，是到了公元前1世纪的内务和外务裁判官身上才获得了证实，而且对此在学说上还有相左的解读。

132

29. 裁判官的司法权和“法律诉讼”制度

正如已经说过的，标志着内务裁判官以及后来的外务裁判官特点的职能是对司法权的行使。据此，在罗马法律历史上，裁判官本身逐渐地在法律创设的渊源体系内具有了首屈一指的地位。

需要指出的是，在罗马的两种最为古老的程序类型当中（即法律诉讼 [*legis actiones*] 和程式诉讼），标志裁判官所履行职能的术语“*iurisdictio*”一词所具有的内涵并不同于当今的“司法权（giurisdizione）”这一术语所指代的内涵。当代的司法权概念指涉的实际上是，从整体性上理解的司法职能，即把用权威的宣判来解决诉讼纠纷的工作托付给配备有司法权限的国家机构。通过司法权这一术语来标记的这种职能既关系到私人的诉讼程序，也关系到公共诉讼程序，尤其是刑事审判程序。因此，可以在民事司法管辖权和刑事司法权辖权（还有行政司法管辖权）之间做出区分。但罗马的司法权（*iurisdictio*）倾向于以一种排他性方式仅仅指涉私人间的诉讼程序，而且只包括执法官在法律审（*in iure*）程序阶段所从事的活动，其从事的这种活动允许承认当事人提出争议的目的；在法律审阶段确定的范围之内，对争议问题做出确定后，则委托给一位私人承审员做出判决（*sententia*）（裁判审阶段 [*in iudicio*]），在罗马人的术语当中，这并不构成司法权的行使，而只是一种裁判活动（*iudicatio*）。

公元前367年，内务裁判官一职被创设出来，其主要职务在于行使司法权。此时，罗马的诉讼程序制度是法律诉讼制度，必须从这里出发来理解那些历史发展进程，这些发展最终演化出了程式诉讼程序（*per formulas*），并形成了与古代市民法相对立的新的实体法制度，即荣誉法（*ius honorarium*）。在程式诉讼程序正得以发展的过程中，法律诉讼程序还尚未完全明确定型，这是因为请求给付法律诉讼（*legis actio per condictionem*）是在公元前230—前150年之间由《西利法》（*lex Silia*）和《坎布尔尼法》（*lex Calpurnia*）引入的，相继区分为两个阶段；而在公元前4世纪中叶左右，根据法律诉讼可以发起的审判程序是两种：誓金法律诉讼（*legis actio sacramento*）和请求审判员或仲裁员之诉（*legis actio per iudicis arbitrire postulationem*），同时也已经存在两种执行之诉，即拘禁之诉（*legis actio per manus iniectionem*）和扣押之诉（*legis actio per*

133

pignoris capionem）。

宣告性的或审判性的诉讼所对应的是审判功能，这是这种诉讼程序的基本功能：它所注重的是，在争议双方当事人之间确认他们所主张或者否认的事实当中哪一些可以实际有效地成立，以及这样的事实本身可能引发什么样的法律秩序上的后果。而这种诉讼程序的执行功能则着力于对因违背所负义务的某一法律关系中的被告一方施加制裁，所根据的要么是在某个审判程序里已经公布的判决，该判决确认了其违法性及制裁方式，或者是这种制度认为的已经足以作为相关执行之诉本身之基础的其他法律事实。在我们的体制以及通常而言也是罗马人的体制内，这种执行活动的进行要通过司法机构的介入，而它们的存在保证了这种程序的形式合法性，并且可以使得受制于此的主体更容易地提起执行异议程序，即在原告所提出的执行之诉的基础上发起一个审判之诉。不过，恰恰就在这种执行程序当中，国家机构的行动可能会更加便利地被那种受到国家机构协助和严格控制的自力救济措施所取代，这正如拘禁或者说更多时候是扣押行动中所发生的那样。

大约在公元前 4 世纪中叶，法律诉讼程序的主要特征有以下几点：首先，可以查明的是，还将会在这种罗马私法程序中保留持续了五个世纪的一种核心特征，即其过程被划分为两个阶段（对此，我们已经做过一些提示），第一阶段是在审判官员即裁判官的面前进行，在这个阶段，争议被提出来（法律审阶段）；第二阶段则是在私人承审员面前进行（裁判审阶段，他是由当事人与执法官达成协议而挑选出来的，用以解决在法律审阶段提出来的事实问题和法律问题，以便定纷止争），因此，在这个时候，裁判官在法律审阶段的司法权被加以限制，这有助于承审员的引入。但正确的主流意见认为，这里所强调的这种划分并不是一开始就有的。

主要是乌拉萨克（Wlassak），这位最近几个世纪里罗马诉讼程序方面最重要的学者坚持认为，这种划分就是罗马的诉讼程序最初的特征。而他的理论重构的这种确信又与一种前提假设相关联：法律诉讼无非就是一种被法定化了的仲裁过程，并且成了强制适用的。这种关于罗马诉讼程序之诞生的假说长期居于正统地位，而如

134

今，实际上却和“法律诉讼的二分阶段具有原生性特点”的观点一起已经被抛弃了。但关于“法律诉讼是以什么样的方式从誓金和拘禁当中开始出现的”，却未能找到众口一致的观点：在各种看法所准确揭示出来的一些重要方面当中，更受青睐的一种假说是，这种最为古老的罗马程序性制度的根源是多重的。其实，一方面，该诉讼程序，尤其是拘禁之诉最初是一种执行性诉讼，并不依附于事先存在某项判罚，其表现形式还证实了由国家机构所保障和协助的那些私力救济手段的重要性（而且，从整体上讲，此前或许还有共同体对其的控制和参与，并伴随着一种“民间性”司法，就像习惯上所说的那种“私刑”[Volksjustiz]）；另外一方面，通过相互间声明起誓，当事人在法律诉讼当中才能确认各自的诉讼立场，这就证明了，在原始共同体当中，由共同体机构本身来参与解决私人之间的纠纷尚还会遇到一些困难。因此，就有必要提出一种具有宗教特点的动因来证明国家机构参与介入的合理性——至少从形式角度看来，这是用来从原则上确认，由于对神圣秩序的破坏而有可能要重新确立“与诸神的安宁和平”[*pax deorum*]（见第 9 节）。尽管这是一种近来传播相当广泛的学说倾向，但是必须要排除的是，从誓金法律诉讼的表现形式中可以推导认为，争议的解决最初是交给在我们看来并不理性的一些方式来解决的，比方说咨询众神的意愿。因为有关所有这一切，在我们所掌握的文献证据里面都没有任何哪怕是间接的线索。于是，从一些探讨中会得出一种可能性：该程序的划分同某些历史进程有关。按照某些惯例，一般用“诉讼程序的世俗化”这一表述来指代它们，因为私人承审员这一角色引入的基础是争议解决从非理性方式过渡到理性方式。而就程序二分阶段本身的引入这一话题而言，唯一值得相信的方面就在于，埃托鲁斯王政时期，王的任务通常具有巨大的复杂性，而这就妨碍了这位最高统治者再去从事司法活动，但这些活动本身已经变得具有更强大的约束力了。但必须承认，就我们的知识状况而言，对于“通过什么样的方式把司法审判之职（*munus indicandi*）委托给当事人选定的私人承审员来减轻王及其继任者——最高执法官的任务”，是很难找到一种解释的。尽管如此，这还不足以成为让我们接受乌拉萨克那种非国家性的仲裁程序“法定化”观点的充分理由。

作为执法官员，裁判官从公元前 367 年开始就行使司法权，履行诉讼程序的法律审阶段的职责。在这个阶段里，诚如其名称所言，是在裁判官本人的审判面前进行的。因为，就像罗马人自己所了解的，在这种语境下的 *ius* 所指代的就是裁判场所，即执法官在市政广场上从事其司法审判活动的地点。

在法律诉讼的法律审阶段，裁判官主要是一套准确仪式得以完成的保证人，这种仪式在于宣布一系列庄重而严格的程式，它们必须做出细微的调整以适应具体案件偶然出现的特点：通过这些程式，在审判程序里被提出来的那些争议纠纷的目标会在裁判审阶段由私人承审员加以解决（而在执行性诉讼程序当中，由出席程序的债权人所宣布的那些特定套语 [*certa verba*] 则作为做出判罚的基础，而这些刑罚恰恰就是该执行性诉讼期望施加的）。

135

法律诉讼制度出现的时候，正是与私法关系保护方面的实质性调整有关的罗马体制通过市民法得以确立的时候，而法律诉讼常常与私法关系方面的保护相联系。在很长一段时间里（即直至公元前 2 世纪中叶时为止），这种关系相应地只能通过法律诉讼来使其有效存续：从市民法的角度看来，在某类主观法律状态获得认可和使之有效成立的某项诉讼的存在之间，就包含着一种一一对应关系。通过体制上所承认的两种（后来是三种）审判性法律诉讼形式中的任何一种（誓金之诉、请求仲裁员或承审员之诉、请求返还之诉）都可以提起诉讼，只要不是法律规定可以直接适用执行性法律诉讼，比如拘禁之诉。

在这里不可能深入细节，而只要进行一些细化讨论就足够了。在法律诉讼制度当中，“诉”（*actio*）在狭义上指代的是特定套语中的那些词汇，原告据此来指明其希望实现的权利，有些时候则指根据这种权利来对被告提出的要求。而在更广义的基础上——不过并没有什么本质上的不同——“诉”也指代被告必须据此来进行答辩的那些特定套语，有时候原告还要据此对被告的答辩进行抗辩以明确纠纷的目的何在。这类诉讼的宣布发生于法律审阶段的第一部分，紧接着则是进一步的程式部分，而这构成了不同的诉讼模式（*modus agendus*）的特征。在当事人先前的对话之后就会进行各自相关套语的宣读，从而确认各自拥有的立场是不可调和的，并且设定了一个目标：授权裁判官这一审判官员批准任命一位私人承审员，为的是解决事实上或者法律上的争议。在誓金法律诉讼当中，这一程式部分首先是一套双方当事人之间的对抗（起誓 [*provocare sacramento*]），通过一项誓约（*sacramento*）来保证各自主张的真实性，由于两造誓约的提出，就引发了一种必要性，即由共同体机构参与来确认两个誓约当中哪个更加合理（*iustum*）（也即与事实相符）、哪个不合理（*iniustum*）。以此来明确谁应该为其因此而犯下的圣事上的罪行做出抵偿（*piaculum*）。只是在后来（极有可能是在《十二表法》以后），这种相互起誓进行的对抗被一种"誓金"所取代，即在败诉的情况下向国库支付一笔确定数额的金钱。誓金法律诉讼是盖尤斯所界定的唯一一种基本的（*generalis*）诉讼模式，他将其特意描述成：在未确定某个特定的主观法律状况中应当适用哪一种诉讼模式的情况下，就应当适用这种誓金之诉（Gai. 4.13）。

其他所有诉讼模式都是特殊的，即他们只能够在法律所确定的案件里面适用，也即用于某些确定的狭义上的诉讼。在请求仲裁员（承审员）之诉中，起誓（*provocatio sacramento*）被原告向执法官提出提供一位承审员来解决争议的请求所取代：这种诉讼模式因《十二表法》而闻名。因此可证实，在相当久远的年代里，在诉讼程序的引入阶段就已经无需那种宗教神性的成分了。在十人委员会的法典编纂当中，这种诉讼模式可以用于遗产的分割和处理因誓约（*sponsio*）所产生的债权。而随后的一部并不知名的《李其尼法》（公元前 4 世纪的，而并非公元前 3 世纪的那一部）则将其扩展到一切共有关系的分割中来。更晚近一些的则是请求给付之诉的法律（*lege agree per conditionem*），它是由《西利法》在大约公元前 3 世纪最后几十年里引入的，针对以一定金钱数额为标的的民事之债（并且由公元前 2 世纪最初几十年里的一部《坎布尔尼法》扩展到特定物之债上）。在这种诉讼当中，起誓被针对被告的要求——请求给付（*condicere*、*condictio*）——所取代，在承审员指定的三十天届满后于法律审阶段中提出来。这种特别的诉讼模式的起源可追溯至《皮纳利亚法》（*lex Pinaria*），据推测它并不早于那部《西利法》，后者已经在誓金之诉当中规定双方当事人应在承审员指定的三十天期限届满后返回到法律审阶段中来。

136

而在整个共和国时代，执行性诉讼制度都不仅仅服务于其在《十二表法》里就已经具有的基本目标，即保障对一项判罚的执行，而且还在于对宣判性诉讼所提供的保护加以补充。因为在很多实例当中，这类保护手段都可以直接以执行的方式进行，而无须预先经历一场审判性诉讼并获得对原告的判罚，这就为原告创造了一种优势地位，因为被告本人想要反对原告据此而行动的权利，就只能通过执行异议制度了。正如将要看到的那样，对拘禁之诉的执行异议是特别重要的。有关拘禁的法律诉讼恰恰就在于对债务人人身的觊觎，债务人被强制带到执法官面前从而受法律约束（*in ius*），原告宣读该诉的特定套语以此来使债务人本人的人身责任生效。根据对这些套语的正确宣读，执法官就必须将债务人作为债奴（*addictio*）判给债权人，在经过一系列的形式化过程后——这里不是对此加以讨论的时机——这就开启了一条指向对债奴的人身责任方面造成极端后果的道路：被杀死或者被卖到异国他乡为奴。至少最开始的时候，债务人无法自我保护，而只得求助于推迟应诉保证人（*vindex*），他起到了保证人的作用。他以誓金之诉的法律诉讼形式主张该执行程序的非法性以反对此前的债权人。于是，得出的结论是，如果债务人本人不能找到一位合适的推迟应诉保证人，那么他仍然会成为执行的对象。在这样一个事实上面也突显了债权人的优势地位：推迟应诉保证人若败诉，就会被判罚比债务人最初债务高出一倍的金额。这种规则甚至从公元前 3 世纪中叶起、在债务人已经被允许可以自行对强制执行提出异议之后仍然有效。执行异议制度可能还通过公元前 2 世纪的《瓦利亚法》（lex Vallia）扩展到所有拘禁案件中去。但是对某些判决的执行（即所谓的判决拘禁 [*manus iniectio iudicati*]）或者来自承保人（*sponser*）（即已经为被保证的债务人清偿债务的保证人）的追索行为除外。

另外一项执行性诉讼——扣押之诉，则在于对债务人财物的觊觎，而且能够在执法官裁判所之外的地方进行（不过，常常要通过宣读特定套语）：它的重要性大幅降低，并且从来都不能用于对一个既定判决的执行。能够发起该诉讼的那些诉求都不被认为是受到市民法的保护（至少在已经过渡到由程式诉讼来保护的那些民事法律的情况中是如此）。此外，我们对这种法律诉讼知之甚少，亦不了解其运作于什么种类的财产上面。 137

在此概括地对该制度进行了描述，这种制度表现出了一种明显的多方面的严格性。一旦一些习惯在《十二表法》中得以法典化，那就只有一部法律才能够参与规定引进一种新的诉讼模式或者开拓出一种不同于誓金之诉的诉讼模式到新的案件类型中去（恰好，要求审判员之诉和请求给付之诉就实现了这一点）。虽然对个别受保护的法律情形的认可也可以通过祭司们（和法学家们 [*prudentes*]）的解释活动来实现（但这已经是对法律诉讼制度的背离了），但是，在这样一种背景下进行革新的可能性一定也会或多或少遭遇到苛刻的限制，尽管这种可能性肯定会远远超过如今在法律解释活动中所发生的（也见第 45 节）；另一方面，在市民法和法律诉讼制度里，裁判官几乎没有任何参与的可能性，而这种参与在程式诉讼中却代表着一种选择手段，用以满足从新的经济形态中生发出来的需求（就像我们在以下几节里会看到的那样）。他不能创造新的诉讼模式，不能引入新的诉讼，即不能保护新的主观法律状态；而在《李其尼和塞斯蒂法》的年代里，在法律诉讼程序的环境下，他也不能通过否定诉权制度（*denegatio actiones*）[①] 来对抗市民法，而这一否定诉权制度到公元前 2 世纪时才有此效力。

30. 程式诉讼的起源和裁判官告示的形成

程式诉讼程序的出现和发展完全可能始于公元前 4 世纪中叶到 4 世纪末之间，其进展受到了一系列因素的影响。最主要的因素之一则是发现了法律诉讼程序突出的刚性特点（见第 29 节），而且尤其是它不可能被扩展到与外国人有关的诉讼案件中去，这就阻碍了将公元前 4 世纪罗马现行的司法保护手段延伸到新的社会需求中去，而这些需求当时正在成为罗马政治、经济和社会发展的核心方面。

另外一个因素则是在集中于治权的裁判官权力的特点中发现的。正如已经看到的（见第 27 节），主要民选执法官的治权都是以无差别的权力为特征的，受到的约束仅仅是以消极方式所做的一些限制——这些限制构成了对市民的基本保障；以及为民选执法官的

---

① 在程式诉讼法律审阶段，裁判官对原告不成立的诉讼请求不予承认和适用，从而结束诉讼而无须进入裁判审。

治权建立相互制衡的制度——据此建立了罗马政制的基础（同等权力或更高权力的否决权、保民官否决权、向人民申诉制度）；还有对单个执法官的职权范围进行的限定（行省制 [*provinciae*]）。而且，裁判官作为执政官的一位较低级的同僚（*conlega minor*），就其治理行为的开展也有必要划分出一个职权范围来。而在这样一个固定的职权范围内部——在这里所考察的年代里，对裁判官而言，大体上是对城市进行行政管理，这也包括了对司法权的行使——执法官的自由权则不受影响：他可以找到最合适的方式来履行其任务，而不受市民法所给出的框架限制。

138

裁判官所做的创新带来了公元前 4 世纪末到公元前 2 世纪初之间程式诉讼的创建，如果说上面这些是对其所做的标准化工作的描述的话，那么，这些创新中具有的抽象的潜在可能性则随着一些变化而得以发生：根据共同体的组织结构，这些变化在公元前 4 世纪逐渐产生，既有国际关系方面的，也有城邦内部状况方面的（关于这些方面，尤其参见第 49 节以下）。在公元前 4 世纪下半叶，罗马已经成为意大利中部的一方霸主，随后在公元前 3 世纪前几十年里还将其政治控制扩张到了整个意大利半岛：这就预示了它会在公元前 2 世纪上半叶布匿战争结束以后，完全实现对地中海地区的统治（见第 56 节）。

而就在赢得这种霸权地位之前，罗马就已经对各种商业交往敞开了大门，这开始深刻地改变着那种古代贵族政治共同体的结构。在公元前 5 世纪，这种朝着更为先进的经济形态的转变尚不具备一个明确的方向（可能也是因为埃托鲁斯人王政的倒台造成经济倒退的结果），而从公元前 4 世纪末开始，它就着重于以更为集中的方式朝着以奴隶制为基础的经济形态发展，与之紧密联系的是，它突显了在地中海地区经济活动范围内以交换为目的的生产方式的重要性。

罗马，也开始成为古典时期世界的经济中心。它建立了一个庞大的交通网络，这更加促使来自整个意大利和很早以来来自整个地中海地区的商人和经济从业者们出现在这座城市里。他们的存在也导致了一个问题：外国人和罗马人之间以及外国人相互之间适用什么样的法律调整方式，因为在不确定和不安全的法律关系里面，市场是不可能繁荣兴盛的。另一方面，出现在罗马的这些经济从业者

139

并不想再成为昙花一现般的或者居无定所的人。可以说，在这座城市建立伊始所触及的那些贸易往来的潮流中，当然曾经出现过这些情况。但由于交往数量的增加，外国人在罗马也拥有了住所——用现代的术语来说——这就带来了一种更大的必要性：在法律层面上对涉及这些方面的社会—经济关系进行规范。

毫无疑问，甚至在更早的一个时期里，罗马就已经建立了与外国人的关系，于是也就提出了这种关系的表现形式的问题。但这个主题在文献中却是空白，我们也不知道法律诉讼程序是否可以至少对享有某种特殊地位（*status*）的拉丁人适用，尤其是在《卡西安条约》（*foedus Cassianum*）之后，拉丁人的地位与其他外国人是不同的，在整个罗马历史中，它都是一种介于市民（*cives*）和异邦人（*peregrini*）之间的中间类型。但主流观点还倾向于把拉丁人本身排除在市民诉讼程序的扩张适用之外，尽管这也不是没有道理。

另外，在 Polyb.3.22① 的记载中保留下来的罗马和迦太基之间的那份协议以极为特定的方式调整了在迦太基的罗马人的地位，但是没有提到任何关于在罗马居留的迦太基人的实体权利的保障及其利益的程序性保护。不过，需要考虑到的事实是，由于罗马的经济危机始于埃托鲁斯王政倒台之时，并在大约公元前 5 世纪中叶达到顶峰，而且罗马人与埃托鲁斯人、萨宾人和沃尔西人处于冲突中，那么，直到公元前 4 世纪中叶左右，在罗马，与拉丁人不同的异邦人的存在感应该不会太过于突出。这就使得，在介于公元前 5 世纪初和在罗马成为意大利、后来则是地中海的第一霸主势力之间的这段时间里面，很难保持埃托鲁斯王政时期对外国人实施保护的延续性。乔治·帕斯夸利（Giorgio Pasquali）把这称为“塔克文的伟大罗马”，当时王作为统一的政治权力核心的存在或许能够就这个问题指出其他的解决方式。

正是在对国际性交往的经贸关系以及为此目的而对在罗马定居的那些外国人加以司法保护这种需求日益增长的背景下，一些程序

① 波利比乌斯（Polybius，前 200—前 118），生于伯罗奔尼撒的梅格洛玻利斯（Megalopolis），古希腊政治家和历史学家，以《历史》（又称为《通史》或《罗马史》）一书留名传世。

形式开始被创造出来，并在持续约三个世纪的发展过程中引发了程式诉讼（*per formulas*）程序的建立，作为公元前 17 年的《关于私人诉讼的尤利法》（*lex Iulia iudiciorum privatorum*）的结果，它成为罗马市民唯一的常设诉讼程序，并取代了法律诉讼的位置，也成为对市民法加以规制的情况下的司法保护手段。

毫无疑问，公元前 242 年第二个裁判官职位的创立代表着这一诉讼程序形式发展史上一个非常重要的时刻，原则上他致力于行使外务司法审判权（*iurisdictio peregrina*）（见第 28 节），罗马人把他称作外务裁判官（*praetor peregrinus*）或者在市民和异邦人之间进行审判的裁判官（*praetor qui inter cives et peregrinos ius dicit*）。需要指出的是，实际上，正如现今主流学说所认可的那样，在公元前 242 年以前，外务司法审判权是由唯一的裁判官——内务裁判官（*praetor urbanus*）来行使的。在这个时候创立第二个通常致力于行使外务司法审判权的裁判官职位（或者这种司法权构成其行省治权中最重要的部分），是一种明确的标志：至少一方当事人是外国人的诉讼的数量已经变得相当可观了，因此在编年史记载当中，新的裁判官职位制度就同那样一种职能相联系了，当然，这也不能不同公元前 242 年之后的年代里那些宪制上的实践相关联。

140

如果不从一种否定的视角来看的话，我们完全无法直接知道，在公元前 242 年前后，在外务司法审判权范围内的审判程序是以什么样的方式进行的：这就是说，这种诉讼程序不能够按照法定诉讼的形式来进行。根据此前已经考察过的内容，提供给裁判官的最显而易见的纠纷解决之道就是基于其自身的治权来组织一种司法审判保护措施。根据这种方式建立起来的诉讼程序，就是所谓的依权审判程序（*iudicia quae imperio continentur* 或者 *continentia*）。另外，正如盖尤斯所证实的，在公元二三世纪的外务和内务司法审判权当中，这种程序仍然广为人知。通过这种归属于治权本身范围之内的强制性手段，裁判官就可以保证诉讼程序的进行和判决的执行。

> 裁判官所使用的手段在最初的时候都以间接强制的方式起作用，因此着眼于其指向的当事人应服从裁判官本人的命令。据我们所知，这些手段主要在于处以罚金（*multae dictio*）和扣禁（*pignoris*

capio）（这不能与法律诉讼中的同名制度相混淆，因为这里涉及的是一种裁判官的措施），还有财产占取（*missio in bona*），这是裁判官命令的由不服从的当事人主体承受的对其整个财产的剥夺，并引入对方当事人对这一财产进行占取和管理。最初，这代表着一种间接的强制行为，不过，这涉及的可能是相对晚一些时候被引入的一种手段。当紧接着财产占取的财产拍卖（*bonorum venditio*）开始的时候，这位不愿服从的当事主体就会确定无疑地失去其财产所有权资格（这一制度产生于大约公元前2世纪初），在财产买受人（*bonorum emptor*）认受了"破产者"的债务并在其可清偿的范围内，这种方法就开始时常具有一种抵偿的特征了。

尽管文献里并没有留下任何东西透露出外务司法审判权中的那些程序的原始形式，但唯一能够提出来的相关假设是，它涉及的形式与后来的程式诉讼的形式是类似的，虽然也必须考虑到，在我们所知的古典时期的程式诉讼的结构上已经发生了某些变动和更改。程式诉讼保留了法律诉讼从《十二表法》时代开始已经众所周知的程序上的两分阶段，该诉讼的本质特征建立在由执法官向私人承审员下达了后者应该以什么样的方式来解决争议的指令这一基础上：141 这种指令就代表着程式的内容，双方当事人和执法官在程序的法律审阶段就该在程式上达成一致，而当事人本身根据裁判官的批准，在争讼程序（*litiscontestatio*）里对程式表达出同意，而争讼程序这一行为则使法律审阶段得以终结。

程式中的特定套语可以用一种被执法官认为是对当事人所表达出来的要求而言最为合适的方式表达出来，而在这当中就会与法律诉讼的那种特定套语所具有的固定性相对立。实际上，在程式诉讼中，就特定的情形进行申诉的可能性并不取决于这种情形是否受市民法的规范调整，而是取决于裁判官的裁量权，或者说取决于他表现出来的对特定利益加以保护的可实现性。另外，程式诉讼的可操作性也根据裁判官在其外务司法审判权范围内开展行动的各种条件进行了很好的调整。在至少一方当事人是外国人的诉讼案件中，首先需要用任何可能的方法把该争议应该适用的法律规则确定下来，因为市民法本身被认为是不能适用于这些案件类型的，而且，在这些当事人之间也并不存在某种共有的制度（关于这一点，也参见第32节）。

最初，这种生发于外务司法审判权的诉讼程序相对来说必定并不普遍。在这一阶段里，执法官在法律审过程中向私人承审员下达的指令可以逐个案件地予以确定。正如所说的那样，如果说公元前242年所创立的新的裁判官职位被认为是专注于此项外务司法审判权的话，那么程式诉讼发展的上述阶段就相对更快地被超越了。

该诉讼程序适用频率的不断增长带来了裁判官司法告示制度的引入。最初一段时间里，裁判官司法告示制度必然是在对适用于相似案件的类型化指令的规则加以确定的过程中进行，此外，这种确定过程还对应着的一个实质方面是法律的可操作性，这种社会冲突的解决制度建立在普遍的和抽象化的指令之上，这些指令对所有被认为是同样的案件都是有效的，旨在适用某一项适当的规范。从这里出发，就过渡到了真正的告示制度：正如整个古典时代里，在每一个具有司法权的执法官身上所发生的那样，从其任职当年伊始，外务裁判官，后来还有内务裁判官就会颁布一项告示，从中确定与司法权的行使相吻合的那些原则。在这种告示当中就包含了程式，即类型化指令，裁判官用其来解决在他任职当年由他审判的那些纠纷。从形式角度来看，裁判官可以完全自由地基于治权来确定颁布的告示内容，但是很快盛行起来一种实践是：下一年的裁判官在重大原则上以及一些业已巩固的规则要点上接受前任裁判官的告示，这样就逐渐形成了一整套规则，它们在被从一个裁判官转移到另一个裁判官手上的过程中实际保持不变，即所谓的沿袭告示（*edictum tralaticium*）。因此通过这样的方式，就确定了一种新的法律规范体系——荣誉法（*ius honorarium*），它作为一种法律制度诞生了，并适用于至少有一方当事人为外国人的那些争议纠纷当中，而随后也被扩展适用到市民当中，并在整个古典法时代都与市民法并立（关于这点参见第32节）。　142

正是在设立外务裁判官之后的年代，征服战争以及罗马在国际交往上的开发（此外，这两者相互之间也协同作用）带来了经济的发展，罗马社会的基础结构也在改变，古代的市民法也变得更不足以调整市民之间的纠纷争议。法律解释，最初是祭司的后来是法学家的，也不再能够满足从新的经济关系中生发出来的那些需求。这些经济关系与交换经济的兴起相联系，相对于先前的社会经济结构和基本上都是从中发展出来并形成市民法的那些规范而言，它们表现得格格不入。另外，就在私法制度层面上带来某些革新而言，法律（*lex*）这一工具的运用也完全被边缘化了（在这一点上，也参见第45节）。

那些来自于经济基础的日益增长的需求应该由法律来予以满足，因此，从这个层面上讲，它就提供了一种必要且足够的普遍背景，为的是让裁判官把在司法审判方面的参与也延伸到市民之间的争议纠纷中去。从一个抽象的角度来看，这毫无疑问属于他的职权范围。然而从法律结构的角度看来，他处于具有强烈保守倾向的整体性社会安排之中，在法律诉讼和市民法制度于经济和社会发展面临严重危机之前，由裁判官来参与都是不可想象的。

> 曾经相对广为传播而如今已经被明确超越的一种观点是：只是基于公元前2世纪后半叶的《阿布兹法》（*lex Aebutia*）才产生了程式诉讼程序向市民中的扩张。对罗马人的思维方式而言，执法官为了行使一种本来就由治权所包括的权力，却不得不等到一部法律的批准或者请求，这是难以想象的。

不过，只能够通过一种推测的方法来判断发生这种扩张过程的准确时间了。在介于公元前3世纪和前2世纪之间的年代里，如果说法律诉讼程序还引入了第五种诉讼模式，即请求给付之诉的话，那么它应该被认为是仍有生命力的（第29节）。另外，在我们的书面文献里，还有一些痕迹表明：为了满足社会所表达出来的那些需求，在这一时期裁判官的干预措施相当错综复杂。一方面，这些程式诉讼的迹象实际上完全可能出现在公元前2世纪初，塞斯特·埃里·贝杜·卡多（Sesto Elio Peto Cato）（第61节）那时就已经为人所知晓：在同一时期，人们似乎已经知道了恢复原状制度（*in integrum restitutio*），这只能够通过根据执法官治权组织起来的程式诉讼程序来运作；另一方面，在相反的意义上形成对比的是另一些干预手段，它们并不必然会造成对依权审判程序的引入，而且，在

143

这些干预手段当中，还能够把法律诉讼当作一种程序性制度加以适用，以命令式的方法来解决市民之间的争议。

在程式诉讼程序的所谓的辅助性手段里面，会涉及令状（*interdicta*）和裁判官要式口约（*stipulationes praetoriae*）：这些可能的程序是根据裁判官的干预而产生的，最初完全有可能是以请求仲裁员和承审员之法律诉讼或者请求给付之法律诉讼（见第 31 节）的形式提出来。如果说不可能大致弄清楚裁判官要式口约被引入的具体时间，那么，毫无疑问的是，令状在公元前 3 世纪末时已经为人所知了。

因此，在公元前 2 世纪上半叶里，在市民之间也引入了程式诉讼程序。作为一种主要手段，它的兴起使裁判官满足了罗马社会内部表达出来的那些新的需求；也是在这一时期，在外务裁判官的范围内出现的颁布司法告示的实践应该也延伸到了内务司法审判权上来，虽然大约一百年以后才由塞尔维奥·苏尔皮乔·鲁福（Servio Sulpicio Rufo）对此做了首次且简短的评论（第 68 节）。

这一时期的程式诉讼程序完全是一种裁判官诉讼程序：实际上，荣誉法是由裁判官在行使司法审判权的过程中与在告示中确定下来的，它调整诉讼程序的形式，并对在依权审判程序中生效的那种关系进行实际规制。

存在疑问的是，在《阿布兹法》以前的时代里，裁判官是否组织了依权审判程序来使得由市民法所保护的诉求在实体层面上生效——这在公元前 17 年的《尤利法》之后才明确发生（对此，在 Gai 4. 109 中有明确的记载）。从实际的角度来看，这已经能够表现出有必要进行市民法改革（*corrigere ius civile*）了（见第 32 节），不过，我们并不知道，有多少这种意义上的需求在足够的强度上被感受到了，这种需求是否能够给那些不同于抗辩制度（*exceptio*）和诉求前书制度（*praescriptio pro reo*）的其他干预形式提供帮助，这两种制度都是以原告按程式诉讼程序的形式开展行动为前提条件：毫无疑问，人们会想起否定诉权制度，不过，这也是以裁判官操持起一套重大的程序性行动为前提的。

《阿布兹法》颁布于公元前 2 世纪中期到末期之间，其准确时间已经无法确认了：它在市民法层面上给程式诉讼程序赋予效力。正如主要从 Gai 4.30 知晓的，废除法律诉讼的条款明确出现在《尤利法》当中（从此以后，市民之间的一般诉讼程序就等同于程式诉讼了），但也导致一个问题：我们在《阿布兹法》的实际内容上并没有获得什么准确的信息。在很长一段时间内，尤其是乌拉萨克所支持的权威观点认为，《阿布兹法》给市民之间基于市民法上的诉求而提出的程式诉讼程序赋予了市民法效力，并且使这种程序对市民本身而言成为一种可选择的诉讼：因此，在程式诉讼程序和法律诉讼程序之间就生成了一种竞争关系，而后者在更晚些时候被这部《尤利法》废除。如今，更具有优势的一种观点则是：《阿布兹法》仅限于废除了请求给付的法律诉讼，只是在程式诉讼被用来取代这个唯一被废除的法律诉讼的情况下，它才被赋予市民法效力，而在请求给付之诉以外，在只有通过运用法律诉讼才能够以司法方式来保护实体权利的情形里，具有市民法效力的诉讼程序依然保留在法律诉讼身上；但实际上所有人都承认，《阿布兹法》以后，如果表现出了任何需要，那么裁判官就会根据治权来为这些争议纠纷组织起程式诉讼程序。

144

不过，文献里却并没有这样坚决地排除掉：在后《阿布兹法》时代中，在能够按请求给付的法律诉讼提起的案件之外，还有其他具有市民法效力的程式诉讼存在。因此，那种旧有的观点还是受到青睐：大体上，在《阿布兹法》以后，在处理与由市民法加以保护的那些实际情形相关的市民之间的纠纷上，对程式诉讼和法律诉讼的任选替换仍然保持着开放性，尽管我们并不知道这种竞合关系的具体模式。

实际上，在公元前 1 世纪，并没有证据表明请求给付的法律诉讼还有适用性，同时，我们拥有关于运用请求给付的程式诉讼的信息。不能明确排除，这只是取决于我们书面证据上的一种偶然性；也不能排除，这里所讨论的法律诉讼在事实上已经真正遭到废弃。而有一种假设——《阿布兹法》废除请求给付的法律诉讼，并导致在其他法律诉讼案件里的那种任意选择性的竞争——的可能性就少一些了，尽管也不是完全没有可能。

《阿布兹法》以后，在公元前 1 世纪初，内务裁判官（以及外务裁判官）的告示通常逐渐具有一种更大的重要性：一方面，荣誉法（见第 32 节）就建立在这种告示的基础上，它在调整经济和社会中出现各个方面问题的过程中通常也具有更大的重要性；另一方面，这种告示也开始包含市民程式诉讼的特定套语了，并加入到与法律诉讼的特定套语的竞合中来。另外，告示的重要性还与已经提到过的沿袭告示这一制度的兴起相联系：裁判官可以完全自由地按照他认为最合适的方式来决定告示的内容，因此，如果执法官实际上从未对司法权做出任何随心所欲的利用的话，那么，他行使该权力的形式就已经表现为被限制在一种抽象的权力层面之上了。在罗马的社会环境下，政治和民意方面的限制给裁判官产生的约束与来源于法律上的严格限定是同样有力的，要在这些法律里引入一些修正，相应地需要严谨的政治立法选择，这些修正的完成则伴随着一些利弊权衡——它们可能会阻碍这样或那样的改变。权力的滥用，就像西塞罗在保留给内务裁判官的控告权那个部分里对韦尔雷[①]的那些指责——这或多或少都是作为一种伎俩——应该就是完全例外的。在共和国时代末期，告示的内容已经实现了明显的稳定性，对其的修饰只是有限的了（关于帝国时期的一些发展，参见第 84 节）。

145

在另一个侧面，执法官有裁决是否遵行所提出来的这些告示的自由。这是在两种抽象的假设意义上发生的：告示中关于许可适用程式诉讼或者其他程序工具的规定，并不妨碍裁判官考虑到具体案件状况时，在某些类型中对这些工具不予适用（否认，*denegare*），这不仅发生在裁判官程式诉讼上面，而且也发生在其他市民诉讼（*actiones civili*）中。另外一方面，裁判官又可以在告示所规定的案件类型之外许可适用诉讼手段或者其他司法手段。这就是所谓的裁定诉讼（*actiones decretales*），这样称呼是因为其基于裁判官的一项裁定（*decretum*）（即针对具体案件颁发的一项规定措施），它与告示诉讼（*actiones edictales*）相对立，而这一般是由告示加以规定。

① 加约·利奇尼奥·韦尔雷（Gaio Licinio Verre，约前 120—前 43），于公元前 73—前 71 年担任罗马西西里行省裁判官，因在任上大肆贪污、勒索、盘剥而受到时任执政官的西塞罗的指控。

在与告示形成的这种对立当中，裁定这一术语具有一种颇有意蕴的内涵：裁定，即裁判官所做的特殊规定，以使在某项告示的特别规定（故，其具有普遍性和抽象性意义）以外许可诉讼。不过，就算在告示诉讼的情况里，也有必要由裁判官为具体案件授予一项特别规定（指定审判员 [*datio iudicii*] 或诉权 [*actionis*]），这也是一种裁定。另外，必须要区分永久告示（*edictum perpetuum*）与临时告示（*edictum repentinum*）：后者是一种用于规制司法权的行使并具有普遍性和抽象性特征的规定措施，不过，它的颁布并不是在裁判官履职当年的开始之时，而是为了应对突发需求之必要；这种区分或许有一些学究气了，不过，这要诉诸罗马人自身的思维。

146　公元前 67 年的《关于告示的科尔内利法》着重强调了裁判官司法权中告示的核心作用。根据西塞罗演讲录《为弗拉戈辩护》（*pro Flacco*）的一处旁注所提及的，该法律确立：裁判官应该根据其自己的告示进行司法判决（*ius dicere*）（即行使司法审判权 [*ut ex edictis suis perpetuis ius dicerent*]）。不过，关于这一成文法的实际内容我们知之甚少，尚存疑问。但有一点是肯定的：即使在公元前 67 年以后，裁判官仍能够通过一项裁定来拒绝适用告示中规定的司法手段，尤其是那些诉讼手段，因为通过裁定的方式许可适用那些不为告示所规定的司法手段的可能性并没有减少，甚至到了哈德良皇帝统治期间进行的对告示的“法典汇编”以后（见第 84 节），这仍然是现实情况。

这样一种认定很显然就影响了对《科尔内利法》内容的确定这一问题。在这个问题上，受到支持的观点是：该法律很快就被废除了，或者说逐渐遭到了废弃。或许，应该想到更可信的是：这部法律的提出不必然地包含了一种规定，即在告示规定的范围以外从事的司法活动是无效的。

在这方面，并无必要认为，因为《科尔内利法》没有规定裁判官在违犯其自己制定的禁令时所实施的行为无效，也没有对这种违反处以某种惩罚，所以就要把它认定为是一部严格意义上的不完善

> 法律（*lex imperfecta*）（见第45节）[1]。对此，只要对其法律用语（*verba legis*）做出某种解释就足够了（另外，我们不考虑其确切内容），即考虑到提出这些法律用语的语境，那么执法官在行使其职权过程中的那种裁量权，就不能被认为是要根据这里所说的那种规范性规定而完全遭禁止，尽管我们所了解的信息似乎提到了，这种规定具有一种普遍意义的内涵。

因此，无须诉诸什么废除或者纯粹的废弃之类的假设，可以认为《科尔内利法》应该在这样一种意义上被加以解读：一方面，它对裁判官在告示之外或与之相对立的范围内的自由裁量权提出了限定范围。这种自由裁量权必须根据对具体案件情况的衡量来做出，并与当时社会所普遍承认的价值相吻合；另一方面，需要考虑到，就在同一时期，法学开始占据一种比荣誉法更具深远影响的地位了，甚至在帕比尼安于几个世纪后认定的那种以市民法改革为特征（第32节）的功能上也是如此。而且，在不久之后，裁判官的工作就要在元首制时期这一制度背景下进行了，毫无疑问，元首制会保证可能偶尔出现的权力滥用——这也应该归结于共和国最后几十年里那种并不太平的政治气候——再也不可能发生了。

31. 裁判官告示的结构

147

我们所感兴趣的是内务裁判官的告示，实际上，它也是唯一一种我们有所了解的告示，其表现出一种结构：一方面，这种结构与告示本身的历史及其在裁判官司法审判权范围内履行的功能相吻合；另一方面，其实我们只是从告示所展示出来的文本当中才了解到，通过哈德良皇帝的“法典编纂”，这种结构表现出了一种明确的体系化（第84节）。不过，没有理由怀疑：在公元前1世纪中叶开始的时候，这种结构同这里说到的“法典编纂”中通过的那种结构在本质上还是不一样的。

一方面，正如已经看到的那样（第30节），作为程式诉讼程序的核心要素，程式（*formula*）起源于外务裁判官对私人承审员的

---

① 只有行为模式规范，而不包括制裁规定的法律。

指令，后者根据当事人之间的协议负责解决纠纷。同样也能看到的是，程式诉讼本身是如何被置于一种与个别的案件类型有关的类型化程序之下的，而这些案件逐渐成为这种裁判官保护措施的对象。另外，这种类型化过程对于随后完成的步骤而言——提出类型化程式的年度告示的建议草案——也是一种必要前提。

另一方面，在告示当中公布这类程式的做法——如果说已经有此需要的话——也强化了这种类型化倾向本身。其结果是，在荣誉法领域内，在现实的案件类型和司法保护手段的关系中，创造出了一种类似于在法律诉讼制度中的那种联系，后者把诉（*actio*）和市民法所保护的法律情形联系起来了（第 29 节）。在市民法里，在实体层面上受到承认的主观权利与诉当中的特定套语之间曾经具有一种一一对应的关系；同样，在荣誉法所保护的法律情形的范围里，实体层面上受到承认的每一种权利也都对应着一种诉讼程式，据此权利在审判中能够得以主张。

不过，在法律诉讼之诉的特定套语和程式诉讼的郑重套语（*concepta verba*）这两种类型之间存在着深刻的差异：市民法诉讼（*actiones civiles*）的特定套语其实是不可变动的，任何一点宣读上的差错本身就会导致犯错一方当事人确定地输掉这一诉讼案件；而程式诉讼这一类型到古典时期仍然被置于一种实用主义的立场上，在这个意义上，裁判官通常并不偏离那种典型的诉讼程式，不过，即使有意无意地远离了那种典型模式，在具体案件中所展示的那些程式还是有效的。

148

作为诉讼的典型模式，裁判官告示中所包含的程式必须可以按具体案件而有所调整，这种调整可以按不同的形式发生。可能有的第一种调整就是：在具体的案件中出现了进一步的状况，根据裁判官的评判，承审员这时应该出现，但根据典型模式这又不属于授权承审员根据典型模式来加以判决的那些状况，那么在这些案件中，就要对程式加以补充，一般是为了被告的利益（通过一种有利于犯罪人的诉求前书或一种抗辩）（并参见第 32 节），不过，也可以为了原告的利益（通过有利于原告的诉求前书）。这些特殊状况在立法政治层面上以很典型的方式被加以衡量判断，而这些例外（*exceptiones*）的确在很大程度上被告示的内容所囊括。为了以此具体案件的偶然性来调整典型模式的抽象性，另一种不同的方式也是必要的：通过指出当事人姓名和争议的特定标的。举一个例子，在告示中，裁判官根据事实上的程式诉讼（*formula in factum concepta*）对寄存之诉（*actio depositi*）所提出的抽象模式是：*si paret* Aulum Agerium *apud* Numerium Negidium mensam argenteam *deposuisse eamque dolo malo* Mumerii Negidii *restitutam non esse, quanti res erit, tantam pecuniam iudex* Numerium Negidium Aulo Agerio *condemna*; *si non paret, absolve*（如果证实奥卢姆·阿杰留姆向内吉迪乌姆寄存了一盘白银，而内吉迪乌姆不愿将其归还的话，你承审员则判罚内吉迪乌姆向阿杰留姆支付相当于[做出判罚之时]该物品价值的金额；如果没有证实，则开释[他]）。在拉丁文句（印为斜体部分）中保持为正体字的部分就是要逐次地在单个争议案件中加以改动的。正如我们所知，在裁判官告示当中，其实是把这些成分留为空白部分，并逐次地利用对原告（奥卢姆·阿杰留姆）和被告（内吉迪乌姆）以及争议标的的约定指明而予以特定化。

上面已经提到过，这些告示上的例外也具有其自身的典型模式，这些模式就包含在裁判官告示中，而其他一些司法手段，比如令状和裁判官要式口约也是如此。如果说这两种制度并不早于被引入市民之间的诉讼程序的程式诉讼，那么它们也是同一时期的，而且在某一段时期内，它们还构成了程式诉讼的一种替代性解决手段。令状是裁判官基于其治权在市民之间的纠纷中所运用的最古老的手段之一，而最初它可能与保护对公田（*agcr publicus*）的占有（*possessiones*）有关。这涉及的是裁判官根据利益人的请求而做出的一道命令，其所指向的对象被宣称从事了与请求人利益相关的某项行动。这种命令的发出并不需要对成为其发出之理由的事实加以证实，这种证实只是发生在后来的某个时刻——当命令的承受人恰恰又否认该命令的合法性时。在最古老的方式里，对其的行使无须创建某种程式性程序，而是通过所谓的誓约行为（*agere per sponsionem*），裁判官迫使双方当事人通过誓约（第60节）来相互允诺支付一定数额的金钱，一旦或多或少地证实了该命令的合法性以及发生了对其的违反，那么这笔钱就能够通过请求支付之法律诉讼（或者愿意的话，通过要求审判员之诉）而得以主张；而在裁判官要式口约当中，裁判官会要求一方当事人——常常通过一项誓约——来向对方当事人允诺赔偿一种损失，这种对后者的损害可能是源自将来某一事实的发生，而又不可能根据市民法获得赔偿，或者不能以令人满意的方式获得。在这类案件中，一旦损害发生，也可以通过适用某种法律诉讼（一般是请求审判员之诉）来获得其诉求的满足。

149 因此，最早的时候，在内务裁判官的告示当中，汇聚了各种典型模式的司法手段，它们都建立在这位判案执法官的治权的基础之上（诉、禁令和裁判官要式口约），它们所保护的那些法律情形并没有为市民法所规定。不过，从公元前 2 世纪后半叶的《阿布兹法》开始，裁判官必须在告示里对在市民法层面具有效力的市民法诉讼的程式做出规定，这样，市民就可以按照郑重套语在市民法诉讼中行事了，并且它具有市民法层面的效力：在《阿布兹法》的内容上，任何一种观点都认同这一点，而从《尤利法》开始，这种规定的必要性则牵涉到了所有的市民法诉讼。

与市民法诉讼相对应的那些程式在具体案件中的实现都要归结到裁判官的名下，这种状况就给该执法官留下了自由裁量的余地，来把那种新的程序性工具和在市民法所保护的那些法律情形下所进行的实际的规制结合起来。实际上就是指这样一种状况：在多部《论告示》评注当中（见第 88—89 节），古典时期的法学家们在解说各私法案件类型的同时，逐条（逐段）地对相关案件中的那些程式进行评论；还需要考虑到，抽象地讲，在《阿布兹法》当中，对市民法诉讼的程式加以规定已经是可能的了（在《尤利法》里面更多）。但是，据认为，在这种民事程序“合法化”的语境下，甚至都没有一种可能使得罗马的立法者们想到要做出这种规定的可能性。这也是因为，这种程式诉讼程序表现为一种新的市民法程序，与法律诉讼之间可以任选其一（根据《阿布兹法》）或者排他性地适用（根据《尤利法》），其结构在那个历史时刻已经是真实可信的了，并且规定了执法官的权力体现于程式之中。虽然在市民法诉讼的情况下，这种权力会遇到荣誉法诉讼中所不存在的一些限制。

不过，就荣誉法诉讼和市民法诉讼而言，至少在我们现代人看来，裁判官的权力是不一样的（可能表现得很抽象），而这在各种案件情况下的告示的结构中都有一定程度的反映。就市民法诉讼而言，裁判官的裁量权实际上就遇到了相当明确的限定，尤其是在某个程式的模式当中，对原告根据市民法所保护的法律情形而提出来的要求——这种要求本身是独立于裁判官告示和裁判官治权而存在的——进行转述的时候。裁判官必须为市民法诉讼配备好程式，即使这些程式并没有在告示中有所规定，尤其是到了公元前17年的《尤利法》之后——可以从宪法层面上来讲——同样必须在具体案件当中配备好与纠纷关系中的私法结构相适应的某项程式。

随后，在市民法诉讼和荣誉法诉讼的对立当中，裁判官具有的不同地位在告示的形式这个层面上也有了表现。市民法诉讼实际上就供市民法保护的法律情形的维护之用。因此，当其适用之时，就可以而且应该基于市民法本身来建立，而不受裁判官的任何影响，其影响仅停留在具体案件中的否定诉权或者提供抗辩事由（*dare exceptionem*）这种权力之上（也参见第32节）。　150

而在执法审判官根据其治权以诉讼形式为那些与市民法并无关联的情形提供保护的情况下，则有必要特别确定在什么状况下可以要求适用荣誉法程式诉讼，因为这并不总能从程式本身的内容当中获知。这一任务是由所谓的告示适用条款来完成的，罗马人把它们也称为告示（*edictum*），裁判官在里面指出根据什么样的前提条件可以授予诉权。因此，荣誉法之诉的授予是通过告示适用条款和议定程式类型而得以发生的，在两者的前面都会有一个简短的标题提示。在市民法诉讼的程式中，告示里则没有这种告示适用条款，只有标题提示和程式类型。

继续以刚才引述过的事实概念上的程式诉讼中的寄存之诉为例：有关于此的告示规范是以“寄托”（*Depositi*）一词为标题开头的，接着就是以下内容的告示适用条款：*quod neque tumultus neque incendii neque ruinae neque naufragii causa depositum erit, in simplum, earum autem rerum, quae supra comprehensae sunt, in duplum, in heredem eius, quod dolo malo eius factum dicatur qui mortuus sit, in simplum, quod ipsius, in duplum iudicium dabo*（这种并不简单的句法结构时常反映在裁判官语言中，它想要说明的是：“由于这东西并

不是因为骚乱、火灾、建筑倒塌、船只失事等原因而被送来寄存，[我会授予诉权]与物的价值等值；对于那些因为上述原因[而被送来寄存]的物，我会针对保管人授予诉权，诉请金额相当于物的价值的两倍。针对保管人的继承人而言，当确认了该恶意是发生于已经去世的人的身上时，诉请金额则与物的价值等值；如果[确认了该恶意是发生于]这个继承人本人，诉请金额则相当于物的价值的两倍。”）紧随着这一告示适用条款——或者说就是告示——的是，事实概念上的程式诉讼中这种通常的寄存之诉，即在该适用条款中对此情况明确加以规定的那种对所谓恶意收存的双倍赔偿之诉（*in duplum*）。后来，在寄存案件当中，随着诉讼的“市民法化”（关于这一点，见第32节），市民法诉讼的程式——或者按照罗马人在法律概念上的（*in ius concepta*）叫法——紧接着事实概念的程式诉讼被提议出来，这要归结于各种规范性案件素材的大量出现或者说产生了分化，而这在裁判官的告示中是很具有代表性的现象。

从来都没有查证到有过市民法诉讼的告示适用条款的存在：很显然，不能认为诸如上面所引述过的那种寄存之诉是某种例外情形，因为这种案件中适用条款本身所涉及的就是事实上的程式诉讼，它们是裁判官性质的，而非市民法性质的——它只是在荣誉法诉讼之后以一种完全偶然的方式出现的。这些告示适用条款也并非是裁判官告示中所包含的关于市民法诉讼的行使模式的什么成文规定，比如说，对请求给付之程式诉讼当中的必要宣誓制度（*iusiurandum necessarium*）和额外给付三分之一之誓约和复约制度（*sponsio et restipulatio tertiae partis*）的规制。在某些案件里，文献中也并没有记录下相关的荣誉法诉讼的告示适用条款，但通常这并不意味着告示里实际上就对这种条款付之阙如。可以想见的是，在实际发生了这种情况的那些案件里，必然出现的一种可能性是，那些程式本身就足以显示出这些诉讼适用的前提条件。另外，在令状和裁判官要式口约制度里面通常也缺少这种告示适用条款，因此，在告示中只包含了有程式类型的内容，并能够在此基础上来确定这些司法手段的适用范围；而涉及恢复原状制度和授权占有制度（*missiones in poessessionem*）时，告示中则只规定了告示适用条款，因为后面这些手段由于其具体的行使方式而并不涉及运用典型的程式。

151

在学理上争论的最后一个方面涉及的是：有关告示制度的适用对象的处境。普遍接受的一种观点是：在形式上，裁判官告示是对执法官活动进行的权威化认定，而并不构成一种直接指向那些它实际上的适用者的规范。另外，这一点在告示适用条款上面也能找到明显的表现：原则上，从形式上看，裁判官调整的是他自己的与荣誉法上的司法手段的授予有关的行为，即确认在条件成就的时候，授予诉权（*iudicium dabo*）、恢复原状请求权（*in integrum restituam*）等。这种特殊的表现方式要回溯到程式诉讼程序起源的特殊背景中去，在其中裁判官的行动同时具有司法审判性质和设定规范性质：它只有一种纯粹的形式上的价值，而在涉及该制度适用对象和作为法律渊源的告示的关系上，并不产生任何实际的效力。

另一方面需要强调，这种形式上的特殊性在司法审判性质的告示中（这是唯一发现了这种特殊性的告示）也不具有什么绝对价值：这些直接对该制度适用对象做出指导的规定在裁判官告示中有所反映，另外，它们也是贵族市政官告示中的绝大多数（见第35节）。

与上面所讨论的这一主题相联系，即与告示规则的适用者有关的还有另外两个问题。第一个问题涉及实体法和诉之间的关系。这一问题通常在一个更加宽泛的也涵盖了市民法的框架里被提出来。据认为，在罗马人的视野里，实际上占据主导的是制度的程序性视角，这与诉相联系，它相对于受到保护的实体法律状况的表现形式更具有优先性（*prius*）；而这在受到实体法启示的现代人看来则恰恰相反。但实际上，二者并没有什么本质的区别：对某项实体法律情形的认定通常都会带来对此情形加以保护的一项司法手段，为的是让权利长期存在一种可强制执行性；而当确认下一项程序性保护手段的同时，也就认定了一种可以据此适用该手段的实体上的具体情形。这种概念化过程可能使得这一方面或者那一方面在规范或学理层面上表现为具有优先性，但它们其实是不可分割的。 152

就像在一般理论问题上通常会发生的那样，在罗马人的经历中，并没有明确地应对过这方面的问题，它基本上跟法学家们的关注点无关；而另一个问题则是，这个问题的提出是否对由这种法学思想采纳的那些争议解决方式产生影响。当然，不可否认的是，罗马法学家的思维方式受到一个事实的影响，即用于具体案件的解决而适用的那些规范的价值恰恰已由单个程式中的郑重套语加以调整，而这种调整在荣誉法的层面上又表现得尤其重要。不过，必须要排除的是，从原则上讲，在字面上只提及诉而不提及主观权利这样一种法学家们的表达方式已经明显地制约了这些解决方式。

第二个问题涉及的要点是，裁判官告示是否能够说成具有法律渊源，以及在更一般意义上讲，在什么样的形式上可以认为它们就是构成了荣誉法的那些法律规范，这种法律与执法审判官员在适用告示规定时的那种自由裁量权相关，尤其是在《科尔内利法》（*lex Cornelia*）以前。实际上，需要说明的是，这样一种观察方法与罗马人的思维方式毫不相干，在他们看来“法律的明确性”从来都不具有一种基本价值并使得法学家们将其自身的活动依附于此。另外，必须要领悟到的是（见第 45、84 节），在共和国晚期，尤其是在元首制时期的规范体系的范围内，法学家们存在的本质特征在于法律冲突选择（*ius controversum*）[1] 的过程，这就导致了在罗马人的经验里，法律的可操作性就在于一种“开放性的体系”。因此，在告示中所呈现出来的解决方式，是根据案件状况并基于由执法官就此状况而做出的立法—政治判断而变化的，这种可能性使得当时不可能以任何方式对“告示作为罗马人民法制（*iura populi Romani*）的一部分（*pars*）”（Gai 1. 2）这种考虑方式产生影响。

有一处很简短地提及了告示的体系分类：在勒内尔（Lenel）的理论重构当中认定了一些部分，这些部分中的每一个都围绕着一个统一而基本的标准运转。第一部分以审判权的运作为基准；第二部分关于普通司法手段（也即诉）；第三部分关于非常手段；第四部分关于判决的无效性和执行；第五部分也是最后一部分，关于令

---

[1] “*ius controversum*”字面的意思是“相互冲突的法”，但这既不是现代国际私法中的“冲突法”概念，也不是现代法理意义上的“规范冲突”的意思。它所描述的是一种法规范的存在方式，即平等层次上发生的法规范之间的相互论辩现象。这不是一种存在“冲突”的状态，而是一种正常的状态。法学家们的工作就是进行相互论辩，到法律和法学市场上去争夺“客户”，让自己的法律解释意见成为主流，以及首选为适用的规范。

状和裁判官要式口约。这种大块的划分方式所具有的基础是，在告示的内部对各种素材进行分配，但这并不必然是在严格的体系分类的意义上完成的。从告示本身所流露出来的内容上，以及尤其是那些大块的分类的内部，可获得的印象是一种明显的无序性。另外，这要归结于沿袭告示那种泛滥无序的形成方式。而且，在罗马法学当中，对这种体系化分类结构也缺乏实际的兴趣，这一点也表现在从库伊特·穆齐（Q. Mucio）到萨宾（Sabino）对市民法加以讨论时就各种素材所做的划分上面。

32. 裁判官告示、“荣誉法”和“市民法”

153

裁判官告示是荣誉法的根源，在共和国晚期和古典时期的法律体系当中，它与市民法相对立。关于对私法关系的规制，这些在总体上构成了罗马法的规范其实是根据其渊源被划分成了市民法和荣誉法（在元首制时期，还有非常法 [*ius extraordinarium*]，见第 84 节）。荣誉法的起源只存在于司法审判官员的治权和告示当中，即大体上是指内务裁判官、外务裁判官、贵族市政官（第 35 节），还有城邦以外的行省统治者们（第 54 节）的告示。但市民法的起源则完全存在于各个时代里用来创制市民法的那些渊源当中：在这一时期，是指法律（第 44—45 节），而不考虑习惯的问题（关于习惯，也参见第 9 节）。

正如所说过的（第 30 节），荣誉法的发展始于外务司法审判权，而这就提出了一个关于在这种司法权范围内的裁判官活动和适用于外国人的法律这二者之间关系的问题。在共和国晚期，除了外务裁判官在告示中规定的荣誉法以外，可以适用于外国人的还有一部分市民法：在古典时代晚期（见第 99 节）的术语体系中，按照“市民法”这一范畴所具有的两种或三种含义的其中一种，这部分市民法构成了万民法（*ius gentium*）。正如在本节当中将看到的，罗马帝国的法学家从作为市民法的一部分的万民法里面划分出来的很多制度，都是在外务司法审判权，即荣誉法的范围里首先得到了调整和保障，为的是随后在市民法当中得以呈现。

正如已经看到的那样（第 30 节），在外务司法审判活动中的那些程序形式满足了对在罗马的外国人进行司法保护和法律救济的需要。现在必须从实体制度的角度来简单地考虑一下这种现象了。一种观点得到了或多或少的支持：在共和国早期的罗马，有效存在的仍然是所谓的法律属人性原则。这种观点认为，按照这种在古代世界里广泛传播适用的原则，不同的主体都拥有完全的生存权，以及在其私人事务上根据其属人法受到审理的权利，这种法律首先应该理解为是其所归属的共同体的法律：因此，罗马人应该是受到罗马法规范调整的主体，雅典人则是雅典法，以此类推。

154

在公元前476年前后帝国西部领土上形成的那些蛮族人或者罗马化的蛮族人王国里（见第122节），尤其可以观察到权利或者法律的属人性这一现象。这在整个中世纪也长久地得以保持，也包括意大利。这与构成了这些王国的主导阶层和统治阶级的那些日耳曼民族典型的思维方式相对应。在这种思维当中，撇开那些旧的、生活在罗马法律（*lege Romana*）当中（此外，教会法也一样）的帝国属民们不谈，他们认为每一个个人作为不同民族中的一员，构成了通常意义上极为繁多的各个游牧民族，并根据他们自己的法律生活。因此，哥特人根据的是哥特法，伦巴第人根据的是伦巴第法，法兰克人根据的是法兰克法，阿拉曼人根据的是阿拉曼法，以此类推。而不考虑不同民族在制度范围内的体制性关联——在那种制度范围内，就会发现这些民族的个体成员都属于同一主体。

首先需要指出的是，在古代世界，法的属人性这一原则的重要性被明显低估了。东方的王政国家及成为它们接替者的那些希腊化的国家，也证实了一种原则的有效存在，其表现形式与古代晚期及中世纪早期表现出来的属人原则相似：在那些拓展到相当广大领域的国家里，总体上也缺少一种统一的制度，那里所分布的不同民族和种族的共同体都根据各自的制度生存，除此以外只保留君王，即 *basilleús* 的最高地位，尤其是在古希腊的各个王国里，王能够以一种显然更为深刻的方式来对法的属人性这一原则的运作施加影响，而这种程度却不为古代晚期或者中世纪较早时期的那些蛮族人或罗马化的蛮族人王国的国王权力所拥有。

而在希腊以及古意大利的城市国家里，则表现出不同意义上的状况。实际上生效的是一种与之相反的法的属地主义原则：处于某一城邦界限范围之内的任何人都要排他地适用这个城邦本身的法律。

最初的时候，这一原则与这样一种背景状况相关联：城市国家的制度倾向于排他地仅仅针对那些通过制度和宗教纽带联系起来的人，他们除了作为市民归属于这个特定的城邦而参与到城邦的文明本身当中来以外，还参与了城邦本身的法律制度，从而获得了法律保障和司法保护。作为外国人，则缺乏权利，但是，将其认定为“敌人”又可能过分地简单而纯粹了。他们并不归属于城邦范围，这样一种地位取决于不同的因素：取决于他们身处异邦这种个人意义上、家族意义上，甚至国家意义上的客居关系；取决于其政治特点的考量；取决于客人或者外国人是“圣者”这样一种意识形态（这种意识形态实际上大概有意识地迎合了外国人本身缺乏实际权力这种状态）。就我们所知的古希腊城邦国家的那个世界而言，外国人所享受的法律保障和司法保护与其多少所具备的应税人（*métoikos*）地位是一致的。如果他承认了接待他们的那个城邦的主权地位，就要为此支付一种特殊的税赋（*metoíkion*），而且选择一位市民作为他的保证人，即“*prostátes*”，后者还同样承担诉讼代理人之职。

155 因此，在承认外国人权利能力和在其受司法保护的那些范围里，他们可以适用其所身处的那个城市的实体性和程序性法律，他们既作为应税人参与到后者的制度中来，也涉及作为外国人拥有实体性和程序性资格那仅有的儿种情形之一：比如，就像公元前 4 世纪的雅典，在商业性诉讼（*díkai emporikaí*）中所发生的那样，这种诉讼与该城市据以建立经济势力的那些海上交通密不可分。

尽管处于古意大利世界，但罗马的状况最初应该相去不远。而与希腊城市的不同在于这里排除了应税人这种角色的存在，而且我们并不知道，其体制化的外事制度——它们是通过公共驿馆和私人驿站制度（*hospitium publicum e privatum*）实现的——在什么限度内能够履行与此相类似的功能。就像已经提到过的，除了共有的权利以外（尤其表现为通婚权 [*ius conubii*] 和通商权 [*ius commercii*]），学说上倾向于将拉丁人排除在能够适用法律诉讼的范围之外。

不过，在公元前 4 世纪末，罗马开始通过裁判官治权对外国人进行某种司法保护了，它得以实现的宽广程度为同时期的（以及随后的）希腊城邦所不及。据我们所知，从那以后，对作为外国人的司法审判权似乎就在相当宽泛的范围内得以行使了。相反，在已经提到过的这种观点看来，并不存在什么迹象表明外务司法审判活动中适用法的属人性原则。通过裁判官同意授予的程式诉讼，他使外国人也可以适用他认为能够带来令人满意的纠纷解决办法的那些法律规范：这些规范只有根据裁判官治权才能适用，而并不依据当事人的属人法，这与这些规范有时候或者偶尔与属人法相一致的事实无关。

另外，必须要观察到的是，在尤其是基于商业交往而出现的那些关系里面，从统计上看，数量更多的纠纷应该是在罗马人和外国人之间（以及有时候是在分属不同共同体的外国人之间，即每一方都拥有自己的属人法）。在外国人之间遵照同一种属人法进行诉讼的案件实际上应该可以忽略不计，尤其是在最初的时候。在这种情况下，如果不是因为存在着一系列冲突规范的话，法律的属人性原则是不能运作的。而一般而言，在古代世界的文献里面，尤其是在外务裁判官司法活动中，并没有反映出有这种冲突规范存在的痕迹；而恰恰是在古代晚期和中世纪早期的蛮族人以及罗马化的蛮族人王国里，广泛存在着这些冲突规范，但那时法律的属人性原则已经毫无疑问地有效存在了。

156

外务裁判官在他的告示里面写下的规范主要涉及债法，以及较小部分的物权法。毫无疑问，也提出了关于家庭和继承关系里异邦人应当适用的法律的问题，这种问题会发生在涉及直接调整该类关系的时候，而且同样会发生在为解决有关信贷关系的某个纠纷中，这方面的相关资格就具有重要意义的情形下（比如，确定谁是死去的债权人或者债务人的继承人）。在文献里，并没有留下有关这方面的直接信息。但从 Gai.3.120 所述，就异邦承保人（*peregrinus fideipromissor*）之继承人的债务而言，可以认为适用的是利害关系当事人的“本国”法：这种情形的发生可能是基于外务裁判官在告示中明确地（或者认为是隐含地）指明，因此这种方式在本质上不同于法的属人性原则的操作。

在外务司法审判活动中，裁判官确定的对外国人适用的那些法律规范的实际渊源必然是相当错综复杂的。在某些案件中，他根据其自身的治权，着手将外国人扩展到受市民法规制。典型的或许也是唯一的案件类型就是私犯之债（*obligationes ex delicto*），在共和国晚期（不过或许还更早些），在外务审判程序中甚至通过对外国人适用授予拟制诉讼（*actio ficticia*）的权利来对其进行调整。

> 拟制诉讼就是，在其程式当中要求承审员按照好像是存在着或者不存在着某个（实际不存在或者存在的）事实要素的状况下做出判决。就这里所探讨的案件当中，就是指有一种市民籍拟制（*fictio civitatis*），即要求承审员把外国人——无论被告原告——当作好像是拥有罗马市民身份一样判决案件，比如盗窃之诉（*actio furti*）。

数量最多的，或许在外务司法审判活动发端的时候也是唯一的案件类型，就是审判执法官自主地在给承审员的那些指令中（也即程式中）去认定重要的事实要素，以便同意授予这种司法保护手段，并根据这些事实要素的存在与否来确定在法律效果上可以获得的结果。这就引起了一种程式类型的诞生，更晚些时候的法学理论上的反映将其认定为是事实之诉（*in factum concepta*）

> 在这种程式当中，执法官仅限于要求承审员核实作为诉讼和审判程序基础而提出来的那些事实，如果是肯定的，则做出判罚（如果相反，则开释）。作为一个在市民关系中也适用的事实概念上的程式诉讼的例子，我们已经引证过寄存之诉（第31节）。事实概念上的程式诉讼这一代称，与法律概念上的程式诉讼相对立，后者是一种典型的市民法诉讼，生效于《阿布兹法》，特别是《尤利法》以后，采用程式诉讼程序的形式。在后面这种诉讼中，要求承审员确认是否存在原告主张的权利，无论是债权还是物权，并因此做出判罚（除非该主张受到某项抗辩的对抗）。

157

以这样的方式，就形成了与外务司法权相联系的荣誉法。在公元前3世纪末到前2世纪初之间，当组织一种依权审判程序来解决双方都是市民的当事人的纠纷时，这类规则总体上或多或少地就被内务裁判官所接受了。后来，在内务司法审判活动中也创造出新的裁判官诉讼来，它们的存在理由在于大部分或者完全在罗马社会的内部所表现出来的一种需求。可以看到，内务裁判官所诉诸的那种程式的类型在外务裁判官的法庭里都已经得以适用了，即事实概念上的程式诉讼和拟制程式诉讼，并在这些程式上面再添加或者不添加别的一些程式性手段。

在内务司法权当中，拟制程式诉讼也是用来把本不属于市民法的案件引入到某种市民法类型的调整规制之下。很显然，这里的这种拟制不涉及当事人中有外国人的情况，而是有别的一些指涉。比如说，可以想到的是帝国时代的对善意占有人（*bonorum possessor*）的明确保护，作为荣誉法上概括的死因（*motis causa*）继承人，他被等同于市民法上的继承人。在市民之间的关系上，事实概念上的程式诉讼实际上自始（*ex novo*）也是用来为不能交由市民法调整的那些类型确定出某种规制手段来。在内务司法权范围内运行的那些程式诉讼程序当中，可能能够发现这种在主体上进行转换的程式的起源，这些程式大体上是用来服务于那些程序上的或实体上的代理人案件，或者与之相类似的案件的。在内务司法活动中，也常常出现一些有别于程式但具有裁判官性质的程序性工具，用来保护不为市民法保护，或者市民法不足以保护的那些关系。这涉及令状制度、恢复原状制度、裁判官要式口约制度和授权占有制度。

市民法和荣誉法之间的关系问题，正如看到的那样，形成于裁判官司法权范围之内，是从静态和动态的方面被提出来的；而在后一种方面，市民法和荣誉法的关系问题又与万民法的关系问题交织在一起。万民法是按照公元 2 世纪的法学里流行的那两种含义中的一种来理解的（见第 99 节），即作为市民法（被理解为是与荣誉法规范相对立的那种规范整体）之一部分而适用于外国人的万民法。

158　在学理上被共同接受的一种现象是，在盖尤斯时代属于万民法并随后属于市民法的一系列制度，最初都是根据裁判官治权，即在荣誉法层面上受到保护的类型出现在外务司法活动的范围内。这涉及四种合意契约（或者至少是它们中的一些），在帝国时代它们是由诚信审判（*iudicia bonae fidei*）来保护的（即买卖、租赁、合伙和委托）。这些审判在公元 1 世纪的时候已经确定地是市民法诉讼了，但完全有可能在公元前 1 世纪就已如此。另外，当时已经明确地在概念层面上阐明了市民法诉讼和荣誉法诉讼之间的区别。因此，在这一时期，这些合意契约就已经被吸收到了市民法的范围里来，并在市民法内部构成了更晚些时候、被法学家们称之为万民法（第99节）的一部分。另外，在书面上（*per tabulas*）也确定了，其他一些类型在公元2世纪也是市民法性质的，因为它们受到诚信审判保护，最初对它们的保护是通过裁判官授予事实概念上的程式诉讼。这种情况确定地发生在寄存、使用借贷、无因管理（*negotiorum gestio*）的案件中，而且完全有可能也发生在质押之债的契约上。在这些案件当中，授予诚信审判发生在各不相同的时代里，可能是在共和国末期和公元2世纪之间。

这个场合并不适合深入研究这一主题，这与诚信审判的起源和历史这个同样难以解决的问题具有相当密切的联系。正如已经谈到过的，诚信审判是在公元前1世纪到公元1世纪之间成为市民法诉讼的，不过，它先前的历史则全部存在着争议。它得名于此是因为创设了一种 *oportere ex fide bona*（从字面上讲，即一种“来自于诚信的义务”）。*Oportere* 是一个拉丁法律术语，指代的是债之关系中施加给某个对象的一种基于市民法的债务。这就是说，通常是独立地使用 *oportere* 这一术语的；而 *oportere ex fide bona* 乍一看似乎有别于纯粹的 *oportere*；而由于 *ex fide bona* 这一条文限定了 *oportere* 本身，在学说上就看到有两种可能的指称：第一种是指义务的基础（在这种情况下，*oportere* 并不是基于市民法，而是基于在一个特定环境，最初是指国际交往环境中得到认可的那种端正行为的义务）；第二种是指对债的限定范围（债务人的 *oportere* 包括了他全部的基于诚信而应承担的债）。前一种含义被认为是最原始的，而成为更受青睐的观点。诚信义务（*oportere ex fide bona*）因此应该被认为是，最初在荣誉法而不是市民法的层面上被规定出来的。

关于最早以某种诚信义务为目标的审判，毫无疑问应该列举出，那些已经提及的保护合意契约的诉讼，在传统上，它们的起源都要进入到外务司法权的范围内。因此，对于这些契约而言，似乎要排除的是，最初在裁判官法上对其的保护是通过授予事实概念上的程式诉讼的方式（实际上，在文献里面并无任何被核实的痕迹）。

相反，在寄存、使用借贷、无因管理（或许还有质押）的案件中则是这样发生的。不过，并不能明确认定的是，诚信审判最初全是由外务裁判官所引入的。毫无疑问，在诚信审判中，监护之诉（*actio tutelae*）是相当久远的，它只能在市民之间发生，通过这种诉讼无非就是确定下了源于诚信的程式诉讼，还有更加古老的应该是信托之诉（*actio fiduciae*），在古典时代它被列入诚信审判，不过，它拥有的一种程式，在这种程式里，并不会回到这类审判中典型的诚信义务，而只是一种在实质上相类似的程式，这种诉讼只能在市民之间发生。然而在外务司法活动范围内，万民法上的合意契约在法律上的显著地位肯定不会在每个案件中都出现：这一点对于买卖契约和合伙契约而言可能是存在的，但无论对租赁契约还是委托契约而言，都会产生更大的困难；而对买卖契约而言，必须要强调的是，对交换关系所做最重要的罗马法上的调整所具有的那些典型特征（合意性，即突显纯粹的协议和纯粹的债），在地中海流域其他法律就同种交换功能所做的调整手段中并没有找到对照物。因此，如果可以确定，在因国际贸易的开放而滋生出来的需求的激励下，设定了在罗马的商业交往方面的各种制度的话，那么配置给这些制度的那种法律形式完全有可能比现在共同认可的那种样子要更为原始、更为罗马化得多。

159

这种诚信义务被包含在从程序意义上对合意契约进行保护的那些程式当中，因此它们会有某种含义上的异化：最初，它指涉的是一种债，其具有的效力有别于市民法意义上涉及的纯粹义务（*oportere*）。这种程式的结构在诚信审判转变为了市民法诉讼之后也保持不变，但却有了一种视角上的改变，从这个视角上，是在诚信义务业已被归属到市民法范围之内的意义上来看待该义务的。于是可以说，起初的重点不同程度地放在了诚信（*ex fide bona*）之上，而后来则是统一地放在了义务之上。但在其他的债的关系当中，则是从事实概念上的程式诉讼过渡到了诚信审判当中。后一种程式的授予，取决于案件的类型与发生在共和国末期到古典时代晚期之间的哪一阶段，这正好与它们被市民法所接受存在某种巧合。

不过，在这两种情况中，都不可能比这里目前所提到的那些内容更进一步细化了（而且通常也只是或多或少地做些无关紧要的猜测）。我们实际上完全不知道，这类现象的全貌是以什么样的方式具体进行的，而且我们也不知道，那个时代的人，尤其是法学家们所具有的那些知识水平。因此，一方面进行着一种渐进的"市民法化"进程，针对的是根据内务和外务司法活动中裁判官治权而产生的那些规范和制度；另一方面则发生着一种强烈的革新，用以提供对异邦人诉求的某种司法和法律上的保护。这些制度实际上随着诚信审判被市民法化或者随着授予诚信审判并取代事实概念上的程式诉讼，而具有市民法性质，并且在广义的市民法内部逐渐构成了一整套规范，用帝国法学家们的术语来说，这种规范构成了万民法（与狭义上的市民法相对立），而且它们被适用于外国人，但并不是基于裁判官治权，而是基于它们是市民法上的规范。

160

正是大约在这一时期，在按照这种意义理解的万民法里面，开始汇集了其他一些规范，它们的起源并不在裁判官审判司法活动中，而从来都是属于市民法的，比如有关财产权的原始取得方式、交付（*traditio*）、以不同于约誓的套语缔结要式口约（*stipulatio*）和某些支出（*expensilatio*）制度[①]的规范等。于是，古典时代的万民法就表现为是由两种不同的规范和制度类别所组成：一种来自于荣誉法，但借助了某种"市民法化"——复杂程度各不相同——的进程；另一种来自于将最初属于市民法的规范扩展适用于外国人。要明确这两种现象之间存在着什么样的关系是不太可能的，尽管大致可信的是，对于承认属于市民法上的其他一些规范在外国人身上的可适用性而言，诚信审判的市民法化能够为此提供一些机会。

不过，那些建立在裁判官治权基础之上的制度中的大部分仍然构成整个古典时代的荣誉法，并且在形式上划分为基于外务裁判官告示的荣誉法和基于内务裁判官告示的荣誉法。在共和国的最后一个世纪里，罗马的法律制度就已经具有一种贯穿整个元首制时代的典型构造了，即建立在两种不同的法律（亚）体系之上：市民法体系和裁判官法体系，它们在形式上相互独立（关于非常法，参见第84节）。这两种体系都具有显著的复杂性，因为可在市民之间适用的

① 这里涉及的是罗马法上的一种制度：真实债权（*nomen verum*），特指在债权转让中未得到清偿保证的债权，即转让人只保证受让人得到的是真实存在的债权，至于该债权在转让后能否得到清偿，则由受让人自行承担风险。

荣誉法触及几乎所有的私法领域，它符合在职的裁判官们逐次做出的那些严谨的政治性立法选择。这类选择并不是什么泛泛的诉讼上的“进步”所激发出来的，而是回应了尤其在统治阶级这个层面出现的那些经济和社会需求。至少从公元前1世纪中叶开始，荣誉法上那些示范性原则已经被置于法学重构之下，这种重构构成了整个罗马规范体系中的一种衡平化因素（见第84节）。此外，法学家们通过做出这样一种过滤，着眼于复原出一种具有实质统一性的罗马规范体系之整体，并减少以市民法和荣誉法为代表的两个（亚）体系之间的那些标志性区别。

161

不过，当说到市民法和裁判官法作为相对立的规范体系时，需要注意的事实是，市民法代表一种自给自足的体系，它所包含的这类规范可以独立地调整整个共同体内部的私人间关系。虽然随着公元前4世纪中叶开始的社会经济发展，市民法已经逐渐显现出一些漏洞和不完备性，并由此造成了其不合时宜与不便；而裁判官法则并不独立完整，为了能够得以适用，它或多或少必须以市民法的存在为前提。

最初，在引入一系列调整商业交往的制度和规范的过程中——在古代的市民法里面找不到对它们的规制手段——裁判官具有一种核心地位。这种裁判官的创造力的特殊导向作用在公元前3世纪和前2世纪里到达顶峰，其中外务裁判官显得更为积极活跃。但在这种活动里面，缺少某种具有影响力的法学上的指导，因为在这一时期祭司们的职权（由于法的“世俗化”过程）仅限于神法（*ius sacrum*）范围内，他们很少倾向于去接受另一个世界里的诉讼请求，这个世界里的经济—社会安排与祭司们本身所扎根的那个世界的争讼是如此的遥远。而且，也是因为当时世俗法学家们才刚刚开始出现在罗马的政治舞台上，至少直至塞尔维时代（第68节）之前，他们都会继续按照传统，在与法律咨询活动相联系的利害范围内开展活动。缺少这方面的控制，或许有助于裁判官在最初的时代毫无前见地行事。

被选取出来反映内部贸易和国际交往方面需求的领域以债法为代表。不过，即使不考虑通过程式诉讼这种新的程序作为调整手段（通过《阿布兹法》和《尤利法》，它已经获得了市民法上的重要性了：第30节），从公元前3世纪末开始，在内务司法权范围内，其他私法领域也在深入地进行着裁判官的活动，不过，几乎也仅限于这些领域的案件。在物权法领域，通过令状这一方式，裁判官保护了市民法规定不予保护的一些情形，比如占有的情形。在其他方面，他的这种干预也被激发出来用于超越市民法的形式主义以及对具体的主观法律情形进行更具弹性的保护（可以想到的是裁判官法所有权、协议质押 [*pignus conventum*] 和潜在损害保证 [*cautio damni infecti*]）。而且，在很多情况下，这里也出现了一些满足来源于内部或国际交往的需求的手段。在继承领域，这种干预也很广泛：善意占有制度作为一种替代遗产制度（*hereditas*）的裁判官法制度被提了出来，这种制度具有非常复杂的历史（这里面并不缺少其内涵方面的深度异化）；而在无遗嘱或者逆遗嘱继承制度适用的时候，审判执法官员还会接受一类诉讼，这类诉讼发源于宗亲家庭的逐渐瓦解，以及与此相对应的对家父核心地位的削弱。不过在某些领域，裁判官的干预就收敛了很多，如果无涉财产的话，几乎就不存在有关人法和家庭法上的干预。

162　对裁判官加以干预的领域所做的简短分析，证实了以荣誉法为代表的规范体系缺乏一种自给自足性的事实：且不说财产法领域里的这种缺失，该规范体系实际上也不涉及对非财产方面的人法和家庭法的全面规制。在很多情形里，裁判官本身就在形式意义上突显出了这种自足性的缺乏，当他首次要对某类法律情形加以保护和规制的时候，就会去适用在市民法体系里为那些或多或少相似的情形所做的规范（这尤其是发生在授予拟制诉讼的情况下）。

到此为止所做的这些观察足以证实，是不可能按照当代的术语并且在法律制度多重性理论的范围里，把市民法和荣誉法认证为相互独立且相互竞争的法律制度。裁判官法实际上并不具有自足性——尽管有所限制，但这种自足性相对于其自身的经济—社会基础而言，内含着一套制度体系；而从另外一个视角看来，市民法和荣誉法并没有对应着不同的社会基础，因为它们两者都应该归结到罗马社会这个整体里面。

作为罗马法制度内部的两种（亚）体系，市民法和荣誉法之间关系的特殊特点是，它们之间并不存在一种罗马人法律领域内的等级秩序：市民法和荣誉法之间是相互独立的，或者更恰当来说是不能通约的。尤其是通过裁判官的告示，裁判官才创造了荣誉法领域的规范，但他并没有在市民法上引入新规范，而且也不能够明示地或者暗示地废止那些既存的规范。反过来需要注意的是，只有在裁判官做出释明[①]的时候，市民法上的规范才可以在荣誉法层面得以展现。

这并不意味着从实践的角度来看不出现什么问题，这抽象地表现为市民法和裁判官法在个别的案件类型上进行规制调整时产生冲突。根据荣誉法上的规范相对于市民法上的准则所具有的功能，这些冲突的表现方式各有不同。就此而言，从公元3世纪开始，法学家帕比尼安在D.1.1.7.1里面就区分出裁判官法对于市民法的三大作用，即对市民法进行补充（*supplere*）、辅助（*adiuvare*）和纠正（*corrigere*）。没有理由认为这涉及的仅仅是这位法学家的个人观点。

当裁判官法对市民法发挥补充功能的时候，它引入的是一种新的调整手段，而这种手段在市民法里原本是没有规定的（通常，这通过授予诉权或者令状来进行，但也有一些其他的辅助性的程式诉讼手段，比如返还原物或者裁判官法担保制度［*satisdationes praetoriae*］）。而辅助功能则在于为市民法上已经加以调整的案件类型规定出某种更为有效的保护手段来，既有给在形式上仍然有效的先前的手段配置新的调整方式（比如，在潜在损害保证制度这种情况下，就是将其添加到有关潜在损害的法律诉讼［*legis actio damni infecti*］当中去），也有对市民法规定的制裁手段的替代（比如，在公然盗窃这类案件当中所发生的那样，根据《十二表法》，被抓获的现行犯盗贼要以奴役或者准奴役的身份被判给被盗者，而裁判官则受理一种四倍罚金［*poena quadrupli*］的诉讼，即罚金相当于被盗物品价值的四倍）：在后面一种情况下，可能常常显得难以确定其与对市民法加以纠正这种功能的不同点。通过纠正功能，裁判官介入了市民法调整手段的内部，并从中削减那些被认为是在政治立法层面不令人满意的方面，通常这会通过否定诉权制度或者授予某项抗辩权来实现，即拒绝同意提起诉讼程序或者在程式当中引入进一步的规定，

163

① “释明”是一个法律术语，指的是法官在审判过程中对一些法律问题和程序问题主动向当事人进行提示、解释和说明。

借此承审员就被授权开释被告，即使原告的诉求建立在市民法基础之上。已经提到过，常常并不容易明确出有关单个的规范里面涉及的是哪一项功能。就那些更为复杂的类型而言，比如说所谓的裁判官法所有权（罗马的法学家们称之为善意拥有 [*in bonis habere*]），各个规范交织在一起，导致同一种裁判官法制度的规制手段常常包括这些功能中的全部或者一部分。但这并没有引起什么问题，因为帕比尼安所引述的这种分类仅仅具有一种描述作用（因此，从中并不能获得因为适用这些单一的裁判官法规范而产生的相应后果）。

互不兼容的市民法规范和裁判官法规范在形式上共同存在。实际上，在裁判官仅限于对市民法加以补充的情况下，这个问题并不存在。而就辅助功能来说，裁判官的干预手段则以各不相同的形式产生：在市民法规范或者制度伴随着新的裁判官法规制手段继续存在的情况下，就必然存在一种标准来决定做出什么样的选择（比如，将这种选择权交给原告），只不过我们对此一无所知；而当裁判官法引入的规定替代了市民法上的规定时，审判执法官员通常就会在具体案件的执行中运用这种替代手段。显而易见，这种情况也会通过否定诉权制度发生在对市民法加以纠正（*corrigere ius civile*）的那些案例当中。不过，在这种情况下，对裁判官法规范的执行通常以加入某项抗辩权的方式留给承审员。

从原则上讲，否定诉权制度和抗辩制度在纠正市民法方面具有一种替代性功能。事实上，当裁判官认为有一些状况可能会与建立在市民法基础上的诉形成对立的时候——这些状况在市民法意义上无关紧要，却值得根据产生裁判官司法和规范活动的那种政治立法标准来加以保护——他在具体案件中就不会授予诉权，从而使得该诉讼本身没有根据，这种状况是指当事人之间并无实际争议；而在另一些看似存在纠纷的案件里，则在程式中加入某个特殊规定条款（最初是一种有利于被告的诉求前书，后来从公元前 1 世纪起，是一种抗辩事由），据此，只要承审员本人确认由被告提出但为原告所反对的那种阻却性事由存在，授权承审员就不再进行审判或者将被告开释，即使该诉讼是在市民法意义上建立的。 164

这两种规范体系大体上共同构成了古典时代的罗马法律制度，

它们之间的关系问题是在具体案件中得以解决的，而且并不借助一种关于法律渊源之间的等级规范。通常，必须以一方当事人的诉求提议为前提，才会通过有利于他的那种裁判官法规范，而如果这种诉求提议欠缺，比如说由于被告没有要求插入一种必需的抗辩权的程式，那么承审员就只能适用市民法。这种体系相当复杂，这应该归结于很多极为复杂的历史因素的共同作用，而且就其具体的运作效果而言，其存在的前提是有一种发达的法律技术，这种技术支持只有共和国晚期和古典时期的法学才能够提供。因此，市民法和裁判官法之间的对立，以及裁判官的实际角色就不可分割地同一种整体背景状况联系起来，这种背景状况存在于公元前 3 世纪至公元 3 世纪之间，它所引发的这样一种具有代表性的法律状态基本上是不可复制的。

33. 独裁官和“骑兵长官”

独裁官（在更古老的时代里被称为独裁长官 [*magister populi*]）是用来应对紧急状况的，在历史上他就是一个被授予最高治权（*summum imperium*）或者最高权力（*summa potestas*）的非常设官员。他由执政官中的一人根据元老院的提议或者与之达成的协议（因此，至少在公元前 217 年以前都没有民众会议的参与）来任命（*dictus*）——在共和国或者其统治集团的命运面临严重的外来或者内在危机时（当有重大战争、城邦失序的时候 [*quando duellum gravius, disordiae civium escunt*]），或者为了应对特殊的非常之需，尤其是有序的神权管理之需。根据不同的情况，被称为“创设全权的独裁官”（*dictator optimo iure* [*optima lege*] *creatus*）（他们有完全的和不受限制的权力，比如，应对犯罪或者战争之需 [*rei gerundae e belli gerund causa*]、制止动乱之需 [*seditionis sedandae cause*]，基于这种典型的独裁官形象才塑造出这一制度机制）或者“权力受限的独裁官”（*dictator imminuto iure*），这是用来履行具有宗教特征的特殊任务之用的。不过，有时候也有相当程度的政治色彩（比如，钉钉仪式 [*clavi figendi causa*]，为的是完成一种晦涩难懂的宗教仪式，即在神庙内壁钉入钉子，或许是为了消灾驱魔的目的；组织安

排节日 [*feriarum constituendarum causa*] 或安排庆典表演 [*ludorum faciendorum causa*]，为的是组织特别节日或者执行隆重的特殊仪式；召集民众会议 [*comitiorum habendorum causa*]，为的是在执政官缺位而又不能求助于摄政制度的情况下召集民众选举大会）。

165 需要求助于独裁制度的这些背景状况具有例外性，这赋予了同时也就是正当化了独裁官权力的那种同样非常例外的广泛性，其权力建立在治权基础上，只是在所谓的限权独裁官的情况里，这种治权才仅限于特定的职能权限。不过，通常要比其他所有主要民选执法官，包括执政官的权力都“更大”。因此，他们的职责和权力也要转为附属地位（Liv.8.32.3），但并不中断。

通过完成一些由古代习俗要求的神秘的仪式性行为（文献里强调的是，因为习惯就是如此 [*ut mos erat*]），独裁官的这种例外任命（*dictio*）程序表现出，这个在本质上具有军事性内涵的执法官职与神圣性有着明显的关联。根据 Livio2.18.5 的记叙，基于一部尚不明确而具有争议的《关于创设独裁官的法律》（*lex de dictatore creando*），这种制度似乎很快，甚至几乎同时（根据该传统文献，是在首任执政官之后十年，这显然在极古老的年代，大约在公元前 501—前 494 年之间）就在共和国时代里引入了一种新的治权类型（*novum genus imperii*），即“新的权力形式”，从表面看来，除了有少许舍弃之外，它与王的权力并无二致（Cic.*Rep*.2.56）

只有在深夜，四周完全安静下来的时候（参见 Liv.8.23.15; 9.38.15; Fest. p.474 [LINDSAY]），执政官中的一位在举行完鸟卜仪式后才能任命独裁官（*dicit dictatorem*）。而独裁官自己则在晨曦破晓之前任命骑兵长官（*magister equitum*）。于是，有必要再召集库里亚大会，并提出有关治权的库里亚会议法律草案（在共和国时代，这种行为已经不常见了）。

很可能，执政官执行的是任命独裁官而非创设（*creatio*）独裁官（正如所说过的，该称号是一种最高治权和最高权力），因为根据任何官员都不得授予比其自身权力更大的治权这一原则（见第 26 节），他是没有资格“创设独裁官”的。因此，他仅限于指定（即任命）一个应该担任该官职的人，而由于该官职固有的特殊性，是不能像执政官那样从前任向后任转移这种权力。被指定的这个人

（只是从公元前321年开始通常才在两位执政官里面选任）“本身担任的独裁官职位并不是由任何民选执法官授予的，也没有谁有资格这么做”。

这种独裁官治权有非常特殊的强度，以及同样特殊的是，这违背了共和国最高民选执法官职的那种典型的（平等）同僚制，这是因为须由一个人来承担通常要由两位执政官享有的全部统治权。另外，这种特殊性还通过赋予独裁官的那种护卫加以证实，这种护卫是单个执政官的两倍，相当于两位执政官护卫的总和。多数时候，有二十四位手持插有利斧的束棒的侍从官伴随其左右，即使在城内也是如此。这再次证明了，在这种情况下，行使城内治权和城外军事治权之间那种根本区别消失了。在紧急情况下，权力行使获得了吸附效力，并且其具有的这种意义不打任何折扣，即使是在共和国时代的传统中渐渐扎根的那种类型的削弱也是如此。实际上，在很长一段时间里，大约是直到公元前300年甚至更晚（见第22节），独裁官的强制权都不受向人民申诉制度的限制（参见Liv.2.18.8; 2.29.12等）。而且，在法律层面上可能也毫无理由地排除了一种可能性（参见Pomp.D.1.2.2.18; Liv.6.16.3等），即对独裁官在城内（*domi*）行使民事治权也不能用保民官否决权（*intercessio tribunicia*）加以反对。当然，无论如何，在其行使治权的过程中所遇到的唯一一种坚决的限制就是授予其任职期限的短期性，即仅限于任命这一官职所指向的目标得以实现所需的必要时间（军事战争的结束、民众“叛乱”被镇压或终止、宗教仪式的完成、庆典的进行、节日的庆祝等），而且，不管什么情况都不得超过六个月（不可留任［*fas non erat retineri*］）。一旦经过该期限，独裁官必须退职（*abdicare*）。

166

即使是元老院对其他所有官员享有的那种政治上的领导和掌控之职，也很少在独裁官身上行使。至少，由于激活这种官职产生的那些非常条件以及担任该职位的人所具有的那种例外的政治重要性和特权，尤其是，在统治集团和被任命的独裁官本人之间存在着方针上的一致性和同质性，那么恰恰就是在共同体命运最为紧张的时刻，通常是在社会各成员之间有最尖锐的冲突的时候（为了最后斗争的到来［*ad ultimam dimicationem ventum*］），才会诉诸该官职，当作是一种严厉的斗争工具（伟大机制［*tantus apparatus*］），以及紧急关头权力阶层利益的捍卫者（最后的保护者 [*ultimum auxilium*]）。

此外，同其他的民选执法官不同，独裁官离职之时无须对其所作所为负责，也不用核查为从事军事任务而拨付给他的经费总额；他可以宣告“叛乱”（*tumultus*）并进行市民军队的征召而不必遵守征兵宣告行为所必需的形式性；也可以宣布“停审终诉”（*iustitium*）并就此自行命令民事司法工作运作的中止（而无须元老院授权，但这种授权对于执政官而言则是必须的）。

同某些人所想的相反，在独裁官自己被任命后立刻自行指定一位骑兵长官——该官员作为部属被委任来指挥骑兵——这并不能被认为是对他权力的一种限制方式或者是他的义务。

骑兵长官这种特殊的属于附属地位的职责，或者可以解释成一种奇特的禁忌（Liv.23.14.2; Plut.*Fab*.4 等），即未经人民（或元老院）授权独裁官禁止骑马。

167

骑兵长官（其治权最多持续六个月，并且在独裁官基于任何原因离职时终止）除了是一名军官以外，还是一名高级执法官员（等同于裁判官），被赋予了特有的治权，而且独裁官还可以把所有军队的指挥权都委托给他。不过，选择谁以临时长官身份来担任这一职位绝对是由他的自由裁量权决定的，他可以在任何时候迫使该长官让位，并代之以更受信任的人。所以，骑兵长官的态度能够对这位领导的权力做出的影响或者限制几乎是微乎其微。尽管没有被遵循，但仍然保留了这样一种企图：创制与独裁官平权的骑兵长官（*aequare dictatorem magistro equitum*），这曾在公元前 217 年得以实现，这样就在两者之间引入了某种类型的平等同僚制。不过，这一记载是孤立的，在其他编年史里面闻所未闻（Liv.22.27.3-4）。而且，在这一时期，即从公元前 3 世纪初开始直至汉尼拔战争[①]，这种制度已经萌发，只是在一些并不重要的职责方面才诉诸骑兵长官的职位。很可能，因为政治情势的变化已经逐渐对独裁官的权力有所限制，这种情势使得对《关于申诉的瓦勒里法》（见第 22 节）予以尊重得到了一致同意，而且更常见的是实现了平民保民官的要求，即对独裁官在城内所从事的行为也可施以禁令（*intercedere*）（Liv. 27. 6.

① 指公元前 218 年开始的罗马和迦太基之间的第二次布匿战争。

5）。这就导致统治者对该官职不那么感兴趣了，尤其是在激烈的对抗过后，一位平民于公元前 356 年获得该职位。

最后一位全权独裁官是当坎尼（Canne）会战战败消息传来后（见第 52 节）于公元前 216 年任命的马可 · 尤尼 · 贝拉（M. Giunio Pera），而最后一位限权独裁官则是在若干年以后由盖尤 · 塞尔维利 · 杰米诺（Gaio Servilio Gemino）担任，来主持民众选举大会。在随后的一个世纪的时间里它几乎被完全废弃了，直到公元前 82 年苏拉（Silla）使之复活（见第 67 节）。但此时已经完全走样，它具有了全面的且极为罕见的镇压职能。在恺撒（Cesare）于公元前 49 年、公元前 48—前 47 年、公元前 44 年历任四届独裁官之后（见第 70 节），罗马就再也没有恢复过独裁官制度了。由于民心所向，安东尼（Antonio）在公元前 44 年批准的一项法律在形式上将其“永久”废除。一些新的法律工具已经确定地将其取代了，这些手段适于用来促使掌握或者占有权力的人更为安全地去实现那些曾经由这个非常设官员来完成的政治性目的（可以想到的是，最高元老院决议制度 [*senatus consulta ultima*] 或者共和国末期的非常治权制度：第 64、69—70 节）。

34. 监察官

监察官一职具备一种特别有影响力的权力和最高（*maxima*）鸟168卜权，尽管他在历史上显然不拥有治权。在几种主要的常设官职中（与执政官和裁判官一起），监察官具有显赫的地位，这或许是因为他们共同来源于军团长官一职（第 23 节），当然，也是因为他的职责在政治上的特殊性和极端微妙性，它是罗马式的财产等级制结构下的社会组织类型的核心，在这种结构里，亲属制原则被超越，公民在军队或者市民大会的不同投票单位中具有的地位是根据他们的财富水平来决定的。

随着百人团体制的建立，对单个市民的财产存在状况加以定期确认就变得不可或缺了，甚至也是为了各种政治制度本身的运作。在最初的时候，这一任务是由裁判官—执政官来执行的，传统文献证实，他们最后一次从事该任务是在公元前 459 年。因此，尤其是由于他们的军事使命造成了很长一段时间的停顿和拖延以后，终于，在那个所谓的军团长官的时代里将该任务赋予两位监察官（*censores*）。传说他们很可能是这种同僚制最高官制里的另外两位贵族成员，其组成方式实际上表现为定期地增加两名成员，显然，他们所占据的是完成监察之责的军团长官一职（所谓的行使监察官权力的军团长官 [*tribuni militum censoria petestate*]：见第 23 节）。并非偶然的是，部分文献里把这一时期的这些人当作是“军团长官”加以记载，而在另一些文本里则说成是“监察官”。因此从这个意义上讲，就可以确认李维指出的（4.8.2）公元前 443 年是监察官最早履任（*initium censurae fuit*）之年，而该官职很可能只是在后来才获得了其明确的身份：或许是因为在公元前 367 年所达成的妥协（见第 26 节）所导致的对制度安排的普遍重置。显示其逐渐获得独立身份这一过程的一个阶段可以在公元前 434 年的《关于“有限权力的监察官”的艾米利法》（*lex Aemilia* “*de censura minuenda*”）中得到确认，该法根据独裁官马尔梅科·艾米利·马梅尔奇诺（Marmeco Emilio Mamercino）的提议，确认了最长时间为十八个月的监察官一职的任期，即相对于军团长官为期一年的正常时间而言，任期被延长了（Liv. 4. 24. 5），但与此同时则规定削弱（或者取消行使）其治权。

无论如何，《艾米利法》确立了一种不寻常的任期，并在具有监察官权力的军团长官和其他任期一年的常设性执法官之间引入了（或者根据传统文献的说法，至少是批准认可了）一种期限上的显著区分。这当然应该是有利于（即使并不是决定意义上的）根据其特殊的职责和权力而将两位监察官从军团长官这个集体当中逐渐剥离出来，而且或许也有助于阐明他们为什么缺少治权资格（至于是表面上的还是实际意义上的，则存在争论），或者至少他们的姿态是，在实践中通常不行使治权（在历史上，实际上他们既没有束棒也没有侍从官，因此也就没有强制权和召集民众或元老院的权力）。 169

根据一项百人团民众大会关于（监察官）权力的法律，而非根据某部关于治权的库里亚民众大会法律而授予监察官以权力（不过，这也证明了，尤其是突出了——尽管不仅仅是这一点——监察官一职和百人团制度及其后来的制度形式的兴起之间存在着紧密联系），在这一背景下，历史上，监察官并非（或者根据普遍观点看来，似乎已经不是）治权拥有者，这一事实就代表一种主要的反对意见，所针对的是这里收录的一种重构性假说。不过，很可能正是其任期的异常性决定了，在监察官作为一种独立的执法官被确立起来的过程当中，最初被笼统地授予这个古老的执法官集体的一些权力被削减了，同时特别地彰显出其特定职能以及两位监察官的尊严，并相应地实际停止行使最初的那种治权（正如我们说过的，这可能缘于公元前434年的那一种纯粹立法上的削减[*deminutio*]），或许也是他所从事的活动类型导致他不再行使治权这一事实。总之，从某种角度来说，治权这种形式上的资格可能表现为并非必需，或者不合时宜，甚至具有危险性，因为与监察官相联系的是一个比其他的常设或非常设官员任期更为长久的职务，更会积累起一种在短时间内变得如此强大的权力与特权，它不受任何更大权力的掌控，也不受平民保民官否决权的限制。

从所有这些非常显而易见的理由和情况中——并不当然只是狭义的法律上的原因，而主要是政治原因（另外，奢望根据抽象而无独立性的法律模式的发展线索，而在鲜活的制度史及其对社会需求的逐渐适应过程中找到一种连贯而直接的进程，这只会是虚妄的）——可以发现，在李维介绍的那部《关于有限权力的监察官法》的相关记叙当中就有这方面的迹象，尽管并不确切，并且由于汇编时的错误而有所篡改，即这个执法官职似乎颇有意味地与共和国的其他全部官职（*magna imperia*）关联起来，尽管不是在所有情况下都是如此（但可能也不只有一种情况）。

通常，监察官是从刚刚担任过执政官的元老院议员中选举产生的，在授予其权力后，他会颁布一项告示（监察官发表意见的法律[*lex censui censendo*]或者监察官程式[*formula census*]），以此来确定财产调查的日期，这涉及所有的市民，并且宣布评估其财产所遵循的原则。

因此，所有的家父都必须参加这次大会（*contio*），举行完鸟卜仪式后，在马尔斯广场举行（而骑兵财产统计[*equitum census*]，即对在骑兵中服役的主体登记造册，则需要在市政议事广场上进行）。在会议过程中，与会人员报告自己及其家庭成员的身份信息，并申报财产：在很久远的时代里，似乎只有位于罗马田地（*ager Romanus*）领域里的市民所有权（*dominium*）和要式物

（*macipium*）项下的不动产，及相应的劳动工具（*instrumenta*）（负载或耕作的牲畜、奴隶），后来也包括了其他所有财富（略式物 [*res nec mancipi*]）。申报的财产要经过两位执法官员的评估，他们执行 170 的工作是（通过各种辅助人员的帮助：承誓员 [*iuratores*]、书记员 [*scribae*]、传令员 [*praecones*]、术语厘定员 [*nomenclatores*]、部落监护人 [*curatores tribuum*] 等），与裁判官或者平民保民官组成的顾问委员会（*consilium*）展开合作，分两册记录调查结果，一册用于确定部落制度（见第 24 节），另一册为的是征兵和民众大会。在被调查者就其情况或其所属成员、所有资产提供虚假或不准确信息的情况下，则规定了罚则。

因此在确定了单个家父的财力以后，监察官就将他们及其家子分派到各个不同的部落（根据其居所及其财产所处的领域），并因此将其划分到相应的等级中去（根据财产水平），最后根据年龄将其分入不同的老年人百人团或者青年人百人团（似乎是基于一种完全自由的指定）（随后参见第 51 节）。监察官这一官职的本质、进化发展过程及命运（不过，也是他的终结：公元前 50 年）的根源正是在其行使各种职能的自由裁量权当中。因此，这种称谓本身已经明显显示了（其实 *censere* 指的就是“毫无限制地、完全自由地进行审查”）这一官职的特定内涵，以及这种身份非常显要的政治和社会职能，在这种属性当中，（无所限制地）行使所谓的风纪整饬权（*regimen morum*）很快就具有一种非同寻常的意义：这种权力，通过某种有关名声和道德的仲裁审判手段（*iudicium arbitriumve de fama ac moribus*）来控制此前五年财产调查期间各位市民在私人的或公共的、民事上的或者伦理方面的行为，这些行为是在此前五年财产调查期限（*lustrum*）里各类市民所实施的。在被认为是应受责罚的那些行为里（即使并不是当作犯罪加以制裁），在财产调查时会采取一种负面评价的处分手段，即所谓的监察官记过制度（*nota censoria*），把该市民的名字添加（*adscripta*）到一个名单上，使之承担污名（*ignominia*）。基于各种不同的情况，这种监察官记过制度会导致从骑士阶层中被除名（卖掉马匹 [*vende equum*]），从较高等级的百人团转到较低等级的百人团，从具有较大政治分量的部落转移到另一个无足轻重的部落（从公元前 304 年，莫图部落 [*tribu motus*] 被从四个城市部落里面被驱逐出去）。在极端的情况下，这种记过甚至会导致贬为庶民（*in aerarios referii*）的处罚，即剥夺选举和被选举的政治权利（*ius suffraggi et honorum*），并被惩治性地登记在金库（*aerarii*）的劣后名单里（这些没有选举权的市民 [*cives sine suffragio*] 还必须缴纳比其他市民更大份额的税赋 [*tributum*]）。做出这种记过的监察官的继任者们可以将该记录更新或者取消，只须根据他自己的判断即可（Cic. *pro Cluent*. 122）。

171　从以上内容可以得到启示，在更晚些时候，担任监察官一职的人会拥有新的特权，或许最初这是"事实上的"，而后来则制度化了，这些权力最为显著的表现是选拔元老院议员（*lectio senatus*）。对于完成这一任务的人来说，这根源于一种威望和非凡的责任，而对于元老职位的候选者们及元老们本身来说，这又是一种动因，使之必须拥护与统治集团当中那种主流价值观相一致的社会行为规范，不仅包括他们进入元老院，而且还有他们在元老院里能够长期站稳脚跟，都要取决于对这些规范的尊重和遵循。因此，监察官就成了这些规范和价值观最为严厉、最为权威和最有威慑力的守护者。大约是在公元前 312 年，一部《奥维尼平民会决议》（plebiscito Ovinio）正式地赋予监察官一项使命，并命其严格遵照执行，即编定和定期更新元老院成员名单（见第 37 节）。

无论是做出监察官记过的相关决定，还是旨在进行元老院选拔的决定，要使之生效都必须得到两位监察官的共同同意。但不能排除也不能证实的是，这一规则也同样适用于财产调查工作的开展。"必然"的一点在于，无论基于何种理由，这两位执法官员中的一位可以阻止另一位行动的情况（这样他就必须离职，或者为了继续操作则要等到补选出一位新的同僚来）都是不存在的，因此监察官的同僚制特点有别于执政官，两位执政官中的任何一位都能够单独行使那种并未割裂而由两人共同享有的权力，但行使否决权的那位除外（见第 27 节）。

除了所写到的这些以外，监察官也是其他一些较次要的不同职责的行使者，其范围是对公田进行管理，对市民和国家（或者市民之间）有关该财产的纠纷进行审理，以及对有关占有和利用国家财产的承包行为、规定共和国财政收入和使用的相关协议进行调查（比如，监察官租赁制 [*locations censoriae*]、田税制度 [*vectigalia*] 等）。另外，关于他在任职期间管理的所有事务，在必要的时候，他还可以编定或者掌握一些适当的实施细则（所谓的监察官法令 [*leges censoriae*]）。他们的权力在为期十八个月的任期结束时终止，或者在他们业已完成主要使命（财产调查工作的进行，以及后来的元老院选任）的情况下提前终止。不过，他们的权力经常是随着一个叫光明圣洗（*lustratio*，源于 *Luere* 一词，也即“洗涤”“提纯”，但也有人认为是来自 *lustrare* 一词，即“照亮”）的庆典仪式而结束的，该仪式给所完成的工作赋予法律效力，并在献牲礼（*suovetaurilia*，参见 Liv. 1. 44. 1）之时达到高潮，而献祭的祭品是由一头猪、一只羊和一头牛组成的“联合”牺牲祭品（参见 Cat.*Agr*.141），所有这些牲畜都与早期拉齐奥地区经济上占主导地位的物质条件相联系（一方面，这毫无疑问是罗马政制生活中宗教方面和制度方面最初那种相互混合状态在后来阶段的一种残留痕迹；另一方面，有关这一官职，还存在着一种赋予监察官的特权，即他们是所有共和国民选执法官里唯一一群可以按照古代的王一样身覆紫红色长袍入葬的执法官）。 172

在两任监察官任职间隔期间，他们很多较次要的职能都交给其他民选执法官来承担，主要包括执政官和裁判官。

35. 市政官、财政官和所谓的“二十六人官”

公元前 367 年的那场政治体制上和解的进一步后果就是从根本上改变了古代平民市政官一职的特点和构造。众所周知（见第 20 节），这一官职是在公元前 449 年根据《关于保民官权力的瓦勒里和奥拉兹法》而获得了来自整个共同体的首次承认，该法律使得伤害平民保民官（只有他们才被承认是神圣不可侵犯的 [*sacrocancti*]）之人身完整性的人，以及侵犯那些并不出名的十人审判员（*iudices decemviri*）和平民市政官（*aediles plebis*）的人身的人都要承受献祭刑的命运。两位市政官担任保民官的助手，在平民阶层的组织中，被托付给他们的任务主要是对档案进行保管以及对寄存在阿文丁山的谷神神庙里的财物进行管理（可能还有在各平民街区和市场进行监督和治安管理的任务），用来指称该官职的名号就得自于庙宇（*aedis*）一词的形容词形式。

因此，在这种新的城市体制当中，随着市政官将管理职权拓展到整个城市（城市监管 [*cura urbis*]），并且扩大了其组成人员的规模，在最初两位成员的基础上加上了两个新的贵族官员，那么该职位就具有了一种平民—贵族“相混合的”的特点。

这两位新的市政官（称其为贵族 [*curules*]，是因为他们像执政官和裁判官一样拥有象牙宝座 [*sella curulis*] 之权）与最初的那两位平民市政官的继任者们地位相同（至少在理论上，平民市政官仍然是平民而非全民的执法官 [*non populi sed plebes magistratus*]）。但是，他们在形式上的来源（贵族市政官选举是由部落民众大会进行的，而平民会议则继续遴选出平民市政官），再到体制上的地位、等级、荣誉标记和权力方面仍然保持着区别。他们之间这种最初所具有的制度内涵一直保持不变，故这两对市政官从来都没有能够组成一个统一的官职集体。由于他们曾经所在的那个社会政治现实的消失，因此，多年之后，当这种区别明显变得不合时宜的时候，贵族市政官也可以由平民担任（*ex plebe fierent*），并且因此在更晚些时候消除了所有差别。平民可以毫无限制地被安排到这两个贵族市政官职位上来。另外，这两个职位也是唯一被认可具有一种特殊司法职能的官职，尽管只限于授予某些职权。从总体上来看，这四位执法官如今已是统一任命的了，在文献里，他们的名号是“城市维护、粮食供应、重大公共竞赛主政官”（*curatores urbis, annonae, ludorumque sollemnium*）。

173

城市维护（*cura urbis*）所指的权力是，每一位市政官都要对交通通行，公共场所，水渠，向公众开放的建筑，比如旅社、妓院、浴场，进行监督和治安管理，它们位于这座城市按直辖区域划分出来的四个大区（*regiones*）中的任意一个；在不同区域里对防火措施和城市卫生工作进行领导；监管度量衡制度。粮食供给维护（*cura annonae*）则包括对市场的管理、对谷物粮食储备进行保存和发放（粮食供应 [*annona*]，针对这一重大任务，我们会在第 71 节看到，恺撒设立了两个相应的粮食市政官职务 [*aediles Ceriales*]）。公共庆典维护（*cura ludorum*）最早在于对公共表演进行监督和治安管理，不过，随后在很早的时候就转变为组织最为庄重的公共节日这一任务，除了阿波罗太阳神庆典表演（Ludi Apollinari）作为例外属于内务裁判官的职责（自然而然，平民市政官执行的是平民庆典 [*ludi plebeii*] 和谷神庆典 [*Ceriales*]，而贵族市政官执行的是罗马人民庆典 [*ludi Romani*] 和圣贤庆典 [*Megalesia*]）。在这些竞技活动的组织当中，市政官甚至会经常动用巨大的个人财富，在共和国期间，组织这些活动成为一种并非无足轻重的政治与个人宣传手段，用以获得选民们的青睐。这样一来，随着时间流逝，在官职序列（*cursus honorum*）[1]上，市政官（无论是平民的还是贵族的）就成为一种并非必需、但大家习以为常，而且通常需要花钱购买的官职了（这也成为第一种被授予元老院议员地位和塑像权 [*ius imaginum*] 的执法官职）。

为了完成其职责，所有的市政官都具有有限的强制性和惩治性权力（强制权、开列罚金权、拘禁权 [*coercitio, multae dictio, pignoris capio*]）（但他们不具有治权）。市政官还多出一种与民事司法权有关的告示权（*ius edicendi*），尤其是涉及公共市场中的商业交往产生的争议纠纷（主要是关于奴隶和牲畜潜在的瑕疵）。尽管是在这样一个有限的领域里，但贵族市政官还是通过告示对共和国私法的发展做出了显著贡献（比如，可以想到的例子是，解约之诉和估价之诉）。

在体制更新后的共和国里，财政官主要是财政金融权力的掌握者，他们是极为古老又没有治权的较低级别官员。在很久远的时代，他们由最高执法官员直接挑选，后来则由部落民众大会选举产生，他们对罗马人民的国库进行（部分）管理，掌管钥匙、财物、文件和军符；对执政官根据元老院指令而决定的花销供给必要的经费；监督财产调查表上显示的赋税的缴纳；用财产割占（*sectio bonorum*）的手段来惩治国家债务人；根据债务报表来管理（其他一些）款项和装有战利品的军事仓库。在行省制度建立（见第 54 节）以后，还要管理行省的收入。（最初的财政官）在刑事制裁领域也拥有职权，掌管预审和死刑罪犯的起诉（调查程序 [*anquisitio*]），直到常设刑事法庭（*quaestiones perpetuae*）的引入为止（也参见第 20 节）。 174

经过艰苦的对抗（随着同意授予平民担任该官职才得以平息，但平民首次被选为财政官也是到了公元前 409 年），在从事城市管理任务的两位财政官——因此，他们被称为城市财政官或者金库财政官（*quaestores urbani o aerarii*）——的基础上，于公元前 421 年又添加了另外两位所谓的"军事"财政官，他追随最高执法官员对军队的财务状况进行管理。在当时，军队已经不进行短期作战了，而

① 也译为"晋升体系"或"荣誉之路"。

且在组织上很复杂。除了需要担任代理执政官的固定助手和参谋，以便在必要情况下顶替执政官的指挥大权以外，还需要正式的出纳官，即在某种程度上是会计核算方面的掌控者。

据塔西佗所说，从公元前 267 年开始（或者是前 264 年？），为了满足对被征服的意大利地区和行省进行管理的需要，在既有财政官的基础上又新增了四个财政官，有时称作意大利财政官（*Italici*），有时又不恰当地称作舰队财政官（*classici*）（“舰长”），因其在海洋区域的职权而成为舰队行动的监督者。

在公元前 1 世纪，或许可能更早，后面这种财政官行署或者位于奥斯蒂亚（*Ostia*），即所谓的奥斯蒂亚财政官（*quaestor Ostiensis*）；或者位于坎帕尼亚地区的古殖民地卡勒斯（*Cales*），不过，这里远离大海；或者位于拉文那（*Ravenna*）；根据某些人的意见，还位于利利俾（*Lilybaeum*），为的是对西西里的财政进行特别管理。

实际上，其职责范围（行省）是以抽签方式具体地分配给各个财政官的，并且是每年根据罗马（这里由两位城市财政官坐镇，而且在较晚的年代里似乎还有另外几位水务财政官 [*aquarii*]，他们的职责可能是提供引水渠方面的服务）、意大利和行省的行政管理需要由元老院来决定，由于行省管理工作的分量和数量都在增长，它们中的某些就兴起一种习惯，即有时候派驻一位 *quaestorius*，即前财政官。只是在公元前 81 年，为了应对不断增长的需要，《（苏拉的）科尔内利法》规定把财政官从八位变为二十位，在公元前 45 年，恺撒更是将数量又翻了一倍，不过，奥古斯都很快又重新恢复了苏拉所做的规定。

在共和国晚期，派驻到行省的财政官代表了罗马在当地仅次于行省总督的最高权威，根据法律（甚至可能发生在普通的私人身上）而逐次地授予他们职权的资格和代行执政官或代行裁判官的头衔（*quaestores pro consule o pro praetore*）（见第 54 节）。不过，作为这种官职本身，财政官通常跟最初一样仍然是没有治权的。因此，他们不拥有象牙宝座，也不能身着长袍斗篷（从行省的硬币上可以推知，他们的标志只是简单的四脚坐凳、装满硬币的封口小包和一根不知道有什么象征意义的小棍）。

175

作为官职序列中的最底层，它逐渐得以巩固（在此之前，平民保民官也进入到这种序列里来了，我们会看到，这时候这个具有革命性的古老职位已经类似于传统的城市官职了），财政官一职代表了罗马人政治生涯的起点。

从很久远的年代开始，在进入财政官一职之前，一些人按照习惯都会投身去执行执法官们的某些辅助性职能（后来，随着时间推移，这本身也变成了一种执法官职），对这些职位的拥有者，是用二十六人官（*vigintisexviri*）这一集体性的名称来指代的。因为到某个时间点上已经有总共二十六人之多，由六个不同的团体所组成。

这些未来的较低等的执法官员中的某些人，不仅没有治权，而且注定会长期被排除在官职序列之外。可以想象的是，在实现了贵族—平民之间和解的公元前 367 年及紧随其后的年代里，他们仍然存在着。

其中，最古老的助手团体之一似乎应该是三人行刑官或三人宵禁官（*tresviri capitales o nocturni*），最初，他们是附属于裁判官的治安官员，被创设用来对付令人担忧的公共犯罪活动的泛滥，（从公元前 3 世纪初起）这些犯罪活动滋生于城市无产者的持续增长、奴隶数量的急剧膨胀、社会关系的尖锐对立，以及罗马的城市化结构引发的对城市社区而言很不安全的状况。他们开始是由裁判官任命，之后根据一部时间不详的（不过，是在公元前 242 年的外务裁判官这一制度之后）《帕比利亚（Papiria）法》的授权，他们由部落民众大会选举。因此，三人行刑官根据自己的决定或者某位私人控告者的举报（指出姓名 [*nominis delatio*]），来制裁任何一种暴力犯罪的责任人、有毒物质的生产者或者持有者、杀人武器的占有人、被抓获的现行盗窃犯、纵火者等。根据一种有创见的假说，针对这些犯罪，如果涉及奴隶、外国人或者最低社会阶层成员，那么基于裁判官委托，对他们就适用一种治安审判：一种简易快速的刑事制裁手段，由于被适用者处于最低的社会地位，对他们的任何权利都不予考虑，即便是涉及市民的时候。如果被当场抓住或者罪犯供认不讳的话（为使奴隶承认有罪，可以强加刑讯），那就直接予以惩治，用绞刑将收监的人处死。如果嫌疑犯宣称是无辜的话，则在听取了为每一位三人官成员配备的顾问委员会的意见之后，对其罪责进行简单扼要的审判（有时候也将此任务交付刽子手）。 176

除了对城市治安进行监管以外——这在夜晚尤其重要和亟需——他们还执行对市政广场监牢（*carcer*）和城内的其他牢狱的领导；也是因等候审判而处于监禁状态的被指控人进行看管的负责人；看守已被判处死刑的奴隶。在其他所有领域，他们还有（《帕比利亚法》赋予的）任务，即要求败诉当事人向国库支付其在举行过誓金法律诉讼仪式的民事程序里允诺的审判罚金（誓金[*sacramenta*]）。

卡布亚和库玛城四人（司法）长官（*quattuorviri praefecti* [*iure dicundo*] *Capuam Cumas*）是城市裁判官委任的在位于坎帕尼亚地区的一些城市司法管理人。由于特殊的政治原因，在这些地区建立了罗马直属管辖的司法职能机构（见第 48 节）。有关这些长官的最早的信息是，在公元前 318 年，这些官员被派驻到（或许尚未成定制）卡布亚城来对突发的严重冲突进行仲裁。在公元前 3 世纪末，四人长官从裁判官的简单代表转变成了部落民众大会选举的低级官员，但最终被奥古斯都裁撤（关于其他自治市 [*municipia*] 的四人长官，还可参见第 48 节）。

争议裁判十人委员会（*decemviri litibus* [或记为 *stilitibus*]）所组成的一个团体的起源并不清楚，有些人毫无理由地将其等同于古老的《瓦勒里和奥拉兹法》（见第 20 节）里说到的十人审判委员会。这一机构可能要上溯到公元前 4 世纪中叶，在当时的罗马社会已经开始流行。实际上，他们所具有的职责是对自由权问题进行判定，即作为唯一正规的法官来决定某人的法律地位。在公元前 3 世纪最后几十年里（公元前 242—前 227 年之间），他们变为由部落民众大会选举的固定执法官员。据考证，从一开始他们就被授予百人审判团（*centumviri*）这一审判团体——其职责是遗产问题——的顾问委员会主席一职。不过，在这一点上是有争议的。

而共和国其他的辅助性“执法官员”的起源似乎就不那么古老了。三人铸币官（*tresviri aere argento auro flando feriundo*）至少从公元前 268 年开始受命铸造银币和铜币，只有从苏拉时代才开始铸造金币。城市清洁四人官（*quattuorviri viis in urbe purgandis*）和市郊清洁两人官（*duoviri viis extra urbem purgandis*）是市政官的助手，其本质上属于技术性和管理性的工作涉及罗马及其郊区的道路。

177

就像卡布亚、库马等城市的四人长官一样，两人官也被奥古斯都裁撤。这些低级执法官员被缩减为六个单位，因此在更晚些的文献里以集体性的称号“二十六人官”来指称（见第91节）。

36. 平民保民官

从公元前449年起，在被尊为整个共同体神圣不可侵犯的人以后（见第20节），保民官就不仅仅是平民们的革命首领了，还是将其权威性和影响力加诸全体市民的一位政治“领袖”了。平民保民官所处的制度背景以公元前367年的协议为标志，其权力地位（不仅是事实上的，也是正式法律上的）与一个阶级所实现的政治—军事上的功绩相对应，而这一功绩是通过一起大的事件表现出来的，该事件带来了一份全社会的公约，而革新后的共和国就建立在这份公约的基础上。在这一官职当中，通常具有最为广泛的授权和权力，当然，它们都发源于其最初就具有的那些职责，而如今已经为整个贵族—平民共同体所承认，并且部分地受其调控，因此变得适合于使其在体制内部来贯彻执行平民保护者（*auxilium plebis*）这一职责：其在历史上的职能是平民（后来则是统治者治下新的附属阶层，即人民大众）利益的捍卫者和保证人，充当一种政治制约的角色，并扮演顽强和具有革新性的反对派角色（但不必要再像最初那样，是颠覆性的），其专门针对的是托付给元老院尤其是贵族执法官们的、对社会公共事务进行的领导活动——在很长一段时间内，这些执法官都来自贵族阶层，而且随后在多数时候都是统治阶级及其新的贵族政体的代表和代言人。

保民官通过各种手段和不同的制衡方式来履行这种基本使命，有时候，其手段和目的还很曲折隐晦或者只是用来安抚人心。不过，通常还是具有一种一以贯之和打动人心的透彻性。首先，在新的“法律范围”内，为平民争取与贵族地位的完全平等，他有效地领导了进一步的斗争，因此，他逐渐承担起积极参与共和国政治管理的责任来，在格拉古和格拉古之后年代的事件里，甚至带有“英雄主义”和新的“革命性”色彩。几乎可以肯定的是，为了进入官职等级序列，必须弱化在职务与担任该职务之人的政治倾向之间的所有联系。自然而然，这也标志着保民官的那些最初经历逐渐走向尽头，并成为他们在政治上被降格到一种并无实权的形象（*imago sine re*）的先兆，在苏拉时代变成了“被掏空了的脆弱的面具”（Vell. Pat.2.30.4 提及公元前 82 年的《关于保民官权力的科尔内利法》对保民官权力施加的种种限制：见第 69 节）。尽管随后又有所恢复，但也是时断时续且充满争议。而帝制下的君主（*princeps*）在很早的时候就剥夺了属于保民官的每一项实在的政治职权及其享有的其他实权。

178

> 因此，在更晚一些的阶段里，平民保民官在各种斗争的主角之间交替轮换站队，而共和国的衰亡就肇始于这些暴戾、凶恶而残酷的斗争，并且被撕裂。通常，他们仍然是民众的利益、期望和美好理想的代言人和保卫者，但有时候（至少他们当中的一些人）也是元老院、新的贵族阶层或者其中某些派别的个别头面人物的令人生畏的工具，有意用来掩人耳目地对权力进行充满野心且肆无忌惮的行使，这些人利用他们来对付被统治阶层的反抗，使之失败、受到削弱并使其势力受到限制，以此来打击新贵们（*nobilitas*）或者那些真正具有民众基础和倾向的反对集团。

在这里直接涉及的年代里，保民官（他们是由按部落举行的平民会议选举出来的，至少在十人立法委员会时代是每年十人，而此前的数目则存疑，或许是根据反抗贵族的斗争需要而变化）行动的最基本工具就是在体制内使用一种权力，按照惯例，它来自于古代那种革命性的宽泛权力，即帮助平民抗拒执政官的权力（*auxilii latio adversus consules*）。这种权能从最开始就被僭取，用来使平民在总体上或者个体上不受贵族最高执法官行使治权的各种行为的威胁。

实际上，基于这样一种权力，随着百人团军队里平民的出现及其与贵族阶层联系的削弱，很久以来，保民官就获得了一种完全的政治—军事势力。从公元前 449 年开始，他们的人身不可侵犯性得到承认（见第 20 节），从而可以免受来自任何官员，当然也就包括贵族最高执法官的任何一种强制权的压制（违反者要承受献祭刑）。正是为了免受死刑献祭（*sacratio capitis*），这些贵族执法官都被禁止针对保民官使用他们具有实际意义的强制性手段，而这些手段正是代表了他们拥有的治权的最有说服力的表现形式。因此，在单个案件中，保民官不断有效地运用保护提议（*auxilii latio*），这就确定了他们的更具普遍意义的否决权。这样一种“否定性权力”实践的兴起，即对任何官员哪怕是具有普遍性内容的治权行为提出否决（所谓的保民官否决权 [*intercessio tribunicia*]），以阻止该行为，并使得该城市里那些传统的政府机构批准的决议不能执行，因为保民官们认为这些行为对于他们所保护的那些利益来说是有害的。 179

在对保民官否决权的内容加以明确和扩大的同时，它也就因此表现出一种真正的（否决性）权力（*ius*）的形态来，即如同是每一位保民官单独拥有的一项“法定性”权力、否决（*prohibere*）权力，因此他能够不经同僚的同意而行使，所根据的原则就是“为民陈情的保民官的权力最大”（*ex tribunis potentior est qui intercedit*）。这一规则并不是建立在“这个集体的成员的权力是平等的”基础上，尽管这个原则是存在的，而是建立在由“保护建议”（*auxilii latio*）所构成的那种古老的革命性逻辑的基础之上，这种逻辑当然不允许（也不要求）必须取得形式上的和复杂的集体性决定，通常，在紧急情况下，它是为了援助受到贵族官员威胁或者迫害的平民而做出的必要干预。但在平民和贵族之间于公元前 367 年达成“共存协议”（*modus vivendi*）而关系常态化的背景下，在这方面的直接而迫切、有时候还很令人动容的需求自然而然就逐渐减少了。因此，毫无疑问，在保民官开始嵌入到这个新的体制内而被同化为共和国的一种官职的过程中，那一项古代的革命性原则就应该也与“默认一致同意”原则这一基本规范同时存在了，后者对于具有平等同僚身份的共和国官职来说是具有代表性的运作方式，而且也建立在同僚的否决权基础上。总之，在政制生活的实践当中，就逐渐确定下来：根据其传统职责，每一位保民官都能自行运用其否决权来制止共和国任何政府机构的行动，而他们也可以针对其他保民官同僚行使否决权。

就此，统治阶层里各种集团或者派别曾多次企图引诱、影响或者腐蚀保民官当中的至少一个，且屡次得手；如有可能他们甚至想推选出一个来，所诉诸的计策就是把他们自己的某个领头人变为平民（*transitio ad plebem*），而放弃作为特权阶层的地位和权利（因为贵族是不能奢望成为保民官的）。后来，众所周知，这种令人不安且晦暗不已的场面并不罕见，比如发生在格拉古兄弟时期的那些场景（见第 63—64 节）。

从该集体内部来对保民官行为加以制约这样一种关切，自然同他们这种禁止性权力的不断扩张是相对应的。不过，这种关切也是与一系列的各种其他权力相联系的，它们的功能也在于行使否决权，并且保障保民官本身逐渐获得的那种不可侵犯性。

这些权力的集合的作用范围、强度、内容及本质都赋予保民官权力以实质内涵，同时在不同的历史状况下使之得以表现，它们也是一次次地逐渐得以确定下来的（今天才能够予以明确），这不只要归功于对平民保民官的法律职能和政制角色所做的精细而完备的理论归纳，更应该归功于他们本身在实体制度方面积累下来的实际而有效的权力运用的实例（如今是在文献中看到的）。

180

实际上，尽管还存在着激烈的争论，以及由反保民官的意识形态所滋生出来的对其明确的反对或者强烈的抵制——这种意识形态并不仅仅只在贵族政治的环境下广泛传播——但是，在不同的场合下，他都不断地实现了政治胜利，并令人信服地实现了各种类型的干预手段在宪制—法律上的不可抗拒性，并把这些干预手段当作纯粹的保民官权力贯彻到日常工作中去，而它们也就是新权力的合法表现。当然，在平民们的倡议遭受重大失败的情况下，或者保民官与他的基础失去了坚固的联系，或者他们甚至让具有明显保守化特征的政治—社会联盟或集团成功占据优势的话，这一进程也会出现逆转倒退。

因此，这种古老的否决权似乎在最为久远的年代就已经开始得到运用了，或者基于单个保民官的自行决定，或者根据平民（后来则是全体市民）的求助请求（*appellatio*），所针对的是全部的执法官，但监察官的某些行为除外，这些行为所涉及的是通过财产调查制度而对城邦定期进行标志性重构。

对我们来说，监察官拥有豁免权的理由是很明显的，如果没有它的话，不仅等级之间业已开始的共生共存状态，而且这个扎根于百人团体制当中的平民—贵族国家的存在本身也会处于持续的危险之下，这种体制的兴起为平民“革命”打开了（或者说构建了）具有决定意义的空间环境，而对它本身进行规范的手段就在于担任监察官一职的人所从事的那种法律性—神职性活动。因此，这一官职在一定程度上成为公元前367年那一场“制度上伟大的和解”的先导前奏。于是，对于无论统治阶层还是平民阶层，从客观上讲，在很多方面，监察官都是不可或缺的。总之，还不能低估的一个背景状况是，在曾经指出的一些场合中（见第34节），即监察官的治权资格只是在理论上才有效存在的场景下，他们并不会行使治权，因此，也就很难能够引发求助保民官的需求。实际上，极少数针对监察官动用否决权的案例所涉及的都是不符合体制的监察官行为，而几乎全都类似他们中的一些人想要在《艾米利法》确定的十八个月期限以外继续留任这样的不合法要求，甚至还有想要摆脱同僚而独任的情形。

相反，保民官针对执政官动用否决权的证据（只是到了公元前300年以后，才针对独裁官）却很常见。执政官常常受到的阻碍是：在尚未正式宣战前完成征兵、为了选举继任者或者下级官员而召集或继续进行民众会议、在人民大会面前提出或者支持法律提案、通过抽签仪式来决定作为各自行使职权范围的行省、向人民讲话、征收赋税等。

181

在所有的这些干预手段中（不过，也只是其中的一些，其他的则不那么重要和轰动），对征兵（*dilectus*）加以阻止显然代表最严重的一种方式，直接影响到共和国内部的安排，以及反抗外来军事威胁的实际能力或者实现统治阶级的称霸企图。平民保民官将其当作一种强大的阶级斗争工具来使用，尤其是在长达数世纪的争取阶级平等的斗争过程中，以及后来在格拉古和紧接着格拉古的那个年代里，这也是保民官真正具有革命性的两个阶段。有时候，只需要拿诉诸否决权当作威胁就足够了，作为他们放弃使用（或者撤销）这种否决权的交换，同时可以获得对被统治阶层或者边缘化的社会集团的补偿，使其利益得到保护，尽管这种保护或许只是细枝末节的或者作为一种手段而已。作为一种障碍工具，这些手段不仅有能力介入到各种体制的“正常的”运作中来——实际上，这是就统治者而言——一般来说，我们已经说到过的其他种类的否决权也同样表现为具有影响力，在多数这类情况下，这些否决权反对的是执政官、摄政、裁判官和各种较低级执法官的行为。

保民官阻止民众会议和元老院的召集，或者阻止任何人从事对于会议的启动或者达成决议通过案（*iter*）而言不可或缺的主持工作。由此，保民官合法地实现了一种干预，在具有明显政治分量的基础上制止了共和国政府中那些同僚制机构的选举性、立法性和指导性行动，阻止了他们那些不受欢迎的决议（从理论上讲，还有最严重情况下的元老院最高决议 [*senatusconsulta ultima*]，不过，至少从公元前 3 世纪之后，不包括民众会议的法律）的执行，特别是维护了保民官所代表的那种利益，通常而言，这都是有利可图的。

在共和国晚期，元老院通过诉诸一种具有极端政治严重性的行为，能够寻找到对抗保民官对元老院决议的否决权，即宣布保民官的行为对共和国不利（*contra rem publicam*），这样就为保民官的指控设置了前提条件。针对民决法律行使否决权是不被接受的，这是因为这种行为被认为有悖于（违逆 [*maiestas*]）罗马人民的权威。不过，正如已经说过的，保民官能够反对各类官员的提案或者民众大会审议过程当中的行为，并以此来阻止不受他们欢迎的那些提案被提交表决。

平民保民官同样也参与到刑事和民事司法工作的管理中来，可以使审判法官的行为无效。在民事程序中使用的否决权所涉及的仅仅是审判法官的指令，而不是承审员的明确而具有约束力的判决。至少在十人委员会时代开始以后，这种运用方式要依赖于利害关系当事人的上诉，并且要求对导致该执法官做出这种受到反对的决定的那些问题和理由进行某种概括的审议（*cognitio*）。

这还不够。为了保护保民官自己的神圣不受侵犯性，以及同否决权这一资格紧密联系的是（作为这种不可侵犯性的自然的延伸，并以保障其具有完全效力的方式），他被承认具有一种概括性的强制权（*summa coercendi potestas*），实际上就是开出罚金、指令扣押财产、逮捕（*prensio*）任何市民、将其投入监狱（*in cinculis*）以及做出不可上诉的死刑判罚（Dio Cass. 53. 17. 9）。

182

与那些表现为治权拥有者的民选执法官们的权力不同的是，保民官的强制权力在最初的时候无非只是一种事实上的权力（通常它仍然是没有治权的），完全建立在平民大众的那种革命力量的基础之上。后来到了共和国时代，这种权力才在第三部《瓦勒里和奥拉兹法》（传统文献中所说的首部保民官法律 [*lex tribunicia prima*]）当中找到了法律基础，正如人们所知，该法律承认了保民官人身的神圣不可侵犯性（*sacrosanctitas*）（见第 20 节）。保民官还推动了一种承认，即同等对待那些妨碍他们行动的人与对其人身加以侵害的人，照此来考虑使其承受献祭刑，但这种承认并非没有受到反对、质疑、抵制，而且或许还被滥用了（何乐而不为呢？）。按照这种方式，保民官就能够迫使所有人都尊重其决定；克服对其行动构成的任何阻碍，即便在某些情况下要采用强力；处以最严厉的制裁，甚至包括从悬崖上抛下去（*praecipitatio e saxo*）。不过，对于不那么严重的制裁而言，一般就需要侍从官（*viatores*）的协助了，但是这些侍从官不能完全取代保民官，而且他们只能在至少有一名保民官在场的情况下行使这种代位处置权（*ius prehensionis*）。

对于保民官这些强制权力中最严厉的手段的行使，比如，不得适用向人民申诉制度，这种实际而直接的干预的必要性来源于，保民官全部的规训手段都与古代宗教上的及后来立法上的那些规定——它们承认了平民领袖人身的（不是职务或者职责上的）不可侵犯性——具有持续的、工具性的以及法律上的必然关联。

与这样一种逻辑相对应的正是，保民官有义务经常保持其家门敞开以及不得远离罗马哪怕一天或者一夜，除非是为了去主持平民大会，按照传统，这是在罗马城墙之外召集的，或者说是因为具有公共性质的例外原因以及正处在各种拉丁人假日里。相应地，在历史上，罗马城界就构成了保民官提出保护建议（*auxilii latio*）及来源于其中的那些权力的界限。另外，这也使得保民官的否决权不能够反对在城邦之外的执法官们或者根据军事治权所做出的行为（关于独裁官对权力的行使，除了那些或多或少基于法律的障碍以外，市民保民官的保护手段在政治上不能有所作为的具体方面，参见第 33 节）。

在实践中，保民官的强制权力还要经受一些改动，这种改动有时候是零散的有时候又是持久的。在某些情况下，元老院也会来帮助加强实施这种强制权，鼓励甚至是敦促讨他们欢心或者与之结盟的保民官使用这些权力，来对付那些不友好或者难以驾驭的执法官。不过，经常发生的还有相反的情况，元老院阶层使用对其友好的保民官的同僚否决权（*intercessio collegarum*），来制止其他保民官行使客观上会对贵族政治的“建立”构成危险的权力。与此相矛盾的是，否决权本是用来在有“民主”保证的宪政制度里面限制贵族政治的，而且，从抽象意义上讲，安排保民官一职就是为了这种类似的目的（即使说并不完全重合）。于是，可以认为，保民官具有的直接判处死刑的权力似乎受到了一种规范的限制，即禁止判处未按规则受判罚的市民死刑（无辜者不受死 [*indemnatum hominem interfici*]）；可能受到制裁的主体应与其所犯罪行的实际严重性相适应；更多的时候则是，根据各种法律（在这一令人困惑的要点上，传统文献记载的是，在最古老的年代里，至少有三部日期不详但截然有别的相关方面的法律）调整了保民官做出罚金刑的权力，对其或有扩大或有削减：一方面，把最原始的设定——没收一个被献祭之人的财产这种刑罚——扩展到那些仅仅是搅扰平民大会的人身上（公元前 492 年 [？] 的《斯其尼法》[*Lex Scinia*] 或者叫《伊其利法》[*Lex Icilia*]，此外，该法还确定如果受到罚金刑的人不能或者不愿对这一给付提供保证人 [*praedes*] 的话，要被判死刑），另一方面，根据《阿特尼亚 · 塔尔佩亚法》及《梅内尼亚 · 塞斯蒂法》——其年代顺序和相互关系不详——引入了以金钱来对刑罚进行衡量的措施，把金钱制裁手段从献祭刑判中分离出来，并确定为三十头牛和两只羊（更晚些时候是三千零二十阿斯），如果超过最高罚金限额（*suprema multa*）的话则接受向人民申诉（及向部落民众大会和部落平民会议 [*concilia plebes tributa*] 申诉，关于两者的相应职权，参见第 43 节）。

183

总之，保民官的最高强制权逐渐地得以制度化，从作为一种单纯对否决权加以事实上支撑的手段开始转变，这种否决权是他众多自有的法定权力的集合，不仅按照传统的方式行使而从未完全退化（投下山崖这种刑罚甚至到公元前 86 年都还有案例，参见 Vell. Pat. 2. 24. 2），而且，通过正常的刑事制裁方面的诉讼程序还实现了一些新的和间接的表现形式，相对于这些传统手段而言，它具有了真正新颖的强力性权力的内涵，而在晚些时候，在某些犯罪场合，这些手段甚至成为专属的。有时候，保民官会放弃直接使用他自己的强制权，而是在事实上将其自身的利益和职权权限扩展开来，并且取代此前存在的一些官职（比如说，敌对行为两人委员会，在共和国制度的长河中，就慢慢地消失湮灭了），因此，保民官常常提出倡议，拘捕各种（前）执法官或者市民，使其接受普通刑事法庭的审判，他们不是受到侵犯保民官的神圣性的指控，而是因具有政治背景的犯罪受到指控。 184

关于这样一种发展过程发生的时间，可能有很多相互分歧的观点。一部分当代的历史学家倾向于赋予《十二表法》（第九表第一条）[①]中规定的惩治特权方面的禁令以一种统摄性的意义，认定其含义为，从公元前5世纪以来，保民官就已经被剥夺了绝大部分强制性权力，以及（在多数情况下通过平民会议）对侵犯其人身权利和他保护的平民利益的人处以死刑的权力。不过，更令人信服的观点可能显得与此不同，这种观点将类似的发展过程置于一个更加漫长的岁月里，否则就很难理解为什么以及通过什么手段，保民官才能够在大变革的那些年代里支持并实现平民们的计划，尤其是具有什么样的力量他才能有效保护其职责的完全行使。我们可以发现一些证据证明，平民保民官直到很晚近的年代里还有对身陷献祭之刑的人直接判处死刑的权力，而且似乎尚存争论的是，大约在共和国末叶，这些人是否还完全或者部分地是申诉制度的主体。与此相关，毫无疑问还发现了一些重要而常见的证据，事关罚金刑或者死刑的刑事诉讼程序，主要是政治犯罪，不过，也有普通犯罪，这都是由保民官提起用来对付私人或者（前）执法官在其任上所犯罪行。比如说，针对执政官的是，未经必要的宪制上的授权而进行战争、违背了一般的诚信义务、滥用了或者贪污了托付给他的公共财产（其他案例还有对西庇阿家族的著名审判）；针对独裁官的是，在征兵过程中的残酷所为；针对裁判官的是，临阵脱逃、对私人造成的财产和人身损失；针对担任公职的市民的是未履行其义务的行为，在为国家提供的供应中弄虚作假；针对贵族和平民们的是普通犯罪。

① 即“不得针对任何个人制定特别的法律”。

保护平民的权力（*auxilium plebis*）是从一开始就得以实现的，正如已经看到的那样，不仅仅是以消极的方式，而且还通过平民领袖那种积极的资格，把他自己的民众召集起来、向他们讲话、领导他们的和平行动或者武装行动、在最为重要的问题上为其提供咨询，或许还有以仲裁人身份对其辖下民众之间突然出现的纠纷做出裁决等。从这一系列明显必要的行动中，推导出共和国时代的保民官的一种真正代表平民行事的权力（*agere cum plebe*），即在制度上确立和保持他与平民们之间——平民被召集在自己的大会上（*concilia*），从而与全体人民的大会（*comitia*）区分开来——的一种积极的、有机的联系，这种联系不再仅仅是政治上的，也是法律上的，对于整个国家体制而言，则是相当重要的。基于这种代表平民的行事权（*ius ageudi cum plebe*），任何一位保民官都有权召集平民会议、领导其中的工作、提出政治性审议或者规范性审议活动（平民会决议 [*plebis scita*]）的参与模式。只有为了进行新保民官的选举（在夏天进行，早于执政官选举，因此，在执政官选举的 10 月 10 号之前，当选的保民官已经上任了），平民会议的召集不是由单个保民官完成的，而是要根据全部在任保民官的集体告示，并从他们当中抽签指定一人主持此事。从公元前 448 年开始，一部《特雷波尼亚（Trebonia）法》废止了此前的保民官补选制度，如十名成员中的一位在任职当年离任而要对该集体进行增补，也遵照上述这种程序。保民官任职为一年，与执法官不同的是，他们可以连选连任。不过，实际上除了最古老的年代或者格拉古时代，出于符合适当性这一显而易见的理由，都要尽量避免选任此前已担任过该职的人为保民官。

185

可能大约在公元前 3 世纪末（有人把这一时间挪到了晚得多的年代），保民官权力——或许这也是通过一种告示权（*ius edicendi*）的形式表现出来的，尽管受到了限定——又为一种新的权力所丰富，在最初的时候这甚至是不可想象的，即入驻元老院权（*ius senatus habendi*），保民官的这种权利不仅仅只是参加元老院会议（当然，保民官在很长一段时间里都被这种会议所排斥），而且，甚至是召集该会议和主持该会议。由于文献语焉不详，当然这也是由于缺少一个明确与此相关的规范性文书，我们无法明确地确认保民官完全获得这种代表元老院行事权（*agere cum patribus*）的时间。可以确定的只有，这发生在不太早于《关于平民保民官主持元老院的阿蒂尼亚法》(legge Atinia *de tribunes plebes in senatum legendis*) 的时候，大约在公元前 2 世纪中期或者末期（有人说其日期是公元前 149 年，有人说是公元前 102 年），该法同意前保民官有权进入元老院成为其成员（当然，是由监察官选任）。不过，仍不太确定的是保民官和元老院之间这种更为紧密的关系的不同阶段：从间接地获得参会权，到受邀与会和发表言论（发言权 [*ius sententiae dicendae*]）。在这样一种进化过程中，具有不小影响的是，由《霍尔滕西亚法》(*lex Hortensia*)（第 42 节）确立的平民会决议与法律的等同，以及保民官逐渐地趋同于城市执法官这样一种明显的趋势。

37. 阶级平等、《奥维尼平民会决议》、“《奥古尔尼法》”

正如已经论及的，获得执政官一职对于平民来说是一个决定性的胜利，跟随着这一胜利，其他所有的胜利成果几乎就成为一种必然，尽管还要通过进一步的斗争。公元前 356 年，平民被承认可担任独裁官，公元前 351 年是监察官，公元前 337 或者前 336 年则是裁判官。因此，通过获得贵族执法官职这样一种资格，平民们开始进入元老院，从公元前 4 世纪开始，（就像共和国所有的其他制度构造那样）元老院也成为一个由平民和贵族混合组成的机构了。不过，基于各种声誉荣耀，来自于古代权贵阶层的元老院议员——贵族元老（*patres*），正如已经说过的，这一术语使人回想起他们在氏族制度中的地位——至少在数量上仍然保持着绝对的多数。 186

元老院征召元老（*conscripti*）的数量从公元前 312 年开始逐渐增长，当时《奥维尼平民会决议》(*plebiscito Ovinio*) 的效力已经开始显现，该法赋予监察官执行元老院议员选拔（*lectio senatus*）的权力（第 34 节），并确定吸纳进来的元老应当是“各个阶层的最优分子”。因此，即使是非贵族的前执法官们，相当一部分是平民，就这样被招入并披上了元老院议员的长袍。不过，并不太清楚的是，这一切的发生究竟是因为《奥维尼法》的明确规定呢？还是由于新的政治氛围逐渐巩固后兴起的对该法所做的一种扩张性解释？于是，大约在公元前 3 世纪末，通过逐渐将氏族元老排挤出去，征召元老已经构成了元老院成员的多数。

在公元前 300 年，奥古尔尼（Ogulni）兄弟（库伊特 [Quinto] 和涅奥 [Gneo]）出任两位执政官，提出扩大某些神职集体的组成并认可平民也有权进入其中成为其一分子。而这一次，来自贵族们的抵制是强烈而毫不妥协的。为了找到阻止该提议的办法，贵族中绝大部分头面人物都无所不用其极，因为所有人都很能理解，这个提案一旦被通过，将不仅会导致数百年来由贵族垄断他们最悉心呵护的宗教职能的传统被彻底打破，而且会在这种充满了微妙而不得更改的隐言指示的领域里为平民的治理制度开放出新的空间。也不知贵族们用何手段获得保民官中其他一部分人的支持，而且他们似乎允诺其使用否决权；根据随后不久平民做出的一项提议，进行了一场大辩论，在这场激烈而针锋相对的争执里，贵族们迫不及待地搬出了他们的所有意见，既包括最具建议性和有根有据的，也有最华而不实、讨巧卖乖和掩人耳目的。不过，《奥古尔尼法》（lex Ogulnia）最终还是同样被批准了，平民们因此也被承认可以进入那两个最重要和最具声誉的神职团体。一个是大祭司团，其职能是主持所有祭祀活动和监督国家的神职人员（大祭司数量已经加倍：在四名贵族大祭司基础上又添加了四名平民大祭司，不过，在更晚些时候，该集体似乎又变成了九名成员：参见 Liv.10.6.6 和 10.9.2）；另一个是占卜官团，他们是鸟卜仪式的正式解释者（鸟卜是一些有利的显圣迹象，对于执法官或者人民从事一些行为的合法性来说是必需的），他们能够禁止或者许可召开人民大会，认可或者否认一项选举的有效性。总之，他们能以间接但极为有效的方式对所有政制机构的行动产生影响（在四名贵族占卜官的基础上添加了五位平民占卜官）。因此，公元前 300 年以后，这两种集体中贵族的影响力有所削弱，但仍然非常显著，尤其是跟他们在快速发展的罗马社会里微不足道的数量相比，就更不成比例了（在公元前 3 世纪，从残酷的布匿战争开始，市民总数在二十六万到三十万之间摇摆，而氏族贵族的数量已经连区区数百人都达不到了）。

187

在《奥古尔尼平民会决议》之后，另外还保留给贵族的是一些几乎不具政治重要性的神职——这方面没有什么反对意见——即“圣王”（*rex sacrorum*）、萨利舞神团体、朱庇特祭司、马尔斯战神祭祀和奎里诺和平之神祭司等。特别地，还有另外两项特权被保留给贵族：摄政（*interrex*）一职和对元老院许可（*auctoritas patrum*）权力的掌握（参见第12、38节），在很长一段时间里，它们都保持着不可忽视的政治分量。

38. “摄政”制度与“准可”制度

正如在很久远的年代里，与古代的王死亡或者说王已经逃遁（*regifugium*）的情况一样，在共和国时代，一旦两位执政官基于某种原因缺位而又未任命继任者，为了保证鸟卜仪式的延续性，（已经说到过）这是必须获得的，没有它共同体无法存活，就有必要求助于一种同时具有神职性、法律性和政治性的古制，即任命摄政（*proditio interregis*）。

正如文献中不断提及的，里面反复强调了古代的仪式程序：当作为鸟卜权权力所有者的民选执法官缺位时，鸟卜权会回转至元老贵族（*auspicia ad patres redeunt*），而在通常情况下则是由执政官把治权转移给继任者。通过这种仪式，所有的权力都完整地“返回”到元老院贵族议员手中，他们每人轮流行使五天的国家临时元首之职（摄政 [*interrex*]），直到新的选举重建了宪制规范，以及共和国再次回到拥有正常的民选执法官的状态，并在“创设”这类民选执法官的同时，由最后一位摄政向他们转移治权和鸟卜权。

因此，根据贵族在共同体内拥有至高无上地位这样一种古老的观念（众所周知 [第6节]，在王政时代，并不是由王把鸟卜权和王权 [*regnum*] 转移给他的继任者，而是在王逝世的时候由贵族大会来转交这些权力成分，在选择新的城邦首领这个时间段，则是摄政履行其职责的时候）；在共和国时代，摄政制度（*interregnum*）仍然是一种统治工具，从其名称上看已经不合时宜了，但却很适合用来应对和解决因最高民选执法官缺位而引起的制度上的紧急事件（很显然，这并不是指两位在职执政官不在罗马城内这种情况，包括同时不在的情况）。摄政制度除了用来确保对权力进行暂时的掌管以外，还对那些规范秩序之重建所必需的行为做出规定：元老院自行开会；任命（*proditio*）首位摄政；五日后由首位摄政任命其继任者（以后如有必要，则照此方式由第二任摄政任命第三任摄政）；召集当值摄政安排的民众大会并当然地由他来主持该大会；由人民大会选举执政官；最后的行动是所有这些程序的目的之所在，即由最后

188

一任摄政对人民选举出来的执法官加以委任（*creatio*）。因此，摄政制度是针对例外情况采取的一种例外体制。随着制度安排的逐渐秩序化，使用这样一种体制的机会是相当罕见的，这也是因为一种政治习惯的兴起，即在执政官开始任职之前就提前完成对其的选任。不过，这一切从来都不意味着该制度的衰落，比如说，在公元前52年该制度仍被启用，当时在人民大会上的骚乱导致执政官选举受阻（而这就为庞培任命为独任执政官 [*consul sine conlega*] 铺平了道路：见第70节。关于苏拉在公元前82年对摄政制度的非常规利用，参见第67节）。

在共和国时代，使用元老院准可制度（*auctoritas patrum*）对于政治制度的正常运行来说（就通行的创制规范的手段以及各种执法官个体的吐故纳新而言）则是常见的，在很长一段时间里甚至是不可或缺的，即仅由元老院中的贵族议员来确认、认可或者批准人民大会的决议。在大部分时代盛行的那种保守的政治信念里面，（没有贵族们的准可来"增加"其效力）仅凭这种决议在体制上并不能约束整个共同体的决定。

尽管被滥用了，但占卜官对执法官或者人民的行为，对监护人为了让未成年人实施的行为"有效"——即在法律层面上完全批准和生效——而附加的行为都拥有准可权。对这种准可权的诉诸揭示出、有时也暴露出元老院准可制度在意识形态、政治和文化上的前提背景（或许它跟那些类似的制度也有着共同的法律根源）。在很长一段时间里，元老院准可都代表了贵族统治阶级（后来则是元老院里的新贵阶层 [*nobilitas*]）里那些最重要的代表人物的控制力并作为他们所享有的一种特权，针对的是他们委任的执法官和其他所有市民的政治活动：通过这种手段，在执法官们所颁布的法律中（*in legibus magistratibusque rogandis*），这些人在某种程度上受到合法"监护"：在民众集会上，为公共事务之管理而采取的一些基本行动体现为通过法律或者选举执法官（见第41节）。实际上，投票之后（文献上记载的是表决之后 [*post suffragium*]），紧接着主持大会及提出法案或者其他官职候选人的执法官必须把人民的决定送回元老院（*referre ad senatum*），并请求贵族们的"准可"。

189

这种确认程序是否还涉及部落民众大会尚有争论。对其加以否认的人认为，该民众大会从来都不拥有决议权，并因此把其职责完全归结为是“消极性的”和见证性的（见第 11 节）。不过，在其他一些经过解释的文献里，比如李维，尤其是西塞罗（*de domo* 38）认为，可以推导出一种倾向于正面的答案。

> 无论怎样，这个问题对我们这里所讨论的时代来说是没有什么重要意义的，因为在革新后的共和国体制里，这种古代的库里亚人民大会实际的政治存在感已经急剧地减小了，因此它已经不再能够反映出当时社会中真实存在的关系，而被百人团民众大会全面取代。不过，肯定的一点是，对于百人团大会所通过的最重要的决议而言，要成为确定的、核准的和生效的，元老院准可是不可或缺的。

因此，百人团大会通过的那些立法性决定或者选举性决定（有人认为还有有关刑事司法的决定）对元老院准可制度的依赖，完全明显地反映出这种古老的贵族统治集团明确看重的一种政治上的需求，并在一段时间里还有效地对其加以捍卫，即将“民主制”人民大会的实际权力控制在一个可能的限度内，这种大会在组成上是混合的，作为一个议政机关被安排进共和国的政制结构当中，或许这正要归功于那场剧烈的变革需求所做出的不可抗拒的推动，其中最强烈的部分则是由平民们所组织和影响的。所以，很明确的一点是，对仍然保留在贵族手上的这种重要的政治控制和干预手段加以利用，从而其强度、性质本身就以直截了当的方式转化为对人民权力的一种实质限制，它所回应的无非就是这样一种需求，即各种鱼龙混杂、一盘散沙式的集团和派系都凝聚到掌握这种权力的人身边：也就是说，在大约几十年里，贵族们处于中心地位，只有他们才能够做出（*praestare*）或者拒绝做出准可。在这一点上，根据某些重要的公法学家后来所做的阐释（或者根据不仅仅具有保守观点的历史学家的确认），元老院贵族议员对人民审议决定的审查，只是在进行审查的那个时刻才包含具体内容（从法律层面上讲也是如此），根据需要批准的那些决定的性质和重要性，尤其是根据在很多问题上通过各种政治和社会势力表现出来的不同的压力集团之间利益的有效平衡，这种审查会具有或者不具有相应的强度和严格性。

190

于是，这种做出或者不做出准可的决定有时候表现为一种纯粹的对政制合法性的审查，如同是对贵族控制的各种行动的形式合法性加以核准的权力；而更多的时候则表现为基于最宽泛的自由裁量权而对人民大会规定的实质问题加以控制的一种权力。如果说这是真的（其实是真的），那么，实际上在某些情况下，仅仅是出于明显的政治适当性的理由，贵族们就会向一些审议结果授予（这是有意义的，并非是徒劳无益的）他们的准可——即使从法律形式性角度来看某些审议结果是不合规范的，而且毫无疑问，这些审议结果相对于既存的政制实践而言是反常的——以便使之完全生效，即使受到某些瑕疵的影响。自然而然，对于一个在不断形成过程中的宪政制度而言，比如说罗马的共和制（实际上，每一种宪制都是如此），从本质上讲，行动和程序上的合法性与规范性、法律和政制原则的维持和变化，除了取决于一次性和长期明确下来的那些规则以外，还取决于特定的政治性选择，或松或紧地掌握着权力的那些人的利益，以及行使该权力的具体能力，以使这种宪政制度保持不变（并完整地提出自己的自主决定）或者不时地与社会上存在的其他利益和势力相调和（因此，需要或多或少地做出有限让步，而促成或者接受和解或者妥协）。在业已确定下来的统治地位面临深刻的危机，因此传统的社会和政治安排发生实际转变的时刻（即使是渐进式的）（后李其尼时代的罗马就是如此），权力的运作结构就会发生动荡，在各个政制机构之间标明的界限也会随之瓦解，并不断地被突破，他们的制度职能也会发生重合。即使是最牢固的法律原则也会表现为不合时宜，甚至变得相对化和模糊化：具体由谁来掌握它、解释它、使用它而带来的表面上和实际上的后果各不相同。尤其是根据这些人拥有多少手段和能力以确保其具体得到遵守，那些被迫遵守它的人们因此就会想要去改变它，甚至废止它。

就这个问题，可以举出的例子是，贵族元老们在公元前357年为《关于解放奴隶税的曼利法》（*legge Manlia de vicesima manumissionum*）授予的准可。

实际上，不止一个理由可以说，由执政官涅奥·曼利·卡皮托利诺（Gneo Manlio Capitolino）实现的批准该提案的程序很明显是不合常规的。首先，民众大会召集的地点并非按照习惯是在罗马的马尔兹广场（campo Marzio）或者邻近地区，而甚至是在这个法定地点以外的苏特里（Sutri）（这一点必然会带来一些问题，涉及举行鸟卜仪式的适当性），而且甚至还是在军营里面（*in castris*），即部队驻扎地。所以，当市民们表达其表决意见的时候，表现为处在该执政官的军事治权控制之下，他在提案的同时也行使军事指挥权，而这就代表着对市民们的基本自由最严重的侵犯、对他们自主而正确地行使他们的宪制权利的一种（并不仅仅是形式上的）侵害和一种不可接受的限制。除此以外，第三个不合常规之处在于（或者说成是第四个，如果鸟卜仪式可能没有按正常方式进行的话），民众并不是按照百人团——根据这个业已确立的实践，该民众大会本身才因此得名——而是更加仓促地以部落为单位被召集和号令至人民大会进行投票的，这在罗马历史上是第一次；自然而然，进一步言之，这些民众大会也只是（在形式上）在仅有部分有权利的人员参与的情况下进行的。尽管存在所有这些情况，如果说贵族们在制度上已经是人民行动的形式合法性的掌控者和保证人的话，他们并没有像他们能够做到以及应该做到的那样，提出什么反对意见。他们没有去揭露或者说直接忽视了《曼利法》当中充斥着的形式上的矛盾和合法性上的明显瑕疵，而是批准了它，这明显是对其进行了实质内容方面的衡量判断。Livio 7.16.7 证明，根据一种自主的、终结性的有关其适当性的政治评价，他们认可了这部法；若只从财政收益这个角度上来讲，针对解放奴隶征收百分之五的税这种制度会给日益枯竭的国库带来好处。不过，很可能贵族们对这部法律的关注必然也不会跟其他的一些动机无关。尽管从权力层面上看，那些与公共财政条件紧密联系的动机是最重要的，这一点不仅为编年史所揭示，而且贵族们本身可能也有所宣扬。那么，在他们的决定里起到重要作用的一点必然就是对一种严重后果的政治上的担心，即奴隶们不断地要求解放，这可能会对在民众大会和新的城市统治阶级里出现的那些组成成分之间既存的平衡关系产生影响。于是，与奴隶制度相伴的奴隶们就自由地获得了市民身份，并因此根据市民这一新的地位而成为全部相关权利的所有人，都有按适当方式参与人民大会的权利。于是，为了满足共和国迫切的财政需求，以此为动因而引入了一种财政手段，《曼利法》的支持者们（他们中贵族们走在最前列）借此试图挫伤或者阻碍这种奴隶解放的法律实践，使之变得负担更重。因为这种实践通过创设一种新的门客选举人制度，本身就旨在调整那些既存的力量关系，并增加恩主对被解

191

放的奴隶的影响力。这些恩主主要属于新出现的非贵族阶层（商人、企业主、金融商），作为传统的农业阶层代表的贵族已经不得不与之划分权力，而与此同时，因为他们在政治上的成长，则千方百计地试图反对贵族。

曼利·卡皮托利诺和元老院贵族议员仓促地通过了该法律成果，在这致命一击之后，在某些方面甚至是政制秩序方面涌现出了或许是相互矛盾的结果。不过，这些后果对于更加精确地确定公元前 4 世纪中叶左右迁移到罗马社会来的那些政治集团的目标、组成以及势力都是很有用的，对于理解公共事务的管理方式而言，更尤其珍贵，这些公共事务由古老的贵族集团和平民里的“精英”集团共同治理，不过，当然经常达不成协议：通过一系列的强制性法律手段，这视情况而定，随之而来也会出现互不相让的强硬态度，或者与此相反，达成广泛或相对有限的妥协，或者是明确的和隐含的和解，旨在能够实现制度层面的政治体制上的重新平衡，并且把社会上错综复杂的紧张关系重新吸收掉，以阻止它的爆发。

192

比如说，在公元前 357 年，从一方面讲，确立了一种转变的前提条件，尽管是局部的转变，即民众会议的构造的转变，以及时而按照百人团、时而按照部落进行召集的方式和运作方式的转变（见第 43 节）；另外一方面，据记载，很明显令人不安的是，保民官竟接受了这样一种元老院准可的使用习惯，它是如此地自作主张，以至于都触及或者到了恣意妄为的程度。但是恰恰相反，与此同时他们本该拥有一种强有力的保障类型的介入手段，对执政官非法地在军营里（*ad castra*）召集民众大会而对人民自由及其权利造成的损害加以根本性的救济：而事实上，在这样一个场合下（这是为了通过《曼利法》而采用不合法程序的另一个原因），由于军事治权在军营里明显的正当性，保民官本身其实已经被剥夺了既有的否决权。

因此，至少为了把未来的执法官们的行为重新引向受约束的范围内，保民官毫不犹豫地提议批准通过一项平民会决议（所谓的《关于不得将人民分开的平民会决议》[*plebiscitum de populo non sevocando*]：Liv. 7.16.8），根据该法，将来（*postea*）谁违反将人民加以分割（*populum sevocare*）的禁令，即就像曼利·卡皮托利诺所做的那样，在举行人民大会的传统地点以外将人民分别召集起来，那么就会被处以死刑。

针对贵族掌控的政府借《关于解放奴隶税的法律》之机的所作所为，平民保民官做出了谨慎的（或许是被迫的?）让步以及果断的反应，而贵族们同样地接受了《关于不得将人民分开的平民会决议》（对此并没有表现出明显的抵制），这一复杂的整体关系恰恰特别启示出了他们相互之间是紧密关联的。实际上，由于此前的先例，再加上保民官们有理由去考虑人民受到损害（*pernisiosum populo*），因此他应有充分的准备，并且拥有政治能力来直接要求一种新的强有力规范来对执法官在召集民众会议时的权力滥用加以惩治，但是他们并没有尝试去反对贵族们凭借其准可权使那一部法律生效，这部法律正是靠着滥用权力才获得通过的。这可能只是意味着：由于当时共和国内既存的力量关系（尽管有变化，但尚未完全颠覆传统的力量关系），保民官本身也继续认为这是正常的，并且承认或者被认为是被迫承认（在法律效力层面上，仅就这方面来看，这对我们而言都是一样的），贵族们对民众会议的审议结果的掌控已经远超出了对它们的合宪性进行简单的形式性监督，这一点是当代的历史学家经常谈到的（他们赋予这种监督的意义实际上已经大为缩减）。

193

自然而然，对形式合法性进行简单的控制就成为那些极为精致谨慎的规则（尤其是那些合宪性规则）的主题，而且因此，不正常的权力行使和权力滥用即使因为缺少这方面的权力机关而未受到法律上的审查，也至少要受到政治层面上控制和反对。然而，在公元前357年，保民官们在这个重要问题上的态度却极为顺从，他们表现为分享、接受或者说忍受了一种法律确信（*opinio iuris*），这在很多文本语境下都可以读到，根据这种确信，贵族们授予的那种准可除了具有政治方面的特性以外，还有法律特征，这是一种在民众会议法律的形成方式（*iter*）或者执法官选举程序当中纯属自由裁量而不受监督的权力。于是，在这些过程里面，人民大会的决定被置于一种预先的、必要的但并非独占的位置上，从结构上讲它尚欠缺分量，无法自行产生法律效力，而必须要有元老院贵族议员的“权威性”批准。经过授予元老院准可，这一程序才得以终结，民众会议的审议结果在法律层面上才得以完备，这种授权常常具有一种补充效力（不仅在《曼利法》这一情形，其中，在民众行为本身就有的“不完备性”上又添加了其他一些非常明显的瑕疵），同时也就是一种“弥补”效力，如今我们会说到，这种效力如此强大，而能够“吸纳”，即排除掉所有明显缺陷，这类缺陷会使在民众会议上集会的人民意志力受到影响：不仅从结构上讲有其本身固有的不足，也有其他一些偶尔使其产生瑕疵的不足。这也就解释了为什么尽管有这些不足，《曼利法》一旦获得了元老院验证就会正常生效，而任何人都无权提出反对。

长久以来，这样一种法律上的和意识形态上确信的内涵不仅影响了元老院准可制度的演进，还影响了共和国的各项体制与新的政治社会现实总体相适应的缓慢进程本身。这样，当贵族们政治上的统治地位的分量——其古代形式就表现为是提供准可（*praestare auctoritatem*）这样一种特权——显得跟其在共同体里所保留的那些实实在在的权力不成比例的时候，平民领导集团表达出的革新诉求所推动的方向并不是对古代体制加以简单而纯粹的超越（出于一种长期存在的意识形态的显著影响，即国家意志的法定表现形式应具有延续性），这些制度的长期存在，对于整个共和国时代而言，被认为在法律上是不可避免的（李维写的是，“以及今天”[*et hodie*]，尽管“实质已掏空”[*vi adempta*]，不过是在公元前 1 世纪末），而主要着眼于通过技术性程序手段来削减其实际的政治重要性：在法律形成方式上，更晚些时候还包括在执法官选举程序上，对古代的制度安排加以改变。

194

其实，在公元前 339 年，这也是罗马专注于在拉齐奥地区和意大利半岛上扩张政治霸权的时候，平民们的提议又强烈地恢复起来，这种提议可以转述为这样一个请求：在两位监察官职务里为平民保留一个位置（后来得到了满足），而且通过将平民会决议同法律加以“等同”从而扩大平民大会的权限范围。在这样的背景下，平民独裁官库伊特·普布里利·费罗尼（Quinto Publilio Filone）还实现了：根据三部以他的名字命名的法律（即《关于平民会决议的布布里利和费罗尼法》[*Leges Publiliae Philonis de plebiscites*]，还有《关于设立平民监察官的布布里利和费罗尼法》[*de censore plebeio creando*]，《关于元老院准可的布布里利和费罗尼法》[*de partum auctoritate*]）中的一部，确立了应提案执法官的要求，将向人民的规范性审议结果授予准可，放在表决之前进行（*ante initum suffrgium*）：即在对人民大会的法律提案进行投票表决之前，而不是之后。这样一来，在法律规范的创制这一领域，不受控制地使用准可制度的空间就被收紧了，贵族们不再能够视投票结果的不同来完全按照一种武断的方式操控准可制度，而是转变为一种预先性的意见，因此它就丧失了相当程度（即使不是完全丧失）的制约力（这样 Livio 1.17.9 就可以说，在他们那个时代，该制度通常还是有效的，“仍然是现在还在使用的权利”[*idem ius hodie quoque usurpatur*]，但“实质已掏空”[*vi adempta*]）。

在公元前 3 世纪的进程中（有人认为是世纪初，甚至有人认为是世纪末，总之是在公元前 292—前 219 年之间），这样一种革新还通过《关于元老院准可的梅尼亚法》扩展到了人民大会对执法官的选举中来（Cic. *Brut.* 55）。很可能，在公元前 287 年，这种预先准可制度甚至扩展到了平民会决议上来（见第 42 节）。

39. 元老院、骑士阶层和“新贵族”

因此，贵族化的元老院，或者说元老院的贵族成员部分更恰当——由贵族组成而不是由其他的元老院议员，即非贵族的“征召元老”（*conscripti*）组成——很长一段时间以来，在革新后的共和国里仍然是处在衰落中的传统寡头政治霸权的最后堡垒。在数个世纪里，这种寡头政治都独自占据并掌控共同体政府，并且，随着平民进入到最重要的公共职位中来，它本身也开始转变为一些不同的或者新的东西。此外，不仅是罗马，而且整个意大利的社会和经济条件也在变化，在法律上或者事实上表现为统治者的那些阶级和阶层之间的关系也发生了深刻的变革。 195

于是，随着《奥维尼平民会决议》（见第 34 节）出现及其实际得以适用之后，共和国元老院发生了深刻的变化，当然不仅仅是与那个渊源久远的机构（联盟市镇的氏族家父的议事会 [*consilium*]）以及王政的最后和最发达时期的那个机构（即这个城市国家的首个“元老院”）相比，而且，与李其尼和解之前的同一个机构相比，也是如此。这不仅直接涉及它在体制上的使命和权力（另外，这些使命和权力从来都没有被加以明确或者规范过，它们不断地有所发展变化，虽然是以一种渐进和几乎不能察觉的方式，根据实践本身做出修正，而这些实践又与这个会议机构里所代表和维护的政治利益和政治平衡的演进相适应），而且，当然也是由于其吸纳进来的成员的社会和政治基础（贵族元老和新晋元老，后来则完全是新晋元老）。根据传统文献，这些固定成员的数量，在塔克文 · 普里斯科时代是三百人（见第 12 节），并在整个共和国时代一直保持不变，直到苏拉将其翻倍（见第 67 节），恺撒甚至把该会议机构的组成先提高到九百人，后来则是一千人，这更进一步使之贬值（这一点确定无疑？）；奥古斯都时代则又回到六百人。

正如我们所知，《奥维尼平民会决议》把元老院议员的选拔（*lectio*）工作归入监察官名下（最初则是由共和国最高执法官根据需要来进行），根据在这一规定的适用过程中巩固下来的实践，选任须按照明确的规则举行，每五年一次。这方面有丰富的证据，尤其是李维提及了公元前 216 年由一位独裁官（法比奥 · 布特奥内 [Fabio Buteone]）"出于选拔元老的原因"（*senatus legendi causa*）——坎尼大战过后为了填补元老院所发生的巨大的空缺（一次需要重新补充足足一百七十七名元老）——完成的非常选任。

那些前任元老院议员通常在选任中会再一次地得到确认，因此，他们一般都是终身任职于元老院，以永传其荣耀，除非因受道德审判（*de moribus*）或者相关的监察官记过而被宣布撤职（*eiectio*），除了他们以外，在曾被选为执法官的那些阶级里面，首先会被招进该会议组织的人是拥有象牙宝座权力的人（*qui curuli sella sederunt*），即前监察官、前独裁官、前执政官、前裁判官和前军团长官（这虽然并没有为文献所明确证实），以及前贵族市政官。至少经过一段时间之后，也扩展到了前平民市政官和前平民保民官（首次获得承认的当选正是在公元前 216 年），以及前财政官（从苏拉时代开始）。如有必要的话，为了使既定名额满员（*plenum*），最后还会把目光投向在这五年里因巨大的事业而享有盛誉、拥有崇高威望的市民。

196

当代的历史学家们认为，最后这一种可能性的发生是个例外。但这很可能没有道理。在很多时候，要是仅限于在主要民选官员里面进行选任而涵盖全部三百名元老院议席，其实是无法理解这一点是如何成为可能的。这些民选执法官员理论上的数量不仅相当稀少，而且涉及每年两名执政官和一名裁判官（至少到公元前 242 年）

这个抽象数字的话，就必须要考虑到这些执政官其实通常已经是裁判官了，而且经常发生重复任职的情况，无论是否遵守有关间隔期的规定。正如所知，在多数时候，几乎所有的监察官和独裁官也都是执政官，而且被当作执政官而进入选任名单的人通常作为前裁判官已经是元老院成员了，如此种种。其实，所有的主要执法官在他们政治生涯的开始阶段就已经是元老院成员了，而且会保持终身。并且，用前贵族市政官来填满所要求的这个名额当然也是不够的。因此，除非承认说在公元前 5 世纪和前 4 世纪（或许甚至还有公元前 3 世纪上半叶），元老院议员的数量与文献所述的正常满员数量相去甚远，否则就必须想到，选任那些并非执法官的人是经常发生的，这种情况的发生比公元前 216 年那个零星的历史片断的出现要频繁得多。

但无论如何，常常还会出现关于失名（*praeteritio*）的问题（即被排除在选任名单之外），这些人刚刚担任过某个高级官职，根据惯例，他们“正处于等候”被选任的状态；（在实践中通常是）处于两次监察官任职期之间，而他们刚刚又从其职务上卸任（文献上说成是“错过监察官选任”[*nondum a censoribus lecti*]），他们被许可参加元老院大会，只是没有投票权，但有发表意见的权限。这种权限（所谓的在元老院发表意见的权利 [*ius sententiae dicendae in senatu*]）及因此合法地期待被监察官选任，后来形成定制并扩展到平民保民官头上，从已经提到过的《阿蒂尼亚法》（其日期可能晚于公元前 123 年而早于公元前 102 年）开始（第 35 节），保民官不时地会被选任到元老院职位上来，正如已知公元前 216 年所发生的那样。由于古老的习惯，朱庇特神的迪阿里祭司（*flamen Dialis*）也被认可同样拥有这种权利。

由于实践上元老院是由前任执法官组成的，因此再现了一种在各种官职之间逐渐得以确立起来的严格的等级制度。所以，元老们被区分为监察官元老（这类元老是由最年长的贵族担任，拥有“首席元老”[*princes senatus*] 的头衔，并担任大会官方代言人一职，拥有首先发表意见的权利）、执政官元老、裁判官元老、市政官元老、保民官元老、财政官元老。这种等级制之所以显著，不仅由于归属于这个或者那个类别而给各个元老带来的荣誉和尊严，还因为主持会议的执法官通常都是严格遵循等级顺序来向他们咨询。因此，作

197

为被咨询者（*rogati*）的首席元老、其他监察官元老（*censorii*）、执政官元老（*consulares*），通过提出意见（*sententiae*）来影响会议讨论，在很多时候，最年轻的元老或者较低级的元老就无法参与这种讨论，尽管单个元老院议员都被认可拥有广泛的自由来表达他们的主题意见，不可能砍掉他们的发言，而且谁也没有权力迫使他们必须遵守日程安排。于是，诉诸一种实质上是故意捣乱的做法并不罕见：使整个会议都耗在少数几个极为冗长的发言上面（*diem dicendo consumere*），并被消磨殆尽，以此来阻碍最有影响力和最权威的元老们不欢迎的发言或者表决。

元老院集会是私下进行的，但保持大门敞开，从日出到日落，位于一个封闭的举行仪式的地点（*templum*），要么是在城界之内、要么是在城界之外（多数时候是在奥斯蒂亚库里亚 [*curia Hostilia*]，保民官在被允许入内之前会被安排在门庭处：见第 36 节）。会议的时间和地点是由具有代表元老院行事权的执法官决定，由他召集大会并主持大会，一般还要确定日程。元老们通过告示或者吏役（*apparitores*）收到通知，必须参加会议，否则会蒙受执法官的强制。会议以主持人的鸟卜仪式以及他或者另外一位执法官的发言（*relatio*）为开始，以主持人评判讨论已经充分进行并将提案付诸表决为终结，如果该提案被多数通过，则构成元老院审议结果（裁定 [*decretum*]、元老院决议 [*senatus consultum*]：见第 40 节）。法律或者元老院本身有权就特定问题事项提起一项适格的表决。这种表决一般是以针锋相对的方式（*per discessionem*）进行，即划分到不同的大厅里去：按照某种方式认识该问题的所有人必须走向（*pedibus ire*）发表了他们所赞同的观点的那个人所在的区域，而其他人则进入相对立的区域。因此，在实践中，那些非贵族的元老们（其他人想到的是他们没有象牙宝座这个事实）就仅限于进行投票，而从来不要求他们表达自己的意见，被称为“不表态元老”（*pedarii*）（这是从“走向他人的意见”[*pedibus ire in sententiam alienam*] 这一短语来的）。

元老院决议（*senatus consultum*）文本是由一名主报告人（*relator*）和他挑选出来的元老委员会起草的（此外，要指出会议主持人、开会地点和时间、哪位官员的发言 [*relatio*] 和被交代表决的意见 [*sententia*]），该文本被保存在农神金库（*aerarium Saturni*）里，由城

198

市财政官掌握。至少在最古老的年代里，还有一个副本由平民市政官保管在谷神神庙里面（见第35节）。

除了我们已经谈到过的任命摄政和做出元老院准可（见第38节）之外，元老院所执行的基本制度使命还有对共和国加以治理，这种治理一般不是他们专属的，而是根据召集和主持元老院的执法官们的要求来发表他们的意见，即元老院决议，（据认为）这在法律上没有约束力，但在政治上当然是具有强制力的，而且在实践上，它们几乎总是得到执法官们的遵守，在文献上通常称之为他们受到了准可（*in auctoritate*）、处于元老院权力中（*in potestate senatus*），这并非偶然（即涉及一种有效而现实的政治体制上的附属关系）。当然，在共和国的历史上，并不缺少元老院和（主要）民选执法官之间公开的冲突，后者或明或暗地拒绝遵循元老院的指令或者适用他们的审议意见。不过，当这些对立尚未导致（或者元老院尚未促其转变为）"针对共和国的"公然或公开宣布的反叛，并因此甚至受到武力惩治和镇压时（可以想到的只有一个例子，即公元前78年的执政官艾米利·雷比达 [M. Emilio Lepido]），元老院几乎总是能够通过直接的和间接的强制手段重新确立和确定它的"权威"（这些手段包括对其友好的保民官的干预；宣布国家进入紧急状态；利用旨在针对难以驯服的对手的政治审判程序以终止其任职；监察官进行的道德审判 [*iudicia de moribus*]），在共和国治理行动的各个不同领域里面都提出它自己的选择和意见。另外，根据传统，在这些领域里还完全承认了它拥有一系列广泛的职权以及行使大量的干预权的可能性，从对共和国的财政管理和公共开支进行监管（这在政治上是极为重要的），到对行省范围加以明确以分配给各执法官员，再到通过建立拉丁殖民区和罗马殖民区来组织罗马对意大利的统治，以及对外政策的决定、国际条约的签订、宣布战争、军事征召的指示、对战争的最高指挥、对宗教生活的控制、对刑事制裁的干预，尤其是在政治犯罪的情况下（刑事审判程序中有关元老、骑士和陪审团成员之间关系的，见第58节）。这涉及的是一个并不确定的干预手段、权能和权力的总和，想要穷尽式地加以指出，甚至只是简要概括而不表现出它在政治上的意蕴或者不曲解它在体制上的价值，都是不可能的。不过，在我们现在正在书写的文字里，完全凸显了它们实际（和具有决定意义）的内涵，这些文字包含很长一段时间里的罗马

199

历史事件，其中，通过成百上千种形式——这是就不同的政制机构和不同的政治与社会力量之间的相互关系和影响而进行的一种混乱而生动、有时候还明显难以捉摸的博弈——具体实现了元老院和新的贵族—平民领导阶层的实质统治权，借助元老院并且在元老院当中，该阶层确定了他们在共和国的统治地位。

如果仍然把公元前 4 世纪中叶以后罗马的统治阶级纯粹而简单地界定为“贵族”实际上就完全错了。这个错误之所以不可原谅，还是因为这样一个事实：某些拉丁文作者使用的 *plebs* 这一术语，要么是出于本意（即为了指示所有“非贵族”的人），要么是选取它更加狭窄的含义，所指涉的是最底层的市民阶层，即那些处于依附地位或者边缘的阶层。

因此，在公元前 367 年改革之后，随着这里所描述的那些事件的发生，在罗马开始形成一个新的统治阶级，罗马人本身把他们称为“新贵族”（*nobilitas*），当代人更喜欢称为贵族—平民化的新贵，为的是指明他们的混合性特点和组合式的起源。根据大多数评论者的意见，新贵（*nobilis*，从字面上讲是指“显赫的”）最初是指任何其先辈是高级执法官的人，更晚些时候这一头衔就仅限于执政官的后人们了。不过，这一理论可能在两点上有所修正：在我们可以追溯到的最早的年代里，可以获得新贵头衔的只有执政官和裁判官，而不包括贵族市政官；另外，新贵身份还被承认给那些在其氏族中第一个获得最高职位的人，而不仅仅是给他的后人们。

在整个共和国时代，贵族阶级都保留了门第封闭这种最初的特征，即完全只通过出生或者收养才能够归于其下（自然，后一种情况是相当稀有的）。因此，在新贵阶层这一领域里，氏族贵族的数量在慢慢减少，而平民人数却在增长。直到共和国末期及稍后，最频繁地出现在执政官年鉴上的贵族的名字有：克劳迪（Claudi）、科尔内利（Corneli）、艾米利（Emili）、法比（Fabi）、尤利乌（Giuli）、曼利（Manli）、苏尔皮其（Sulpici）、瓦勒里（Valeri）。而在平民的范围内，也会出现同样的名字（比如说克劳迪 · 马尔切利 [Claudi Marcelli] 就是平民），一般说来，可以合理地设想到，这些家族成员出身于同名贵族氏族的门客或者解放自由人。

从理论上讲，新贵是一个开放的统治阶级，新的氏族或家族

200 通常是可以进入的，只要他们的某一个成员在政治生涯上足够幸运

的话（一个氏族里第一位成功实现该目标的代表人物被称为“新人”[*homo novus*]，不过正如说过的，他已然就是一名“新贵”了）。实际上，只是在公元前367年改革之后的最初一段时间里，这种更新才显得非常迅速，因为在一百年的时间里至少有三十个平民氏族担任过执政官一职，他们中的一些又划分为不同的家族（至于其他的官职，由于资料匮乏，而无法认可其具有统计上的可信度）。不过，随后新人们的登场就更为罕见了，而且尤其到了公元前2世纪，就变得极为稀少了。这一点要归因于，众所周知，在罗马，公共职务是没有报酬的，相反常常会让担任职务的人背负沉重的花销。只有获得裁判官和执政官一职，并指挥军事战争获得胜利的人（或者，从公元前2世纪开始以后，以无耻的方式统治行省的人）才能够从战利品中获利（或者以行省的损失为代价进行搜刮劫掠），而多数人都无法越出官职序列中的第一层级。因此，财富是一场幸运的政治生涯（通常这本身也会是收获颇丰的）的必要条件，尽管还不是充分条件。

其实，新人们或者那些我们有所了解的所有人，当然不会是白手起家的，一般来说，他们都是富有的农业所有主；我们知道，他们中有些人在更晚的年代里已经开始从事诸如生意人或者包税人的职业了（不过，进入元老院则要求他们放弃这些职业活动，开始是根据惯例，后来则是法律规定）。一般可以说，他们都来自于“骑士阶层”。这一惯用称呼首先是指公家提供马匹的骑士（*equites equo publico*），即他们拥有可以被登记在十八个骑兵百人团中（元老院议员也构成其中一部分）的特权，同样他们还获得共和国提供的捐助金以供养他们的坐骑；此外，还有一种自费武装其马匹的骑士，根据惯例来说，这要上溯到对抗维伊城（Veio）的战争（第24节）。为了实现在百人团民众大会上投票之目的，这些超额出来的骑士被登记在第一等级的百人团序列里，从这个角度上讲，这在整个共和国时代都没有发生过什么变化。不过，从公元前3世纪开始，为了军事服役和税收（*tributum*）的目的，他们被单独列表加以统计；到了第二次布匿战争时，进入这个名单所要求的最低财产数额是四十万塞斯蒂金币（sesterzi），当时相当于一百万阿斯，即进入第一等级百人团最低财产限额的十倍。作为骑士服役成为能够追求执法官职的前决条件；这就是为什么李维把罗马骑士称为“元老院的预备队”

（42.61.5）。

201　对于一种不那么缓慢迟钝的新陈代谢而言，面临的进一步难题则是由选举制度的结构所构成的，这种结构在很大程度上（但不像有些人想象的那样完全）是通过个人的忠诚这种纽带而同大家族联系在一起的，这样作为遗产世代流传下去，同时也还有获得好处及依靠这样一种希望；这种关系可以用“庇主”和“门客”这类术语来概括，对罗马人来说，这完全不是贬义的。为了在选举竞争中同贵族们一较高下，没有自己门客的那些人则不得不到新贵族阶层内部找盟友，因此，可以说即使是在最紧张激烈的革新阶段里，罗马的贵族政治也还是因为人员的增补而不断成长。选举制的机构本身，以及民众和平民投票大会的实际运作组织和模式，都对确定出这样一种结果发挥了作用。

但无论如何，自从每年空缺的裁判官职位变成四个（前 227 年）、后来是六个（前 197 年，参见第 28 节、第 52 节）以后，在大多数情况下，新人们更能够获得的最高职位就是裁判官而非执政官了。而新贵们则被认为是“从摇篮里出来”就注定会当执政官（Cic. *leg. Agr*. 2. 100）；用萨卢斯蒂（Sallustio）的话，可以说（*Iug.* 63.6）：平民成了另一个长官，而执政官则在新贵们自己的手中薪火相传（*alios magistratus plebs, consulatum nobilitas inter se per manus tradebat*）。

据了解，执政官在政治上的突出地位（城邦元勋 [*principes civitatis*]）并不仅仅取决于他们可以在元老院首先讲话的权利，而且由于他们可以组成一个人数有限的委员会，即当需要迅速做出重要决定的时候，由在职的执政官们（或者在执政官缺位的情况下，由身在罗马城里的最高官员们）在一起开会。一般可以说，每次形成这样一个委员会都会包括不超过一到两名新人。

40. 元老院决议

元老院决议（*senatusconsulta*）的规范性特征问题以错综复杂的形式表现在不同的时代，在对这个问题进行讨论的过程中，必须要避免提出一些曲解的意见。早在盖尤斯时代，公元 2 世纪中叶以前，就有一个准确的记录，关于元老院决议是否有创造市民法的资格的争论。其实，Gai. 1.4 确认了，“元老院决议取得法律效力，尽管关于这一点在过去存在争论”（*idque legis vicem optinet, quamvis fuerit quaesitum*）。就像在后面我们将更能看清的那样（见第 79 节），关于元老院决议的法律效力的争论得以解决的时间应该介于大约公元 1 世纪末到公元 2 世纪初之间，而在整个共和国时代都未曾承认它具有创造市民法的适当资格，这就意味着，尽管它在不同程度上所具有的规范性效力是毋庸置疑的，但从来都不具有一种“立法”功能。

就这个主题而言，需要避免的是将“规范”和“立法”这两个范畴加以混淆：重新来看 Gai.1.4，通过“立法”这一范畴，我们谈及的是这样一个事实，即元老院能够通过它自己的审议意见（裁定 [*decreta*]）来创制市民法规范，而当提到元老院的“规范性”权力的时候，可以想到的则是，元老院可采取任何一种方式来直接或间接地适用成文法以约束体制内的各主体。因此，元老院决议在公元 1 世纪末以前并不拥有创制市民法规范的资格，同时引证文献中所理解的元老院的规范性权力是在有别于市民法的层面和意义上具有约束力——若企图来对上述主流意见加以批判，显然是无知的自说自话（*ignoratio elenchi*）。

202

在面对有关元老院狭义的规范性活动的问题之前，首先需要指出的是，这一机构是以不同的方式介入创制市民法的行动和进程，即立法进程中来的。撇开准可制度的问题不谈（参见第 38 节），大约在共和国末期，元老院在涉及民众大会的法律时所具有的一般权限，体现在两个不同的方面：一个是部分地撤销对这类法律效力的审议决定（几乎都是通过具有特殊性质的而非一般性的规定）；另一个是废除掉不按程序进行表决的法律。在严格的私法问题上元老院极少使用过这种权力，除非这些问题具有间接的政治重要性。

罗马人本身也意识到，针对一部生效法律通过一项撤销案，这样一种权力应该属于人民大会，只有它才有权对此加以表决。按照一般情况来说，元老院也可以邀请一位具有代表人民行事权资格的执法官来提出相关的法律草案（*rogationes*），这里先不考虑这种撤销案和不得提出专门法律反对某人这一禁令（*inrogare privilegia*）（见第 19 节）之间的关系上所表现出来的进一步问题。不过，到了共和国末期，在政制危机这样一个更加广阔的背景下，元老院开始僭取这种直接同意撤销提案的权力：在某个阶段内，元老院大会可以在紧急状态下宣布撤销案，而民众大会的批准权还得以保留，经过这个阶段以后，这种权限上的僭越似乎就通行无阻了——正值各种事件更替发生过后的共和国末期——最终走向了无须紧急状态和民众大会的批准也可以同意撤销。

而对不按程序进行表决的法律加以废除的问题则是从另外一个视角来看的。就此，似乎并没有显示出元老院决定是否具有规范性特征：用现代的范畴来说，这个会议组织的该类行为好像只是指向了对一部法律自身运作的失效或者无效加以确认而已，这种决定作为对无效性的宣告并不具有什么构成性的价值。至少，在最初的时候，这种宣告是因为“证实”法律无效性的元老院大会的政治地位和权威性才具有重要性，只是到了后来，可能才承认元老院实际上拥有这样一种真正的职权，而且或多或少地还是专属性的。

203

对已经存在的无效事实加以确认，和做出一种构成性的无效性宣告，否则即使存在瑕疵法律也仍将继续生效，在这两者之间存在着区别，但这只是从当代解读者的观察视角提出来的，相对于在罗马的政治生活中所开展的具体情形而言，这种区别大多只具有形式上的特点。过去，主要是并不存在一个机构能够对元老院所做的这种确认加以控制，而这种控制应该仅限于针对合法性方面的瑕疵，比如说制定过程中（*in procedendo*）的瑕疵，既有人法（*ius humanum*）所规定的，也有神法（*ius divinum*）所规定的（这方面可以想到的只有鸟卜仪式的重要性）。因此，授予元老院的这种权限本身就很容易转化成一种真正的使法律无效的权力，这里的无效性从形式上讲是合法性方面的某种瑕疵，但实际上常常受到政治力量具体博弈的制约，这既可能意味着不去指出一些立法规定具有的可能的不合法性，因为在立法政治层面上，这些规定为元老院多数派所分享，也可能意味着从形式上把政治上受到反对的那些法律排除掉。

而关于规范性文本这种真正的成文规定，毫无疑问的一点是，在共和国时代，元老院用两种不同的方式参与到其中来，但并没有直接提出一些具有一般性和抽象性特征的规范来约束体制中的所有对象。一方面，元老院可以敦促拥有代表人民或者代表平民行事权的执法官向人民大会提交法律提案（*rogatio*），根据不同的情况来大致地确定方针路线。很显然，这样一种执法官员所提出的倡议具有的约束性特点，要取决于相关元老院决议的内容，以及在元老院和该执法官之间的关系中普遍存在的信赖（第 39 节）。另外一方面，通过一项规定——从共和国末期到整个公元 1 世纪期间（也参见第 79 节），在私法领域里，留下了一系列的这种规定——元老院可以促使审判官员，在罗马也就是裁判官，在司法权行使过程中遵循元老院决议大致详细地确定出来的那些原则。从通常的表现看来，这种规定仅仅只约束执法官，因此不能直接针对体制内的主体做出规定：就后者而言，元老院通过的这些原则要根据裁判官告示或者他发布的裁决才会变成必须遵守的。另外，正如罗马人本身所清楚地知道的那样，就市民法—荣誉法之间的两分而言（第 32 节），按照这种方式引入的规范是在荣誉法层面上具有实际效力。

尽管只是偶尔出现，但从公元前 2 世纪初开始，这两种可能性都获得了证实。比如说，可以想到的是公元前 193 年的《关于特有产债权的森布罗尼法》(*Lex Sempronia de pecunia credita*)，这可能就是由一项元老院决议促成的，根据最佳的解释意见看来，该元老院决议同时要求裁判官实际使用其治权中的临时性手段（这涉及的是，即使债权人是外国人，以及意大利盟友，那么为了避免可能的法律欺诈，应该在消费借贷，尤其是在利息方面适用罗马的立法）：在这种情况里，其实只需外务裁判官基于其治权做出干预就足够了。

204

在刑事制裁领域，元老院决议的规范效力问题是以有些许不同的方式被提出来的。这里，并没有表现出市民法—荣誉法上的两分性：在执法官治权和有关申诉制度的法律之间存在着一种辩证关系，前者是强制权的基础，本身不受限制；而后者在经历了一个并不轻松的重建发展过程之后（主要参见第 19 节），希望能够从外部（*ab externo*）来限制这种强制权的内涵。而在这一领域，元老院显然也可以要求执法官提起一项法律提案，以一种形式上合法的方式来对刑事制裁的实体方面和程序方面加以调整。

就这一点，需要注意的是，正是因为在罗马不存在什么合法性原则（根据这一原则，任何人都不能因其个人行为而只由某个抽象或笼统的规范加以规定并受到制裁），执法官的强制权才能够被抽象地加以行使，而与立法上或者规范上对犯罪类型加以明确无关，在程序层面，只需要尊重向人民申诉制度这一宪制上的限定即可。

从公元前 3 世纪末开始，元老院更为经常地做出审议决定，要求执法官们，主要是执政官根据其治权对某些事实执行刑事制裁，一般还规定一个纠问制审判团队与之合作，即所谓的非常刑事法庭（*quaestiones extraordinariae*）（见第 57 节）。在这个主题上，元老院的干预可能具有不同程度的复杂性，一般说来，是与一些偶然发生的事件相联系的。就这种干预的范围而言，有两个案件值得注意，其中表现出相互对立的限度：一个是公元前 138 年在西拉（Sila）发生的谋杀（Cic. *Brut*. 85-86），而另一个则是因公元前 186 年著名的《关于酒神崇拜的元老院决议》（*sc.cm de Bacchanalibus*）而发生的大规模镇压。此外，涉及对犯罪类型和该罪行应诉诸的后果（即制裁手段）进行确认的问题，元老院议定的内容也可以是不同的，这是因为元老院旨在发起一套拥有自身运作机制和独立性的刑事制裁体制。

在这一点上，想要在具有笼统性和抽象性特征的规定和具体的规定之间做出区分是很难的，或许也是没有意义的，因为元老院的干预所表现出来的频度范围极其错综复杂。而不得不强调的一点是，元老院从来都不想通过这种审议意见来做出永久性革新，反而是保留了法律的可操作性。首个常设刑事法庭（*quaestio perpetua*），即关于搜刮钱财罪（*de repetundis*）的常设刑事法庭恰恰是根据公元前 149 年的《坎布尔尼法》（*Lex Calpurnia*）这样一个立法性规定组建的。

205

元老院在刑事制裁方面的这种规范性活动，一方面被置于有关元老院大会和执法官之间的关系那种最为普遍的背景之下，另一方面又在罗马宪制和政治平衡实践中极其敏感的一点，即申诉权这一问题上铭刻下了其影响。如果说，执法官和非常刑事法庭的判决实际上处于申诉制的控制之下，那么就不会出现问题，但是元老院的倾向恰恰与此相反，即摆脱了这种申诉制对其判决的管控，尽管在某些情况下（正好就是指《关于酒神崇拜的元老院决议》）这还值得怀疑。在政治和宪制法律层面上，这种趋势最终先是带来了一种紧张关系，然后就引发了公开的冲突。

在整个公元前 2 世纪，元老院大体上成功地维护了自己的立场，直到公元前 123 年或者前 122 年《关于市民资格的森布罗尼法》（*Lex Sempronia de capite civis*）的重申，元老院无权创建其判决不受申诉制度管控的非常刑事法庭，该法律实际上具有长久的效力。而这就使得作为例外的这个审判团体迅速遭到了废弃，并且兴起了一种不同的实践：元老院最高决议（*senatusconsultum ultimum*），不过它引发的争论并不少。

在刑法领域，直到公元 1 世纪，元老院决议也并没有为体制中的各主体对象做出规范。

而就广义上的公法领域而言，首先要观察到的是，在有关我们所讲的宪制性事务上，元老院并没有做出什么具有普遍性特征的“规范性”活动。主要表现出来的是，通过这一大会行使其决定权，创造出了一类宪制上的实践和惯例。

在非常广义上理解的公共行政管理则代表了元老院行使选择权的领域，在那里确认了它具有特定的职权，并或多或少地与民选执法官员或者法律的职权发生竞合。在这一方面，元老院决议毫无疑问具有规范性效力，在此限度范围内约束有权限的执法官，使他们执行元老院的指令（关于这一点，也参见第 39 节）。这种约束可能具有一种特定的内容，即仅限于具体情况，抑或倾向于具有普遍性、抽象性的内容，在这种情况下，如果愿意的话，可以说成是元老院的一种规制权，毫无疑问，这与那些由执法官们通过颁布其告示而享有的规制权是并列的。

206

不过，想要对如下方面做出清晰的区分是不可能的：在私法方面提出的区分是指，体制内的主体必须直接遵守的元老院决议（因为它们创造市民法）和基于执法官的治权而在荣誉法层面上获得践行的元老院决议；在刑事制裁领域看到的区分是指，直接约束其实际承受者本身的规定和通过促使执法官使用强制权而间接实现其目的的规定。而在行政管理的职权范围方面，可能会更容易得出这样一种确信：元老院的审议决定本身正式地约束执法官，尤其是在那些被倾向于描绘为完全属于贵族元老大会职权的事项上面，尽管这种“命令式裁定”（*decreta ordinis*）只具有“建议”的形式。在这方面，执法官执行元老院决议的行动就等于是在适用业已存在的规范。于是，可以更加容易地看到，照此也就会进一步地得出一种确信，即这些规范直接地涉及一些个体，总之他们与这样一类根据元老院决议中确立的规则而从事的行为具有利益关系。

因此，承认元老院本身具有广义上的行政管理方面的规范性职权，其后果是认为元老院的审议决定不仅对执法官，而且对体制内的主体对象都是有约束力的，如果说这样一种倾向是不能否认的话，那么，元老院拥有一种专属性的职权领域——甚至排除掉通过法律来对那些对象施加一般性或者抽象性规范的可能性——这一点倒是从来都没有明确表现出来。正如将要看到的那样（第44—45节），对于民众大会的立法权而言，不存在任何实际限制：因此，也就没有什么法律性质的约束，尽管这些与元老院特权相对立的立法倡议可能引发严重的政治性紧张关系（一般而言，在诸如格拉古兄弟时代里会遇到这种情形：参见第63—64节）。

41. 人民大会、库里亚民众大会和百人团民众大会

古老的库里亚民众大会的职责、权限和权力来自于历史久远的库里亚之间的人民大会，对此我们已经提到了（第11节），但仿佛从共和国之初，大约是从后李其尼时代开始，它们就受到了极端的限制。仅限于配合来完成少量需庄重仪式的特定行为（只是从理论上讲，这种参与形式还不是消极的，不过，常常表现为一种一言不发、默不作声的帮助手段），所有这类行为都是极古老的类型而且具有强烈的宗教意蕴；它们中的某一些能够在单个的家庭单位的构造方面（甚至在共同体自主存活的问题上）产生出显著的效力（见第11节）。

207 在库里亚民众大会里面，同样还专属性地进行着圣王和主要祭司们的占卜仪式。此外，会上还会宣读（或者说欢呼通过）古老而神秘晦涩的《关于库里亚的权力约法》（*lex curiata de imperio*），借

此来确认主要的民选执法官（但不包括监察官）的治权（*imperium*），如今他们已经是由百人团民众大会来选举了。《库里亚权力约法》完全不具有什么具体的规范性内容（正如已经看到的那样，在这一点上它总是如此），不过，它通常仍然被认为是必需的，到了共和国时代则成为一种纯粹的象征性行为，由三十位代表库里亚的侍从官加以完成，而不需要库里亚实际开会。

根据很早以前学者们的看法，库里亚民众大会的表决单位是由不同的库里亚构成的，正如所知道的那样，每一个库里亚由一位库里亚长主持，库里亚长们则由一位最高库里亚长（*curio maximus*）统领。当进行表决的时候（这很少发生），市民们是在每个库里亚范围内单独逐个（*viritim*）进行的，因此这些库里亚常常全部同时一起进行投票，这一点与百人团民众大会的百人团制不同。自然而然，每个库里亚的投票结果是由其多数成员的投票所决定的。而民众大会的整体决定实际上就并不表现为单个罗马人的全部投票结果的简单加总，而是各个库里亚的集体投票结果的加总，每一个库里亚的意见由有权的库里亚长所安排的一位侍从官加以宣布。就这一点而言，当库里亚民众大会的活动被百人团民众大会掏空以后，就完全缩减为纯粹的象征性行动了（如果说不早于公元前 2 世纪初的话，那肯定也是从那时候开始的），然后，开始时兴一种惯例，这种惯例此后再也没有中断过，即由三十名库里亚侍从官（*lictores curiati*）代表真正的库里亚来开会和行事，而库里亚就不再开会了。

因此，在共和国的民众大会里面（最高民众大会 [*comitiatus maximus*]，《十二表法》第九表里面似乎已经提及），最为重要的就是百人团民众大会了，它来自于在百人团制军队里集会的那种古代的人民大会的政治化转型（关于这种体制的起源，参见第 15 节）。

于是，根据财产调查结果，也就是完全根据所拥有的财富（从一开始，是指不动产），罗马人被划分成不同“等级”。这源自于军事体制上的改革，只是在后来才变成这个城市国家的新的政治体制，可以确定其发生的时间不是单一的而且在时序上也有所不同，但是，很明显却被文献给提前并固定在了一个特定的（极其久远的）时间上面，李维说过是在“塞尔维”王的时代，该制度建立在五个财产调查“等级”的基础之上，每个等级组合成为一定数量的“百人团”（最初的时候这是军队的组织单位，后来成为大会的表决单位），这与各等级人员自身的实际存在数量无关。我们将看到，它们总共有一百九十三个，包括十八个骑兵百人团和五个无武装百人团。

很显然，在一开始，百人团组织（特别是那些新的重装步兵军队组织）跟更晚些时候的文献里细致地描绘出来的那些组织相比，必然要大大地简化，尤其是李维（和狄奥尼修斯 [Dionisio]）对埃托鲁斯时代的有些武断的描述。这种完备而发达的体制是如此著名，跟原始时代的百人团制军队的结构并不相符，而恰恰是与相当晚近的年代里业已得到巩固的那种百人团政治制度相对应，而且，这种形式在我们现在正在讨论的这个年代里仍然是有效存在的（当然我们会看到 [第 51 节]，从公元前 3 世纪中叶开始，大约是公元前 241—前 225 年之间会有所修正）。这种体制所代表的无非就是，共和国最初几个世纪里市民参与市民大会并投票表决的一种（财产等级制）模式，对此要审慎地加以评判。

208

于是，李维说到（1.43.1.9）：“从拥有十万阿斯或者更多财产的市民里面，（塞尔维）选拔出了八十个百人团，其中四十个老年百人团（*seniores*），四十个青年百人团（*iuniores*），他们全部构成‘第一等级’，前者受命保卫城邦，后者则用于对外作战：规定给他们的武装是头盔、圆盾、护腿甲和护胸甲，为了更好地保护身体，全部是青铜质地。作为防守部队则拥有长矛和短剑。在这个第一等级的身边还集结了两个匠人百人团，他们没有武装，被指派为战争提供器械方面的服役。拥有超过七万五千阿斯但不到十万阿斯的市民被指划到第二等级里面，他们总共构成二十个百人团，青年人团和老年人团在一起。除了没有护胸甲以外（还有圆形盾牌由方形盾牌所取代），规定给他们的武器跟第一等级的士兵是同样的。为第三等级规定的财产需要五万（阿斯），其百人团数量也相同，也根据同样的年龄标准来确定。其武器也没有什么不同，只是取消了护腿甲。第四等级的财产是两万五千阿斯，百人团数量仍然是二十。不过，其武器有所改变，他们没有长矛和标枪。而范围更大的第五等级则由三十个百人团所组成。这些士兵携带投石机靠抛掷石头来对抗敌人。在他们身边集结了一批司号手，后者被划分到两个百人团里面。第五等级的财产要求是一万一千（阿斯）。只有更少财产的其他所有人被组织到仅仅一个百人团里，他们被免除了军事任务。”

李维继续道：“（塞尔维）这样把步兵武装和组织起来以后，又从城邦的主流人士——社会精英（*primores*）中征召了十二个骑兵百人团。他还创建了另外六个百人团（统统都是骑兵），其中三个从罗慕洛（Romolo）时代就开始创建，当时以他们的名义来举行仪式（第一序列的提图、拉姆内和卢切雷和第二序列的百人团 [*Titii Ramnes et luceres primi et secondi*]，即六个先投票的百人团 [*sex suffragia*]，因为他们拥有在民众大会上优先投票的特权）。为了购买马匹，他们每人从公共账户上分得一万阿斯；而为了供养马匹，该城的寡妇们每年会被科以两千阿斯的税赋。”

关于这里所描述的据称是“塞尔维时代”的这个体制，有必要重申的是：是否就像李维所设想的那样，随着各种转变进程以及随后在公元前 5 世纪里确定下来的那些完善过程，最终采纳了一种新的军队的内部模式，即分兵团制以及在公元前 406 年为军人引入了军饷制，从而推动了由塞尔维运作的这种军事体制上的改革，实现了百人团制的起源（尽管这最初具有一种“军事”外表，但更晚近的时候像是政治性的），这一点是不确定的。实际上，所有的这一切决定了，在军队的整体性实际结构（由于其组成不再严格地以单个市民的财产状况为条件）和人民大会体制之间，发生了分离，后者通常仍然还与严格的财产审查模式相联系。当然，在罗马共和国的历史演进当中，这些财产在等级制上的价值也会随着阿斯的连续贬值而变化，不过，在那些著名的文献里面，这些财产还是不断地根据货币价值来进行衡量：李维用的是镑制阿斯，波利比奥（Polibio）用的是小银币，狄奥尼修斯用的是米纳币（mine）。这些只是非常晚近的时代里（公元前 3 世纪中叶：据估算是公元前 269—前 217 年之间）的有关现在考虑的这种百人团结构的指数标志。存在争论的是，在此之前，对在不同等级之间进行登记划分而言，必要的财产估算是否仅仅只考虑不动产（正如最古老的年代里可能的那样）（见第 34 节）。因此，并不知道（也无法明确地重构出来）此前将个人划分到不同等级里所要求的财产存在情况，总

209

之，这是估算出来的。另外，正如人们所知，在很久远的年代里，百人团的数量、百人团里“人民”实际数量的分配以及把市民分配到各个投票百人团里所采用的标准都尚不清楚，而这些百人团也都不再与战斗军团单位发生重合了。为了从事战斗，这些军团可能在公元前 5 世纪重新按照开放式等级秩序加以组建（这种方阵式体制终于被超越了）。在军队里，百人团（军团被划分成分队，每三十个分队组成两个百人团）一般是由略少于一百人的士兵分队组成（最少不低于三十人）；而在民众会议上，百人团则包括数百、有时候是数千的市民。

总之，不考虑那些不大重要的细节，李维和其他文献里面所描述的对那个年代的模式的界定是相当清晰明确的。而更加清楚的是它的那种内在逻辑，尤其是其政治目的，这要通过与之相适应的一套安排来实现，由于其在体制内得以兴起的方式以及它们的组成人员（西塞罗会说，百人团是唯一一类把真正的人民 [*verus populus*] 集结在一起的体制），它在很早的时候就被认为是共和国的法定民众大会 [*comitia iusta*]，罗马人民最大的组织机构，其他所有机构相对于它仿佛都是（也确实就是）较低等的（*leviora*）。如果说这是真的话——其实只有部分是真的——那么，正如李维所说（1.43.9），塞尔维·图里乌所采用的这套制度（或者说是在他之后才得以巩固的制度更恰当）“把所有的责任都从穷人身上转移到富人身上了”，而且更加真实的一点在于，就像“把这些责任”加给他们本身一样，“所有的荣誉”也都赋予富人。也就是说，在这种新的人民大会里面（即对国家进行的直接和间接的治理），富人们瓜分了所有权力。通过对这种选举机制，以及该民众大会的运作体制加以分析，会更清楚地看出这一点来。

210 我们并不知道这些武装市民的聚集是什么时候以及怎么样转变成一种政治性的人民大会。当代的历史学家们提出的那些假说都没有确切的文本依据作为支撑。其中一些假说能够有说服力，只是因为它们与为我们所知的（或者说相信的）大约在埃托鲁斯王政末期和共和国早期那些复杂的社会、制度和政治关系的发展状况相一致：建立在氏族和库里亚基础之上的旧有的组织模式的不适应性；塔克文王政所保障的（或者说强加的）在各群体之间的那种平衡关系被打破——最初塔克文家族要求平衡或者限制贵族们的影响力，并关注人民的重要价值，后来则出现了一种并非专属于“奎里蒂罗马人”的新的贵族统治；随着采用重装步兵制度带来了军事上的需要；革新后的军队里出现大量并非穷人的平民；在军队里他们的有一种意识，要求有自己的地位和自己的重要性，为的是保卫共和国和实现他们的军事和政治目标；需要有一种实践（这一点是假设的，但并非不可能），即由来自他们自己人（或者至少是来自军事将领）的军事指挥官来参与对最重要的行动目标和举措进行的磋商（因此反过来，又无可避免地参与到共同体的外交，后来还有内政的管理上来）；社会紧张关系的增长，有些时候还会爆发阶级斗争；因此，市民士兵们（特别是那些平民士兵，被排除在了其他的决策位置之外）试图以某种方式参与到军事统帅、职员和执法官的选择中来，以及参与直接牵涉人民，即他们自己和全体市民的那些政治决策。所有这一切（还有其他一些）必然会直接导致这些武装人员的集会方式转变为进入一种特别的政治机构，自然而然，它会是以百人团和等级形式整合起来的，就像产生该体制的那种军队的组织一样。

并非偶然的是，根据文献所述，这种新的民众会议通过的最早一批“政治性”（同时也是“规范性”）决定应该就是所谓的《关于宣战的（百人团）法律》（*leges [centuriatae] de bello indicendo*），根据这个郑重的审议决定，人民可以批准（只是到了很晚的时候才是“决定”）宣布战争，而最初这是由执法官们通知的（后来则改为提议了）。这些关于宣战的法律与那些提到过的关于监察官权力的法律一起，成为仅有的长期完全保留在百人团民众大会手上的权力（而正如我们会看到的那样，到了共和国时代，相应的法律创制权都已经转移到了部落民众大会手上：第43节）。自然而然，这也就成了百人团民众大会（及其最初职权）的原始特征的一种标志了，而即使到了更晚的时代里，这一点也清晰地反映在了百人团军队（*exercitus centuriatus*）这样一个惯常性的称谓（在有些文献里称为城市军队 [*exercitus urbanus*]）、它们召集的形式、它们集会的习惯性地点以及与它们在整个共和国时代里都保留下来的职能相联系的其他一些形式上面（虽然在某些方面已经不合时宜，尤其是因其只有象征性意义）。 211

“号令军队”（*imperare exercitum*）是一个关于它们召集形式

的术语，显然这对应的是古代的现实，从形式上讲通常表达的是（军事）治权。因此，只有拥有治权（以及鸟卜权）的执法官才能够“号令集会”，从原则上讲，也只有在会上才能选举这些执法官：首先是所有执政官（也是指执政官之一），当然如果存在的话，还有独裁官；另外，是裁判官（后来则是裁判官之一），来完成有关刑事制裁（参见第 19、22 节）以及极其少量的其他案件里的民众大会司法审判功能：这并非是对他完全的代表人民行事权的一种法定限制，而实际上是一种很早就确认下来的宪制实践，其理由在于一种政治适当性。对此，在适当的时机已经有所说明（参见第 28 节）。无论如何，裁判官不能召集百人团民众大会来选举更大的执法官（和他自己的继任者），在正常情况下，对他的创设必须由一名执政官来完成，如果两位执政官都缺位，而又没有在任的独裁官的话，就要诉诸摄政的程序了（第 38 节）。自然而然，摄政享有召集民众大会的完全的权力，不过，正常来讲，由于其任期的短暂性和设置这一职位的目的所在，他从未为了完成立法职能而召集过百人团大会（唯一一部由一名摄政卢齐奥 · 瓦勒里 · 弗拉科 [Lucio Valerio Flacoo] 提交的著名法律就是后来的公元前 82 年的《关于苏拉独裁官的瓦勒里法》[*lex Valeria de Sulla dictatore*][参见第 67 节]）。因此，代表人民行事权也属于“有执政官权限”的军团长官、十人立法委员会（这正是一种执政官治权），一般说来，还有所有的具有执政官权力和城市属性的非常设官职（Cic. *de leg*. 3.10）。众所周知，监察官也是由这个民众大会选举，且被《关于监察官权力的百人团大会法》赋予特别权力，他可以召集大会来完成财产监察工作，但不得提交他的任何提案。

如果有多个执法官同时召集民众大会，那么，更高级的执法官所做的召集优先（这称之为民众大会阻却事由 [*comitia avocare*]），或者在这些执法官平级的情况下，先宣布召集者优先；如果涉及集体召集的话，召集官员通过他们之间的协议或者抽签来决定谁应该来主持大会工作。

民众大会的指令，包括会议的地点和日期（民众大会日期 [*dies* 212 *comitialis*] 既不能够选在狭义的吉日 [*dies fasti*]，即司法审判日里，也不能够选在节日或者凶日 [*nefasti*]），是通过告示来宣告的，它还要指出表决的对象：法律提案、执法官候选人、被起诉人的姓名和相应的归罪及刑罚。对执法官的提案加以表决应该以质询的形式进行（*rogatio*），其程式为："市民们，我问你们，你们愿意决定……吗（*velitis iubeatis Quirites…ita, vos, Quirites rogo*）?"同时还要公布法律提案的文本（公布 [*promulgatio*]）。这种公布是通过在非正式会议（*in continones*）上的口头宣告以及张贴在刷白了的木质牌板上而进行的，并且在从宣布集会到大会会议实际举行之间的时段一直持续地在适当的地点公布（即时公布法律 [*unde de plano legi possit*]）（三次集市日 [*trinundinum*]：据其他一些观点，至少在最古老的年代里，百人团大会要遵守"合法宣战日"[*triginta iusti dies*][①]，通常这是为了在战争情况下征兵之用）。公元前 339 年以后，执法官们的提案必须备有元老院准可（第 38 节）；根据惯例，应该只涉及一个主题或者相互关联的主题；公元前 98 年的《关于法律提案方式的凯其利和蒂迪法》（*legge Caecilia Didia de modo legume promulgandarum*）重申了不得一揽子提案（即只能包含同主题的规定）这一古老的禁令；不过，在同一场民众大会上可以连续地对多项提案进行表决。

只有执法官才能够向人民提问，也就是在民众大会上提出议案。这个民众大会也只能批准它或者否决它，而不能修改它或者提出什么修正案：人民相对召集会议的执法官长期位于附属地位，这种后果不仅仅是理论上的，而且，这些召集人很长一段时间里都是唯一能够在民众选举大会上提出待选官职的候选人名单的人（在《梅尼亚法》[*la legge Menia*] 以后，还要获得元老院的准可）。即使在他的这样一种专属权力被削减，并且每个市民都能够求得官职（*petere magistratum*），也就是说市民可以提出自己的候选资格（*professio nominis*），即自我提名的提案以后，其提案也不能够直接在大会上做出（他没有向这个大会做出提议的任何权利），而是要预先提交给召集大会的执法官。常常是由这位执法官来决定对被提名的名字进行合并吸收，这样一来，就像他主持人民大会却又能够不时地进行不按规定的投票（*suffragium non observare*）一样，他就能排除掉对那

---

① 这种日期的规定是指，罗马人进行对外战争之前，必须经"战和事物"祭司向异邦人提出要求，归还他们在以往战争中强掠的罗马人财产或者消除对罗马人的敌意，经过一定时间后，没有得到合理的答复，罗马可对之宣战。但实际上，这段时间往往是罗马人加紧备战的机会。

些他所不喜欢的候选人有利的表决，或者在任何时候打断投票过程使之重新进行（*in suffragium revocare*），或者不进行投票结果的宣布（*renuntiatio*）（“不宣布”[*non renuntiabo*] 这一制度在有关法律提案的表决过程中当然也是有效适用的）。

213

三次集市日这一期间（或者合法宣战日期间）也可以根据元老院命令或者执法官的自主提议加以缩短（不过，经证实的执法官不遵守此期间的案例并不多见，而且均不无疑问）。这一期间有助于对要求民众大会加以表决的那些主题进行展示说明以及预先讨论。在任何执法官所召集和主持的非正式会议（*contiones*）的进程中都可以开展宣传攻势和辩论。在按照随意的次序（即不以百人团为序）与会的市民面前，提案的执法官、他的追随者或者对手都可以宣布他们赞同（*suasiones*）或者反对（*dissuasiones*）各种提案的发言。提案的官员（文献上的通用术语也叫作主创人 [*auctor*]，或者在立法大会上叫作提案人 [*lator*]，用专门术语把这种立法提议的行为称为“提出法律”[*legem ferre*]）能够了解到在非正式会议期间发生的这种辩论过程中出现的导向（这是他在通常情况下会做的），并因此有时会决定撤回自己的提案。如果涉及法律草案，也可能只是为了提出修正案的目的，在这种情况下，这一事先程序就要从头再来一次：提出新的民众大会指示、宣布新的修正后的文本、新的三次集市日及相应的非正式会议上的赞同和反对等等。不过，在民众选举大会上是没通过这种修正的（这是从公元前 432 年开始的？参见 Liv. 4.25.13；但是，历史上首部“关于舞弊的法律”[*lex de ambitu*]，旨在制止候选人过分的宣传攻势以及制裁选举舞弊行为，似乎指的是公元前 358 年的《佩特利亚法》[*la legge Petelia*]）。

在决定开大会的前一天晚上，将要主持会议的执法官会前往一个神坛（*templum*），这在此前就已经适当地予以划定并占卜妥当，为的是在那里举行鸟卜仪式。如果该鸟卜征兆是不祥的，那么大会就要被推迟；如果是有利的，就开始召集大会，伴随着的是一系列复杂的形式，这也反映出了这个大会最初的军事性特征。人民被要求前往执法官所在的围场（*in licium*）前面，也就是确定用来开会的“围起来的”地点。这通常是在城外（*extra pomerium*）（这是因为这种大会和召集的执法官所具有权力最初的那种军事属性：据文献记载，城内没有军事治权 [*intra urbem imperare ius non est*]），不过，是在离城市很近的地点（即城边 [*ad urbem*]），通常是在台伯河以外（*trans Tiberim*）或者马尔斯广场（campo Marzio），不过，从来没有在军营（*ad castra*）里面，因为这就代表对市民的宪制权利和业已被认可的及合法的平民保民官权力的侵犯（第 36 节；不过，关于《有关解放奴隶税的曼利法》，参见第 38 节）。通过一个新的请求，即要求人民前往会议（*ad conventionem*），大会才得以开幕。所以，此前还有一次短暂的非正式会议（*contio*），在这个会上，主持的执法官会向众神献牺牲并宣读一份庄重的祷告（祈祷诗 [*carmen precationis*]），让一位传颂使者（*peaeco*）正式地呈递其提议中的信息。不过，关于这点存在着疑问，尚有争议。

非正式会议的第一阶段结束以后，根据主持官的命令：治权汇集于此并被交到百人团民众会议（*impero qua convenit ad comitia centuriata*）手中，这样就转移到真正的民众大会程序里来，在此进程中，民众会做出自己的表决。

按照百人团顺序，市民们进入到片区（*septa*），就是被围起来用于区分不同投票团体成员的地方。这种片区的数目要少于百人团的数目（在马尔斯旷野上大约准备了七十个），因为不同的单位不是同时进行投票的，而是要根据非常固定的顺序。在这种根据阶级等级制的“塞尔维”体制里面：先投票的是骑士阶层，而在他们当中，有六个拥有优先投票权的百人团的成员排在最前面，这些百人团得名于“罗穆洛时代”；然后是第一等级，相随的还有两个附随的匠人百人团；接下来是第二等级，并以此类推（对这一顺序有所修改是在公元前 3 世纪中叶以后了，参见第 51 节）。 214

市民们是单独地按人头（*viritim*）进行投票，一个接一个地从片区围栏中出来，仅过一个狭小的通道（桥 [*pontes*]），在那里有监票人（*rogatores*）等候，市民就在他们那里投票。正常情况下（通常是最初的时候）应该回应主持官员所做的（法律、候选人或者对犯罪人的判罚）提案：肯定性的（同意 [*uti rogas*]，在司法性民众大会上则是判罚 [*condemno*]）或者否定性的（反对 [*antiquor*]、开释 [*absolvo*]）。而如果是在民众选举大会上认可了多个候选人资格的话，投票人就要指明他们所持票单上选择的姓名。

最初，投票常常是口头进行的，因此由提案人（或者监票人）在专门的票板上（*tabellae*）记录每个人的投票结果，不过，从公元前2世纪末开始，为了避免操纵投票和非法压力，各种法律（所谓的“投票诸表法”[*tabellariae*]）都引入了秘密投票的义务：首先是在选举性民众大会里（公元前139年的《加比尼法》[*lex Gabinia*]），后来则是在民众审判（*iudicia populi*）里（公元前137年的《卡西法》[*lex Cassia*]，但叛逆罪[*perduellio*]除外；但后来也扩展到了对这种犯罪的受审者的审判上来，这是由公元前107年的《科利法》[*lex Caelia*]引入的），最后公元前131年就在民众立法大会里（《帕比利亚投票诸表法》[*lex Papiria tabellaria*]）。因此，投票都要投入票箱（*cistae*），放在桥上的监票人身边。表决票（*tesserae*）事先就分发给了每位投票者，并写上适当的字样：VR表示*Vit Rogas*（同意），A表示*Antiquor*（反对），C表示*Condemno*（判罚），A表示*Absolvo*（开释），或者NL表示*Non Liquet*（弃权）。在选举性民众大会上，投票人则在选票上写下要选的候选人名字。

在每个百人团成员的投票工作结束以后，有权的提案人就开始清点逐个表述出来的投票结果（自然而然，从公元前2世纪末开始，就是开票箱验票了），这称之为查票（*diribitio*），因此来查明确定同一个百人团统一的投票结果（即该百人团里表达出来的个人投票结果的多数）。这个投票结果是有价值的，因为民众大会投票的结果取决于各单个“投票单位”（即各单个百人团）表达出来投票结果的多数，而不取决于全体市民的个体投票结果的多数。所以，提案人就把各百人团做出的投票结果上报给传颂使者（*preaco*），由他根据主持官的要求将其公布。不过，正如已经说过的那样，如果这个执法官认为合适的话，他能够拒绝公布（*renuntiatio*），并下令有问题的百人团重新进行投票。在对第一等级百人团进行查票的过程中，其余各等级百人团的投票继续进行。通过这种方式，当后面等级百人团市民们进行投票的时候，骑士百人团和第一等级百人团这些富人们的投票结果，也就能够对其产生影响。

215

显然，投票的结果总是由最强大的阶层、在经济上（因此也是在政治上）拥有特权的群体的成员所决定的。通常情况下，还不是由所有的富裕阶层，而是由他们当中最富裕的人士控制的：即在十八个骑士阶层和八十个第一等级百人团中登记的大土地所有者和大资产所有者（巨商、包税人、收税人：见第 39 节）。实际上，尽管这些统治阶层里的头面人物很显然只代表一小部分市民，但却单独掌握了大会投票结果的多数：98∶193。因此，只要每个这一类百人团，即这些“真正的富人”、这些特权人士中的大多数人能够协调一致地表达出他们想要的那些决定，这就足够了（即使在这些单个投票单位里面，偶尔听凭一些可能的有异议的边缘人士成为少数派，尽管他们也属于同一阶层；不过，我们却并不知晓真正具有重大意义的这一类历史片段）。同样，很明显的是，在一些攸关阶级的共同利益的严重问题上，比如涉及对重大（或许也包括一些小小的）特权的维护上，他们之间的协调一致、那种根本上的团结协作总会及时地实现。为此而配置的一套制度——虽然在更晚些时候，随着部落民众大会（*comitia tributa*）的创立，其方式更为缓和（见第 43 节）——可以完全地实现这些目的：无论如何，首先要保证的是这些统治阶级，即权贵们（*locupletiores*）的霸权，以及他们当中年老者的显要地位（在每个等级里都要确保有一定数量的老年人百人团和票数，他们跟留给青年人团的数目是一样的。这些“青年人”上限为四十六岁，尽管这部分人当然比老年人的数量要多，据估算是三倍。这一点在任何一个社会聚合体里都是可以得到验证的：在古代社会里，因为疾病、战争和饥荒等原因而造成的成年男性的死亡当然会愈发地严重）；因此，要通过这样一种区分制度把这种古老的不平等状态永久化，虽然它在理论上是开放的，但实际上却极为僵化严格；另外，要在实践中切断非富人、边缘阶层挤进公共事务管理工作（选任主要官员和以此来间接选任元老院成员、创制基本规范、管理政治程序等）中来的一切可能性，照此逻辑，这些都注定要留给那些最可能任职的人。在《论共和国》（*De re pubblica*）中，经过对这一体制的分析后，西塞罗将其理论化，强调指出：如此一来，塞尔维就“区别对待”（*disparavit*）了一些市民和一些阶层，他们拥有投票权却不占据多数，而处在权贵们的权力之下（*ut suffragia non in multitudinis, sed in locupletium potestate essente*），以及那些很受照顾（*curavit*）的派别，他们正是因拥有更大的权力而成为多数（*ne plurimum valeant plurimi*）：由此，市民中的大多数人其实没有什么分量（*Rep*. 2.39.s）。在这些垄断了骑士百人团和第一等级百人团的社会精英、贵族政治中以及平民—贵族型的“新贵”阶层里，

216

如果最著名和有权势的代表人物之间达成了一致——通常来说几乎总会达成这种一致的——那么就没有必要让那些并非最富有的人、第二等级的市民们（他们拥有另外二十个百人团投票权）来投票了；就更不要说第三、第四和第五等级（他们共有七十个投票权：分别是二十、二十、三十个百人团）和最微不足道的民众——无产者（*proletarri*），这是一大批没有财产的人，仅仅组成了五个无武装的百人团（两个木材和金铜器匠人百人团 [*fabri tignarii* ed *aerarii*]，如今我们会说到他们的军事才能，从理论上讲他们应该是在第一等级之后进行投票；两个号手 [*tubicines*] 和喇叭手 [*cornicines*] 百人团，一个预备差役百人团 [*velati et accensi*]，他们只能身着粗布衣服，聚集在最后一个财产等级之列）。即使非常例外地（*raro*）发生了要求登记为第二等级的人来投票的情形——正如李维（1.43.11）所说的和所强调的那样，会发现这是完全正常的——而实际上，对于无产者来说却不会出现这样问题：……几乎从来都不会继续往下，直到实现甚至让“最底层的人”，这些市民中最贫穷的人来投票（*nec fere umquam infra ita descenderunt, ut ad infimos pervenirent*）（或者说去清点他们的选票）。

42. “平民会议”“平民会决议”与“法律”的等同

为了平衡，以及在某种程度上也是为了矫正上面所说的那种制度的歧视性后果——公元前 3 世纪末的一场改革（关于这点要到第 51 节）未能够、说到底实际上也并不想改变这种制度——而且，政治关系上的变化也同意：古老的平民会议（*concilia plebis*）在革新后的共和国内获得更大的活动空间，确定地加入到国家体系机制中来，并且在很多方面都实际上扩大和改变了它自己最初的一些职能。有时，它被称为部落会议（*tributa*），因为从公元前 471 年开始，在会上平民们“根据部落”的排序进行集会和投票。可以想见，在此之前，也就是最古老阶段的时候，平民们起义后又被镇压，或许只能秘密地集会，当他们汇聚在自己的领袖身旁时，自然是没有什么规矩并且是杂乱无序的。到某个时候，他们才根据以某种方式反映出来的共同体整体组织为标准，在自己的库里亚大会（*curiatim*）上具有秩序了。这样一来，贵族们插手干预就更加方便了，通过那些依附于他们因此容易控制的穷苦平民，他们很可能企图从内部来影响这个被统治阶层的集会所做的决定，或许他们还成功了，并且总在决定性的时刻掌控其政治行动。这应该就是激发保民官布布里利·沃勒罗尼（Publilio Volerone）就保民官的选举提出一项新的、更加正式化的管控手段的根本原因（所谓的《关于平民执法官的布布里利·沃勒罗尼法》[*Lex Publilia Voleronis de plebeis magistratibus*]），从此以后，实现了平民们参加大会要根据其所登记的地域部落的排序来进行。 217

正如正确地观察到的那样，通过这样的方式，选择领袖和针对贵族开展斗争的政治领导权力就从无产阶级平民手上被拿走了，而将其转给了一般平民（*tribules*），他们为了被登记在部落之内，必须要拥有"住所和土地"，因此享有某种经济上的自给自足性（虽然在最开始的时候是有限的），以及至少是潜在的而实际拥有的政治自治性；但无论如何，他们中大多数仍是穷人，常常还受到富有贵族的摆布，因此很容易受到这些人的影响。

在李其尼时代的那些和解以及平民进入到最高执法官职和元老院里之后，迅速建立起一套新的贵族政体，但不再是专属于旧贵族们的，而是新贵们的，从本质上讲这也是建立在财富的基础上，囊括了平民中的"精英分子"（见第39节），这种建立影响到了平民大会所代表的那种潜在的体制上的制衡力，削减了其很大一部分革新职能及其"民主化"意义；不过，这的确有助于这一政体以完全充分的资格确定地嵌入到共和国宪制的范围里来。实际上，贵族—平民之间的对立渐渐地消逝（最终得到调和），这两个阶级之间实现了形式上的平等；随着新阶层的出现，他们实际上已经超越了这种对立。新的统治霸权建立起来，并且与传统的阶级分化所不同的阶级对立也扎下根来；因此产生了更现代的、当然也是不一样的社会和政治大冲突，使得旧有的斗争手段以及相互排挤的手段（这些手段与其已经不合时宜的状况相对应）不再能够得到有效利用。这一切都使平民会议减少了最初的那种革命性特质，而且冲淡了其作为"具有替代作用的制度"以及"具有阶级性"的政治机构的性质，直至这些特性完全不起作用。

正如所知道的那样（见第18节），正因为这些特点，平民大会才会在被统治阶级和贵族之间斗争频仍时得以诞生。尽管经历了实际变化，尤其是功能上的变化，但在任何时代它仍然保持了最初形式上的标志。从“会议”（*concilia*）这个正式的名称上（出自“*cum calare*”：连在一起称之为“召集”），就记录下了其作为“部分人的体制”这样一种渊源，这很明显与总括式的和无所不包的民众大会（*comitia*）相对立，后者是保留给所有市民的会议，最初是指聚集在库里亚当中的所有市民，后来则是指普罗大众（*populus universus*），218 而平民会议则直接申明只由部分人组成（除平民外其他人都不得参加）。接下来要说的是代表平民行事权（*ius agendi cum plebe*），即召集平民会议的能力资格，这常常专属于保民官和平民市政官，即使在保民官一职实际上都已经同化为共和国的一种执法官职以后，也仍是如此（在 Liv.6.38.7 里针对独裁官卡密罗 [Camillo] 说的：任何贵族官员都不得进入平民会议 [*nihil patricium magistratum inseram concilio plebis*]）。唯一的一次例外是，十人立法委员会之后不久，当时所有的常设性机构职能都中断了，是由一位最高大祭司承担了其主持之职，但仅出现过一次（至少编年史作者们是这么写的，不过，很显然没有太多的可信度）。为了实现一种与宗教的永不关联性——这一根源在于，古时候平民被奎里蒂罗马人的社会制度排除在外——与民众大会上所发生的情况不同的是，平民会议是按规律正常进行的（在共和国时代，是在城界一千米范围之内，一般是在古罗马市场或者卡皮托利山），没有必要或者当然没有可能的话，就无须鸟卜仪式（求问神灵）：因此，从正面意义上看，就不存在为运作该仪式而进行主持和召集的人（保民官和平民市政官都没有资格进行鸟卜仪式），无须受制于宗教原因或者受其拖累：……平民会议上……没有创设任何鸟卜仪式的执法官员（*...plebeius...magistratus nullus auspicato creatur*）（Liv.6.41.5）。

此外，在平民会议上所通过的那些审议决定的特点，很长一段时间以来都被认为大体上与人民在民众会议上所做的那些决定的特点大不一样。实际上，人民拥有“命令”权（*iubere*），其决定是人民的命令（*iussa populi*）或者法律（*leges*），对所有人有效；而在部落会议上集会的平民们只能够“决定”（*scisce*），而不能“约束”（至少对于非平民的人来说是如此）；其决定只是某种简单的决议（*scita*）。只是到了共和国晚期，才兴起一种习惯把平民会决议（*scita plebis*）也称为法律，这一习惯又被当代的历史学家们继承下来，而我们将看到，那个时候该决议已经被“等同于”法律了。

因此，在最早的时候，就整个共同体而言，平民会决议不具备任何司法效力和法律上的价值。作为平民大会发出的这种决议，其权威性完全是一种政治性的（如果愿意说它有权威性的话），既建立在被统治阶层的势力的基础上，也基于该阶层及其领袖的能力，利用贵族阶层相对衰落的机会使之事实上得到遵守。平民及其领袖抓住统治阶级想要享有一段社会紧张状态并不尖锐的时光这样一种需求，直到他们下定决心或者留有余地采取一些已经准备好的手段（实际上是革命性的）：常常使用的就是威胁要撤走、拒绝服从征兵令或者贵族官员无法与之对抗的暴力行动。这样，当表现出可能性的时候，或许就会与贵族们实现片刻的一致，并且从贵族那里获得对平民会议通过的某些决定的特定内容的同意，在平民们获得更大胜利的情况下，这些内容甚至还可以为执法官们所接受，并随后被提交给民众大会，获得批准。 219

比如，这种情况在公元前456年似乎就发生过。当时，通过《关于把阿文丁山的土地收归国有的伊其利法》（*lex Icilia de Aventino publicando*），把位于阿文丁山上的公共土地赋予平民供其建造房屋。这个法律规定（并不是一部“农业法”：执行这种分配的目的在于城市里的布局）得名于一位平民保民官，卢齐奥·伊其利·卢加（*Lucio Icilio Ruga*），因此，这必然是作为一部平民会决议而产生的（另外，它的内容以及那个时代罗马的经济和政治条件都使得这一点可以被明显而直观地感觉到）。然而，在文献上还是一直坚持称其为“法律”，这个称谓在公元前5世纪时只属于那些人民的决定。另外，更有价值的一点在于，它确定地得到实际执行，于是，阿文丁山更可被看作是平民们自己的地盘了。这可能只意味着贵族当局是被迫适用该规定。不过，鉴于最早的平民会决议并不能强迫当局做任何事，那么很显然，该决议不得不转变为一种新的能约束全体人的规范，在那个时代也就是转变为人民的决定（*iussum populi*）和真正的法律。实际上，狄奥尼修斯（10.32）在这一点上明确地确认，该平民会决议及其内容被百人团所批准（当然是在随后的时间里），不过，这却被一些人不合理地认为是不可信的。

在共和国最初一段时间里，可能还并不缺少这种类型的其他例证，虽然不可能证明说它们都是以同样的方法做出了正式的规定。

在传统文献里可能就暗含这一类例证，这份文献把历史时间加以提前，从而将承认平民会决议具有约束全体人民的效力一事归结到多部《瓦勒里和奥拉兹法》中第一部的名下，这一部正好就是所谓的《关于平民会决议的瓦勒里和奥拉兹法》，在适当的时候，其政治意义已经得到了分析，它真正的特定内容也被直接感受到了（见第 20 节）。不过，这一点的实现其实是在更晚一些时候，是在一个大为不同的政治和社会背景下，也在更成熟的时机之下。

这样一种革新在最开始还是不可想象的，显然只有到形成贵族—平民这个新的领导阶层的时候才有可能：旧贵族的后代在全体市民中的数量上的影响分量在逐渐地减弱，原始的贵族和平民之间的对立慢慢地被另一种政治上具有决定性的所有者阶层和非所有者阶层之间的对立所取代。实际上，在政治和社会制度的动态发展过程中，平民和人民之间所有显著的区别都已经变少了，对这样一种不再具有现实基础的“区分”加以坚决维护的动机也就同样地减少了，而在过去却常为此发生冲突。于是，对一些形式上的特权加以保护的根本理由就消失了，它们与实际的统治权并不一致，这些统治霸权已经被转移到（贵族—平民化的）共同体组织中的另外一些关键要素上；不过，民众大会和平民会议仍然继续保持了他们各自最初的一些形式上的特征，各自不同的程序性规则（尽管已经不符合时代了，不过，在某些方面仍然具有积极意义，或者至少在功能上对应了新的需求）。

220

因此，平民们在他们自己的大会上集会，并开始被认为理所当然地在相当程度上代表了人民（实际上早就是这样了），尽管跟人民还有所不同。于是，平民会议和民众大会通过的某些审议决定逐渐地被承认具有相同的效力（尽管还不是全部，因为都知道，对此不可能没有反对意见）。总之，正如文献上所说，平民会决议“等同于”（*exaequata*）法律了。

照此来看，尽管整个共同体固然还没有放弃民众大会，但也已经不再常常召集运作它了，实际上就把立法权力并在一定限度上把刑事方面的某些司法权力委托给了继续作为人民之组成部分的平民（单从数量上和社会学角度上讲，他们已经占据了优势），很明显的是，关于平民会决议等同于立法（*aequare legibus plebiscita*）这样一个决定必须是在百人团民众大会上做出的。这最晚应该是在公元前287年发生的。当时，随着平民们又一次地撤离之后，这一次是到了基安尼科洛山丘（Gianicolo），在埃斯库勒（*in Aesculeto*，不是像通常一样在马尔斯旷野，而是在一个位于城墙以外的尚不明确的地点）通过了一部法律，根据法学家雷里欧·菲利切（Lelio Felice）转述历史学家杰里欧（Gellio）的记载，该法确定了“就这类法律而言，即平民所制定的任何东西，都是奎里蒂罗马人须遵守的”（*ut eo iure, quod plebs statuisset, omnes Quirites tenerentur*）。其他一些文献强调的则是，平民会决议与法律“等同化”使得“平民所决定的任何东西都是奎里蒂罗马人（即人民）想要的东西”（*quod plebs iussisset omnes Quirites [populum] teneret*）（比如 Plin. *n. h.* 16. 10[15]. 37, Liv.3.55.3：所提及的都是对古老的《关于平民会决议的瓦勒里和奥拉兹法》内容的设想）。把“决定”（*iubere*）的资格郑重地授予平民，并明确提及这是人民的旨意（*tenere*），这就使得平民会议的审议决定被认可完全具有了全新的效力，从理论层面上讲，这也很令人惊讶，并且完全凸现出了它那种改变后的权威性，确定它获得了法律和政治上的内涵。

当然，并非偶然的是，在这一话题上，一位特别谨慎而敏锐的法学家彭波尼（Pomponio）这次也抓住了所考虑的这一法律事实最关键的时间点，他毫不犹豫地写道（其文本被保留在 D. 1. 2. 2. 8）：根据《霍尔滕西亚法》，“这样就使得，平民会决议和法律的制定方式应该是不同的，但权力却是相同的”（*ita factum est, ut inter plebes scita et legem species constituendi interesset, potestas autem eadem esset*）。这使得它们各自在形式上的特点继续有效存在，也使得这两种规范化形式，平民的和人民的，都具有同样的法律意义和同等的“权力”。这是一个异常曲折迂回的旅程的终点（就那个年代而言，把这说成是“平民的胜利”或许就不恰当了，但是，这肯定是与公元前3世纪上半叶里各种现实势力之间的关系和社会发展状况相一致的），其中一部分尚未查清，而且肯定是无法了解了，也很难完全重构出来。这段旅程（它经过了这里所描述的那种复杂的经历，而且，共和国晚期的那些文献对此还有所歪曲，把不属于《瓦勒里和奥拉兹法》的一个角色也归到了它的名下）经过中间的一个阶段，出现了另一部关于平民会决议的法律，正如曾经说过的（见第38节），根据传统文献的记载，该法是由独裁官库伊特·普布里利·费

221

罗尼（Quinto Publilio Filone）于公元前339年提出的。关于这部法律，现在已经不可能知道其准确内容了，不过可以肯定的是，据称它起到关键的推动作用，扩大了平民会议的权限范围，并且推进了人民决定和平民会决议之间等同化的进程。在大约半个世纪后，这种等同化最终被明确通过。

无论如何，主流观点认为，《布布里利法》在某种程度上实际已经赋予平民会决定约束全体人民的效力，但是在某种限度之内，对这种限度的确定尚有分歧。根据某些人的观点，在平民会决议通过之后，必须受制于元老院准可制度；而与此同时，这位布布里利独裁官从根本上削弱了元老院贵族这种干预手段的重要性，他提出（而且也实现了），就人民批准的法律而言，元老院准可已经成为“事前预备性的”了（见第38节）。在这样一种理论重构中，《霍尔滕西亚法》把两种规范化类型仅存的区别也消除了。另外一些人则假设，两部《布布里利法》（可能只有一个立法文本而有两个名头）已经使得元老院准可，不论是对民众大会决议而言，还是平民会议决议而言，都是事先预备性的了：《霍尔滕西亚法》则完全废除了针对平民会决议的预先准可。不过，从一些文献中可推论出来的信息似乎对这种理论的可信度构成妨碍。这些信息让人不得不认为，至少在整个公元前3世纪，元老院的预先准可对于平民会决议而言仍然是必需的。公元前232年的《关于高卢和皮切诺的土地战利品分配的弗拉米尼平民会决议》以及限制元老院议员从事海上商业活动资格的《克劳迪平民会决议》（见第51节）实际上都被称为不合法的，而且长期以来遭到反对，一个形式上的借口是，它们是在没有元老院准可（*sine patribus auctoribus*）或者违背元老院准可（*contro patribus auctoribus*）的情况下被批准的（实际上，后面这种提法其实没有什么技术含义而且有些模棱两可）。此外，李维（27.6.7）还明确而精准地强调了，有一部平民会决议是根据元老院准可在公元前217年（也就是大约在公元前3世纪末）通过的，它豁免了执政官在第二次布匿战争期间必须遵守公元前342年所谓的《格努奇法》（la legge Genucia），该法禁止一位民选执法官在首次任职后尚未经过十年就再次当选同一职位。

222

尽管如此，还是有人对文献有不同的解释，他令人信服地否认了“元老院准可对于平民会决议来说从来都不是必要的”这样一种观点，并且猜想认为，《布布里利法》并不是把平民会决议同百人团大会法律等同起来，而是同执法官们的法律提案等同起来。这个公元前 339 年的规定使得平民们能够“要求”他们的会议上做出的审议决定可以“由代表人民行事权的执法官在元老院事先许可的情况下，提交给百人团民众大会予以通过（或者不通过）”，并借助这样的方式，才有可能转变为真正的法律；只是到了《霍尔滕西亚法》的时候，才确定了法律与平民会决议的直接等同。除此以外，还有很多相当不同、甚至相互矛盾的假说，不过都缺少有力的论据，这也证明了，不可能彻底查明在《布布里利法》和《霍尔滕西亚法》之间实际存在过的关系，因此也不知道是以什么方式逐步在公元前 287 年明确地实现了平民会决议完全等同于立法（*exaequatio legibus*）。

正如已经说过的，这种等同一旦实现，相当一部分的现行规范的创制就被转交到平民会议手上：这是因为它的集会和审议手段（按照部落）具有更大的简便性；因为实际上没有什么大的宗教方面的障碍对其正常的工作进程造成干扰；因为执政官日益增长的军事和政治重担，他常常随军队前往罗马之外，显然时常无法（即使并非受到阻碍）按照复杂而烦琐的程序来频繁地召集百人团大会；因为与此同时保民官表现出了支配力和兴趣来对共和国的规范性机构进行革新，另外，众所周知，根据一项制度性禁令，他在任的时候是不能离开城邦的，也因此他就可以更加便利地随时准备召集和主持平民大会。实际上，公元前 287 年以后，甚至那些具有显著重要性但不是直接政治重要性的领域内的“立法性”职能也保留在这个机构中（当然不需要在此再一次回顾当时引发和允许这种授权的政治—社会条件）。正如已经提及的，尤其是在私法和程序法领域，正是通过平民会决议，其体制才得以不时地更新和改革。至于选举性职能，平民会议当然要继续选举保民官和平民市政官（在这里面，由于这个制度由地域性区划组成，所以是以不那么拥挤的乡村部落中登记的选民，尤其是那些中小土地所有者在政治上占据优势为结果）；此外，在刑事方面的某种司法审判职责也被授予它，让平民“执法官”来发起对应受罚金刑（*multae dictio*）处分的犯罪的审判。

223

43. “部落民众大会”

与此前存在的传统民众大会和平民大会相伴，在共和国时代又兴起了一种新的（所谓部落）民众大会（*comitia tributa*）的形式，不过，不光其起源，甚至连其身份都还不明确。根据一些虽然不是决定性的，但仍不可忽略的论据，它们在历史上的真实地位尚不明确，一些古代文献常常还会把它们同平民会议相混淆（正如我们所知道的，至少在公元前 471 年的时候，平民会议也是“部落”会议：见第 42 节）。

实际上，有人假定，在公元前 287 年的时候，根据《霍尔滕西亚法》，在各自的大会上创制约束全体市民的规范方面，人民和平民之间的所有差别都已经消除，所以不再有任何理由把贵族排除在平民会议之外了，故平民会议在事实上被认可了，并且实际上转变为全体人民的集会：自然而然，这就是“部落”的“民众大会”。另一些人则设想，部落大会是在很久远但不确定的一个年代里诞生的，主要是出于现实秩序的动因：是为了在一些被认为并非最严格意义上必不可少的情形里（不具有重大政治意义的决定、选举较低层级的执法官员），避免召集和运作形式复杂繁琐的百人团大会。通常，按照这种理论，在《霍尔滕西亚法》之后的某个时间点上，部落民众大会就和与之类似（但不完全一样）的平民（部落）会议相融合了。

然而，这些论点都经不起仔细的分析，这种分析不会忽视：在共和国制度史上，传统的法律信念的形式化特点和严格性具有根本的重要性，即使是在它们最剧烈变化的时刻也是如此。在共和国时代，就算是在《霍尔滕西亚法》通过以后，在民众大会（这是由被授予代表人民行事权和鸟卜官 [*auspicari*] 资格的有权执法官按照适当的形式召集和主持的全体人民大会）和诸如平民部落会议这种“部分人”的大会（这不是，也从来都不被认为是民众大会）之间，那种根本性的区分实际上并没有减少，区别不仅仍然很鲜明，而且还不间断地在法律和政制层面产生出具有重大意义的后果来（这方面的证据很多、很明确，而且很重要）。

224

尽管在部落民众大会起源的时间和模式方面存在所有这些可能的疑问，但肯定的一点是，我们所了解的部落民众大会是在共和国中后期开始发挥作用并活跃起来的，它是全体人民的大会，按照部落（而不是以库里亚或者百人团）排序。但从整体上看，至少在理论上，它表现为是由具有治权以及能进行鸟卜的贵族执法官来召集和主持。正如所知道的，就这一部分执法官员而言，从来都不能够召集和主持平民会议，而无论这种会议是否已经发生变化。另外（这一点也很重要），部落民众大会的活跃，并不意味着平民会议就从罗马的政治制度舞台上消失了，或者转变为与它通常的状况不一样的别的东西了。恰恰相反，平民会议由保民官和平民市政官召集和主持，也正是在同时，它特别活跃，并以独立的方式及其古老的形式发挥着作用。

因此，部落民众大会和部落平民会议（*concilia plebes tributa*）表现为是有区别的、性质不同的大会组织机构，从体制上讲是不一样的，各自具有特点，用它们自己的方式在共和国最后三四个世纪里对政治体制独立自主地发挥影响。不过，它们在古罗马的政制生活中都占有一席之地，而这种资格的现实和政治上的理由必然并无二致（尤其是在平民会决议和立法等同化以后）。其现实理由，已经说过了。而政治理由的关键当然就在于两种不同的大会体制（从结构上讲，它们都是同样的），两者都建立在地域性区划的基础上，市民们根据其所拥有土地的处所被登记在一起，部落就代表着大会的投票单位。将个人分配到不同的投票单位里所须遵循的那种标准确保了，在制度运行中，百人团民众大会所保证的贵族—平民新贵族中的巨富们拥有的绝对优势（见第 41 节）重新得到制衡，尽管只是部分制衡。实际上，被划分到众多并不拥挤的乡村部落里的人都是中小土地所有者，随着对赋税田的获取和分配，以及随之而来的罗马统治的领土不断扩张，他们从经济上和政治上就强化为一个阶层，并拥有了这种大会上投票权的压倒性多数：从公元前 241 年开始是三十五个部落中的三十一个，当时，提出停止创立新的部落的进程（不过，可能大约在公元前 5 世纪末，二十个部落中已经有了十六个乡村部落）。正如所知，没有土地财产的市民则聚集在四个城市部落里面，当然，他们在数量上要多于那些拥有土地的人，但整体上只拥有四个单独的投票权，在大会上只构成微不足道的少数。在很短的一段时间里，由阿庇·克劳迪·切科（Appio Claudio Cieco）完成的一项尝试，将这项制度向工商业和手工业阶层的影响势力敞

225

开：公元前310年，他支持了一项改革，同意把动产所有者登记进乡村部落里来，然而，仅仅在六年之后这就被废除了（见第50节）。

因此，得以稳定下来的是受特别保护的、牢固的、有利于更高级的民众大会里最富有阶级的力量关系，民众大会的职权通常是不确定的，因此也就不受限制，并且不断地操作着那些具有更大政治重要性的问题（选举执政官、裁判官、监察官，以及审议有关战争与和平的事项：见第41节），留给中小土地所有者的则是在立法活动方面以及较低级别执法官的选举方面毫无疑问的主导权，在这上面几乎伴随着共和国所拥有的各社会力量之间的某种心照不宣的妥协。实际上，这些就是部落民众大会的根本职权（前一种立法活动还与平民会议和百人团民众会议的职能发生了竞合）。

文献上恰恰指出，部落民众大会最古老的活动就是市政官的选举，甚至早在公元前447年就完成过。不过，这涉及的可能只是一种假想的时间上的提前。因此，也基于其他一些实质原因，同样不可相信的是对于《关于科里奥兰诺的土地法》（*lex de agro Coriolano*）的记载，这应该是按照部落召集起来的人民在公元前446年就阿利其人（Aricini）和阿尔德阿人（Ardeati）之间关于科里奥利（Corioli）的领土归属加以仲裁所做的决定（出乎所有人观点的预料，根据Livio 3.72.6的记载：部落集会判定这成为罗马人民的公地[*vocatae tribus indicaverunt agrum publicum populi Romani esse*]，无论如何，这个解决方案当然既不是所罗门王式公正明智的，也不具有历史真实性，但在很长一段时间里，关于部落大会所共同维护的利益方面都会说到这件事）。不过，第一次真正以部落为顺序来组织人民的部落大会可能发生在这样一个场合：公元前357年，《关于解放奴隶税的曼利法》（第38节）通过审批，但在苏特里（Sutri）的军营里召集民众部落大会却遭到反对。或许正是因为在这个问题上以及后来一些类似的非常情况下，元老院都无足轻重（我们已经看到过那些导致贵族们无论如何都要授予其准可的根本性政治动机），这就对一种实践的建立产生了影响，这种实践受助于一些以实用性为主导的动机和理由，为的是维护上面指出过的那种政治平衡，从公元前4世纪以后，它导致新的民众大会形式的崛起。

经过鸟卜仪式后，贵族执法官员，通常是一名执政官，有时候则是裁判官（后来则是众裁判官中的一位）在古罗马市场或者卡皮托利山召集民众大会。规范其召集事项和随后工作的那些程序与百人团大会实行的那些程序相类似（第 41 节），不过，在很大程度上简化了，删掉了跟百人团大会最初那种军事化特征有关的所有形式，以三十三个部落（公元前 241 年以后是三十五个）组成的同一类型的投票单位代替了一百九十三个百人团（根据年龄和等级区分的投票单位），这使得该大会更加迅捷。这些部落同时进行投票（所以通常是全体参加），不过，与每个部落相关的投票结果的宣布，却要根据逐次设定的命令来执行（根据抽签决定的首个部落被命名为元首部落 [*principium*]）。

226

执法官们能够无差别地向百人团民众大会或者部落民众大会提交法律案，不过，到了古典时期的共和国，实际上就已经没有由那个最古老的以百人团为单位组织起来的人民大会批准通过的法律的痕迹了，除非是关于宣战（*de bello indicendo*）或者是关于监察官权力（*de potestate censoria*）的法律，正如已经说到过的，这是明确地保留给这个更高的民众大会的职权。

通常由贵族官员主持，部落民众大会还要选举出较低级别的执法官员：首先是财政官和贵族市政官，然后则是那些履任所谓的辅助性官职的人（见第 35 节）。

从某个特定年代开始，连最高大祭司和最重要的神职人员（到公元前 2 世纪他们也是由选举产生）的选举也保留给部落民众大会了。不过，根据古老的“神事不可人为”[*fas non erat*] 的原则，由人民来创设神职（*sacerdotia per populum creari*）是不合法的，为了超越这一原则就求助于一个权宜之计：仅仅抽签选出十七个部落来集会（所谓的宗教或者神事民众大会 [*comitia religiosa* o *sacerdotum*]）

最后，还有一种有限的司法职能也被认可给了部落大会，它可以作为针对贵族市政官以及（公元前 2 世纪开始）最高大祭司课处的罚金的申诉机关。

44. 民众大会法律的结构

在人民大会上表决产生的立法性规定，即广义上的法律，所表现出来的书面文本对应着一套严格统一的结构。关于这一点，罗马人本身是了如指掌的，他们在法律文本上区分出三个不同的部分：前书（*praescriptio*）、提案（*rogatio*）和罚则（*sanctio*）。另外，人民大会上的投票对其各有不同的重要性。

从狭义上讲，法律（*lex*）是由人民的大会，即百人团民众大会以及后来的部落民众大会投票表决出来的规范，不过，罗马人同样也认为该术语具有一般普遍性含义，比如在 Gai 1.2 里，还包含了平民会决议，即部落平民会议的审议决定，关于这种普遍意义上理解的法律，在后边的论述中还会涉及。

从另一个侧面来看，依据传统，还习惯于把人民大会表决产生的法律——民决法律（*lex rogata*）与官定法律（*lex data*）——即通过执法官的某项行动所提出的法律区分开来。另外，在这种语境下，应该凸显法律这个术语在罗马人的法律经验里的极为宽泛的含义，它可以扩展到甚至具有私人特征的现象上去，比如契约法（*lex contractus*），强调的是法律作为具有约束力的宣告这种根本含义，这跟该表述方式的词源是有关联的。实际上，正如已经从不同的方向上都强调过的那样，不能够把民决法律同官定法律对立起来，把它们当作是对以法律为代表的一般性范畴进行严格分类的环境下的类型，因为对这两种类型加以区别的那种特征并没有引发出与此相同性质的某种区分标准：在前一种情形下，执法官的提案（*rogata*）其实表现为要遵照人民大会的批准，从这个视角来看，民决法律更应该是同宣告型法律（*lex dicta*）形成对立，这种法律是由有权宣告法律（*dicere legem*）的执法官审议和颁布的，无须人民大会的参与介入。而在后一种情形下，要强调的则是这类规范性法律规定受外界支配这种特点，它们是由外界强加在某个特定制度之上的，而不是由这个体制内部本身自行确立的（就像罗马人民认可执法官的提案所发生的那样）。典型的官定法律恰恰就是那种要被指定给罗马城邦（*civitates Romanae*）的法律，而且，相对于那些被认为是自主性的体制而言，是被当作非自主的法律而被指定。在这个意义

227

上理解的官定法律也可以是一种民决法律，因为从结构的视角上来看，它们也要由人民大会来表决。

前书是该法律形成过程的各个阶段的书面证明。在前书里面会指出提案的执法官或者保民官、投票的大会、表决的地点和时间，然后还要提供相关信息表明第一个投票的百人团（对百人团民众大会而言），宣布第一个投票的部落（对部落民众大会或者平民会议而言），以及在一个投票单位里面表明第一个进行投票的市民。显然，法律的这一部分是不用提交给大会批准通过的，只是在接下来的一段时间里被添加到提案部分的内容里去，用来补全该法律的确定文本。

在立法规定里紧随其后的是提案，正如其名称所说明的那样，它对应的就是提案执法官（或者保民官）做出的建议文本，而且正如已经说过的（第 41 节），该提案只能够由审议大会毫无修正地予以通过或者全盘否决。

多数问题都产生于第三部分，即罚则。它与具有当代意义的“sazione”（通过、批准）这一术语发音相似，但对其的论断却没有必要因此而犯错。在现在一般的法律理论当中，*sanctio* 这一术语所指示的其实是，在法律层面上对规范中规定的事项加以补充所产生的效力结果，更为特定地，还有对违反某项禁止性规范的“准则”规定出的效力结果。

另外，还有一种状况可能更容易造成这种混淆，就是在宽泛的意义上讲，拉丁术语的 *sanctio*，尤其是 *sancire*，正好就具有意大利语术语 sancire，sanzionare 和 sanzione 本身的含义，即根据一项有约束力的规定来“权威地确定”，或者甚至是“规定一种制裁手段”。而作为民决法律组成部分的 *sanctio* 的含义表现为拉丁术语本身的语境下的一种技术性含义，并且，需要注意的是，当提到的所有片段中都反映出我们的这套术语具有共同的词根基础时，不能把这种技术性含义同那种宽泛意义上的含义相混淆。

228 作为民决法律组成部分的法定罚则（*sanctio legis*）具有的内容完全不同于现代意义上的“制裁”（sanzione）。罚则包括一些条款规定（从技术上叫章节 [*capita*]），或多或少是被标准化了，其目的在于调整或者保证受到它所在的法律的执行适用。而我们所掌握的有关于此的书面材料是相当稀少的，不过，从中也还是能够得知，罚则在各个法律当中内容各不相同，也不像前书部分那样在一定的范围内具有统一的模式。根据情况和需求的不同，有时会有这样一些条款，有时又是另外一些，在这上面也汇聚了一个时代的各种不同的规范性规定。

在这些被证实为在各种情况下构成各个法律的罚则部分的条款当中，需要对它们是旨在确保法律得到遵守，还是旨在调整单个法律与整个制度之间的关系做出区分。多数时候，前一种类型可以在自格拉古兄弟时代以来的共和国末期（第 63 节以下）受到激化的政治气氛中找到其渊源。它们中的某一条是强制要求执法官们、有时还包括元老院议员做出宣誓，以此来迫使他们适用法律，以及不会以欺诈的方式为其执行设置障碍。而另一类条款则履行与此相似的功能，它对担任公职的人，如执法官员、元老院和审判员等故意地在法律适用上不作为，规定了要承担罚金：在这种情形下受到以刑事手段制裁的违法行为是指不适用该法律，而不是对提案中包含的某个规定的直接违反（对这类进一步规定的违反，就按照现在意义上的制裁手段那样，规定处以罚金）。通常朝着这样一种方向，会促成一种更进一步的条款规定，即禁止废除或者撤销该部法律，或者向元老院提交对此类措施的讨论建议。不过，关于这种条款的证据迹象，我们知之甚少。

后面这种条款可以被认为是向罚则中包含的另外一种类型的条款进行过渡的支点，这类条款也就是调整该罚则所处的这个立法规定同整个体系的关系的条款，因此它们可以被认定为是法律创制规范。在这第二种范畴里面，可以反映出有两种不同的条款，它们很可能要比第一种类型的条款更久远。前一种条款是所谓的“法定免责专章”（*caput tralaticium de impunitate*），它确立了那些为了遵守该罚则中涉及的新法而违反旧法的违法行为不承担责任。

另外，如同其起源一样，确定这种条款的实际内容也很困难。它似乎同《十二表法》通过的那种宪制原则形成不可调和的对立，该法规定：后法废除或者撤销前法（人民新发出的任何决定都被视为法律 [*ut, quodcumque postremum populus iussisset, id ius ratumque esset*]）；从另外一方面，根据这些的确不是非常丰富的文

229

献来看，在诉诸这种原则的语境下，排除这一原则本身只能涉及明示废除的情形。但是，在这一条款的传播过程中，可能已经产生了一种担心：在政治矛盾极其尖锐的氛围下，默示废除的原则可能是不充分的，更不用说现在我们已不能获知的那些与此有关的情况了。

第二种条款有着完全不同的指向，它的表达方式多种多样，像直接地排除掉某些法律的效力，这些法律遭到一些规定的反对，根据人法和神法，这些规定认为，不能够提出某类法律提案。这种条款的操作性得以表现的方式极为特殊，因为它们确定：根据这些条款的规定，该提案本身必须被视为未曾提起。

不能把这种条款的内容与提案的对象联系起来，它所遵照的不过是对市民法的某些部分所要求的不可变更性，准确地说，是那些建立在习惯基础之上的部分：关于这种不可变更性并没有什么具体的证据可言（也可参见第 45 节），罚则中的那种“免责专章”也无法提供这样一种证据。因此，它所涉及的必然就是对立法进程的一种形式上的规制，既是人法层面上的（*ius humamum*），也是神法层面上的（*ius sacrum*）（这是对诉诸神事的信仰）。关于前者，可以想到的是有关立法创制方面的规范，比如《十二表法》中通过的不得“规定特权”（*privilegia inrogare*）的禁令，或者更晚些时候由《蒂迪亚法》（*lex Didia*）（第 41 节）引入的不得一揽子提案（*rogationes per saturam*）；关于后者，可以想到的则是做出不提出某些特定提案的誓约，以及通过其他一些方式——同时也利用罚则中的其他一些条款的机制——以此来寻求在共和国晚期狂热的政治气氛下避免对立法规定有所修改，这些规定时常受到无法修复的撕裂。

很明显，尤其是在涉及立法规定的法定范围的时候，就会提出一个问题，即这里所说的这些条款和这些法律本身被认为的效力范围之间的关系，因为可以认为对后面这种效力范围的违反必然就已经造成法律的无效了。就此而言，不能排除的是，所说的这些条款只是代表了一种谨慎的预防性条款，用来避免会触犯法律无效性的那些可能的主题，其基于诸如已经提到过的《十二表法》中规定的默示废除原则：人民新发出的任何决定都被视为法律（*ut, quodcumque postremum populus iussisset, id ius ratumque esset*）（在我们的法律观念看来，罗马人试图采用的这一原则可能显得相当不靠谱）。另外一方面，在由神法所提出禁令的情况下，这类条款或许才

230

是能够保证法律得以适用的唯一方式，它使得执法官们以诚信方式或者出于政治的需要而不愿意去违反该类禁令，但这方面的例证不无疑问。

前已提及，这里所讨论的这种条款的表现方式旨在把一些提案视为没有被提出过，只要它们具有与无论哪种性质的禁令相违背的要点，这就暗示了该条款本身的另外一种合法性理由：提案的执法官或者保民官可以在政治层面或者法律层面上找到自我保护的手段，以免受到不愿尊重那些限制范围的指控。

与前书不同的是，法定罚则也成了提交给人民大会之草案的一部分，这正是因为它涉及该法律本身所包含的规范性内容的补充部分。从这个视角上来看，罚则被包含在被理解为提交给民众大会的法律草案的 *rogatio* 当中。因此，当作为法律之一部分的 *rogatio* 与罚则相对应的时候，相对于它标志着提交给人民大会批准通过的那种立法草案之整体而言，该术语所具有的含义就更为狭隘。

45. “法律”和共和国的规范体系

无论是大祭司们还是共和国早期的法学，都没有阐述过法律渊源的分类，在先前章节的论述中，对它们每一种各自不同的模式类型已做了分析（第 9、21、29 至 32、44 节）。因此，在对这一时代的法律所做的思考中，缺少对处于不同渊源中的各种法律之间的关系以及它们各自具有怎样不同的实际重要性的考虑，而且，甚至到了共和国末期，法律渊源的名录都还是反映在修辞学著作上面，而非法律著作上面（关于公元前 3 到前 2 世纪的法律作品，参见第 84 节）。

从十人立法委员会法典编纂以来，到作为荣誉法渊源的告示兴起之前，从某种视角来讲，在罗马人的法律经验里，在各种规范创制的事实当中，直到元首制时期，民决法律一直构成最高等级或者最具示范效力的法律渊源，它代表着唯一一种以明确的方式提出法律的手段。从裁判官开始其规范性活动之后，法律仍然是市民法层面上创制规范的唯一手段，直到公元 1 世纪末和 2 世纪初，这种效力才被认可给了元老院决议和君主谕令（第 79、82 至 84 节）。

231

另外，从法律渊源“体系”的角度上讲，首要的一个问题就以法律和习惯之间的关系为代表，而后者已经由《十二表法》穷尽其立法编纂。尤其从私法制度的角度来看，就不得不面临这个问题，不过，即使对其他的法律部门而言，对此做出某种解释说明也是合适的。

关于宪制方面，一般性和抽象性规范的地位完全源自民众大会法律（关于元老院决议，参见第 40 节），能够与之并立的习惯从本质上讲代表的是一种宪制实践，而且其约束力特征还不无疑问，除非其被理解为是一些行为规范的确证，而这些行为被认为在共同体的根本性结构里是天生固有的。而关于行政法方面，立法上的干预显得不那么重要，这里的调整性权力，如果我们愿意这么称呼的话，首先要归属于元老院（第 40 节），然后才是单个的执法官，他们采用自己的告示来对此加以规定（同样还可以想到监察官法令[*leges censoriae*]）。毫无疑问，也应该有着某种行政法实践，不过，关于其约束性特点我们几乎毫无所知。

到了共和国晚期，法律所具有的根本重要性是在常设刑事法庭的制度范围（第 58 节）内对刑事诉讼程序加以组织，因为人们想要把这种犯罪制裁手段从已经变得极为复杂而笨拙的申诉权（*ius provocationis*）和民众会议审判中分离出来。为了实现这一点，就必须要诉诸立法性手段，因为这涉及唯一的、在形式上合法的能够废止申诉权的方式。

实际上，只是在与有关申诉权的废除有关联的方面，法律的介入才是必要的，因为在罗马人的经验里，涉及犯罪罪行的确定的时候，一般并不实行合法性原则（“法无规定不为罪”[*nullum crimen sine lege*]）。只有在刑事法庭这种制裁体制内部，以及陪审团之判决已经免于申诉制度的范围内，犯罪形态才必须由某个法律或者其他具有法律效力的规范性行为——使用在 Gai 1.2-7 中的罗列所使用的表述方式是：取得法律效力的（*legis vicem optinere*，关于这一点参见第 79 节）——来做出确定。

另外一方面，在私法程序范围内，当想要对法律诉讼制度（*legis actiones*）加以扩展（第 29 节）或者承认程式诉讼程序的市民法效力的时候，这种立法性介入也表现为不可替代，比如通过《阿布兹法》

和《关于私人诉讼的尤利法》所进行的那样。

不过，学理上却提出了关于法律（*lex*）和以习惯（*mores*）为基础的法（*ius*）之间关系的问题，并且尤其是像所提到的那样，这个问题在私法制度领域内具有其客观存在的价值。根据一种在文献专著上广泛流行的观点，在市民法（或者简单地说，法）的诸多意义中，其中一种具有特殊的含义，因为其与法律形成了对立：这种含义指代的是以习惯为基础，而未被《十二表法》编纂进法典的法（这些法也有可能是在《十二表法》以后的时代才形成的）。因此，这种法并不建立在明确表示出来的成文规范之上；关于这种法，其基本的知识承载媒介和对其进行发展的唯一可能性都在于法律解释活动（*interpretatio*），最开始是大祭司们的，后来则是法学家们的。于是，这种学说的相当一部分内容就倾向于把市民法理解为是不可动摇的，因此，也就是不能通过一部法律来更改的。

232

除了在共和国晚期（当时对应着 *lex iusque* 或者 *ius lexque* 这种语体结构）的一些文献里，尤其是立法性文献里，市民法的这种含义主要是被收录于彭波尼的两个段落里面，保留在 D.1.2.2.5 和 D.1.2.2.12 里面。最为意义深长的提法是片断 12，这位法学家说道：*proprium ius civile, quod sine scripto in sola prudentium interpretatione consistit*（即“一种狭义的市民法仅仅是以不成文的形式存在于法学家的解释当中 [*interpretation prudentium*]”）。

不过，对市民法的这种含义却不得不予以回绝。上面提到的 *lex iusque* 或者 *ius lexque* 这种语体结构在这个问题上并没有什么决定性价值，因为它们对应的是共和国晚期法律的一种典型趋势，即倾向于以穷尽式的方法来对这些法律涉及的范畴进行解析描述。所以，这是想用这样的语体结构（实际上应理解为同义反复）从整体上论及法律制度，而不对构成这种结构的两个词语中的任何一个赋予某种精确的含义。但是，彭波尼所谓“不成文法”（*ius sine scripto*）其实是书面形式的（*per tabulas*）法，这与那些完全建立在习惯基础上的市民法是不同的。正如这两个段落的文本及其所处的语境所明确显示出来的那样，彭波尼想要提及的是由法学家根据《十二表法》的解释所阐明的法（最初尚由大祭司们来解释，只是在这里他忽略了这个联系），这位古典时期的法学家所呈现出来的基本上是穷尽式的。因此，不能由于涉及的是以习惯为基础的法就称之为不成文法，而应该基于它是一种解释；作为一种有别于法律本身（但建立在法律之上的）的一种思考活动的对象，对其进行成文编撰并不是一种基本要求。

233

另一个问题是在习惯基础上的那种市民法的不可变更性：这与任何关于法律和解释（从中不成文法得以表现）之间的关系问题的考虑都不相关，但需要观察到，用来支持这种不可变更性观点的论据都是站不住脚的。从对已经谈到过的罚则（第 44 节）中的某些条款的分析所获得论据都微不足道，而且，这些共和国晚期的文献偶尔存在的暗示，即制度中的一些原则不能作实质上的变更，从基本的字面解读来看，这完全是在政治和社会层面上的意义，而并没有表现出什么法律上的不可能。

关于《十二表法》的穷尽式特征在这个问题上的影响，需要观察到的是：出于一种抽象的逻辑，可能尝试着支持认为，在这种特征得以确认以后，这个不可变更性问题就不成为一个问题了，因为不会再遗留下任何仅仅只以习惯为基础的规范了。不过，这种论点是唯理性主义式的，也是不可靠的，因为很明显，这种受到激烈反对的观点得以有效成立所需的相关背景是，一系列市民法的规范和制度都扎根于最古老的那些习惯之上，而且因此不能够用某个法律来将其废止或者撤销。而从这个方面来讲，那就不应该揭示出这样的事实：它们只是偶然间被十人立法委员会的法典编纂所收录。

恰恰相反，据信在这种学说的某个部分当中，拥有对起源于非常久远的习惯规范和制度进行立法废除的例证。只要提到这个事实就够了：在公元前 326 年，《博埃德里亚和帕比利亚法》（*lex Poetelia Papiria*）就废除了古老的债务奴隶（*nexum*）制度，尽管它在多大范围内废除了债奴制度并不确定。而在另一个极端的时代，虽然已经是很晚的时候，奥古斯都的财产立法（第 81 节）则完全搅乱了家庭和继承法中广泛的领域。为了反对这种立法，并不缺少某种异议反抗，而具有重要意义的一点在于，这种反抗从来都没有诉诸立法手段来进行一场深刻的改革，这并非是因为不可能，而是因为不合适。

从总体上看，共和国初期时代，并不存在对市民法进行立法修正的限制，以习惯为基础的法所具有的倾向于法律自然主义的基础也从来没有起到加强其不可变更性的作用。不能排除的是，其实还有一个不可辩驳的事实：对于民众大会的立法而言，也不存在什么限制，该类立法被赋予一种功能，在私法层面上对某些经济—社会领域的实践中出现的新需求进行回应。在原则上，这种立法性干预只表现于某些特殊点上，对私法制度的某些次要的功能失序进行校正，或者是受到具有一般化的政治方面的急迫需求的推动（可以想到的是，已经提及过的《博埃德里亚和帕比利亚法》对债奴制的废除，以及尤其是利息和税率 [*usurae*] 方面经常出现的立法）。

234 在这个问题上，要考虑的还有对民决法律所进行的三分法，这反映在一部较晚的文献中：《乌尔比安论著要目》（*Tituli ex corpore Ulpiani*）（第 119 节），不过，这种三分法要上溯到古典时期的法学，可能就是乌尔比安本人那个时代。很不幸，Tit. Ulp.1.1-2 这个片断是残缺的，不过，里面大体上还是囊括了这种尚且非常显而易见的分类。它区分了完善法律、不完全完善法律和不完善法律（*leges perfectae*、*minus quam perfectae*、*imperfectae*），不过，它们仅表现为涉及禁止性法律或者使行为不产生法律效力。完善法律是指禁止某一行为，规定其无效并撤销其效力的法律；不完全完善法律是禁止该行为，但并不规定其无效，行为因此仍然具有效力，但由于行为人违反法律禁令而受到财产刑即罚金的处罚；不完善法律则是指禁止该行为，但不规定其无效，也不对违反该法律的人处以罚金的法律。

已经提到过的 Tit. Ulp 1.1-2 这个片断很不幸是有缺漏的，保持完整的只有关于不完全完善法律的讨论，以及一段很短的有关《关于馈赠的琴其亚法》（*lex Cincia de donis et muneribus*）的语句，该法于公元前 204 年禁止进行超过一定数额的赠予行为（数额不详，很可能总额是一千阿斯），但有抗辩权的人士（*personae exceptae*）除外，这部法律被记载为不完善法律的例证。而全部理论实际上是后来由现代学说根据较为可信的推论加以精确化的。至少在我们看来，显得更加单薄的方面正是以不完善法律为代表：我们从文献中了解到的这种法律唯一的例证就是上面提到的这部《琴其亚法》。

实际上，在我们所掌握的这些书面材料中能够反映出来的是，在荣誉法层面发生的对这一禁令的贯彻执行，主要通过授予一种琴其亚法抗辩（*exceptio legis Cinciae*），因此，违反该禁令的赠予行为在市民法上仍然有效。但是，要排除的是，早在公元前 204 年，这位立法者就能够并且想要借助裁判官的干预（不然这在罗马法律史上也会是唯一的案例）：因此，不能先验地排除，该法律还会有别的什么效力，虽然对此很难加以设想，而且乌尔比安也不可能对此有所谈论，因为随着裁判官对琴其亚这位立法者预先设定的目的提供保护以后，这部法律也就湮灭了。

因此，立法性手段并没有造成对市民法的深刻影响，这种趋势可以在共和国中期获得证实，当时，相对于完善法律而言，不完善法律的制定要更加频繁——为了不把它说成是不完善法律（明显确定为不完善法律的只有《琴其亚法》）。就这方面，应该全面地加以评判，即可以注意到的是十人委员会后的法律程序限制使用立法性手段。

另外，可以注意到，不完全完善法律通常涉及的情形一般都保留某个特定法律行为的可接受性，如果禁止在一些特殊情况下使用这些行为的话（《琴其亚法》本身并不笼统地禁止赠予行为）。与它相比较，《博埃德里亚和帕比利亚法》反而倾向于废除债奴制，这可能就会产生一种疑问：罗马人对一些行为和举动仅仅规定部分无效性，但仍然在一般意义上保持其效力，这种做法会遇到困难。 235

如果不考虑共和国这个整体背景，尤其是如果不关注在这种背景下法学家的解释和裁判官在依权审判程序（*iudicia imperio continentia*）的层面上所扮演的角色，这种免除使用立法性手段的倾向就不可能得到非常合适的评判。通过习惯（第 9 节）加以表现出来而被编纂进《十二表法》的那些原则，依照这样一种运作过程，并没有丧失罗马人所理解的它们最本质的那些东西。通常这涉及的是行为规则，从最后的这些分析来看，这些行为规则是对人类关系结构中本身所内含的某种秩序做出回应，并因此获得了实质的合法性，及其此前在形式上的效力。所以，这种体制并不会像某种超验的法律一样，构成什么必然是不可改变和永恒的东西，而只可能随着其社会—经济状况的变更而改变。

因此，可以理解的是，即便立法者政治意愿上的干预是可能的，也只会显出是不合法的，因为这些行为规则是从人类关系的“本质”中推导抽取出来的。同样可以理解的是，法律的干预主要集中在这样一些要点上面，即基于任何一种原因，发生了一些次要的功能失序，或者在某种程度上其实已经不能够依赖制度的运行，而要听命于掌握权力的人的卑劣意志——至少从改革者的视角来看是这样。另外，提出这种法律性干预，事实上也将大祭司和最早的那些世俗法学家们巨大的自由权正当化了，使他们被认为是在法律解释活动中得到授权，这并不是对某个立法文本进行分析，而是代表着一种整体性的关于法律规定及其经济—社会的存在前提的观点，在确定适用于具体案件的法律规则时，这些观点得以反映。此外，对于法律解释在十人委员会之后的规范体系具有的核心地位而言，这种自由权也发挥了根本作用。

在专题文献上经常出现一种评论，这已经完全被我们现在知晓的状态所证明，即随着从祭司法学向世俗法学的转变，从共和国法学向帝国法学的过渡，这种解释活动的自由度逐渐减少。在这个问题上，需要观察到的是，在更久远的年代里，拥有更大的自由度的因素之一毫无疑问在于，尽管罗马的法学家们将不会再把法律制度视作为一个“封闭的体系”，但当时缺少一种将单个的概念化活动和具体的判决进行分门别类的“法律制度”，这种制度是随着世俗法学的发展才逐渐形成的。另外，在帝国时代，共和国法学家们（这里不称为祭司们），或者说君主（*princeps*）的规范性活动的自由“创造性”逐渐减少了；从哈德良皇帝开始，后者，尤其是某些敕答（*rescripta*）实际上是通过具有特殊性质的谕令这个层面展开的，因此，至少从形式上看，这仍然是法律解释（从这个词语的罗马化含义上讲）的层面，而非立法的层面。

236

从现代的视角来观察这个方面的话，可以说祭司或者共和国法学家们的解释活动的前提就是罗马的规范体系是以“开放性的体系”而非“封闭性的体系”为特征。这种局面以一种持续不断的方式构成了罗马的法律经验的特点，直到古典时代终结时，关于这一点我们还会在另一个地方继续讨论（第 84 节）。

十人委员会之后的法律解释的创造性特征受到一种观点的质疑，这种特征实际上恰恰就是彭波尼也表达过的范畴：不成文的法只存在于法学解释当中（*ius quod sine scripto in sola prudentium interpretatione consistit*）。那种质疑的观点非常复杂，根据该观点，对习惯进行法典编纂就对祭司们此前所享有的自由带来了一种实际限制，他们想对法律制度加以发展的企图会因此受到《十二表法》文意的掣肘。其实，从我们能够拥有的关于祭司团体的解释活动的极为有限而且通常还是间接的信息里面，可以注意到，一方面，这样一种十人立法委员会所制文本带来的掣肘毫无疑问是存在的，不过，好像只是偶尔出现，并且是故意为之而显得不自然；另一方面，在法律结构方面的这种进步是通过一些大胆的推论达成的，这就导致不无疑问的是：对其文本的依赖是否应该被看作是对实际的社会需要的回应。有一个情况是不能低估的因素，即祭司们这种明显很狭隘的“本本主义”似乎有一种作用——即使不具有完全的主导性——即对行为制度的发展进行选择，而在其中，法律上重大的顺利进展对于一个社会—经济层面尚未发展起来而且缺乏一种法律文化的社会的现行法律的操作者来说，通常都会构成巨大的阻碍。

通过这种方式，开始是祭司解释，后来则是法学家解释活动能够广泛地满足公元前 5 世纪到前 4 世纪之间在罗马社会缓慢发展中诞生出来的社会需求，而且，它在共和国中晚期甚至元首制时期（正如已经知道的那样，就在这时候法学的“创造力”趋向于受到强烈的限缩）也继续发挥着这种作用，至少在部分程度上。

法学家解释所发挥的作用，毫无疑问可以解释另外一种非常特殊的现象，这种现象反映在可以说直到共和国覆灭时的后十人立法委员会时代的法律经验当中（关于元首制时代，参见第 84 节），本身被视作法律渊源的习俗已经无足轻重，但在古典晚期时代的法学家著作里面所包含的文献中，习俗仍然罗列在这类渊源的名录当中。另一方面，从各种制度开始出现的同时及以后，也很难从罗马文献中明确地发现，后十人立法委员会时代通过 *mores* 的

237　形式在市民法当中引入新的制度和新的规范的痕迹，无论如何理解 *mores* 一词，从我们的观点看来，在一系列的情况中，都不能被认定为以习惯为渊源（可以想到的是公元前 3 世纪和前 2 世纪之间对文字契约之债的引入 [*obligations litteris contractae*]，这里仅引此一例）。

正如所看到的那样（第 9 节），从严格意义上来讲，在前十人立法委员会时代的层面上，*mores* 并不能被看作是对其加以转述的法的渊源，它不过是借以表达人类关系的本质中天生固有的某种制度的方式，而它本身或多或少地被有意识地看作被赋予有效性和效力。正如已经提到过的，解释活动的“创造性”得以建立的背景是，解释者的活动被理解为是从“物的本性”中提升出对人类关系的规训——法律自然主义者愿意这样来说。所以，从对 *mores* 的内容加以评判的角度来看，出现了解释者。不过，另一方面，在很长一段时间里，更加重要的一点却是，作为对社会关系的本质中固有的规训活动进行阐明的工具，解释活动替代了 *mores*。这样一来，在罗马人的经验里，实际上就不再留有 *mores*，即作为法律基础的习俗的位置了。

毫无疑问，有一些限制会对法律解释作为填补法律制度的工具作用产生影响，但关于这些限制抽象的潜在影响，我们完全不清楚，因为一些规范对应于跟共和国早期的社会经济制度相关的、那些最为驳杂的需求，其发展过程其实走的是另外一条路径，即通过裁判官告示和荣誉法所提供的那种路径。

关于这一点，当然汇聚了很多种不同因素，其中有两点要强调。首先，在外务司法审判活动（第 32 节）的范围内，逐渐产生对新的社会关系、主要是那些契约关系进行规范的需要，这正是因为该规制必然是同至少一方当事人不具有罗马市民身份这种情形相关联的，所以也就不能考虑使用法律。其次，一旦认为有必要根据裁判官治权（*imperium praetoris*）将这些制度引入并拓展到市民身上，那么，这其实就会不可避免地基于该执法官员的司法活动来进行，在罗马市民中适用程式诉讼程序（第 30 节）。因此，在社会的整体上就会形成一种信念，即就这些干预手段而言，它们并不属于市民法制度的某种逐步发展，而最合适的工具应该就是司法官员们的介入，因此，新的规范就会出现在荣誉法的层面上。

另一方面，需要展现出来的是，祭司们和直到库伊特·穆齐·谢沃拉（Q. Mucio Scevola）时代的世俗法学家们的社会和文化定位，以及在从事法学理论和实践活动时所使用的各种具体方法对他们产生的影响（主要参见第61—62、68节）。这些祭司和世俗法学家最初属于氏族贵族，后来则是贵族—平民式的新贵阶层，他们共同分享这种寡头政治的意识形态价值观，在习俗方面也顽固而保守。而作为实践中的顾问，他们实际上担任解决他们自身所属的这个统治阶层的内部矛盾之职，这些法学家们在法律层面上把这些纠纷相应的解决方法都体系化了，但是从公元前3世纪末开始，从形式上看，这些法学家们与通过公共承包活动进行的国际国内交往渐渐失去了联系，这些交往在经济上代表着对共和国旧有的社会经济模式的替代。元老院阶层从根本上被认为与这样一个世界是毫无关联的。另外，从公元前3世纪末开始，他们就将立法与这个世界切割开来，比如克劳迪平民会决议就把他们排除在外（第51节）。因此，不会令人感到惊讶的是，不仅是祭司们的而且还有法学家的解释，都没有出现在跟传承下来的社会结构最紧密联系的经济生活领域中，因此，对于在市民法层面上就国际国内交往过程产生出来的需求进行体系化，他们并没有做出什么贡献。相反，直到塞尔维·苏尔皮其·鲁弗（Servio Sulpicio Rufo）（第68节）时代，法学家们才对荣誉法加以考虑，而荣誉法才是对这些交往进行规制的主要地方。

238

另外，需要考虑到，在目前所描述的这些方面之间——法律解释的重要性、裁判官的规范行为、倾向于避免私法上的立法——存在着强烈的相互作用。对其中的原因和结果进行机械的认定，对应的毫无疑问是一种幸好已经被超越了的方法论上的观念。而就理解这种相互作用而言，最可信的模式是它们之间有一种实质性的循环流转性。如果说在私法领域倾向于戒除民众大会立法干预的话，毫无疑问就会在解释活动的“创造力”和荣誉法具有的扩张力上有所反应。反过来，可以理解的是，恰恰就是这些替代性手段运行出来的替代性也有助于法律的边缘化特征的持续。

作为统治阶级的新贵族们，其寡头政治的意识形态同样也能够起到一定的作用，他们当然会对人民大会影响力的扩大充满敌视，尽管后者并没有为以民主的方式使民众大会立法活动定型提供什么便利，也常常不允许这样做。新贵的这种反对态度，即通过特别的能力反对用立法方式变更私法制度，似乎没有在文献里面留下痕迹。不过，私法的发展集中在裁判官和法学解释工作上之后，更容易受到新贵们的操控，而如果通过民众大会立法来获得这种发展的话，这就不会发生，这一点还不无疑虑。毕竟不论是执法官员，还是法学家，都来源于贵族统治内部。

239　46. 拉丁人战争和拉丁人的地位、新的拉丁人殖民地

直到目前，所有描绘出来的制度安排都扎根在李其尼时代的那次和解的基础之上（第25节以下）。它存在的理由和发展的条件——在部分程度上是以新的形式——都植根于经济、政治、社会和军事上的深刻变革当中，这决定了在罗马形成新的阶层，并从中诞生了一种稠密的关系网络和新的相互依赖性，这也在制度层面上被接受并表现出来，并有助于贵族—平民式的新贵族在革新后的共和国及其组织架构中牢固而迅速地巩固他的统治地位，垄断对共和国的政治领导权，并明确地规定了共和国的各项基本决定（第39节）。

这些制度不该被认为是抽象和静态的，而应该在它们现实存在的具体语境里，对其潜在和实存的能动性进行全面的观察和描述（对此，在一个类似这样的地方，可能只能做出一些无法避免的简化处理了）。

其中必然包括那些与此的明显关联以及一些并未明示的道理，对剧烈的社会改革进行抵制和因此而团结的巨大力量，与此同时，还有其已经被证实了的值得信赖的发展能力。需要从中揭示出来的还有：紧密的社会一致性以及与之相伴的不时会造成阻碍的社会矛盾、常常令人称奇的理论上的社会团结和实际日常管理工作中艰巨挑战。虽然，这都不足以正确地重构形式上的法律方面的信息，但还是应该尝试完全地理解其具体的运作，以及历史上那些掌握权力

的阶层的代表人物与集团和被统治者——在前者实际同意的限度内——对其的工具化运用。

要使这种观察和描述成为可能，只有加入一种特别的分析：针对共和国社会的内部发展，以及对罗马与其他共同体、势力、古意大利或非意大利民族之间的紧张关系方面的复杂制度进行仔细而非片面的分析。所有这些共同体都注定要倒在罗马人的统治之下（或早或晚、以各种形式），罗马民族逐渐受到激励，既有利益上的，也有其领导集团的霸权图谋，既有内部政治的需要和操纵，也有各种社会阶层的现实需求，最初这是一种并非仅是领土性的突出的扩张主义政策，后来则是真正的帝国主义政策。

在公元前 4 世纪中叶，经过短暂的和平间隔期以后，高卢人又恢复了对拉齐奥地区的入侵（见第 24 节），有时候甚至直抵罗马城下。其他一些拉丁人的城市中心必然也感到了威胁：实际上，在公元前 358 年，与此相应，古代那种曾经因为外来威胁的减少而被解散的联盟得以重建，这一次是在台伯河上的这座城市毫无争议的主导之下。

240

在拉齐奥地区，霸权的巩固使罗马人同萨姆尼人（Sanmio）的联盟发生了接触。在经过一段时间的友好关系之后——这也是通过一份盟约加以批准的——这两个联盟也在坎帕尼亚地区发生了冲突。

用这个词语来指出卡布亚（Capua）城的领土：这是半岛上最富有的城市。在那里居住着奥西人（Oschi），他们在语言和传统上接近萨姆尼人，但因为受到了希腊人的影响，他们在贸易和产业方面还要发达得多。

萨姆尼人因为地处亚平宁山的几个山丘之间，是一个资源贫瘠、发展受阻的国家，渴望能够占有卡布亚，并在公元前 343 年对其发动进攻。这座城市因此向拉丁人同盟求救，这个同盟早就将与萨姆尼人的盟约抛诸脑后，于是进行了干预。关于这一系列漫长的“萨姆尼战争”（见第 49 节）的开始部分，我们所知相当有限（以致有些人并非没有理由地怀疑其历史真实性）。但无论如何，这以对先前存在的状态加以重新确认而告终，也即萨姆尼人对坎帕尼亚地区的扩展受到阻滞。

拉丁人感到，获得的这次胜利虽然是部分的，但还是增长了罗马的实力，他们觉得这可能是保证自己独立性的最后机会，于是，再一次为反对这座霸主城市拿起了武器（公元前340—前338年的拉丁人战争）。这一次连卡布亚城也站在了他们一边。

在这一事件中，卡布亚城的立场可能显得很奇怪，不过，通过如下叙述可以得到解释：在萨姆尼战争当中，坎帕尼亚人是同整个拉丁人同盟而并非只同罗马结盟的，而且即使当罗马人已经决定缔约的时候，他们连同部分拉丁人一起仍然继续发动战争以反对萨姆尼人。因此，他们已经被牵连进拉丁同盟的内部事件当中了。此外，卡布亚的贵族阶层同其人民离心离德，在这场战争中从事的行为较为暧昧，或者说就是公开支持罗马，所以他们得到的回报是被授予罗马公民权，但政治权利除外，这种授予稍晚些时候才扩展到了全体坎帕尼亚人。

罗马共和国在走出这场新的危机的过程中并非没有遇到困难。这个盟邦确实解散了，取而代之的是一系列同单个城市达成的双边协定，而至少在最初的时候，其盟友之间达成关系是被严格禁止的，这目的显而易见就在于使盟友之间相互孤立，并通过这样的方式阻止将来新联系的形成所带来的危险，阻止对罗马的利益构成潜在竞争关系的那些利益联盟的建立。

这个解体的拉丁人联盟的古老成员们（拉丁民族盟友 [*socii nominis Latini*]），除了拥有形式上的内政和组织自治权以外，还享有贸易权（*ius commercii*）、与罗马人的通婚权（*conubium*）和迁徙权（*ius migrandi*），即向罗马迁徙并放弃自己身份而获得罗马市民籍的权利（不过在公元前2世纪开始受到急剧限制）。这些盟友还享有一种有限的、实际上就是象征性的表决权（ius *suffragii*）：当民众大会开会的时候，他们可以参与投票，不过，他们仅仅是被登记在一个部落里，并逐次不定地被抽选出来。他们必须为罗马的安全和战斗贡献力量，安排一定份额的辅助部队，由自己的军官对本单位进行指挥，当然是附属于罗马军事长官的。

241

拉丁民族盟友的地位不仅被赋予公元前338年联盟解散后未被罗马吞并的一些城市（科拉 [Cora]、拉维尼奥 [Lavinio]、普勒内斯

特 [Preneste] 和蒂沃利 [Tivoli]，后两者被“剥夺”了部分领土)，还给了加比（Gabii）（它是否加入了最初的联盟尚有疑问，但无论如何它都在一个现在已无法确定的时间上通过与罗马达成双边条约而与之联盟），以及一些古老的同盟殖民地，按照惯例，这些殖民地将加入并成为建立它的那个同盟的一部分（锡尼亚 [Signia]、诺尔巴 [Norba]、苏特里 [Sutri] 等等：见第 24 节）。

同样的拉丁人地位随后还被赋予罗马在公元前 338 年之后所开辟的一些殖民地的侨民，这些殖民地被看作是那个被解散的同盟的主权的承接物，因此，它们也被称为“拉丁人的”（公元前 314 年的卢切拉 [Lucera]，公元前 291 年的维诺萨 [Venosa]，公元前 273 年的帕斯特 [Paestum]，公元前 268 年的贝内维多 [Benevento]，公元前 241 年的斯伯里托 [Spoleto] 等等）。这些拉丁人殖民地（*coloniae Latinorum*）建立在罗马人青睐的区域，大多数是在半岛内部，它们的地位同拉丁同盟时期开辟的殖民地是一样的，从形式上来看，它们是独立的，只是以平等身份与罗马结盟而且不像大多数非拉丁人盟友那样处于较低的地位（此外，要记住的是，在一场战争过程中，这种盟友的军事义务可能会变得非常繁重）。

那些参与建立某个拉丁殖民区的罗马人会失去他们的市民籍，承受人格减等（*capitis deminutio*）的处罚，变成“殖民地拉丁人”，即罗马所创建的新国家的公民（通常是根据元老院的意见，通过一份平民会决议，开辟 [*deductio*] 这样一种关于新拉丁殖民地的程序，这与我们在第 48 节说到的建立罗马市民殖民地 [*coloniae civium Romanorum*] 所遵循的程序类似）。在很长一段时间里，这种牺牲似乎都不是特别严重。不过，拉丁人殖民地的建立在公元前 2 世纪时停止了（最后开辟的一个是公元前 181 年的阿奎拉 [Aquileia]，其他一些人则说是公元前 177 年的卢卡 [Lucca]），这个事实促使很多学者想到，在这一时期罗马市民身份已经被认为如此有威望而不可放弃了，因此想要招揽殖民者也是不可能的（通常而言，开辟这样一种殖民地需要两千到六千人）。在阿奎拉证实“古意大利人”殖民者的实际存在（公元前 184 年）之后，对他们这类盟友而言，“拉丁人权利”则意味着一种擢升而非牺牲。

47. 被征服领土的组织和“公田”

战胜了拉丁人联盟之后，罗马开始着手一项业已决定了的政策，向拉齐奥地区边界线以外的地区进行扩张，以扩大其影响力和实际霸权的范围。这一点是逐渐实现的，在相对较短的时间里，它以各种各样的方式掌控了古意大利的绝大部分领土。

242

在公元前3世纪末，通过我们马上要加以分析的一些事件，罗马成功地征服了整个亚平宁半岛、西西里岛、撒丁岛和科西嘉岛以及其他一些较小岛屿，但西班牙的西南海岸和一些希腊人的地区除外。

罗马对被征服地区和人民的统治的组织形式并不遵循严格的模式，而是带有实用主义和弹性，并灵活运用不同的法律和外交手段。它根据偶然的需要和合适的经济、政治和战略条件来逐次地选择或此或彼的手段，并且现实地考虑到，共和国的制度结构对这样一种政策的运行会施加的一些限制，因为这些制度都锚定在城市国家这个基础之上，所以只有到了某个特定（以及灾难）的时候，它们才会去与那些新的需要相适应。从公元前4世纪末开始，罗马化的意大利就因此渐渐地按照复杂的方式和原则被组织起来了，对其政治进行塑造的是一套同质的制度，但是在这个制度内部，在罗马统治下各种资格地位的含义却是不同的，有时候从形式上看也是松散的。

像公元前396年在维伊城（这座城市在战败后完全摧毁，并于公元前387年在维伊人的土地上建立了四个新部落）和诸如公元前211年在卡布亚城所重演的，完全剥夺被征服的共同体的土地的情况是极其罕见的。在很多情况下，在敌对民族居住的土地上，只有一部分（一般来说是三分之一或者三分之二）被没收并用于扩大罗马人田地（*ager Romanus*）。

根据不同的状况，被分配给罗马市民的这些土地或者成为其私有财产（私田、被分配田 [*ager privates*, *viritanus*]），或者仍然保留“公田”地位。后者在共和国时代成为占主导的归属方式，以至于文献中毫无疑问地用其来表示很多术语的同义语，比如 *ager ex hostibus captus*，即从敌人那里夺来的土地；*ager occupatorius*，从最初的意义上讲是被获胜民族所占据的土地；以及 *ager publicus* (*populi Romani*)，即移交罗马人统治并由元老院进行管理的土地，元老院决定（并规范）其使用方式，首要的方式是用其来开辟拉丁人或者本族市民的殖民地（见第 46、48 节：所谓的殖民地田 [*ager colonicus*]）

一般说来，罗马接受那些未开垦地或者贫瘠的土地（这种情况更多）被对其有兴趣（且有办法）加以利用的人所占据，并无须支付对价。因此，把它说成是被占据田（*ager occupatorius*），这个意义跟我们已经看到的那种（一般性）含义相当不同，这里强调的是那些私人所占领的土地（而实现的）可支配性，如此一来，这些私人就变成了法律上的占有者。他们可以从中获得完全的权益，并可以在生者之间流转，或者因死因行为（*mortis causa*）传给自己的继承人，而且受到保护以反对第三人企图插手涉足，（至少从公元前 2 世纪头几十年开始）其特定的程序性手段就是占有人令状：主要是指占有使用令状，根据不得发生暴力（*vim fieri veto*）的规定，禁止任何人“采用暴力手段”对占有人造成任何侵害（更晚些时候，这被特定化为：占有人本身对土地的占有不能以暴力、隐秘的方式或者以不特定占有的名义进行 [*vi clam precario*]）。 243

尽管这样一类占有（*possessiones*）通常是不合法的，一旦获得之后，从理论上讲还是可以撤销的。但在实践中，它们却表现为已经被确定下来了。实际上，享有这种占有的几乎完全都是那些统治阶层，在古时候是氏族贵族（平民究竟是在法律上还是事实上被排除在这种占有之外尚有争论：见第 18 节），到了革新后的共和国时代，则主要是新贵族阶层中的头面人物。自然而然，也只有他们拥有机会和手段来占有国家管理的这些土地，并投入相当多的资本对其进行开发利用。他们当然不会放弃这么干，而会以更加宽泛和无所顾忌的方式来进一步扩大他们（独占）开发的土地，直到彼此之间常常爆发冲突。此外，正如传统文献中的记载所证实，在公元前 367 年贵族和平民相互和解的背景下，通过了一项《关于土地界限的李其尼法》（*de modo agrorum*）（见第 25 节），规定对个人占有公共土地的一个限制（模式 [*modus*]），也就是说确定任何一位家父都不得拥有超过 500 尤杰罗，也即 125 公顷土地（Liv.6.35.5；不过，对于如此久远古老的年代来说，这个限额或许过分偏高了）。

怀疑这样一道禁令的历史真实性是没有道理的，因为该禁令在它被引入的那个年代和政治气候当中，代表着向平民“精英们”开放（在某些方面，也是对他们的保证，即使同意了个人占有制广泛的扩展），用这样一种方式确保他们有可能至少获得一部分共和国的领地，而同样在这种机会里，他们也开始被承认进入到共和国的政府机构中来。

这可能就解释了为什么李维认为这一法律的通过就像其他几部《李其尼法》一样，是有利于平民利益的（*pro commodes plebis*），尽管他过分突出了该法的通过有违贵族的权威（*adversus opes patriciorum*）这一点。

244　《李其尼法》规定的这项禁令自然是在很早的时候就被多次违反。为首的就是这名立法者。

盖尤·李其尼·斯托洛内（Gaio Licinio Stolone）实际上试图违反这部他自己希望制定的法律。他开创或者说坚持一种做法，很不幸，这一做法注定在任何时候都不乏追随者。他拥有整整一千尤杰罗的土地，并把其中一半在他解放家子的机会中转让给了他儿子，为的是“掩饰这一违法行为”。李维（7.16.9）、普林尼（*n. h.* 18.3[4].17）和瓦勒里·马西莫（Valerio Massimo：8.6.3）都证实了这一点，后者还记载说：马可·波比略·雷纳特（Parco Popilio Lenate）指控这位贵族—平民大和解的调解人，他“成为第一个根据自己制定的法律而被交付判罚的人”。“这样就表明了，不欲先正己者必不可正人——评论说这是令人满意的道德说教。”

暂且不论这个具有教育意义的片断，违反该法的次数当然也是惊人的，而且持续不断。（根据 Liv. 10.13.13 常常涉及的内容）到了公元前 298 年，的确就有必要再一次地对这些高官们做出惩治性的干预了，为的是通过处以罚金来寻求对不在少数的人的无限野心（*immodica cupiditas*）做出约束控制（但这仍然没什么用），这些人在很短的时间里占领的土地远远超出了许可的五百尤杰罗。

在地主阶层内部，对这部分公田的开发利用也常常产生出相似的问题和冲突，这些土地被用作牧场（所谓的公共牧地 [*ager compascuus*]），或者在建立殖民地及与此无关的其他过程中，国家授权某些共同体或土地所有人、占有人集团集体支付一种记名使用费（*scriptura*）（从公元前 4 世纪开始以后），使用与其土地毗邻的土地，该租费是由包税人即一种税收承包人征收。缴纳使用费的田地被称为记名田（*scripturarius*）。

当然，这些公共牧场经常也是由富人们来开发使用的，一般来说，那些大地主和占有大面积田地的人拥有农业工场、数量庞大的奴隶和牲畜。事实上，他们毫无节制地把牲畜赶到这些土地上放牧。因此，与这样一种对公共牧场的利用方式有关，在不同的占有人之间产生冲突的情况在很早就变得令人担忧了。因此，在公元前 2 世纪的前几十年里，恰巧随着裁判官创造了一种（在我们看来）意义重大的现状占有令状（*interdictum uti possidetis*），而再一次通过了一项新的、更加复杂的《关于土地界限的法律》，关于该法我们拥有确切的信息（尽管经常被历史学家们糟糕地加以解读），这尤其仰仗阿庇亚诺（Appiano，*bell. civ.* 1.8.32-34）和由杰里欧（Gellio 6.3.37）为我们保存了老加图（Catone）的一篇辩护词中一个著名的片断。除了对不超过五百尤杰罗土地这一旧有禁令做出更新以外，这部法律（如今已经不知道命名者了）还规定，任何人都不得在公共牧场放进超过一百头大牲畜和五百头小牲畜，此外，还给这些（大）占有人强加了招募自由人进行看管的义务。这里所开启的一个话题（而在其他场合必然会被拒绝讨论）就是当时在很多方面正在变得非常明显的一个问题：大规模的奴隶制大庄园、大牧场的兴起，按照资本主义式的运营，排挤了整个意大利农村几乎所有中小土地所有者，后者还被汉尼拔战争引起的战乱、破坏和劫掠所蹂躏（参见第 63 节）。　245

从公元前 4 世纪开始以后，主要是为了满足常常不断增长的共和国的财政需求，部分公田由财政官根据元老院或者民众会议的授权，在支付适中的价款或者一种周期性地被称为田税（*vectigal*）的租税后被卖给私人。因此，这被称为财政官田（*ager quaestorius*）或者赋税田（*ager vectigalis*）：后面这种名称还被用于其他一些种类的土地特许权，通常是指有赖于支付田税的特许权（所谓的私人赋税田 [*ager privates vectigalisque*]）。其他一些时候，常常是由监察官在元老院的监督下把一定份额的公田的临时特许权（监察官租约 [*locatio censoria*]）——甚至长达百年——授予包税人（因此被称为监察官田 [*censorius*]）。这种制度一般是在更好的土地上施行，因为这样可以从承包者那里收到特别高的租税（一个典型的例子就是极为富饶的坎帕尼亚田 [*ager Campanus*] 的田税：Liv. 27. 3. 1 和 11. 8；42. 19）。

相似的情况是三一债抵账用益地 [*agri in trientabulis fruendis dati*][①]，它们位于距罗马不超过五万步的地方，由共和国（根据元老院意见交由执政官完成）给予它的债权人，以顶替偿还第二次布匿战争中所订立公共债务的三分之一份额（这些获得分配者被授予占有土地和拥有特有产 [*habere pecuniam*] 的权力，当共和国能够偿还其债务的时候他们归还土地，Liv. 31. 13. 5-9），还有一种情形是根据元老院决议赋予的乡村房屋用地 [*agri viasiis vicanis ex senatusconsulto dati*] 被授予在城郊（*vici*）沿着公共道路居住的居民，作为交换，他们对这段道路进行维护；对于殖民地或者自治市的那些纯粹进行用益的土地，个人可在交纳某种田税之后据为私用。

关于公田制度以及不同的社会阶层为了占有这些公田进行的斗争，我们不得不在以后回到这个问题上来，与之相关的是对格拉古和后格拉古时代的事件进行的分析。正如我们所看到的，那个年代的各种改革可不在少数。

从公元前 4 世纪开始，对共和国所征服的古意大利领土进行的管理组织，大致上反映出业已成为罗马基础的部落体制。实际上，在很长一段时间里，一旦在征服领土上定居的有产居民（*adsidui*）数量激增的时候，他们就会集合成新的部落。我们曾有机会谈到（第 43 节），公元前 241 年，在最后一项此类规定通过后，这类部落总数达到了三十五个（四个城市部落和三十一个乡村部落），并且该数目维持很久。更晚些时候，出于显而易见的组织上、主要是政治上的理由，罗马人更青睐对既存的部落进行扩展，即使分配给各个部落的这些区域相互位于距离很远的不同地区。

246

① 三一债抵账用益地是罗马国家向其债权人以物抵债的土地用益权，用于抵债的土地价值限定为债务总额的三分之一。

48. “罗马市民殖民地”和“自治市”

在一些已经被纳入罗马的地区，有时候会建立新的殖民地（仅仅是在海岸边，其目的在于控制和保卫港口和码头），这些殖民地被叫作“罗马市民殖民地”（*coloniae civium Romanorum*），因为这些侨民们仍然保留罗马的市民籍（或者，也因为它们的所处位置而被称为海岸殖民地 [*maritimae*]）。

罗马的殖民地以规模小（一般只有三百个家族）和行政自治为特点，作为罗马国家的一部分（它们的领土被视为这个城市的领土，这些侨民也被登记在罗马部落里面，自然也就可以作为市民到罗马去行使他们的表决权），它们也拥有自己的官吏，即长官（*praetores*）或者两人委员会（*duoviri*），自己的元老院和自己的人民大会。最古老的罗马殖民地，全部要上溯到公元前 4 世纪，分别是奥斯蒂亚（Ostia）、安齐奥（Anzio）和德拉齐纳（Terracina），它们的建立都具有我们刚刚看到的那些特点和目的（在格拉古时代，殖民化的内涵和目的就变得不一样了，而且，我们还将看到，到了马略、苏拉和恺撒时代还会有变化：参见第 63—65、67 节）。

一处殖民地的开辟（*deductio*）是根据元老院事先的决定并通过一项平民会决议（《关于殖民地开辟的法律》[*lex coloniae deducendae*]）确定下来的，该法律当然除了要规定新的布局地点以外，还要规定殖民的人数、配置给每个人的土地面积（一般是每个家族头上分得二到十尤杰罗土地）、主持必要事务运作的当局。通常这个当局由一个三名成员的委员会来担任，殖民地开辟的三人委员会（*tresviri coloniae deducendae*）是一种非常设官职，被赋予广泛的权力（似乎也是一种治权：三年期或者五年期的）、人手、适当的技术及财政工具。最初的时候是由执政官任命，后来（从公元前 3 世纪起）则由部落大会来任命，这些担任拓殖之责的执法官员还被授权按自己的行动颁布新共同体法律（官定法律 [*lex data*]），因为殖民地的建立，他们成为这个共同体的护佑者（*patroni*）。

通常，殖民者是从军队里的志愿者中征招来的，被赋予治安和安全方面的使命，不过（至少从公元前 2 世纪开始），他们就被免于提供正常的军事服务。在进行鸟卜仪式后，就打出旗号按军事队列行进到既定的殖民地开辟点，到那里开始着手对新殖民地区域进

247

行划界（通过建立堡垒和城墙对城市进行划界，而通过认定殖民地田 [*ager colonicus*] 对领土进行划界），所根据的是一类极其古老的仪式和鸟卜规范确定下来的一些规则：耕作祈祷式 [*sulcus primigenius*]（从左到右地进行 [*dextratio*]），其标志是用一头奶牛或者公牛来象征性地拉一下犁；还有遮住缔造者 [*conditor*] 头部的斗篷，而这位执法官员实际上代表的就是殖民地建立者，他首先标记出城市的神圣（*sancti*）边界，随后则根据新的被耕犁过的范围（*circumductio aratri*），标记出新领土的边界，等等。与此同时，土地丈量官也准备好了地册，根据百分地（*centuriatio*）原则对其加以划分。众所周知，这主要是集中在两条基本主线上（这两条主线呈直角相交，相交处随后即会成为殖民地的市政广场）：东西走向的主纬线干道（*decumanus maximus*）和南北走向的主经线干道（*cardo maximus*）。通过其他以规则的间隔标绘出来的、与两条基本主线相平行的阡陌经纬（它们成为城市和殖民地田地里的主干道），所有的领土都被分割成规则的四方形（百分地 [*centuriae*]）。有时候，根据与土地状况或者土地法律地位有关的特殊需要，则细分成矩形而非正方形（如果东西边更长，就是 *scamnatio*，如果南北边更长，则是 *strigatio*）。

这样确定下来的各个小块的可耕地本身以抽签形式（*sortes*）随机地分配给殖民者，他们因此成为其所有权人，除了有些土地（所谓的例外地 [*fundi excepti*]）保留在建立殖民地的执法官员手上，并交给他们所选定的一些人（这是所有权？还是占有？）。在分配结束时剩余土地会作为添加物交由一些殖民者来占有（所谓的特许田 [*agri concessi*]）。保留在划定地界（*delimitatio*）的正常线以外的殖民地土地（所谓的剩余地 [*subseciva*]）会按照赋税田的相关规则出售给或者出租给私人。那些既没有被划定地界也没有被分配的土地仍然保留着被占据田或者公共牧场的地位。

第 46 节里所说的开辟新的拉丁殖民地遵循的程序与此并无二致。

罗马化的政策就这样平稳而缓慢地推行着，除了极少数的情况以外，规模也都很小。元老院在这一领域所遵循的谨慎原则必须归结于他们的此种担心，即这座城市的众多制度（尤其是官职）可能会跟直接统治这样广阔的一片区域的需求不相匹配，而且新部落的创建（截止到公元前 241 年），或者从一个部落到另一个部落的迁徙也可能会危及这套微妙纤弱的机制，而这种机制正是贵族政治的霸权和一般意义上各种集团之间权力关系建立的基础。248

元老院对吞并异族共同体显得畏首畏尾，更关键的原因还在于，那些共同体进入到这个文明实体中来以后，会带来严重危及那些与传统的门客庇护制无关的新兴势力的风险。当这样一些安全的目的或者简政的目的被强加到从公元前 4 世纪中叶到前 3 世纪头几十年里一系列的吞并行动头上的时候，目标在于尝试着对政治上的平衡关系加以保护：只授予这些新市民民事权利，而不授予投票权或者表决权（*ius suffragii*）（这就是无表决权市民 [*cives sine suffragio*] 这一表达的出处），并且自然而然也没有荣誉权（*ius honorum*），即成为公共职务候选人的权利。

根据一部分传统文献记载，这种市民范畴最早的代表是切雷人（Ceriti，切雷城 [Cere] 的居民，这座埃托鲁斯人的城市于公元前 353 年被征服）；这一信息并没有被广泛地接受，不过，似乎证实了这样一个事实，即所有无表决权市民的官方正式名单都被称为"切雷人列表"（*tabulae Caerites*）。在同一份名单上，还登记着被监察官从其所属部落中逐出去的罗马市民，因此，他们也被剥夺了政治权利（见第 34 节）。在切雷人之后，又增加拉齐奥南部地区的一些共同体的人民，其中包括生活在卡布亚城和其他一些较小的城市中心的坎帕尼亚人、艾尔尼人（Ernici）、萨宾人和皮切诺人（Picenti）。

那些其市民被授予无表决权市民籍的被吞并的共同体叫作"自治市"（*municipia*，该词来自 *munera capere*，是对罗马承担市民义务和负担的意思）。不过，据我们所知，自治市还包括其他一些被共和国吸收进来的城市，而它们的市民则是具有完全权利的（罗马）市民，比如说图斯科洛城（Tuscolo），根据西塞罗（*pro Planc.* 19）所说，这是最平等的自治市（*municipium antiquissimum*）；或者说，这些城市所具有的资格已经背离了其最古老的地位，这些改变是后来才发生的（即失去了独立地位，比如说图斯科洛城以及我们正在说到的其他一些城市，它们在某一段时间内都只是狭义上的自治市，正如我们知道的，像在其他一些情况下所发生的一样，它们的市民在尚未成为我们所知的那种完全权利的罗马市民以前，都还是无表决权的市民）；又或者说，正如已有的主张——当然也就是很可能的那样——可以承认的是，在拉齐奥地区和后来整个意大利的管理体制重组的过程中，罗马以其一如既往的实用主义精神创建了不止一种类型的自治市，而没有什么事先确定的模式，所根据的无非是当地的传统，这些城市表现出了敌意或者忠诚度以及本地统治阶级的态度等等。相应地，自治市民（*municipes*，各个自治市的成员）的法律地位就不会是同一种类型了。另外，对于所有自治市民来说，在他们被吞并的时候，由罗马留给他们的内部自治的等级程度当然
249 也是不同的，这也会按照并不统一的方式进行，并且通常会利用各种不同的法律手段。一般说来，这些自治市是通过一部法律建立起来的，也就是单纯通过共和国的单方面行为；有时候（这种情况很少，而且所知的那些案例相互矛盾，不过确实存在）则是通过条约（*foedus*），即在罗马和它感兴趣的城市之间订立一份国际条约，这些城市在政治上被其强权统治，在军事上则被其打败，因此称为盟约自治市（*municipium foederatum*）（比如，阿里齐亚 [Aricia] 和卡佩纳 [Capena]，有人还加上了卡布亚、拉维尼奥 [Lavinio] 和切雷，不过，这些情况似乎是不同的）。对于条约自治市而言，很可能在条约订立之后，还会由罗马颁布一部创设性的法律。

在本地自治的层面上，有些自治市可以继续根据自己旧有的公共机制和规定进行统治，而其他一些自治市则被强行要求，即使在内部关系当中也要遵守罗马法。很多自治市都全部或者部分地（有时候会作修改）保留了其原来选举产生的执法官员，无论是寡头制的还是同僚制的（独裁官、裁判官、执政官、各种市政官、上诉法官 [*meddices*]、禁酒令官 [*marones*] 以及宵禁官 [*octoviri*] 等等）。在某些自治市，还引入了拉丁城市类型或者具有罗马起源的官职；而其他一些城市还会在后来被剥夺全部的自治权（基于严重的政治理由而改变其最初的自治市地位），比如说，尽管卡布亚城是自治市，但它在汉尼拔战争结束后因其背叛行为而受到严重惩罚，李维说（31.29.11），它被降低为没有元老院（*sine senatu*）、没有平民大会（*sine plebe*）、没有执法官员（*sine magistratibus*）并且被剥夺一切的城市（*urbs trunca*），公元前 211 年被明确地交由罗马派驻的行政长官（*praefecti*）来管治。正常情况下，在自治市里面，除了我们说到的选举性官职以外，还有人民大会和执法官员们的委员会（元老院、市议会团体 [*ordo decurionum*] 或者库里亚），它们根据情况而拥有各

种不同的权力：一般说来，在本地的行政管理和宗教生活方面（有时候甚至是军事方面）拥有广泛的权限。比如，财产清查的工作就被托付给自治市机构，它们随后要向罗马汇报调查结果。刑事审判权通常也被赋予当地执法官员（除了向人民申诉制度的范围，因为这需要集体性，属于这个集体的自治市民也被看作具有全权 [*optimo iure*] 的罗马市民）。不过，民事审判权一般是由罗马的内务裁判官委任的代表来掌管（至少那些最重要的问题是被从自治市执法官的权限中拿掉的），这些代表被称为司法长官（*praefecti iure dicundo*，关于这些官员在坎帕尼亚地区不同城市里的权限，参见第 35 节）。

一位行政长官或者一个长官集体被派驻的区域被称为大区（*praefectura*，该术语最初用来说明该职位），这类大区（作为一种区划）既包括自治市，也包括殖民地（虽然这一点上尚有争议），而且当然还有街区（*fora*）、村落（*vici*）、定居点（*conciliabula*）和城堡（*castella*）：分别是附属于自治市的小区、乡村居民聚集的地方、因新的大道的开辟而借机建立起来的居民点和堡垒据点。从这些行政长官在被派驻区域的共同体中能够享有的自治权来看，他们的权力还延伸到了司法审判权上。 250

随着公元前 90 年授予意大利同盟者罗马市民籍（《关于市民籍的尤利法》[*lex Iulia de civitate*]），自治市政体还拓展到了同盟者城市中（公元前 89 年的《关于授予同盟者市民籍的帕比利亚法》[*lex Papiria de civitate socii danda*]），并且表现为实际上是统一的模式（见第 72 节）。

关于同盟者战争之前的年代里无表决权的市民被擢升为全权市民籍（*civitas optimo iure*）的情况，我们仅有零星的一些信息：公元前 268 年的萨宾人、公元前 241 年的皮切诺人（这被认为是要归结于他们在罗马殖民地的大量人口，因此导致对两类市民加以区分并不现实），公元前 188 年的阿尔皮诺（Arpino）和弗尔米（Formia）。关于其他的所有情况都缺乏资料，因此关于他们这方面的命途就充满争议。一些学者认为，这种模糊的状态到了公元前二三世纪之间时就逐渐减少了，而其他学者则提示元老院的这种限制政策，他们认为直到同盟者战争前夕，仍然存在着无表决权的市民。

49. 在坎帕尼亚地区的扩张和与萨姆尼人的战争

正如已经说过的（第 46 节），卡布亚城的领土在贸易和产业方面非常繁荣，完成其绝大部分贸易的港口是一个希腊人的殖民地，即 *Neapolis*（那不勒斯）。卡布亚城和其他一些较小的城市中心被授予无表决权的城邦地位（*civitas sine suffragio*），也激起罗马人要控制住那不勒斯的决心。

这座城市最终受到了攻击，借口是它的居民侵占了坎帕尼亚的领土（公元前 327 年），一年之后，借着围城者和希腊贵族之间心知肚明的秘密约定，它被攻陷了，随即达成一项对双方均有利可言的同盟条约。那不勒斯的贸易区域（就像古钱币学家所掌握的资料显示的那样）显著地扩展开来，不仅包括罗马影响的地区，还有外部世界；稍晚些时候，这些胜利者还在那不勒斯的铸币工厂里以（希腊文的）“*Rhomaîon*”铭文字样和“*Romano*”铭文字样铸造了一些货币，不过，它们与那不勒斯铸币的类型和价值分量是相似的，这意味着这些胜利者想要参与到南意大利世界的交往中来（即意大利南部的希腊化城市）。

要注意的是，这些发展都不是那种环境下的一种偶然产物，而恰恰解释了进行这场战争的目的所在。罗马社会实际上并不建立在纯粹的农业和畜牧业的基础上，早在王政时期，罗马就融入埃托鲁斯的经济圈当中（在这里，商贸具有显著的重要性），因此它也就间接地对希腊人的影响力开放；塔克文王倒台以后，它继续保持着同希腊世界的关系，不再通过埃托鲁斯人的中转，而是直接的关系。各种文献（比如说，Strab. 5.3.5; Plut. *Cam.* 8）都证明，罗马人在远古时代就开始从事海盗行为，这种行为在社会发展的原始阶段常常是同贸易联系在一起的，总之，也就意味着对海域的占有。此外，据记载还有罗马人与迦太基人达成的两份条约（第一份可能要上溯到公元前 6 世纪末，第二份则确定是公元前 348 年），它们旨在对两国舰队的活动范围进行划定（据信，这是有利于这座腓尼基城市的，因为当时它要强大得多）（Polyb. 3.22.1; 3.24.1; Diod. Sis. 16.96.1; Liv. 7.27.2）。

251

罗马的新贵阶层很可能有贸易方面的利益往来（或者还有海盗行为，就像古代世界里其他的贵族阶层一样），尽管对更加久远的年代而言，在这一点上尚有一些不确定之处，但是不能够质疑的是，在吞并卡布亚城以后，这种利益就已经上升到一定高度了，因为两座城市的统治阶级之间很快就相互交织成一体，形成紧密的关系。我们知道，在罗马的传统史学家看来，一个元老院议员本人去从事非农业或者非军事的行为是为人所不齿的，不过，这些元老们也还是通过他们在骑士阶层的亲朋好友，尤其是通过他们的被解放的自由人卷入商贸事业中。

在那不勒斯短暂被困的那段时间里，萨姆尼人也曾为该城市派遣过军队以加强其防守，这就证明了他们不准备再被动地忍受罗马在南部地区进行的扩张（参见第 46 节），这一状况就引发了“第二次萨姆尼人战争”。

实际上，在公元前 326 年这场新的战争就开始了，这成为罗马人最艰苦的战斗之一。根据文献记载，这次战争一直持续到公元前 304 年，但有评论家认为，罗马人于公元前 321 年在考迪奥(Caudio) 遭受的严重失利迫使它在一段时间内解除了武装，而且有可能还通过放弃位于利里（Liri）的弗雷戈勒（Fregelle）来达成和平。大约在公元前 315 年，敌对关系又出现了，这次仍然不乏严重的挫败，但是通过罗马人特有的坚忍顽强，他们最终确立起自己的优势，并迫使敌人投降。

萨姆尼人保卫自己独立地位的最后一次努力是在公元前 298—前 290 年之间做出的，站到他们一边的还有其他一些民族，他们感受到罗马军队的实力，深感受到威胁，包括萨宾人、翁布里人(Umbri)、山南高卢人（Galli Senoni）(根据传统文献记载，这是第三次萨尼蒂人战争，但正如我们所看到的，其所涉及的不如说是第四次；不过，有些学者并非没有道理地倾向于说成是“古意大利人战争”)。不过，这一次萨姆尼人的尝试还是徒劳的。在罗马胜利之后，它再一次重新订立了同盟条约，规定了自己的霸主地位，并且同翁布里人和埃托鲁斯北部的一些城市订立了其他一些盟约。萨姆尼人和山南高卢人必须交出一部分土地，随后就在那里建立起罗马人或者拉 252

丁人殖民区，而且萨宾人的部分领土被并入了共和国，授予无表决权的城邦地位。

在公元前 4 世纪结束的时候，罗马获得了一次具有重要意义的对其军事和政治实力的认可。追溯至公元前 306 年，实际上罗马同迦太基达成了第三份条约（Filino in Polyb. 3.26; Liv. 9.43.26），在条约里，这座强大的布匿人城市承认罗马在整个意大利南部的利益优先性，但它保住了西西里岛（当然还有撒丁岛，但是文献上对这一点有所诟病）。几年之后，可能是在公元前 303—前 301 年之间，塔兰托城（Taranto）也感觉到，需要通过一项条约来更加小心谨慎地保护其在爱奥尼（Ionica）海岸这一部分的诉求了，这就暗示它放弃了其长久以来渴望得到的在南部其他地区的霸权。最终，于拉奇尼奥角（Capo Lacinio，也称灯塔角 [Capo delle Colonne]，位于克罗托内城 [Crotone] 以南：Appian. *Samn.* 7.1）确定了罗马和塔兰托之间的势力影响范围。

我们将注意到，在这两份条约当中，罗马都确保了在比他们实际所掌控的区域要广阔得多的地方的行动自由（当时罗马军队尚未有动力直抵布鲁兹 [Bruzio]，即现今的卡拉布里亚地区 [Calabria]）。不过，塔兰托所做出的让步还是不够。罗马人对古意大利各民族的胜利，罗马和那不勒斯之间联盟的良好运作都诱使一些南意大利的城市——他们的独立地位和繁荣景象长久以来都受到卢卡人（Lucani）和布鲁兹人的威胁——认为来自罗马的保护会比塔兰托的保护更好地保障他们的安宁，而且无需做出过于重大的牺牲。首先行动的是图里人（Turi），大约在公元前 285 年，它向罗马求救以对抗卢卡人。罗马做出直接干预的话就构成对现行条约的违背，因为图里属于塔兰托的势力范围。

这样，一场新的战争就变得不可避免，这一次塔兰托人得到了古希腊伊庇鲁斯王国（Epiro）皮洛士（Pirro）国王的支持，恰恰就是在这一时期他提出征服一个西部领土的构想，这可以和他的表兄亚历山大大帝（Alessandro il Grande）在半个世纪前于亚洲建立的帝国比肩。皮洛士的野心还扩展到了西西里岛，因此也引起了迦太基人的担忧，他们再一次与罗马更新了条约，这回是构造一种真正的联盟形式。

皮洛士在军事方面的优势是毋庸置疑的，这一点为众多的胜利所证明，不过，他的实力在意大利和西西里岛也不断地被消耗，这阻碍了他从这些胜利中获益，而且，罗马人的誓死抵抗也令他感到震惊，这都促使他改变了各种计划。公元前 275 年在贝内维多（Benevento）被打败之后，他决定返回祖国为争夺马其顿王国王位而战（数年后，在这个新的事业当中，他在战争中阵亡）。由于自己放弃抵抗，塔兰托最终垮台（前 272 年），南意大利的希腊化城市全部成为意大利的盟友。

253

50. 罗马的政治走向和第一次布匿战争

前面的篇幅直指罗马在意大利的对外争霸政策，这仅仅是从其各种结果来加以考虑的，并且显得好像是同一类型的事实。但如果我们转向这种政策的动机的话，就会注意到，其实这种政策是由两种相互对立的路线所引领的，它们由不同的需求所激励，由不同的集团所支持，并且在它们之间发生了斗争。

统治阶级中的部分代表人物认为，有必要首先满足罗马公民对土地的渴望，因此赋予划分被征服的意大利中部地区这项工作更重大的意义，这里能够提供肥沃的土地，而且一般来说人口并不太稠密。他们自然倾向于没收被征服者的土地，并且不在既得结果面前有所后退（扩大罗马田地；把罗马市民籍延伸到被战胜民族，让罗马殖民者融入他们当中去，就像萨宾人遇到的情况那样）。

另外一些人则代表了工商业阶层的利益，正如我们已经看到过的（第 48 节），他们“长久以来”在罗马社会就极具分量，因此，他们关注的是：南部地区缺少肥沃的土地，而且直到汉尼拔战争之前人口都很稠密，以至于为新的殖民者找到空间并不容易，不过，这里港口众多，并且紧临着人流量极大的地中海地区。对于这些集团而言，形式上平等的结盟通常会比直接的征服和统治更加有利可图。

在前一种倾向的代表人物里，要提到的是马尼·库利奥·邓塔多（Manio Curio Dentato），在制服萨宾人（前 290 年）和山南高卢人（前 283 年）后，他提出了以各种形式——对此，我们已经说到过——对被征服领土进行殖民化，并且把罗马人田地（*ager Romanus*）一直拓展至波河谷地的入海口，而且，他还诉诸使用武力来对付持观望态度的多数人（据记载，与他相伴的支持者是一支数百人的“敢死队”）。

而在第二种集团的代表中，则出现了阿庇·克劳迪·切科（Appio Claudio Cieco），在其监察官任上（公元前 312 到前 310 年），他修筑了从罗马到卡布亚的阿庇大道，为的是方便和加强这两座城市间的联系。他的目标除了为提升小商人和投机商（市民们用一个不光彩的名号“游商团伙”[*turba forensis*] 来称呼他们）的政治影响力，还在于将这些人登记到所有的部落中去并进行投票，而在此前，由于他们不是土地所有者，都被打发到了四个城市部落里。这场改革于公元前 304 年被对克劳迪有敌意的监察官所废止（贵族监察官库伊特·法比奥·马西莫·卢利亚诺 [Quinto Fabio Massimo Rulliano] 和平民监察官布布里·德齐奥·穆勒 [Publio Decio Mure]），后来也没有
254
再恢复。不过，需要注意的是，不管是这场改革的发生，还是它被废止，被牵涉进来的都只是“游商团伙”，而不是大工商业者，后者如同所有富裕的罗马人一样，把他们的盈利都投资到土地上去了，因此就拥有登记在乡村部落中的权利。

因此，具有重大意义的是公元前 279 年的一个事实：当时，罗马在遭遇两次重大失利后，元老院倾向于与皮洛士媾和，因此要放弃在南方的称霸计划（而且，皮洛士和库利奥的朋友、被围困的盖尤·法布利佐 [Gaio Fabrizio] 之间已经订立了一份初步协议）。而恰恰又是阿庇·克劳迪（这时候他已经衰老而且失明了，不过仍然精力充沛）用一场慷慨激昂的演说阻止了谈判，至今这仍然作为演说家的范本而闻名于世，令那些立场不明的元老院议员转变态度，决定不惜一切代价将这场战争进行下去。

我们已经看到，迦太基和罗马在很长一段时间都保持着友好关系，一直到他们在军事上合作对付皮洛士（第 49 节）。在战胜了塔兰托以后，罗马把它的霸权一直扩展到墨西拿海峡（Messina）①；这时力量关系就发生了变化，而旧有的条约所加的束缚就显得不那么受人欢迎了。

在当时，迦太基人控制了特立波利塔尼亚（Tripolitania，现利

① 西西里岛与意大利本土之间的海峡。

> 比亚一带）、突尼斯、部分阿尔及利亚的海岸。只是在突尼斯，他们的统治才拓展到了内陆地区，不过，他们的政治和文化影响一直抵达摩洛哥一带。他们除了在西班牙和撒丁岛上拥有一些据点以外，还把控着整个西西里岛的西部。该岛其余部分属于希腊的叙拉古王国（greca Siracusa），但墨西拿城除外，这里是由一队名叫马麦丁人（Mamertini）的雇佣兵（这一称号来自他们的保护神——战神马尔斯 [*Mamers*, *Mars*]）在他们为叙拉古王国战斗服役之后建立起来的新国家，并且从此为自己而战，不论是对希腊还是对迦太基的领土，他们都加以劫掠。

公元前 265 年，叙拉古国王希伦二世（Gerone）给予墨西拿的马麦丁人决定性的一击。为了避免叙拉古变得过于强大，迦太基人支持墨西拿城，向其派遣军队，并在该城获得固定的立足点。不过，这一状态在短短几年之后就让这些原雇佣兵们变得无法忍受，他们暗自地向罗马求助。共和国的领导集团甚至都没想到一个对西西里进行干预的更好借口；公元前 264 年的执政官阿庇·克劳迪·卡德克斯（Appio Claudio Caudex）横渡墨西拿海峡，出其不意地进入墨西拿城，驱逐了布匿人的驻军。最初，希伦二世对这政治版图的急剧变化有所担心，所以同迦太基人进行合作，这两支军队把那位执政官困在墨西拿城内。不过，这位国王几乎立刻转而支持罗马，这既是因为他判断出这两个对手之间谁更强大，也是因为他无法摆脱西西里岛的希腊和迦太基之间长久以来的敌对关系这一传统。

第一次布匿战争持续了整整二十四年，一直到公元前 241 年，消耗了这两个最大的强权的实力，数只舰队在战斗或风暴中被摧毁。 255

在两者的僵持中，迦太基展示出来的资源没有罗马丰富，这座布匿人城市最后承认战败，向罗马交出它在西西里岛的一切（公元前 256 年，罗马将军马可·阿提留·雷古洛 [Marco Attilio Regolo] 率领的对非洲的远征以灾难性后果而告终，因此，这时候罗马放弃了在优胜的势头下掘地三尺式攫取利益）。

在这场战争结束后不久，没有获得报酬的迦太基的雇佣军发动了叛乱，这样连这座城邦本身的存在也面临危险。在同罗马人作战中表现突出的哈米尔卡·巴卡将军（Amilcare Barca）镇压了这次暴动。不过，罗马还是在公元前 238 年从中渔利，占领了撒丁岛和科西嘉岛（迦太基人要求归还后者，不过，事实上它还是保持了独立）。但这两个岛屿的最终臣服还需要数十年艰苦的战斗，这里的居民很难容忍异族的统治。

51. 内政和扩张主义

内政和外交上两种相对立观点的冲突（一种是基于农业阶层的利益，另一种则是工商业阶层）在公元前3世纪的最后几十年里仍然在继续，而且以更加直截了当的方式显现出来。

毫无疑问，对百人团进行的改革（见第41节）必须要归结到第一种倾向上来，这大约发生在公元前241—前219年之间（准确的时间尚存争议，而且发起者的名字也没有流传下来，据信应该是盖尤·弗拉米尼 [Gaio Flaminio]、法比奥·马西莫 [Fabio Massimo]）。这场改革的很多重要细节我们都不得而知，不过，关于其目的则是非常清楚的：就是为了增强农业阶层的政治实力。我们知道，实际上，第一等级的百人团被削减了（从八十个到七十个），使之成为可能的方式是将百人团和部落联系在一起，在公元前241年部落数量已经达到三十五个（四个城市部落、三十一个乡村部落）。每一个部落对应着两个上等市民（*classici*）的百人团：一个老年人团和一个青年人团。据认为，在旧的百人团体制当中（即"塞尔维体制"），监察官在依据财产清查结果把市民们划归于不同等级中以后，随后在各等级内部的百人团之间则是自行武断地对市民进行划分的（第34节）。不过如今，至少在第一等级内部——该等级的重要地位仍然占有优势，即使是在被削减了十个投票单位之后（关于其他等级的情况我们不掌握相关资料）——百人团成员的登记要取决于部落成员的属性了，这也反映出登记在乡村部落中的土地所有者（六十二个百人团即六十二票）和非土地所有者（八个百人团即八票）之间的差别。

作为通过"制度工程式"的操作手段来加强一种政治派别力量的尝试，这种百人团体制的改革是非常重要的。不过，实际上，256 它并没有达到它所追求的目的。因为，绝大部分商人、包税人都把他们资本的一部分投到土地上去了，既是因为传统，也是因为经济安全方面的动机（在罗马世界，只有土地所有权才会有助于社会声誉），所以，那些企业家、金融商和投机商们也拥有被登记在其财富所在的乡村部落里的权利，而在相对应的百人团里面，他们又对第一等级的投票具有广泛的影响。

与此相反，正如所知道的那样（参见第43节），在部落平民会议里面不存在等级上的差别，全部的所有者，无论大小都拥有同等权利，农民们在里面的优势地位通过占有三十五个部落中的三十一个而得到了保障，因此，他们的“领袖们”寻求增强这个人民大会的权力。

比如，公元前232年的平民保民官盖尤·弗拉米尼成功地在未获得元老院准可的情况下适用了一项平民会决议，从理论上讲，准可是不可或缺的（参见第42节）。这份《关于按人头划分皮切诺人和高卢人土地的平民会决议》（*de ager Picen Gallico viritim dividundo*：Polyb. 2.21.7-9；Cic. *Brut*. 57等等），强制规定将已从山南高卢人手上夺取的（参见第50节）皮切诺最北面一带的田地分配给私人占有。该举措的直接受益人一部分是无产者，一部分是农民家庭中数量庞大的家子们，他们要靠祖传的几小块农地过活。如果这些领土仍然按照元老院大多数人所希望的那样留作公田的话，无疑会由最富有的市民阶层来占据，他们基于这种极富弹性的占有制度（见第47节），可以凭借任何经济或者政治上的手段对其加以滥用，从而给这些弱者造成损害。

另外一项重要的平民会决议是公元前218年通过的《关于元老院议员营利行为的克劳迪法》（*lex Claudia de quaestu senatorum*：Liv. 21.63.3-4），这又一次与很多贵族的反对意见针锋相对。其提案人是一位非著名人士，名叫克劳迪，不过，我们知道这一倡议在政治上得到了弗拉米尼的支持。这一规范禁止元老院议员拥有超过三百油罐载重能力，即从事海上贸易的船只。但实际上，这并不打击那些能够通过冒名顶替者（门客或者解放自由人）来从事商业行为的元老院议员，而只打击那些船只的所有者，通过这样的法律手段，这些所有者被排除在元老院，因此实际上就是政治生涯之外，或者说如果他们想要进入元老院，就不得不舍弃他们的事业，将其托付给门客或者解放自由人。很可能，在同一时期，还有一个关于包税人职业的类似规定也生效了，这也是一种禁止元老院议员担任公共承包人的间接方式。与百人团民众大会的改革不同的是，这两部平民会决议（也参见第64节）具有某种程度的实际效果，因为它们减缓了企业主阶层的代表人物进入到“新人”（*homines novi*）这个政治

257 阶层中的速度；不过，在阻止一部分新贵们继续依附于商业利益这方面，它还是没什么用。

战胜迦太基人以及部分地征服了那些大的岛屿标志着一场不可逆转的进程的开启。面对取得地中海地区的霸权这样一个愿景，朝着半岛北部进行领土扩张对于很多人来说就显得是一个次要目标，不值得为此消耗共和国的实力。

不过，公元前 225 年高卢人最后一次的大规模入侵，提供了一个推进到波河谷地的新机会。在埃托鲁斯地区的塔拉莫纳（Talamone）战胜了这些入侵者之后，波伊人（Boi）的领土（今日的艾米利亚大区 [Emilia] 的一部分）也被占领了。元老院中的多数派认为，这个问题就算解决了，并且不同意再占领其他地方。不过，公元前 233 年的执政官弗拉米尼却利用授予罗马统帅战争期间的自主权带领部队越过波河并且攻击了伦巴第人（Insubri），后者被迫向公元前 222 年的执政官马可·克劳迪·马尔切罗（Marco Claudio Marcello）投降。

尽管因其政策而招致敌视，弗拉米尼仍然被选为监察官，并于公元前 220—前 219 年再次当选；他利用这个职位来巩固已获得的那些成果，修筑了从罗马到利米里（Rimini）的弗拉米尼大道（Via Flaminia），这方便了与刚征服领土的联系，因此也与阿庇亚大道（第 50 节）形成理想的照应。在公元前 220 年还决定在皮亚琴察（Piacenza）和克雷莫纳（Cremona）建立两个拉丁人殖民地。

不过，高卢人的这个片断只不过是“乡村部落的民主制”在特殊的政治环境下一个孤立的成功案例。从公元前 229—前 219 年，就在这场对高卢人的战争前后，还在进行着众多卓有建树的战役来反对伊利里亚（Illiria）和伊斯特利亚（Istria）① 的海盗，这带来了两个显著的效果。一些最直接暴露在伊利里亚人威胁之下的希腊城市（阿波罗尼亚 [Apollonia]、埃皮达诺 [Epidamno]、科尔奇拉 [Corcira]）与罗马结盟，通过这样的方式罗马的势力范围到达亚德里亚海（Adriatico）和伊奥尼亚海（Ionio）的东岸地区；而另一些更重要的希腊城市（科林斯 [Corinto]、雅典、埃托利亚同盟 [Lega Etolica]、阿哈伊亚同盟 [Lega Achea]）则承认了罗马人在与海盗的战斗中所取得

① 在今天巴尔干半岛附近的亚得里亚海域。

的成就，科林斯还邀请罗马人参加科林斯地峡竞技会（agoni istmici）（正如所有的泛希腊地区的庆典一样，按照竞技会的传统，蛮族人都是被排除在外的）。

52. 第二次布匿战争

在雇佣军叛乱之后，巴卡（Barcidi）家族（最初是哈米尔卡[Amilcare]，后来是他的女婿阿斯德鲁巴[Asdrubale]，再后来是他儿子汉尼拔[Annibale]）重振了迦太基的运势，他们征服了西班牙东南部一带，并在那里组织起了广泛的统治，这一带因其丰富的锡矿和贵重金属资源而成为战略要地。公元前225年，罗马认为是时候对布匿人的扩张施加一定限制了，不过，由于他们忙于对高卢人的战争（见第51节），所以仅满足于确定两者的势力范围以西班牙北部的埃布罗河（Ebro）为界。因此，就把几乎整个伊比利亚半岛放手交给了迦太基。不过，与此同时，罗马又与位于埃布罗河南岸的伊比利亚城市萨贡多（Sagunto）结成同盟。我们不知道这个盟约是早于还是晚于公元前225年的那个协定，不过，这两份条约是公然自相矛盾的，因此造成了一种模棱两可的局面，任何想要挑起战争的一方都可以利用这种矛盾局面。而在公元前219年，汉尼拔先下手了，他向萨贡多城进攻。 258

在罗马，也如同在迦太基一样，统治阶级分裂为主战派和主和派。在后者中，我们知道，当时最有权威的是库伊特·费边·马西莫[Quinto Fabio Massimo][①]，他是马西莫·卢利亚诺的后人。很可能，费边曾经坚持，当时是对由弗拉米尼和马尔切罗最新征服的领土加以巩固的时机，因此，不应考虑在远离意大利本土所发生的上述事件。不过，萨贡多城的陷落和对其居民的屠掠激起了极大的愤慨，战争的理由占据了上风。

公元前218年，执政官们准备好在西班牙和非洲进行登陆时，汉尼拔却急行军越过了比利牛斯山（Pirenei）和阿尔卑斯山（Alpi），而且，各高卢部落的暴动也迫使执政官们反而要先赶往波河平原去

① 即著名的费边战术的发明者。这是一种拖延迂回的战术，即不急于达到目的，用时间拖垮敌人。

救急，但在那里又被打败。然而，最初的进攻计划并没有被完全放弃，而且罗马也向西班牙派出了一支军队并同留在那里的迦太基人开战。很多年以来，汉尼拔在意大利半岛上的存在便构成一种威胁，而且很多罗马的臣属和盟友转投汉尼拔这样的事实又加剧了这种危险（高卢、坎布亚、塔兰托、叙拉古和萨姆尼人等等）。汉尼拔于公元前 217 年在特拉西梅诺湖（Trasimeno）（盖尤·弗拉米尼于此役战殁）、公元前 216 年于坎尼两次摧毁罗马军队。不过，不久以后罗马就开始缓慢地恢复，这主要归功于费边（因其谨慎的战术而被称为“以不变应万变之人”）和马尔切罗。

坎尼会战以后，马其顿王国的腓力五世（Filippo V），因不满罗马在希腊地区的政治渗透而对其怀有敌意，从而也与汉尼拔结盟。罗马借腓力在希腊树敌众多成功地阻止了其对意大利进行干预。

公元前 211 年，年轻的布布里·科尔内利·西庇阿（Publio Cornelio Scipione）从他战死的父亲手上继承并担任了西班牙的指挥官（以私人身份 [*privates*] 成为代行执政官 [*pro consule*][①]：见第 54 节）。在很短的时间里，他重新组织起军队，并打败了除阿斯德鲁巴尔·巴卡（Asdrubale Barca）以外所有迦太基的势力。后者带领军队前往意大利同他的兄弟汉尼拔会合，不过仍然在梅陶罗河（Metauro）（前 207 年）被击毙。汉尼拔这一尝试的失败也明确地标志着这场战争的最终命运。

259　公元前 206 年，西庇阿返回意大利，并当选为公元前 205 年的执政官。而这是两种相对立战略观点的最后一次冲突。费边是不愿意再承受战争的人的代表，他认为把汉尼拔从意大利本土赶走是最主要的目标，将半岛的领土解放出来就可以达成和平协议了。但西庇阿却渴望一次性地彻底摧毁迦太基的军事实力，并牢固地建立罗马在地中海西部地区的霸权。为此目的，就必须恢复马可·阿提留·雷古洛当年的旧规划，登陆非洲。西庇阿的论调占了上风，他于公元前 202 年横渡大海并在扎马会战（Zama）中决定性地打败汉尼拔，从而赢得“非洲之主”的称号。迦太基被剥夺了所有的舰队，并被迫支付战争赔款，放弃对与罗马结盟的努米底亚（Numidia）王国的国王马西尼萨（Massinisa）的控制，并且被禁止在自有领土之外

① 在组成行省之后，*pro consule* 一词也译作行省总督。参见第 54 节。

的地方发起战争（这就意味着它要明确地舍弃西班牙）。

53. 罗马化意大利的体制

伴随公元前 191 年一系列血腥战斗的终结，罗马征服了波河平原上的凯尔特人，他们在汉尼拔出现于意大利半岛期间曾造过反。利古里亚（liguri）部落（他们除了居住在今天的利古里亚大区 [Liguria] 一带，还有皮埃蒙特大区 [Piemonte] 的大部分地方）尚且在保卫他们自己的独立地位，其不屈不挠的游击战争持续了大约四十年，不过，罗马人已经把从阿尔卑斯山到墨西拿海峡之间的全部领土都视为其霸权的囊中之物了。

不过，这些领土只有很小一部分被合并到罗马的国家版图之中，并由共和国的执法官员直接统治（在第勒尼安海一侧的山麓，是从埃托鲁斯地区的塔拉莫纳 [Talamone] 到坎帕尼亚地区的库马城；而在亚德里亚海一侧的山麓，则是从佩萨罗 [Pesaro] 到尤里亚诺瓦 [Giulianova]，这两个区域都是从萨宾人手里抢夺来的）。除了罗马以外，这个国家的各行政中心有自治市和罗马市民殖民地（*coloniae civium Romanorum*）两种类型，前者是曾经独立但后来被吞并的城市，而后者则是新建立的城市共同体，其目的在于守住那些具有重要战略地位的地区。

直到同盟者战争之前（公元前 90—前 87 年），共和国的疆界都没有进一步扩展。只要是在有可能的地方，元老院都倾向于以间接方式行使霸权，要么保持旧有联盟关系的效力（比如，同拉丁人和威尼托人 [Veneti]），要么同被征服的敌人（翁布里人、萨姆尼人、卢卡人、爱庇基人 [Iapigi]、希腊人、埃托鲁斯人和高卢人）订立新盟约，最后则是在逐步被征服的领土的外缘建立新的联盟（新的拉丁人殖民地：见 46 节）。

260

所有这些盟友们都必须根据元老院或者执政官的要求向罗马提供步兵或者骑兵分队；在那些具有航海传统的城市，比如希腊的城邦（*póleis*），则提供船只和水手。在多个世纪里，罗马的战争都是由这些盟友组成了至少其中一半人数的军队来打的（有时候，盟友军队的占比甚至会更高）。我们没有关于舰队组成的资料，不过，很可能也与步兵、骑兵的情况相去不远。为了以合理和平衡的方式利用所掌握的这些力量，罗马人常常在对市民的财产清查结果进行更新之外，也对这些盟邦居民的财产清查结果加以更新（比如，可参见 Polyb. 2.24）。

因为战争状态几乎是永恒的，所以条约所强加盟友们的负担是很沉重的。从理论上讲，至少就那些被明文界定为是平等的（*aequa*）的条约（*foedera*）而言，这些义务对罗马及其盟友都是相互的。不过，出于显而易见的原因，这些盟友都不可能独立地行使对外政策，所以这种相互性对其没有一点实际意义，也不可能给他们带来任何好处。

要加以记载的是，这些盟友们相互之间并没有联合成为一个邦联，他们中的任何一个都只接受或者说承受与罗马的直接而排他的联系（见第 46 节以下）。为了维持这些盟友之间的相互分裂，他们在法律地位上的差异性也是有用的。这种法律地位是罗马自由共和国（*libera res publica*）加于他们的，他们被削减至一种政治上依附性的处境（有人称之为"藩属"[vassallaggio]）。罗马所借助的手段有所谓的不平等条约（*foedera iniqua*）（即"不平等主体之间"的国际条约，其中一个缔约方尽管在形式上具有主权性，但承认另一方的霸权，并有义务为罗马人民的尊严服务 [*servare maiestatem populi Romani*]），或者平等条约（*aequa*）（比如，同那不勒斯订立的），或者还有最平等条约（*aequissima*）（同卡梅里诺 [Camerino] 和埃拉克雷 [Eraclea] 订立，同后者订立的条约还被称为独特的最平等条约 [*aequissimum et prope singulare*]），或者甚至通过罗马自己的单方面行为。

正如已经看到的那样，拉丁民族盟友（拉齐奥地区那些古老的城市和殖民地，以及随后在拉丁人战争中建立来的新城市）享有一种优先地位（第 46 节）。而关于其他盟友的地位，我们知之甚少。不过，可以合理地想见，在大部分情况下，这些条约可以保证这些盟邦在当地统治事务上的自治。但我们知道，从公元前 2 世纪最初几十年开始，罗马减少了这种保证，并且开始像臣民一样来对待这些盟友。

从全意大利盟友的领土范围内（不仅仅是罗马城境内，还有所有城市和所有邦国 [*non Romae modo, sed per omnia fora et conciliabula*]：Liv. 39.14.7）追查酒神崇拜节（Baccanali）这件事上，可以感受到这一趋势；在公元前 186 年，一些对酒神崇拜节的严酷镇压手段和最苛刻的规范被元老院引入，用来防止未来可能出现的为酒神狄俄尼索斯诞生（*orgia* dionisiaci）进行的狂欢（Liv. 39.8-19）。因此，绝非偶然的是，有了《关于酒神崇拜的元老院决议》（*senatusconsultum de Bacchanalibus*）（见第 55 节）——我们知晓它是通过公元 1640 年在布鲁提（Bruttium，在今天的卡坦扎罗省 [Catanzaro]）的蒂洛罗镇（Tirolo）发现的一块青铜板，如今保存在维也纳的艺术史博物馆（Kunsthistorisches Museum）里——包括了元老院告示的正式文本，紧随该文本的是，执政官马尔乔·菲利浦（Q. Marcio Filippo）和普斯图米奥·阿尔庇诺（Sp. Postumio Albino）致信特拉诺城[①]领土（*ager Teuranus*）当局，命令他们在青铜板上（*in tabolam ahenam*）铭刻下这一新的规范并且执行这些规定（参见 *FIRA*. I^2, nr. 30）。 261

54. 行省的体制

对大片跨海域领土的征服使共和国直接而稳定地接触到了与它的统治此前所扩展到的地方在思维方式、经济条件、社会结构、制度和文化上都具有深刻不同的民族和共同体。这迫使其统治阶层去面对一些与古意大利传统不相干的习惯、行政、法律和政治体制。这也推动了他们去考虑相对于此前他们面临的一些问题来说更加新颖的组织上的问题。通过使用与过去那种“联盟”和“吞并”相类似的方式，他们解决了这个问题。务实地采用各不相同的法律和政治工具，这种高明的手段又一次派上用场。他们诉诸极具灵活性因此非常有效的治理实践以及统治与剥削的制度——有时候从表面上看似乎还尊重其他共同体的自由，有时候就很坚决、严格、毫不通融，甚至是强取豪夺——根据需要，他们会毫不犹豫地压制被战胜民族的利益和主体身份；有时候也会出于巩固和扩大这个正在成长中的地中海地区“帝国”的需要，抑制住他们自己那套根深蒂固的宪政制度和实践。

这个过程逐渐地就组织成为行省（*provinciae*），即直接受罗马执法官员（我们会看到，后来就是行省官员）权威统治的领地。不

① 在今意大利南部卡拉布里亚大区的卡坦扎罗省。

过，即使当被征服的领土的行省化进程已经完全兴起的时候，共和国为已变成行省内部地区的那些城市共同体还继续保留了特殊的法律和制度地位。因此，从形式上讲，它们仍然保持着独立。

正如时常在半岛上所发生的那样，一些古意大利以外的被征服共同体在形式上还保留了独立（具有自己的制度、自己的民选执法官员、自己的民事和刑事审判权）。不过，他们还是通过订立联盟条约（*foedera*）与罗马联系起来。这些条约包含的条款强加给他们提供一定给付的义务。这些古意大利以外的盟约城邦（*civitates foederatae*）的居民们扩大了罗马共和国盟友的行列（外国人盟友 [*socii exterarum nationum*]）：比如说墨西拿城的马麦丁人就是这样的，他们也被称为海上盟友（*socii navales*），因为他们必须在战争情况下提供船只和水手。此外，其他一些沿海的共同体“同盟者”、甚至意大利同盟者（那不勒斯、维里亚 [Velia]、塔兰托和帕埃斯图姆地区 [Paestum] 的拉丁人殖民地）也必须这么做。

262

对于其他一些被征服的共同体而言，罗马则留给他们一种内部的自治权和完全正式的独立地位，甚至放弃通过订立联盟条约来对他们进行约束。这样商定下来的集体（这种情况并不少见，尤其是在西西里岛：比如塞杰斯塔 [Segesta]，或者公元前 3 世纪末的巴勒莫城 [Panormo]）被称作为“无条约的免义务且自由”的共同体（*civitates sine foedere immunes ac liberae*），这个双重形容词表明是罗马通过其单方面行为“授予”其形式上的“主权”地位，因此，通常这样的授予也是可撤回的。这样的集体拥有的权利是根据自己旧有的城市制度进行统治（以自己的立法 [*legibus suis uti*]），并且免除缴纳日常的财政性或军事性赋税的义务（但在非常时期，他们则必须承担这些义务，比如说，以基准价格供应谷物——粮食供给指令 [*frumentum imperatum*]，或者在必要的时候提供舰只或人手）。

还有其他一些城邦（所谓的“事实上是自由”，但不免除其义务的）则保留了一种有限的行政和司法自治权，即实际上并没有通过什么正式的文书，也没有共和国单方面的文书。不过，他们被强制要求向罗马缴纳一种实物税或者金钱税（西塞罗强调说，“几乎都是以战争胜利犒赏或者战争费用赔偿的名义进行”）。

在“弹劾卫利斯”（Verrine, 2.3.12）一文中，这位演说家[①]提到了这种固定税——被称之为币赋的一种特定税收（*vectigal certum, quod stipendiarium dicitur*）——尤其是强加给了西班牙和非洲的一些共同体，因此这些共同体又被称为贡赋城市（*stipendiariae*）。不过，课税和征税的方式根据罗马所赋予被征服土地的法律地位而有所不同，这一点我们稍后会讲到。

对于这些自由城市，尤其是所谓“事实上自治”的城市而言，除了在形式上看是“不稳固的”以外（因为这是可以撤回的），所有这些城邦的主权自然都完全是名义上的。于是，罗马人被现实地看作是他们的“主人”，就像波利比奥（Polibio）（7.9.13）所记载的，公元前 215 年腓力五世和汉尼拔在其条约里毫不隐讳地说到了，罗马是科奇拉 [Corcira]、埃皮达诺 [Epidamno]、阿波罗尼亚 [Apollonia] 这些联盟城市的“*kýrioi*”，也即主人。

相对来说，那些与被征服领土相邻的政权的地位，跟这些自由或者结盟的共同体的地位也是类似的，他们与罗马通过纯粹的政治附属关系（受益于罗马人民之统治的王国 [*reges qui beneficio populi Romani regnare iussi sunt*]）或者仅仅形式上平等的国际条约相联系（罗马人民之友邦的王国 [*reges socci et amici populi Romani*]）。

最初，公元前 241 年通过占有西西里岛西部（我们看到后来在公元前 211 年，占领东部），然后是撒丁岛和科西嘉岛（从公元前 238 年开始），以及逐渐还有地中海地区的其他领地，罗马也获得了一些不是按照此前这种城市国家模式被制度化地组织起来的土地和人民。城市国家是一种全体自由人都参与到其本身的主权性当中来的一种共同体，而那些土地和人民则更像作为王国、僭主土地、领主土地被组织起来，即根据东方式或希腊式的专制主义原则加以统治。他们的居民，无论是本国人还是外国人，都被各自的专制君主视为臣属；土地也是这些主人们自己重要的财产和所有权的对象（尤其在希腊和迦太基）。一般来说，这些专制君主把土地交给私人使用，后者以地租形式缴纳土地的部分产品（比如说，根据《希尔诺尼亚法》[*lex Hieronica*] 在叙拉古王国土地上征收的什一税）。

263

① 指“弹劾卫利斯”一文的作者西塞罗。

使这些国家臣服的同时，罗马当然没有把这种臣民聚拢在一起的统治区改变成自由人的共同体，也没有把这些领土上的臣民改变成市民或者盟友。罗马不仅将其看作在治权支配下（*sub imperio*）的异邦人（*peregrini*），而且还纯粹就是一种在罗马人民的“僭主统治”（*signoria*）下（*in dicione populi Romani*）臣服的群体（臣服者 [*dediti*]、归降者 [*dediticii*]）。这就是说，维持一种臣民的地位，这与这些被征服者在被征服之前相对他们自己的统治者所具有的那种地位非常相似。考虑到他们既不可信赖也不能胜任，他们被免除了（毋宁说是被排除了）军事服役，却又被置于各种性质的负担之下，包括个人类型的直接税这种形式（人头税 [*tributum capitis*]，首次课征似乎是公元前 146 年在非洲，并同战争税一起征收：Appian. *Lib*. 135；后来则被证实，尤其是从希腊地区行省的一些碑文可以得知）。这些土地的一部分被没收并且合并到罗马人民的公田中去，而东方王国（*basíleiai*）的君主们以遗产的形式留给罗马王国的某些统治区域也使得这种公田增加了（就像帕加马王国 [Pergamo] 的阿塔罗斯三世 [Attalo III] 所做的那样：见第 63 节）。

公田被特许进行暂时的占有（正常情况下是五年期，有时候会更长一些）。在罗马是由监察官安排的租赁，并且一般是交给包税人社团（*societates publicanorum*），由他们缴纳一定的租金（*vectigal*）。有时候这些社团也会自己直接使用土地（比如，采石场、湖泊、矿山等），而在另外一些情形下（如耕地、牧场）则由包税人自己再交给私人，后者再交纳实物或者货币租金。

那些没有被改变成公田的土地被当作罗马共同体的“准地产”（*quasi praedia populi Romani*）。就是说，共和国也像那些专制君主所做过的一样，在这些土地上确立起了他们自己的“最高主权者的所有权”，并强制要求私人将这些土地永久转让给罗马，或者要求这些人仅可以保留（通常是永久的）此前的收益权，但要交纳一定租金，常常是双方一致同意的产品的一定百分比：一般是按照被罗马征服之前在西西里岛的很多地方所通行的征收制度——缴纳土地产品的十分之一部分。这种什一税（*decuma*）的征收通常是由包税人承包下来，他们逐年对土地产出进行确认，并根据需要决定单个占有人所承担的赋税。在一些情况下，税收职务的划分是由地方当局执行的。

264

需要强调的是，除了什一税和贡赋（*stipendia*）以外，罗马国库（以及包税人）的主要收入也来自关税（*portoria*）或非关税。

罗马在意大利以外的被征服领土上的统治，一开始是由在任的完成该次征服行动的执法官员（执政官或裁判官）根据战争法行使的；然后是由每年接任驻防部队指挥官的执法官员来行使。他们是军事治权的所有者，根据这种并非直接用“治权”一词就可进行概括的权力，他们的权力实际上是没有限制的。

可以说，在紧接着占领行动之后的时段，这种制度除了合乎常理以外，也特别有用，尤其是相对于这个地中海帝国对最早征服的那些地方进行的常常令人头疼却又缓慢的平息安抚过程来说。

不过，一旦罗马的统治在西西里岛上充分扎根以后（在撒丁岛和科西嘉岛上的统治也在建立巩固当中），在制度上为被征服地区提供正常的行政管理，并为进行罗马的剥削而建立组织机构就显得很有必要了。因此，公元前227年，罗马首次在内务和外务裁判官以外（外务裁判官也是不久前于公元前242年创设的）选任了两个新的年任制的具有治权的执法官员，同样也称之为裁判官，他们专属的权限范围正好是一个去治理被征服的西西里岛，另一个去治理撒丁和科西嘉，这是元老院确定下来的。对这两个新的（海外）行省官职和两个（城市里的）保有更高声望的旧有官职的指派是在四个裁判官当中以抽签方式决定的。在被委派的权限与极为明确的领地范围——这代表了对这两位新裁判官行使治权的范围的说明——之间的对应关系，使得“行省”这一术语很早就实现了一种今后未曾消减的原始的技术性含义（专属的职权范围的含义），即“地域性”的含义，后来该术语在政治和行政的语汇中变得很通行。

因此，公元前227年以后，西西里行省（直到公元前211年，是指其西部）以及撒丁—科西嘉岛全部成为罗马最早的“行省”。公元前197年又新加了近西班牙和远西班牙（Spagna Citeriore e la Ulteriore）两个行省（见第55节）；为了治理这两个行省，罗马又选出了另外两个专设（*ad hoc*）裁判官。所以从公元前2世纪初开始，裁判官这一官职变成了总共六人：两人被委任在罗马行使司法权，另外四人用于治理以行省制组织起来的领土（这种职权的指派是由元老院决定的，继续以抽签的形式做出）。

265

由于罗马更加坚决而幸运地实现了帝国主义式的扩张政策，行省的数量在经过为期半个世纪的不变以后（关于其原因我们稍候会分析，只是到了公元前 148—前 146 年，才建立了第五和第六个行省：非洲行省和马其顿行省），最终蔚为大观地增长起来（到恺撒时代达到十八个）。与此同时，因为帝国式的扩张政策，共和国的军事和民事治理方面的负担也显著地增加了。

因此，既有的官职已经不够了。应对策略并非是创设其他官职，更为频繁并大规模诉诸的做法是——出于显而易见的原因，长期以来这已是习惯了——即使在一年任期届满的时候，承担军事行动的官员自动地继续行使其（军事）治权，直到其继任的指挥官到任，当然，这是在罗马城以外。

不过，公元前 327 年的一项平民会决议——这是一项专门由元老院推动的决议，明确地延长了执政官库伊特 · 普布里利 · 费罗尼的指挥权的决议，他当时正在围攻那不勒斯（见第 49 节），即将任职届满。

李维 8.23.11s 写道，“在接近选举（继任者）那一天的时候，召回正在围攻敌人城墙的布布里利对于共和国来说是无益的，这样会让一直以来征服这座城市的希望落空”，平民保民官们在元老院的请求下，提出一项平民会决议。根据该决议，当该执法官员“已经离任执政官的时候，保留代行执政官（*pro consule*）的指挥权，直到他打败那不勒斯人”（*...ut... cum consulatu abisset... pro consule rem gereret quoad debellatum cum Graecis esset*）。

从那时起，在必要时候，就授予在任的执政官和裁判官“治权延期”（*prorogatio imperii*）（这样称呼是因为元老院商议而通过的这项平民会决议代替了 [*pro*] 了主持民众选举大会的执法官的提案 [*rogatio*]）：最为频繁的情况是一开始为了征服，后来则是对行省领土的治理。

尽管有了直接的延期制度，但是，由于共和国制度中缺少被赋予治权资格的地方性官职，故为了应对更加众多的行省行政管理之需，就转变成把某些行省的管理权交予前执法官员，并根据他们曾担任的官职而授予一种代行执政官（*imperium pro consule*）或代行裁判官（*pro praetore*）的治权。不过，这里授予行省裁判官的，是执

266

政官（代行执政官）的治权，甚至这种代行执法官的治权（*imperium pro magistratu*）被授予私人（这种情况下要由民众大会做出）：第一次就是公元前 211 年授予大西庇阿（Publio Cornelio Scipione）在西班牙的代行执政官之职，当时那里尚未组成两个行省（见第 52 节）。

由于元老院的统治意图是，以政治和经济上有利的方式管理行省，故在很多必要的方面，这都鼓励并且有利于对治权代行制度的使用。实际上，做出告示并划定行省（*decernere, nominare provincias*）的范围都归元老院管理，即元老院（通过抽签）确定授予（前）执政官（在所谓的执政官行省，一般来说，若征服尚未完全成功，就有必要存在一支执政官的强大军队），或者（前）裁判官，或者被授予治权而代行裁判官治权的（前）财政官，甚至个人（不过，正如已说到过的那样，这些个人由民众大会的审议决定而被授予代行治权）权限。通常而言，具体决定特定的行省（领土和非领土）范围、有时候将行省统一到某个唯一的总督治权之下、对这些执法官的行政管理进行监督等职责，都属于这个对共和国的对外行为拥有实际的军事指导和监督权力的高级大会。

保证让元老院多数派所欢迎的总督们长期把持住他们的位置，最简单的办法就是，不向该行省派遣继任者。不过，就此而言，直到布匿战争的时候，还是须由平民会议根据元老院的专门决议的批准来审议决定明确的（治权）延期。但是，文献证明，在此之后仍然发生过很多次延期，但已不再有任何明显的平民会决议的痕迹。这证实了在治权延期这一领域还是元老院或者说元老院当中占据多数的那些团体获得了更大的发言权。正是为了限制武断专横以及可能的偏袒（任命与多数派有联系的总督，而排挤那些不受他们欢迎的执法官），公元前 123 年，在盖尤·格拉古（Gaio Gracco）时代的复杂政策环境下，一部《关于行省执政官的森布罗尼法》（La Legge Semprinia *de probinciis consularibus*，其政治动因和目的是很明晰的）规定：元老院必须在选举出未来的行省执政官之前就进行行省的分派。这间接地使得，在行省划定（*nominatio provinciarum*）和总督实际上任之间，执政官要经过十八个月，而裁判官要经过十个月。这个时间间隔在公元前 53 年甚至因一项元老院决议而变成了五年，并且，翌年这项决议还得到一部《庞培法》的确认。公元前 81 年，也是为了对苏拉的上述改革制度加以合理化，一部《关于行省管理

267

的科尔内利法》（Legge Cornelia *de provinciis ordinandis*）规定：裁判官——当时，作为设立了新的刑事法庭（*quaestiones*，见第 67 节）的结果，其数量已经根据另一部法律上升到八名——要在其担任该职务，即在罗马履行民事审判权（内务和外务裁判官）或者主持六个刑事审判常设法庭（另外六名裁判官）一年以后才能以代行裁判官或者代行执政官（根据有些人的意见，常常是作为代行执政官）的身份去治理行省。苏拉的这部法律似乎把同样一种制度也引入到了执政官身上。

这些以及其他一些规范，所涉及的棘手问题是对行省统治进行正确的划分，或者进一步而言是进行清明正直的（或者至少不是强取豪夺式的）掌管。不过，这些规范所遭受的废止和违反都不在少数。而且，经常是在这些规范刚刚被通过后不久，甚至很多次都是被提出或者支持这些规范的政治人物本人所废止或违反，多数时候，他们只是为了给自己的对手提出一些难题而已。为了惩治派驻行省进行统治的执法官员最严重和最频繁的权力滥用行为，在深受其害的行省的反对浪潮的推动下——不过，这种不满还是被当作一种工具用于内部政治斗争的目的——从公元前 2 世纪中叶开始，通过了一些针对所谓“搜刮钱财罪”（*repetundarum*）的法律，从此，刑事审判常设法庭这一制度开始发端，并且注定随后会持续地兴起（第 58 节）。

如果说诉诸治权延期这一制度，对罗马而言，可以在组织层面上令人满意地有效解决越来越多的行省管理问题的话，那么，对于共和国各种制度的命运而言，治权延期却充满了并不那么积极正面的后果。最严重的后果就是一项原则被打破了，即治权应该常常紧密地与某一官职的任职资格相联系。而对该原则反复的违反（在重构内战时期那些惊心动魄的事件的时候，我们会看到这一点）使得自由的共和国（*libera res publica*）在很大程度上被置于危险当中，而且最终阻碍了其存续。

每一个行省的内部制度都是由一项专门的规定（“行省法”[*Lex proviciae*]）来确立的，这是由完成吞并的执法官或者接受元老院的任命、从征服之日起在行省土地上发号施令的官员，在一个十一名特派元老院议员（*legati senatori*）组成的委员会的协助和控制下制定的。

“行省法”（在文献里被认定为是官定法律，有时候则是宣告法 [*lex dicta*]）是由执法官在民众大会的授权下用自己的法令颁布出来的。该法要规定的是：根据什么样的基本原则来对行省进行行政管理；将行省划分为行政区域或者更小的地区（专区 [diocesi]），一般说来，跟征服之前存在的那种区划相比会具有精细的区别，这就打破了被征服民族此前的联盟关系，及其带有危险性的团结一致的习惯；确定赋税和捐饷；组织刑事和民事审判管理；承认自由城邦（*civitates liberae*）或者盟约城邦（*foederatae*）的自治权和领土范围，这类城邦从理论意义上来讲位于被征服的领土之内，然而正如已经说过的，他们构成了不受罗马执法官员治权统治，而仅是受其高度监管的一种自治的“飞地”（自由城邦，而非盟邦）。

268

在“行省法”所确立的基本原则的范围内，总督享有明显的自由权，并且可以为了保卫罗马人的利益以及维护公共秩序而采取一切最为合适的措施。当然，出于需要，这一法律也可以按照它首次颁布时所采用的同样程序进行修改（关于这方面所知的最古老的明确信息正是公元前 131 年的《鲁庇利法》[*lex Rupilia*]，它对西西里行省重新加以组织）。总督可以行使军事治权，在行省之内，他是没有任何限制的权力人，而对处于行省内的罗马市民而言，对他唯一的限制就是向人民申诉制度，该制度于公元前 195 年由一部《波尔其法》（*lex Porciae*）延伸到了罗马城之外的市民身上（最初，申诉制度只能够针对城内治权的行使行为提起）。他还要求在市民和盟友当中进行征兵；命令其进行公共劳动；课加非常捐饷；为了他自己的扈从与军队的维持和给养而征用财产，并只支付专断独定的价钱；强制要求在市郊或者干道上驻扎军营；在各地区首府召开的特定集会（*conventus*）上行使刑事和民事审判权。为此，他要在上任的时候颁布一项告示（行省告示 [*edictum provinciale*]），类似于内务或者外务裁判官在罗马发布的那种告示。从罗马开始，为了上任，他会为他自己及其扈从收受一些装备、人手、船员、雇工和他无须考虑的金钱，用以支付其行程、赴任和差旅上的花销（粮草供应 [*cibaria*]、粮食配给 [*congiarium*]、薪酬 [*salarium*]、旅费 [*viaticum*] 等等）。在行省创建阶段以后，他的治理行为会得到一个或者多个特派元老院议员的协助（一般来说，行省执政官有三名，行省裁判官有一名）。这些人行使与元老院进行联络之职，并且，至少在理论上可以确保对行省总督的高度监控；他们常常还得到总督授权代替他行使的一些重要职能，主要是民事方面的审判权。

269　此外，作为具有治权的执法官员，行省总督还拥有一名奉其命令的财政官。在行省之内，财政官代表了除总督以外的最高权威，拥有财政、行政和军事方面的职权，这与罗马城内他的那些财政官同僚的职权并无二致。另外，财政官还拥有类似于罗马城内由贵族市政官（见第 35 节）行使的那种司法审判职权。为了行使上述这些职权，他可以制定和发布专门告示。作为行省总督特派代表，根据总督的授权或者在总督缺位的情况下，财政官甚至可以代替行省总督。

每一个行省的官僚机构都是由一个委员会（*consilium* 或者亲随 [*cohors amicorum*]）来充实的。该委员会是由特派给总督的一些人士（助理官、侍从官 [*comites*]、副将 [*contubernales*] 等等）、具有辅助性职能的吏役（*apparitores*）（书记员 [*scribae*]、侍卫 [*lictores*]、侍从 [*viatores*]、祭酒 [*pullarii*]、翻译 [*interpretes*]、医生 [*medici*] 等等）和一个私人家族所组成。而该家族则是由奴隶、但主要是该总督的解放自由人所组成。为了总督的安全，该家族拥有一支特别武装卫队（长官卫队 [*cohors praetoria*]）。

55. 西庇阿家族和老加图之间的政治斗争和对立

第二次布匿战争之后，叙拉古王国的领土被并入西西里行省。此外，罗马还创建了两个新的行省：近西班牙行省（东海岸）和远西班牙行省（南海岸直至加迪斯城 [Cadice]，一座同盟城市）。

在公元前 2 世纪伊始，罗马内部对外政策上不同观念之间的对立仍然很强烈，不过，正在逐渐地消退，因为这个共和国及其盟友的军事实力似乎已经是无限的了，即足以支撑一次又一次地在极其遥远的地区把战争继续下去的重负了。但现实却已经相当不同了，这是因为罗马城邦的政治和社会结构与它所承受的这种重负已不相匹配了，但是，在很长的时间内没有人注意到这一点。

对意大利北部再次加以征服还要经过四分之一个世纪（公元前

201—前175年）。在那里，除了同曾经是迦太基忠实盟友的利古里亚人和波伊高卢人开战以外，罗马人还与当时仍保持中立或者在这两大竞争对手之间左右逢源的一些高卢人部落开战。在利古里亚领土上的战争还延续了数十年。不过，为了巩固和扩大在西班牙的统治而进行的战斗显得尤为艰苦，在那里，伊比利亚人和凯尔特人部落证明了他们对自己的自由有着不可屈服的眷恋，也证实了他们有着可与罗马人比肩的坚韧。实际上，使西班牙臣服要用上整整两个世纪，直到奥古斯都时代才告一段落。

这些问题在表现得可能还不足以引起元老院注意的时候，就为那些最具野心的新贵们提供了赢得声誉的很大可能性。在公元前200年，即刚刚同迦太基达成和平的第二年，罗马就决定介入已经成为其盟友的一些希腊城市（第52节）与马其顿王国腓力五世之间的战争。百人团民众会议对此次介入投了反对票，这一行动是相当罕见的，使人感觉到人民已经厌倦了征战。不过，执政官布布里·苏尔皮其·加尔巴（Publio Sulpicio Galba）（西庇阿家族的朋友）还是成功地在第二次投票中取得了对发动战争有利的结果，因为他提出马其顿会在未来侵入意大利——这当然是不可能的。公元前197年，提图斯·昆佐·弗拉米尼诺（Tito Quinzio Flaminino）在西诺塞法拉战役（Cinoscefale）中获胜，迫使腓力求和，并强制要求他放弃在希腊地区占领的城市和要塞；于是，公元前196年在前往科林斯城的地峡运动会之后，弗拉米尼诺宣布希腊获得自由，这引发了欢声雷动。

270

在罗马的众多盟友中，最强大的是埃托里亚同盟（Etoli），他渴望打压马其顿王国并从马其顿那里继承在希腊的霸权。但弗拉米尼诺采纳的想法却相当不同，从而与埃托里亚同盟以及一些元老院议员都形成对立，因为弗拉米尼诺强加给腓力的停战条件相对来说还算温和公道，这使得在马其顿王国和希腊世界之间保持了一种均势。

还有一些小亚细亚地区的希腊化城市也参与到这场战争中来，比如说罗德岛（Rodi）和帕加马王国（il regno di Pergamo）。通过这些盟友，罗马开辟了新的活动领域。在同一时期，叙利亚王国（Siria）的安条克三世大帝（Antioco III il Grande）在经过一系列幸运的征战事业后，重建了其长期处在危急中的王国的统一，并计划将其征服行动扩张到西部地区来，这恰恰就威胁到了罗德岛和帕加马，后者向罗马求援并获得了帮助。由于弗拉米尼诺遵循的政策，导致传统阵营被彻底颠覆：这次，埃托里亚联盟支持叙利亚，而腓力五世却站到了罗马的一边。

安条克大帝和他的盟友们被多次打败，而决定性的战败发生在小亚细亚地区的马格尼西亚（Magnesia）（前190年）。罗马军队是由卢齐奥·科尔内利·西庇阿（Lucio Cornelio Scipione）率领，他是那位“非洲之父”西庇阿的弟弟——后者也参与了这次战争，但因病未能参加当天的战斗。叙利亚被迫割让它拥有的全部安纳托里亚地区（Anatolici），那些最重要的希腊城市被解放，其余领土则被罗德岛和帕加马所瓜分。

不论弗拉米尼诺和西庇阿家族私下的关系如何充满争议，可以明确的一点是，他们关于对外政策的观点是一致的。无论是谁都认为，罗马的霸权不应该建立在对敌人彻底摧毁的基础上，而是应该形成一种制度，使得各种王国、同盟或者自由城邦根据元老院无所偏袒的指令在势力均等的基础上共处。

在随后几年里，西庇阿家族以及他们的一些朋友多次受到平民保民官和一群元老院议员的指控，其中最著名的指控者就是“新人”马可·波尔其·加图（Marco Porcio Catone）。卢齐奥·西庇阿被要求归还安条克三世作为战争赔款预付金而交给他的钱财；然而他把这笔钱用来犒赏士兵了，因此，在他的对手看来，这是盗用了只属于元老院的特权。对卢齐奥进行的审判程序以判决其支付一笔罚金而告终。据说，像西庇阿兄弟这样强大、古老而富有的家族，是很难倒台的。

271

布布里利（大西庇阿）甚至还因为他与安条克大帝的关系受到叛国罪指控（当时这位非洲之主布布里利生病了，并且他的儿子也被叙利亚人所囚禁，而安条克国王不仅没有索要赎金，反而把他的儿子放了回来，还附上厚重的馈赠。为此，布布里利回以一封言辞友好的书信，信上劝说该国王不要毫无希望地负隅顽抗。而根据那些最不怀好意的文献记载，大西庇阿甚至建议等到他痊愈之后再行开战，这就暗含着一种承诺，可能会削弱罗马即将到手的胜利成果）。在轻蔑地回击了对他的指控之后，布布里利回到了他在利特尔诺（Literno）的封地，回到他的老兵当中去。而这些对手也让这场审判不了了之，不过，他们的目的也已达到，因为西庇阿家族从此在政治舞台上消失。

正如已经说到过的，这一时期在对外政策上并没有表现出什么分歧，对像西庇阿这样从东方凯旋的将领们表现出来的敌意只用从另一种意义上加以解释。大概，老加图及其朋友想要打击这些新贵们，因为这些新贵所获得的军事胜利以及他们数量庞大的门客（常常包括了整个异邦民族）威胁或者说似乎威胁到了共和国的法制。

因此，尽管老加图还只是个新人，却想成为传统的捍卫者，以对抗这些毫无忌惮且勇于创新的新贵集团。很容易将老加图放在元老院阶层中与“简朴节制、道德至上的”古老观念相联系而对希腊文化具有敌意的派系中，而西庇阿家族的人，比如弗拉米尼诺却是“希腊文化子民”。尤其在老加图担任监察官职位（前184—前183年）这一时期，他采取办法来执行他打压希腊文化的规划。据认为，其行动也是镇压公元前186年发端的酒神崇拜文化的重要组成部分，并推动元老院对酒神崇拜进行某种干预（所谓的《关于酒神崇拜的元老院决议》），而且将这一行动延续多年（Liv. 39.8-19 并首先参见第53节）。

作为行政管理者，在他整个生涯中，老加图都证明了他是绝对清明正派的，并致力于反对包税人的投机行为，捍卫共和国及行省的利益。最终，我们知道（见第47节），老加图于公元前167年展开了（《为罗德岛人辩护》[*pro Rhodiensibus*]）对土地所有者的猛烈抨击，这些人从他们的影响力和手段中获利，（甚至是不合法地）占据了大片公田，给最贫穷的农民带来损害，而对于这些农民来说，能够自由地获得这些公共土地则是攸关生计的。

不过，尽管老加图有良好的意图，但在他开展其行动的五年里，罗马社会的结构朝着不利于小土地所有者的方向发生了深刻的变化。而且，至少在一定程度上，老加图也卷入到这一进程中。

第二次布匿战争导致整个意大利受到严重的破坏蹂躏，尤其是南部乡村，即汉尼拔长期作战的那一区域。对于罗马市民来说，这些损失尚可通过在胜利后以牺牲不忠的盟友为代价即剥夺他们的领 272

土的方式来获得部分补偿。那么无论如何，这都会导致那些古意大利人的处境更惨，从经济角度来看，当时整个半岛已经形成了一个统一的地域。罗马在这些被没收的领土上，于公元前 2 世纪最初几十年里开辟了众多的殖民地，不过，所有遭遇到困境的殖民地却没有几个进行了整顿。

另外一方面，在一些拉丁人殖民地的建立过程中，比如说公元前 189 年的博洛尼亚（Bologna）或者公元前 181 年的阿奎拉（Aquileia），都开创了一种新的政策，即不再分配仅够一家人维持生计所需的数尤杰罗的小块土地，而是划分成大片的农庄用于市场化生产（步兵为五十尤杰罗、骑兵为六十到一百四十尤杰罗）。其目的可能在于增加最具收益的作物的种植（尤其是葡萄栽培）。不过，用这样的方式，不但没有缓和大宗人口带来的困难，相反却产生了新的特权群体——骑士随后就确定无疑地进入最富裕的家族行列中。

这种意义上的发展受到了老加图的鼓励，他的专著《农业志》（*De agri cultura*）尤其看好新的“中产所有主”。当时，这种规模的农场与那种大型而复杂的工场没有什么关系。

与此同时，接踵而来的跨海军事远征迫使构成士兵主力的那些小农们长期留守在远离其土地的地区，小农自己的土地甚至被抛荒，或者仅有老弱妇孺来耕作。战争的胜利又使得巨大数量的奴隶涌入罗马，唾手可得的低成本劳动力带给大中型农场所有主们极大的好处。很多文字和考古资料都证实，尤其在意大利南部和中部地区，小型农场逐渐地消失了，兴起的是大农场。相应地，农业开始让位于畜牧业（在这一点上，老加图也没有做出什么改进，他承认放牧 [*pascere*] 比耕作 [*arare*] 具有更大的便利）。

在另一个领域，这位监察官可以被看作是统治阶级和人民相互脱离的象征。在《农业志》当中，老加图劝诫读者不要从事商业，因为这“风险过大”；但他本人却极为富有（若非如此，他也不可能投身政治生涯），他的富有能够允许他自己在海事贸易上投入资本——这才是最有风险的行当——并获利颇丰。当然，这些行为都是以他的一位解放自由人的名义进行的，因为《克劳迪平民会决议》（第 51 节）禁止他直接从事海事贸易。

56. 罗马在地中海一带的扩张

273

即使在西庇阿家族倒台和弗拉米尼诺去世之后的好几十年里，罗马的对外政策仍然遵循着他们所指示的道路，另外老加图对此也是认同的。罗马霸权的地域范围因此继续扩张，不过罗马统治者们还是避免直接的征服，也不想建立新的行省（参见第 52、55 节）。因此，在公元前 167 年第三次马其顿战争之后，卢齐奥·艾米利·保罗（Lucio Emilio Paolo）战胜了腓力五世之子帕尔修斯（Perseo），后者曾试图重建其国家的实力和声望。不过，马其顿并没有被占领，而是根据老加图的建议，被分成了四个自治共和国（曾支持帕尔修斯的伊利里亚地区 [Illiria] 则被分割成三个共和国）。

此外，罗马的霸权在各处都获得了承认。并且，强加给这些盟友或者被战胜民族的贸易自由化政策也使得罗马和意大利的商人在整个地中海世界获得了显赫的地位。

到公元前 2 世纪中叶，总体方向发生了变化。公元前 149 年，经过持续多年的争论之后，元老院决定向迦太基进攻。后者已经部分地恢复了其古代的繁荣，不过，从军事角度来看当然不再构成对罗马的威胁。经过长期而英勇的抵抗后，迦太基被布布里·科尔内利·西庇阿·艾米利亚诺（Publio Cornelio Scipione Emiliano，艾米利·保罗的儿子，但被西庇阿家族的一位成员所收养）攻陷并被夷为平地。

在同一年代，色雷斯人（Traci）入侵了马其顿，并获得当地民众的支持（其中一些也不是太热心）。很多希腊人已经不再感激罗马人赋予的那种类型的自由了，他们认为恢复其真正独立的大好机会来了，于是拿起武器。然而这类企图很容易就被镇压下去，罗马在马其顿就建立了另一个行省，但其行省总督仍然来自于希腊。战争的最后场景是公元前 146 年科林斯城被摧毁，与迦太基的覆灭几乎同时，这也引起了极大的关注：因为地中海经济圈的另一大中心，却牺牲在了新的“强势”政策之下。

因此，元老院的多数派不论有没有道理都认为：建立在联盟基础之上的称霸政策已经失败了，保持霸权统治的唯一方式就是将直接的统治加以延伸，以无情的镇压对这些臣民进行恐怖统治。众所周知的是迦太基的例子，战争屠杀甚至得到了老加图的支持，而他在其他时候更倾向于温和路线。公元前 149 年的时候，老加图是为数不多的亲身经历过汉尼拔战争及其暴行而尚健在的罗马人之一，然而连他都坚信是“布匿人的背信弃义”，由此可见，是一些不理性的动机推动了他。

274 伊比利亚的战争仍在毫无结果地持续，罗马常常付出的是血腥冲突的代价，以致在公元前 151 年和公元前 138 年有两次抗拒征兵令的事件，这种事在共和国历史上几乎闻所未闻。危机在公元前 137 年达到顶点，当时执政官盖尤·奥斯蒂里·曼奇诺（Gaio Ostilio Mancino）在努曼西亚城（Numanzia）被包围，然后投降并签订了条约。该条约本身对罗马而言没有什么不光彩的，但是它得以签订的背景却显得很丢人。元老院在西庇阿·艾米利亚诺的影响下考虑不批准该条约。在这一紧急关头，艾米利亚诺建议废除公元前 151 年老加图所支持的一项（关于不得重复担任执政官的 [*de consulate non iterando*]）由平民会决议引入的“不能两次担任执政官”的（*ne quis consul bis fieret*）规定，即该平民会决议禁止重复担任执政官一职。于是，艾米利亚诺第二次当选执政官。在公元前 134 年担任军队指挥之后，艾米利亚诺给这支疲惫不堪而且士气低落的军团带来了传统的钢铁般的军纪，使之在对阵凯尔特人各个部落的时候再一次习惯于赢得胜利。最后，历经长期围困以后，罗马军队攻下努曼西亚城，挣回了荣誉，然而就在这座城墙下他们的很多前辈曾经投降过。该城最终被摧毁，（那些在投降之时尚未自杀的）居民则被卖为奴隶。

57. 公元前 2 世纪刑事诉讼的发展

私犯和公共犯罪制度已经由十人立法委员会制定。在共和国年代的一个时段当中，准确地说，是直到公元前 2 世纪中叶前后，这项制度都继续保持着，而甚少修改。只是在公元前 200 年前后，委员会才颁布了一些有关新的犯罪类型的法律。公元前 203 年（？）的《关于赌博的法律》（*lex de alea*）通过处以罚金来禁止这种危险的游戏，而公元前 181 年的《科尔内利和贝比亚法》（*Cornelia Baebia*）与公元前 159 年的《科尔内利和富尔维法》（*Cornelia Fulvia*）（后者的提案人不详，只是根据假设，通常用当年执政官的名字来指代它）

常常用死刑来打击通过向选举人分发礼赠而在选举中不正当地谋取选票的舞弊罪（*ambitus*）。不过，这里涉及的措施都只是零散而偶见的，它们对罗马刑事法发展的影响是极为有限的。

同一时期颁布的另外一些措施与规定则具有更加显著的内容和意义，它们旨在加强对“向人民申诉制度”的保障，并且把这种制度扩展到此前未能囊括进来的各种类型中去。正如已经提到过的（第22节），文献记载了在学说上极有争议的三部《波尔其法》（*leges Porciae*）：第一部《关于市民脊背的波尔其法》（*lex Porcia de tergo civium*）可能要归功于公元前195年的执政官老加图，他把申诉权当作一种自动的措施特许给人民，以反对鞭笞刑（尽管未能通过将针对罗马市民的笞杖刑加以废除的法律）；第二部《波尔其法》是波尔其·莱卡（P. Porcio Leca）提议的，他是公元前199年的平民保民官和公元前195年的执政官，他把申诉权延伸到了距罗马城一千步长以外的地方，这种延伸对住在行省的市民以及面对指挥官的士兵们也是有利的；第三部的提案人和日期都不详，但它引入了一种新的更加严格的针对不执行申诉制度执法官的制裁措施，有可能是死刑。被归入到这一趋势当中来的，很有可能还有把申诉制度延伸到最高祭司长对祭司团成员所做出的刑罚上来。不过，关于这种改革的日期和背景，我们不能掌握任何确切的信息。 275

通过上面提到过的这些法律规定，犯罪类型与执法官治权的行使范围被加以修正——尽管是以有限的方式——但在人民大会上进行的审判程序却并没有成为立法修改的对象。不过从实质角度以及事物本质上来看，在我们所探讨的这一时期，人民大会审判程序领域也实现了重大转变，这些转变为刑事诉讼改革开启了道路。古老的关于市民资格（*de capite civis*）的法则，牵涉的是百人团人民大会对死刑案件进行的审判，至少在形式上，这样的审判仍然保留着完全的效力。就像以前一样，只有基层审判官（*quaestores*）才可以合法地提起该诉讼并将判罚意见提交给人民，当然除了公然的敌对行为以外，因为在这种案件里，追诉职能被交给了敌对行为两人审判委员会。除了这些执法官以外，我们可以看到，随着时间的推移，平民保民官常常发挥不断增长的重要作用（也见第36节）。不过，他是什么时候实现这样一种特别权利尚有争议，很多作者指出可能在公元前3世纪初左右，但更有可能的假设是在公元前5世纪中叶前后。因为根据十人委员会的立法规范，平民会议对市民的生命进行审判的权限不足（见第 19、22 节），而保民官则被允许提请这类程序，并向有此权限的人民大会，即百人团人民大会提交死刑判罚意见（当然，他不具备代表人民行事的权力，故必须为此目的向拥有治权的执法官要求确定召集百人团的日期）。当保民官成为一名国家的执法官以后，他的司法审判角色就急剧地转变了。从古代针对冒犯保民官人身以及任何侵犯平民共同体特权的人加以镇压的 276 权力，一点一点地转变为可以对任何具有公共性质的犯罪进行追诉（首先是各种类型的敌对行为：觊觎王位 [*affectatio regni*]、官员在行使职责过程中滥用权力、未经正常程序而处死市民、对人民抱有敌意的行为等等），最后还具备了对最初留给两人审委会的案件进行起诉的资格。需要揭示的一点是，这种职能具有显著而重要的政治意义，因为很明显，（最近的作者们很好地揭示了）通过相应的诉讼程序，滥用职权很早就成为一种敌对行为，这完全是保民官成功地加以实现的。

另外要说的是关于罚金的判决。十人委员会通过的法律确认了对死刑案件的判决权力归百人团民众大会，但并没有砍掉平民会议审判那些仅需处以简单罚金的罪行的权力，这使得保民官还有他的助手平民市政官保留了（并且，在整个共和国年代期间也能够自由地行使）其古老的权力：在平民会议前提起诉讼以要求判处罚款。这种权限随后还扩展到了贵族市政官那里，我们可以看到，跟平民市政官一样，贵族市政官频繁地忙于各种性质的有关私犯的罚款诉讼审判中，多数案件跟他的城市治安管理和主管食物配给这类典型职责相联系（对公共卫生的破坏、粮食囤积居奇、高利贷等的管理）。唯一的不同在于，就贵族执法官而言，对其提议的罚款进行裁判的权限不归平民会议，而归部落民众大会。

关于在人民大会前进行审判的程序（人民审判 [*iudicia populi*]），相关的文献证据既不清晰也不准确，许多论说常常更像是一种事后解读，细节上极为相互矛盾，故只有在大体方向上才可能足够确切地描绘出其各个阶段。

这一程序具有典型的“纠问制”特点，审判须由一名在职执法官提起，该官员传唤被指控人在特定时间（宣告日 [*diem dicere*]）出现在一次非正式的人民大会（*contio*）面前，并确定归罪理由和意欲做出的刑罚。被指控人必须提供出庭保证人（*vades*），否则就会被提前收监。经过三次会审，每次会审至少间隔一天（间隔日 [*intermissa die*]），这当中该执法官提出指控理由并且听取当事人的证据，而被指控人进行辩护（本人或者通过律师）。由此，如果该执法官认定不撤回指控的话，就形成诉状并向人民提出判罚意见。这个具有预审性质（*anquistitio*）的第一阶段完结后，经过至少一个三次集会期（*trinundinum*）间隔之后进行第四次会审，这是正式的公审，人民在 277 听取执法官的最终要求（第四次会审指控发言 [*quarta accusatio*]）后根据表决意见发布判决。从公元前 137 年的《卡西法》之后是不公开审理，将表决推迟到已经确定的日期之后是不被允许的。如果因为任何理由而致使判决未能在既定日子里宣布，那么该次审判就告终结，而且该执法官也不得再次提起此案件（*tota causa iudiciumque sublatum est*）。死刑的执行通常可以被减轻为贬为一种公共奴隶：刽子手（*carnifex*），并受到三人行刑官（*tresviri capitales*）或者宵禁官（*nocturni*）的监督（这些是较低级的执法官，可能是在公元前 290—前 287 年之间设立的。除此以外，交付给他们的职能还有监管战俘、监禁尚未结案的被指控者，主管行刑以及一般的治安任务，尤其是在夜晚）。还可以观察到的是，死刑实际上很少被用到，通行的实践是——波利比奥（Polibio）认定：这“功德无量并且值得彰显”——同意被指控者在宣告最终的决定性表决结果之前放弃该城市土地，自愿被流放到另一个与罗马有国际条约联系并承认该权利的城市里去（譬如说那不勒斯、蒂沃利或者普勒内斯特）。随着该罪犯的离开，会有一项正式的“流放令”措施（*aqua et igni interdictio*）宣布其丧失市民身份、财产被没收，并且由于处在死刑判罚之下而不得返回罗马城地界。

直到公元前 2 世纪初，人民审判似乎一直以非常令人满意的方式发挥着作用，除了极少数的例外。不过，到了第二次布匿战争结束时，在城市国家的传统体制普遍衰落的背景之下，尤其是随着城市中不断增长的贫民化趋势及其所导致的人民大会的功能退化，民众大会审判开始在多个方面都显得陈旧而不合时宜了。交付人民审判的诉讼的数量过多、程序持续时间过长、面临着相当多的具有一定复杂性的困难，以及尤其是对统治阶级的不信任——可以看到人民审判这种诉讼形式总是很容易受到煽动性势力的挟持——这都决定了民众大会的司法审判功能会缓慢而无法遏止地衰落下去。所有这一切都会导致一种无法避免的后果：在具有特别危害性的犯罪危害到公共安全和国家当局的情况下（叛逆、团伙犯罪、多个城市间流窜的犯罪集团），元老院已经逐渐僭取了共和国最高监管者之职，以反对任何干扰既定秩序的行为；它开始把行使刑事镇压的权力从民众大会当中独立出来并划给自己，通过一种与正常的程序规则无关的司法审判形式。这样，尽管从形式上看，人民审判程序没有被废除，但是从公元前 2 世纪头几十年开始，我们可以看到，元老院大会常常将调查和审判的职责委托给一个非常设审判法庭（非常刑事法庭 [*quaestiones extraordinariae*]），这是由执政官和一名裁判官组成的临时法庭，还有一个陪审员团体作为辅助，其所根据的程序是逐案确定的，专门针对那些具有公共反响的犯罪和政治背景的罪行。然而从制度上讲，对这些犯罪的审判权力本属于人民大会（只要提及这些事件就够了：公元前 186 年对酒神崇拜的著名镇压行动，公元前 184 年、前 180 年和前 152 年的投毒罪诉讼审判，公元前 138 年针对苏拉时代发生的严重流血事件责任人的审判程序，公元前 132 年对提比留 · 格拉古 [Tiberio Gracco] 追随者的迫害）。

278

同一种类的非常设法庭随后也经平民会决议得以建立，而且，很可能是《关于市民资格的森布罗尼法》（*lex Sempronia de capite civis*）通过之后的平民会决议，该法是由盖尤 · 格拉古（Gaio Gracco）于公元前 123 年发起表决的（其目的似乎在于追诉那些与数年前由元老院发动的针对其兄长的那场非常法庭的镇压行动有牵连的人）。据可靠的假设，该法宣布：若没有人民投票的批准，死刑罪法庭的建立是不合法的。总而言之，从此以后，我们就再也没有任何通过元老院决议来建立非常设法庭的信息了，而文献中记载的非常规程序完全都是在人民的参与下被提出来的。

58. “常设刑事法庭”

非常设审判法庭的设置是一种工具，通过它能够逐案地弥补公元前 2 世纪进程中人民审判里愈发杂乱而不合时宜的程序。不过，已经很明显的是，只有通过设置常设法庭，从制度上将属于人民大会对全部种类犯罪进行审判的司法职责都转交给它，才能够满足完全削弱民众大会的审判职能这一要求。

于是，非常规性质的镇压手段逐渐地让位于固定的法庭（常设刑事法庭 [*quaestiones perpetuae*]），它是由法律设置的，并由一名执法官或者前任执法官主持。这样的法庭一开始必然是限制，到后来则是吸收掉民众大会那些旧有的诉讼程序，并最终在共和国末期和帝国初期变成刑事制裁的常设性机构。 279

> 昆克尔一方面把针对政治罪行的常设刑事法庭的引入与公元前2世纪中通过法律或者元老院决议设置的非常刑事法庭联系了起来，另一方面又提出一种假说：针对普通罪行的常设刑事法庭源于一种“非常刑事审判”，这指向的是一种由假设的三人行刑官组成的“治安法庭”。在公元前3世纪，这样的“治安法庭”与一种古老的私人死刑程序相并列，后者是在一队陪审团面前进行的，最初是由杀人罪审判官（*quaestores parricidii*）主持，稍后的年代里则是裁判官主持。不过，这一论点似乎很难让人接受，因为即使不考虑这种假想的私人刑事诉讼（第22节）引起的重大质疑，大概所能获知的文献也不会显示出三人行刑官在被授予的普通的治安职能以外——前面已经提到过（参见第57节）——还被赋予了任何一种刑事司法权。而且，昆克尔所采用的那些非常薄弱的证据迹象（尤其是 Val Max. 8.4.2 和 Cic. *Cluent*. 38ss）也不能说服那些反对者（也见第35节）。

必然会引发常设刑事法庭这种新制度建立的改革运动是对搜刮钱财罪（*repetundae*）的惩治。这种罪行也就是罗马官员以损害盟邦人民或者在罗马统治之下的人民的方式进行的非法搜刮或者强取豪夺。

就惩治这种权力滥用的行为而言，最初并没有一种非常明确的法定方式。我们从李维那里知道，在公元前171年，根据西班牙的两个行省的要求，还在一定范围内存在着一种特使之职，以供对行省总督所做的有损人民利益的搜刮豪夺行径进行投诉，人民大会将“该职位赋予裁判官卡努勒奥（L. Canuleio），根据抽签由他轮值西班牙，并从元老院议员中指派五名裁审员（*recuperatores*）作为法官，西班牙人可以向他们中任何一人提出归还被非法搜刮走的金钱的要求，并且同意受害人挑选他们想要的辩护人”。因此，元老院激活的这样的处理方式并不是一个真正的法庭，而只是一种按照私人诉讼模式的形态组织起来的程序，在很多方面，这都类似于仲裁员（*recuperatores*）团体在处理罗马人和异邦人之间纠纷中所采用的那种程序。这种审判的目的不在于对某种犯罪的制裁，而纯粹在于归还不当得利（根据这种犯罪而得名为“搜刮盘剥之财”[*pecuniae repetundae*]）。这显示了元老院的寡头们对贪渎财产官员的应付责任加以限制的考虑，为的是避免他们自己也因为所犯罪过而遭受刑罚。从元老院阶层来任命这些审判员，以及强制要求由罗马的辩护人来进行帮助（这也是从元老院从选取）同样也是为了满足这种需求，这些辩护人的首要职责是把行省的这些臣民们置于统治阶级的直接影响之下。从其他角度来看，这涉及的实质上是具有政治属性的措施，即旨在维护贵族统治的声望，而不是对被统治人民加以实际保护。

280

不过，对搜刮行径的处理也并不总是遵循这种制度。有时候，非常严重的违法行为激起巨大的公共舆论反响，这也会使得由平民保民官在部落大会面前提起一项刑事审判诉讼变得不可避免。另外一些情况下，则是根据人民的提议，任命一个非常设的特别法官组成的法庭进行制裁。

只是到了公元前 2 世纪中叶左右，在公元前 149 年，平民保民官坎布尔尼・比索・弗鲁吉（L. Calpurnio Pisone Frugi）提起了一部平民会决议：《坎布尔尼法》（*lex Calpurnia*）（有些人把这部法等同于另一部同名法律，后者在私人诉讼当中引入了特定物之债的请求返还之法律诉讼 [*legis action per condictionem*]），该法就贪腐案件设立了一个常设审判法庭，并将其委托给外务裁判官来主持，而且提出了一个从元老院议员阶层中挑选出来的任期一年的法官组成名单，规定必须从此名单中逐次地为单个审判程序指派法官。我们不清楚这部法律的细节，不过，根据后来的一部《阿其里法》（*lex Acilia*）里的一些迹象（从这部法律我们了解到该程序是通过誓金 [*sacramentum*] 来进行的），可以合理地设想：该法律在根本原则上确认了公元前 171 年所采用的那套制度，把该法庭所进行的审判类型化为一种具有私人属性的措施，即所指向的是对受害人的补偿，而不是对犯罪的惩治，而且，审判只能在来自元老院阶层（*ex ordine senatorio*）的罗马辩护人的协助下才能提起。

> 接下来的一部《尤尼法》（*lex Iunia*）似乎也没有给现在所描述的这种体制带来什么实质性改变。该法是在公元前 149—前 123 年之间由平民保民官尤尼·希拉诺（Giunio Silano）提出的。文献告诉我们，该法确认了《坎布尔尼法》所采用的那种誓金诉讼程序。

据记载，针对行省总督所犯贪腐罪行的司法政策的根本变化，发生在公元前 123—前 122 年间盖尤·格拉古所推行的广泛的改革行动这一背景之下。《关于搜刮钱财罪的阿其里法》就要上溯到这一时期，这可能是由盖尤的保民官同僚阿其里·格拉布里奥（Acilio Grabrione）提出的一部平民会决议（从各种真实性来看，其文本应该保留在所谓的《本波表法》[tavole del Bembo] 当中，该表部分由那不勒斯国立博物馆保管，部分由维也纳古代博物馆保管）。该法建立了第一个真正的常设刑事法庭，用以审判那些针对罗马官员贪腐提起的指控（搜刮钱财罪常设刑事法庭 [*quaestio perpetua repetundarum*]）。

281

《阿其里法》的措施很可能是由一部一般性的司法性质的法律加以执行的（《关于审判员的森布罗尼法》[*lex Sempronia iudiciaria*]，该法由近来的一些评论家们根据《本波表法》做出了认定，但这有争议），根据这部法律，法官之职从元老院议员身上撤销，并分配给骑士们，这一阶层是民主派在反对新贵阶层的斗争中的盟友。《森布罗尼法》用一种具有罚金性质的诉讼替代了《坎布尔尼法》和《尤里法》里那种本质上是市民私人性的誓金之诉，罚金是被搜刮钱财或者物品价值的两倍（*in duplum*）。并且该法将陪审团交给一名裁判官主持，即关于搜刮钱财罪的裁判官（*praetor de repetundis*），他是每年从被选任为这一官职的人当中任命的。这位裁判官在上任后十天之内必须从骑士阶层当中挑选出四百五十人，编制成一份名单，并在一块特别公告栏上公布：对每个单独的诉讼程序而言，控诉人要从这一公告栏上选出一百人并向被指控人宣布（预选 [*editio*]），被指控人本人再从这一百人中选出五十人（挑选 [*electio*]），最后由这五十人组成审判法庭。行省的受害人则可以合法地亲自提出控告——这一点与《坎布尔尼法》上的体制不一样，学理上称之为控告程序（*nominis delatio*）——并且有权而不是被强制获得辩护人的协助（因此，辩护人也就转变成了受害当事人真正的司法协助人）。在受害人胜诉的情况下，如果其是外国人，则可以获得罗马市民籍以及被指控人所在部落的投票权；如果是拉丁人，则在市民籍和申诉权（*ius provocationis*）中进行选择。

《坎布尔尼法》所创造的法庭构成与格拉古时代法律所设置的法庭审判模式有显著的区别，这在埃德尔（Eder）最近一项关于前苏拉时代搜刮钱财罪诉讼的研究中表现得尤为明显：一边采用的是誓金，另一边则是控告制度；一边是异邦人对罗马辩护人的依赖性，另一边则是行省臣民自由地提起；一边是有限的裁审员（*recuperatores*）团体，另一边则是 50 名法官的审判庭；一边是尽可能地对被置于审判之下的官员加以维护的企图，另一边则是采用沉重的刑事制裁来打击贪腐犯罪的主旨；一边是按照市民私人诉讼将盘剥的钱款简单地加以归还，而没有什么罚金的后果，即只是一种弥补性措施，另一边则是公共法庭的判决，产生有损于被判罚之人的金钱和政治的明显后果。

搜刮钱财罪法庭从模式上为其他一些审判法庭做出了表率，后者是随后设置起来的，为的是制裁其他一些犯罪，不论是政治性的还是公共性的。不过，关于在《坎布尔尼法》之后罗马司法引入其他一些常设法庭的方式和年代，文献上的书面证据实在太过稀缺。在公元前 116 年盖尤 · 马略受到的一次关于选举舞弊审判的相关片断中，普鲁塔克（Plutarco）似乎提到过关于舞弊罪的法庭（*quaestio de ambitu*），但是这一信息非常不明确，以致不能从中得出什么确定的结论来；正如近来一些研究所揭示的，更可能的是，一种为了镇压叛逆罪（*crimen maiestatis*）的常设法庭（从宽泛意义上讲，这一罪行被理解为是执法官滥用赋予他的权力而违反国家秩序，不过，其具体内容并不清楚）于公元前 103 年由保民官萨图尔尼诺（Saturnino）的《阿布勒伊法》（*lex Appuleia*）设置。另外，还有一种针对侵占公款案件的常设法庭，正如普鲁塔克也提到过的，公元前 86 年，小庞培在法庭上面临窃取公共款项的指控，但最终被判无罪。关于这种常设刑事法庭制度向普通犯罪的延伸，我们所知

282

甚少。从西塞罗那里，我们得到一个信息是，公元前 142 年裁判官奥斯蒂里·图布罗（L. Ostilio Tubulo）主持了一个关于谋杀罪的法庭（*quaestio inter sicarios*），不过，尚不清楚这涉及的是非常设法庭还是常设法庭；在关于公元前 127 年执政官卡西·隆琴·拉维拉（Cassio Longino Ravilla）多次担任杀人罪诉讼基层审判官（*quaesitor*）这一话题上，阿斯科尼（Asconio）似乎提到了由一个非常设的法庭，而不是固定的法庭来对单个行为进行制裁；而有一种假定也不是完全没有道理，即一处关于公元前 98 年（？）克劳迪·普鲁克（C. Claudio Pulcro）担任投毒罪法庭主审官（即主持，*iudex quaestionis veneficis*）的碑文则把对投毒罪案件的镇压与一个常设法庭联系在一起。我们可据以第一次明确证实在杀人罪上存在一个固定的法庭，在西塞罗演讲录《为塞斯托·罗西欧·阿梅利诺辩护》(*Pro Sexto Roscio Amerino*）的两处地方出现。该辩护词是西塞罗于公元前 80 年初宣读的，里面提到了早在苏拉重建之前就运作着一个关于谋杀罪的法庭，也记载了在此之前数年也曾有一个案件被提交到这个法庭面前。另一篇写于公元前 85 年左右的西塞罗的短文《论发明》(*De Inventione*）的一个章节，则似乎证实了早在同盟者战争前几年里就有一个用于审理投毒罪的常设法庭的存在。不过，从《关于拐骗人口罪的法比法》(*lex Fabia de plagiariis*）中则无法推导出任何支持设置审判拐骗罪的常设法庭的积极证据，但关于该法的时间尚不确定，不过，很有可能是在同盟者战争之后不久的时间，因为它通过财产刑来惩治诱骗自由人陷于奴役状态或者不合法地对他人的奴隶行使支配权的行为。

但无论如何，很明显的一点是，由专门法律设置固定的法庭来惩治犯罪这种方式在这一时期仍然只是例外。对于每个这样的法庭而言，要年复一年地编制法官名单，从中选出单个审判程序的陪审团人员来，通常还要由一名裁判官来主持。至于登录到这一名单上所要求的资格则多次变化，这跟元老院寡头政治和骑士阶层之间长达五十多年的斗争的不同阶段有关。各种各样的法律相继登场，其中一些是从普遍意义上涉及这些法庭（审判员法律 [*leges iudiciariae*]），另一些则是特别用于搜刮钱财罪的法庭：从公元前 106 年的《塞尔维利和加比奥法》(*lex Servilia Caepionis*）片面地把所有法庭陪审团都转交给元老院议员，到公元前 104 年（？）的《塞

283

尔维利和格劳恰法》（*lex Servilia Glauciae*）又再次把关于搜刮钱财罪法庭仅交到骑士手上；从公元前 91 年的《李维法》（*lex Livia*）确定所有的审判团都从元老院议员和骑士等比例组成的“扩大了的元老院”当中选取，直到公元前 89 年的《普劳迪法》（*lex Plautia*）命令不由裁判官挑选法官，而由部落挑选，不再考虑其身份。最后这种制度可能到苏拉改革之前都仍然有效。

常设刑事法庭制度得以普遍化并巩固是苏拉的成果。

在这位独裁者重建寡头统治的主线计划中，苏拉提出了一系列重要的措施，旨在重新垄断陪审团，以及加强常设审判法庭，以此来削弱人民大会。公元前 81 年通过《关于审判的科尔内利法》（*lex Cornelia iudicaria*）（该法很有可能应该也引入了新的抽签制度（*sortitio*），即每年从编制的铜表上通过抽签选取法官，接下来以回避制度为补充，控诉人和被指控人交替主张回避，直至达到组成委员会的所需人数），苏拉以默认的方式明确地废除了《普劳迪法》，并把所有法庭的审判团交还给元老院，在此之前，元老院已经通过扩大了人数和遴选范围而得以更新。后来，通过单独的法律，他规定对业已存在的法庭重新加以组织，并组建了一些新的法庭，这样就在很大程度上削减了民众大会的司法审判权。这些单独的法律对每一个法庭都明确地确定了要予以惩治的一个（或多个）罪名，以及对犯罪者适用的程序和施加的刑罚。根据这些法律，主持之职被交付给一名裁判官，或者（如果所有的法庭没有足够的裁判官）从市政官（*aedilicii*）当中选取一名主审官（*iudex quaestionis*）。

文献中有关于《关于叛逆罪的科尔内利法》（*lex Cornelia de maiestate*）的记载，这部法律扩大并明确了《阿布勒伊法》设置的关于叛逆罪法庭的内容，并通过判处死刑来禁止任何人犯下各种危害罗马共同体及其基本机构之独立、安全和尊严的犯罪类型，这些行为包括一些属于古老的敌对行为（*perduellio*）或者叛逆行为（*proditio*）这类形式的违法行为；《关于舞弊的科尔内利法》（*lex de ambitu*）有时候会与公元前 181 年的《科尔内利和贝比亚法》相混淆，前者引入了一种针对选举腐败犯罪的常设法庭，并通过了一种针对该罪的刑罚，即禁止在十年期间内担任民选执法官之职；《关于搜刮钱财罪的科尔内利法》（*lex Cornelia de repetundis*）则对于执

284 法官搜刮行为的审判做出了新的规范，将对被控告者判处的刑罚减

少为所搜刮钱财的一倍（*simplum*）；《关于多重遗嘱的科尔内利法》（*lex Cornelia testamentaria nummaria*）（也称之为“关于作假的”[*de falsis*]），设置了新的法庭用以惩治各种虚假遗嘱或者货币制造的行为（伪造各种遗嘱文书；篡改、删减或者破坏真实文书；伪造封印；在金块中掺假、制造假币等），并对违法者处以死刑；《关于杀人和投毒罪的科尔内利法》（*lex Cornelia de sicariis et veneficis*），引入了（或者更可能地说是重新组织了）一个死刑罪法庭，此法庭的目标在于惩治各种形式的谋害他人生命的行为（蓄意谋杀，携带武器杀人或者偷盗，蓄意纵火，制造、提供或者贩卖用于谋杀的有毒物质等），弑长亲罪可能也归入这个法庭，不过，直到公元前55年（或者是前52年）的《庞培法》（*lex Pompeia*）之前，这都仍然是用古代的沉入水底刑（*poena cullei*）来加以惩处；《关于侵辱罪的科尔内利法》（*lex Cornelia de iniuriis*），它把引起简单的私人之间的制裁后果的不法侵害行为（*iniuria*），同一些特别严重因此极有可能要提交给专门法庭的那些公共犯罪行为（殴打、棒击、侵犯住所等）区分开来（但是，提起诉讼的权利只赋予被侵犯的人，而且作为罚金的金钱款项也应当归属于此人）。不过，尚有疑问的是，是否存在《关于暴力行为的科尔内利法》（*lex Cornelia de vi*），关于该法并没有确切的文本参照；以及是否存在《关于侵占公款的科尔内利法》（*lex Cornelia de peculatu*），或许在西塞罗那里对这种法律曾不甚明确地暗示过（不过，很可能涉及的也是一部非苏拉时代的法律）；有可能那部具有假设性质的《关于通奸和贞操的科尔内利法》（*lex Cornelia adulteriis et de pudicitia*）并没有独立存在过，只不过是仅仅构成了《关于浪费花销的科尔内利法》（*lex Cornelia sumptuaria*）的开头部分。

在苏拉之后的时代，罗马共和国继续颁布了大量的其他法律，这些新颁布的法律指向的与其说是建立新的刑事法庭，倒不如说是对既存的那些刑事法庭加以修正或者重新组织。其中，舞弊罪方面的立法特别丰富，这为我们提供了一种印象深刻的证据，表明在共和国最后一个世纪里选举腐败现象所具有的规模。关于公元前70年（？）的《奥勒留法》（*lex Aulelia*），我们知之甚少，在其之后我们要提到的是公元前67年的《坎布尔尼法》，该法加重了公元前81年那部《科尔内利法》的制裁手段，使进行腐败选举者永远不具有担任官职的资格，还加上失去元老院议员地位的处罚，并处以财产刑；然后是一部《杜里法》（*lex Tullia*），这是由西塞罗在其执政官任内提出的（前 63 年），规定对一些具有特别严重性的腐败选举案件施以十年流放的刑罚；最后是一部《庞培法》，其在处罚期限上加重了《杜里法》所规定的制裁，但我们尚不能确定。在内容上接近这部《庞培法》的是公元前 55 年的《关于非法结社罪的李其尼法》（*lex Licinia de sodaliciis*）。此外，这部《庞培法》除了希望惩治选举舞弊罪以外，针对选举人进行不法操纵或者施加不正当压力来为候选人拉取选票为目的的组织结社的行为，也予以镇压（非法结社罪 [*crimen sodaliciorum*]）。对搜刮钱财罪的约束也经历了明显的加重，这是恺撒的一部《尤利法》（前 59 年）的功劳，该法重组了所有事项，且有意识地扩大了受处分人的范围，并扩大了属于搜刮钱财这一概念的犯罪类型的数量，不过（似乎）仍然保持了苏拉时代法律规定的一倍罚金。最后，具有创新特点的法律还有公元前 78 年（？）的《关于暴力的普劳迪（或者叫普罗迪）法》（*lex Plautia* [o *Plotio*] *de vi*），该法引入了一个固定的法庭来惩治各种可能的具有突出的公共性的暴力行为，或许还有一些容易危害社会整体安宁的私人间的暴力行为。而公元前 55 年（或者是前 52 年）的《关于弑长亲罪的庞培法》（*lex Pompeia de parricidiis*）则针对弑杀长亲的案件创设了一个常设法庭，并扩展了杀害近亲犯罪的范围，并使弑杀长亲适用杀人罪的刑罚。

285

关于陪审团的组成，于公元前 70 年终于达成了一个妥协解决方式，这要多亏了裁判官奥勒留·科塔（L. Aurelio Cotta）提出的《关于审判员的奥勒留法》（*lex Aurelia iudiciaria*）。该法确立了法官要由三分之一元老院议员、三分之一骑士、三分之一司库长（*tribuni aerarii*）[①] 组成，而陪审团则从这三类人的每一类型当中抽选出数量相等的人员来组成。这一制度实际上是公元前 55 年的一部《庞培法》确认下来的，而后在公元前 44 年则被恺撒发起表决的一部《尤利法》所修改。《尤利法》将高级骑士（司库长）排除在法官名单之外，而把审判员之职（*mumus iudicandi*）仅托付给元老院议员和

① “司库长”是官职名称，不太适合用来表明组成审判团的一个社会阶层。照此语境，后文将转译为“高级骑士”。

骑士。

因此，在共和国年代后期，罗马整整有九个常设刑事法庭，其中五个的职责是审判政治性犯罪（谋逆 [*maiestas*]、搜刮财产 [*repetundae*]、选举舞弊 [*ambitus*]、侵占公款 [*peculatus*]、暴力 [*vis*]），另外四个是普通犯罪（谋杀、弑长亲、作假伪造、严重侵辱）。随着这些常设刑事法庭的发展，它们一方面同人民审判，另一方面同执法官的自由审理（*cognitio*）活动展开竞争。随着人民大会的衰落，这些法庭就变成一种日常性机构，城邦内的刑事制裁（公共审判制度 [*ordo iudiciorum publicorum*]）通过它们得以执行；尽管有多少种不同的审判就有多少种不同法律所规定的单一犯罪类型。但相应的程序除了细节上的变化多样以外，终究还是依循一致的模式，因此我们可了解其基本主线，其也能够成为进行统一展示的对象。

这种具有控告性质的程序可以由任何一位代表公共利益的市民以私人的名义提起（除了某些例外）（文献上将之归结于他们的公共诉讼 [*iudicium publicum*] 资格）。在真正的指控之前，还须有一个预备审级（提出诉求 [*postulatio*]）。在该审级中举报人请求被授权主持该法庭的执法官认可其指控的合法性。该执法官须审查是否存在什么不相符合之处以及是否存在法律要求的必要条件，这里面主要是指诉请人的名誉声望。如果同一犯罪事实上有多个诉请人，则须进行预审程序（*divinatio*），用于选定更受青睐的控诉人，而那些被排除在外的诉请人如果愿意的话可以通过附书（*subscriptio*）来附议支持主控诉人的诉讼提议。然后，才是正式地提出控告（*nominis delatio*），由执法官受理案件（*nominis receptio*），并将控诉人姓名登记在审判目录上（罪行登入 [*inscriptio inter roes*]）。根据《阿其里法》的规范——不过这涉及的可能是一种普遍性规范——就控告程序而言，控诉人必须起誓：提起该控诉的目的不是为了给被指控人造成损害，并且不能在明知被指控人是无辜（不做诬陷控告 [*calumniate causa non postulare*]）的情况下提起控告。故意实施无根据的指控被认为是一种犯罪，根据（公元前 80 年以前的）《雷米法》（*lex Remmia*），诬告者要被传唤至同一权限的法庭，按照他提起的这一罪名进行应讯。根据已知的这些法律来组成陪审团之后，便由控告方和被指控方（或者他的辩护人）通过辩护词（*orationes*）进行辩论，并须审查原被告双方的证人证言。如果随后出现很高

286

数量的弃权票（自己不表态 [*sibi non liquere*]），就不能形成一个关于判罚还是开释的多数意见，那么须重新进行一次或者多次辩论（*ampliato*）。另外，针对搜刮钱财罪案件，《塞尔维利和格劳恰法》（*lex Servilia Glauciae*）用间隔期制度（*comperendinatio*）取代了这种延期制度（该制度时常被刻意地用来拖延审判程序，参见 Val. Max. 8.1.11），即强制性地把辩论拆分成两个阶段（首诉和次诉 [*actio prima e secunda*]），并在两者中间插入一天间隔。辩论终结之后，法庭会进入做出判决阶段。每一位陪审员都会收到一个涂蜡的小牌，小牌的一边印有字母 A（开释 [*absolvo*]），一边印有字母 C（判罚 [*condemno*]）。陪审员须刮去其中一边字母后，把这个牌子（*tabella*）放入票箱。由主持的执法官（他没有投票权）来收集这些审判员们的意见，并宣布审判结果。要指出的是，判决仅限于确认被指控人在该犯罪类型上有罪或者无罪（判断做过还是没做过 [*fecisse* o *non fecisse videtur*]），因为刑罚是由设置该法庭的法律明确地确定下来的，不能由这些审判员们对刑罚的轻重加以修改（审判定罪，法律量刑 [*damnatio est iudicum, poena legis*]）。在某些案件里面（搜刮钱财罪、侵占公款罪），基本诉讼之后还会有一个附带审判，旨在确定被判罚者应该赔偿的价值（评估程序 [*litis aestimatio*]）。

287

至少到苏拉时代，设置刑事法庭的法律所规定的那些制裁手段仍然保留不变，即被判处死刑或者支付一定数量的金钱。较早时候的一些理论研究者（尤其是蒙森）从这些新的刑事法庭所科判罚的明确性或不可变通性上进行不太合理的具有假设性质的推断，认为这些法庭本身不能够对市民科处极刑。实际上，正如列维（Levy）所揭示的，科尔内利的立法保留了古代的死刑，而与此相反的现象只能归结为是对一种旧有实践的坚持，即通过"放逐令"（*aqua et igni interdictio*）[①]（见第 57 节）而科处自愿流放的惩罚。这种实践最初是一种习惯，后来则为个别的法律规定所支持，并最终引导立法者在共和国最后的六七十年设立了同时被判处失去市民身份的流放刑（*exilium*），作为刑事法庭审判一些犯罪行为可采用的独立刑罚（首部反映这种革新的法律就是公元前 63 年的《关于舞弊的杜里

---

① 从字面意思来看，是指剥夺水和火这两种基本的生存要素，在古代罗马主要指剥夺市民权，并放逐出罗马城的一种刑罚，也译为"禁绝水火令"。

法》[*lex Tullia de ambitu*]）。据此，流放刑就从逃避执行死刑的简单手段转变成了真正的刑罚，这使得从此以后，在“生命刑”（*poena capitalis*）这一名称之下不仅仅有死刑，也包括了作为放逐令之后果的流放刑。

刑事法庭所科处的判罚并不能作为治权的表现形式，也就不能够适用向人民诉讼制度。不过，在共和国最后的年代里，一些政治运动的领袖为了赢得民心，对将陪审团的判决向民众大会寻求申诉的做法加以认可。在提比留·格拉古毫无成果的尝试之后，马可·安东尼（Marco Antonio）于公元前44年使一部法律得以通过，这部法律将申诉制度适用于刑事法庭针对暴力和谋逆罪所做的判罚。不过，这一举措受到其元老院阶层中对手们的攻击，故很快就被废除了，后来此类提案再也没有被重新提出过。

常设刑事法庭只在罗马和距该城一千步长之内的范围内有司法权；有较大可能的是，自治市也拥有自己的审判法庭，且根据与罗马的法庭相类似的程序进行运作。在行省，刑事法庭制度是不适用的，刑事方面的惩治是由各行省的总督根据其强制性权力实施的（当然，除了《波其亚法》承认的当地罗马市民具有向人民申诉的权利以外）。此外，要注意的是，我们所知的共和国时代行省的所有程序，都表现为总督在当地罗马市民组成的一个顾问委员会的协助下进行运转，且这些顾问由总督本人根据社会阶层和地位自由地选择（唯一的例外是在卡塔尼亚[Catania]发生的一起盗窃神器案，这是由当地元老院判决的，或许是因为考虑到该罪行的特殊性质）。这种诉讼进行的根据并不在某个法律规范当中，而仅仅依赖个别总督之善行和责任感。即便如此，正如《弹劾卫利斯演说集》（*Verrine*）一书所证实，民众的司法感受把“没有指控人的审判、没有顾问委员会的判决、没有辩护可能性的判罚”看作是纯粹伪装的正义。这就必然会有利于在行省范围内逐渐兴起一种类似于城市里刑事法庭那样的程序。公元6年的时候，我们可以看到在西兰尼（Cirenaica）行省，总督每年从其编制的一份专门名单中抽选出陪审员组成了刑事审判法庭。与旧有的罗马居民组成的顾问委员会不同的是，这个法庭并不仅仅是一种简单的咨询机构，而且是真正的审判团体，且被授权对被指控人是否有罪或者无罪进行判决。而执法官不得参与审判的过程，只能宣誓对判决结果加以公布。另外，毫无疑问的是，采用

288

这样一种程序仅仅代表着一种实践习惯，而不代表使审判得以行之有效的常态。从法律原则上看，该总督可以自由地选择是亲自审判还是交给陪审团；而且，至少在具有政治属性的犯罪案件里，很多因素都会促使他认为应该亲自实行制裁手段。针对行省的臣民，总督强制权的行使通常是没有什么限制的，而对罗马市民而言，他的治权又受到许诺给市民们的宪政权利的限制，因此，该总督一旦认为某项指控已经成立或者可以成立，就会将被指控人押送到罗马，因为罗马处于刑事法庭审判权限之下。

59. 罗马的法学

在目前可以发现的关于罗马法学及其历史的古代文献材料里，直到哈德良皇帝时代以前，最具分析性和可信度的罗马法学代表作要数公元 2 世纪法学家塞斯托 · 彭波尼的长篇《手稿单编本》（*Liber singularis enchiridii*）（D.1.2.2）。根据优士丁尼的汇编，或许还有后古典时代（公元 3 世纪末到 4 世纪初之间）持续的概括性调整，我们获得了《手稿单编本》的文本内容，并从中找到了一个包括公元 2 世纪之前罗马制度中所有事件的历史概况：从最古老的共同体到共和制的组织形式，再到规范性权力向君主（元首，*princeps*）的集中。

289

在对十人委员会的立法进行了阐述之后，彭波尼需要首先面对法学这个论题。他确认了《十二表法》与最早的法律解释（*interpretatio*）存在着历史上和逻辑上的传承关系，后者建立在法学家权威（*auctoritas*）的基础之上，并参与到私人关系的调整与解决上来。这些法律解释者被彭波尼明确地定义为法学家（*prudentes*）。不过，在这一时期，肯定是以祭司们为代表，他们的行为再一次指向了对《十二表法》的解释，但要强调的是，这也回应了一种正常的对所颁布法律进行理解的需要（D. 1.2.2.5）。从法学家的视野来看，这种行为引起了“仅仅存在于法学家之法律解释当中的那种非成文法”（*ius quod sine scripto in sola prudentium interpretatione consistit*）的建立（见第 45 节）。

祭司和法学家们的参与是与私人诉讼的结构紧密相连的，首先是法律诉讼（第 29 节），后来则是程式诉讼（第 30 至 32 节）。而且，最初的时候还与宗教结构具有深刻的联系，之后则更多的是同法学家的学说（*doctrina*）及其能够获得的社会声誉相吻合。为了界定祭司这种宗教团体所垄断的最早的法学，彭波尼著作的同一片断将这些专业人士和神职人员——他们也是罗马历史上最早一批法学家——所参与的领域区分成两个部分：诉讼（*actiones*），即编写私人间解决纠纷所用的诉讼程式；以及解释学（*scientia interpretandi*），即致力于对从该城市的习惯和立法规范当中撷取出来的行为规则进行界定和诠释的智识活动，首要的就是《十二表法》（Pomponio, in D. 1.2.2.6）。

此外，法学在实践中所具有的中心地位也是罗马人在考虑法的具体形式时的重要前提。彭波尼强调了（法学家的）权威和行使司法权即审理纠纷并在纠纷中决定适用的实体规范的执法官员之间的并行性。法学家和执法官员这两类范畴的工作者都具有通过日常诉讼来发展和完善法律的使命。到了公元前 367 年，所设立的内务裁判官就成为法律的直接谈论者，并加快了这种参与程度和创新。

西塞罗在对共和国最后一个世纪世俗法学家的活动进行定义的时候，区分了他们工作中的两种成分：审判（*cognitio*）和运用（*usus*）（*De leg.* 1.14）。但即使到了元首制时期，这两方面仍然是相互交错着的，甚至可以说，运用法律和反思法律之间存在的关联性伴随着整个罗马法学。不过，在最早的年代里，极有可能直到公元前 4 世纪末以前，主持规范的界定、引导实践这一类智识活动的表现形式被掩盖起来了，而法律仪式方面的知识，比如说宗教上的，都是非祭司们不可触碰的财产。在后来的年月里，这种秘密性才有所减弱，从公元前 3 世纪末开始，开始趋向于主要是世俗化的法学家公开地提供建议，针对审判中的行为模式、用于缔结契约的仪式形式，以及最普遍的是习惯和法律上的解释问题（见第 63 节）。从公元前 2 世纪初开始，对法律的思考工作获得一种自主性地位，并且通过书面作品加以表现，而不仅限于对规范或者程式加以收集。 290

这些著作首要的目的在于使法律知识变得可接收和可传播，并因此拥有一批受众，至少在理论上他们要超出法学家的范围。另一方面，把这些规范性内容组织起来集中加以论述的文本便是法学家们的作品；有赖于他们的是，对那些被认为非常关键的、使得法律知识可以接近的论题进行选择。通常，他们偏爱的都是实践性的规定，而且很久以来，他们的写作都保留着与咨询活动的联系（可以看看在 Q. 穆齐之前的所有法学家：第 61—62 节）。在这样一个视野之内，所探讨和规范的具体案件都具有一种样本式的价值，而这些专著也就确立了一系列规范上的模板，并成为后来的法律实践及作品不能避免的参照系。第一位为其同时代人提供这样一种法律作品参照系的法学家是公元前 198 年的执政官、《三分法》（*Tripertita*）一书的作者塞斯特 · 埃里 · 贝杜 · 卡多（Sesto Elio Peto Cato），其体系性作品被看作法学传统的发端（见第 61 节）。

所以，公元前 2 世纪最初几年标志着法律思考的起点，因为这是有意识地要超越单个的、具体的判决的开始。这就是为什么法学家及其作品的真正历史必须是从这一刻开始的原因。从此以后，就确定了用书面的方式传播法律知识，并且使法律解释的形式变得更加容易接近，规则性的干预手段也依附上了这种解释活动。而在此之前的一个时期里，法律的知识和运用只是由祭司们或者其他神职人员保管的私货，不能够受到市民生活中所行使的任何形式的干预手段或者特定权力的审查。

291　说到法学家活动的方式，到公元前 2 世纪，法学活动被以更为精确的方法逐渐地加以界定。西塞罗描绘了实践中三种类型的参与方式，将其联系到这一时期的法学家们（*De orat.* 1.212）的实际活动上，这一分析是西塞罗草拟的，并且还将之归结到演说家克拉苏（Crasso）名下。关于三种类型参与方式的分析非常适合用来描述公元前 2 世纪的法学工作的那些成果，而且还是持续整个共和国时代（所以也包括祭司法学）的成果，甚至还包括带有视野上的些许变化的、在元首制时期的法律经验的成果。

在西塞罗看来，法学家工作的表现方式就是解答（*respondere*）、提供（*cavere*）和协助（*agere*）。我们会看到，具体在什么样的事务上进行西塞罗的文本所指出的这三种行为。解答是为私人、执法官或者审判员提供建议。*Responsum* 是一个包含所有法律解决方式的综合性术语，涉及行为上的或者程序上的所有种类的问题。因此其也可以指代一种明示的书面形式，将“提供”和“协助”这两种预示性的法学思想加以外化。法学家在集市上公开地提供其意见时，似乎同样也会被咨询到非法律方面的问题，比如说，将女儿出嫁是否合适、购买或者耕作一块土地是否合适（Cic. *de orat.* 3.133）等。不过这种最宽泛的含义在公元前 1 世纪时就不再有了，因那时的法学思考倾向于将其自有的成果从其他一些智识性或者实践性行为当中区分出来。

动词“协助”（*agere*）指的是法学家根据执法官或者私人的请求而阐明诉讼程序模式的组成。无须将这种活动同在审判中进行到裁判审（*apud iudicem*）阶段向私人提供的那种帮助混淆起来。一般来说，在这样的裁判审阶段，当事人并不由法学家来帮助。就算法学家参与到这种帮助中来（比如穆齐·谢沃拉 [Q. Mucio Scevola] 在著名的审判案库里乌斯案 [causa Curiana][①] 中那样），其所从事的活动也不属于他们最典型的领域。

从专业的角度来看，在独任审判员（*iudex unus*）（不过，主要是在刑事法庭以及百人审判团 [*centumviri*]）面前进行辩护是演说家的任务，他们的特殊天赋就是说服那些对话者。因此，他们只会在给自己带来方便的情况下才使用法律概念和法律论证。正如 Cic. *top.* 51 所显示的那样，辩论实际上被理解为是演说家的特殊权利，而与法学家们无关。在一些不那么重要的诉讼程序里，尤其是那些牵涉到并不属于高层阶级的人的诉讼里，当事人都是进行自我辩护，或者最多不过是求助于既不属于法学家也不属于演说家，但在这方面具有较高天赋的亲友或者辩护人。

292

而法学家则必须在诉讼程序的法律审（*in iure*）阶段对私人加以引导或者给执法官以建议。因此，“协助”就是预先定下法律诉讼中庄重严格的用语。到了更晚些时候的程式诉讼中就是界定文书，这恰恰就被称之为“程式”（*formula*），在这种诉讼中根据当事人（在争讼程序中表达出来）的协议，由裁判官来确定争议纠纷的形式。程式诉讼的传播（第 30 节）及其相伴随的革新性，使得法学家的协助变得具有影响力，因为在法律诉讼中，这种协助被严格地与诉讼模式的固定性联系起来：而通过以程式诉讼方式行事（*agere per formulas*），法学家可以更自由地决定组成单个程式的那些郑重套语（*concepta verbo*）。

动词“提供”（*cavere*）标志着对遗嘱、要式买卖（*mancipationes*）、要式口约（*stipulationes*）、裁判官简约之合意契约的模式加以阐

① 公元前 1 世纪由百人审判团进行的一次著名审判，在这次审判中确认了这个观点：根据立遗嘱人的意思，未适婚人替补继承可以转化为一般替补继承。

述。这一术语在字面上指代的是对当事人通过行为——在现代法律用语里面，我们将其命名为“法律行为”——所追求的利益加以照料。

60. 祭司法学

彭波尼的《手稿单编本》一书描绘过，在涉及《十二表法》的年代，祭司这个神职人员团体在法学解释（*scientia interpretandi*）和法律诉讼这两个领域具有完全的职权，除了领导宗教生活以外，在很长一段时间里他们本身繁衍着城邦的统治阶层，而且他们还是城邦政治统一性的保障人，以及构成协调城市组织的那些较低等群体之间关系的仲裁人。有四个团体承担着极为重要的在人法和神法的层面为个人和城邦确定行为模式的政治使命，他们是：大祭祀、占卜官、战和事务祭司和神事十人委员会（*decemviri sacris faciundis*）。

在整个共和国年代，大祭司团体好像都是由一个确定的内部组织来领导的，并同样是由此内部组织来交替指定该权力团体内的一名成员参与法律和私人间关系的事务。另外，是大祭司这一团体来从事法律解释领域里最具重要性的活动，因为占卜官和战和事务祭司（第 8 节）的职权更为有限，是跟所谓的占卜法和国际关系的法律方面相关。

《十二表法》颁布以后，法律实践的领导权和控制权最大程度地保留在大祭司手上超过两个世纪。一开始，这与法律知识的某种垄断性相吻合。不过，从公元前 4 世纪末开始，法律实践的领导学和控制权就开始趋向于扩展到神职人员之外了，为的是向新贵阶层广泛地赋权。由于法律知识的传播，那些对法律问题的解答行为不再是大祭司和请求者之间的某种神秘事务，这促使法律技艺有了新的走向。那些属于共和国领导阶层并想要获得声望的市民也致力于这种解释和解答活动，他们在法律适用领域具有了影响力。

293

还可以证实的是，作为编年史的一部分，从祭司法学到世俗法学的进化是直线型的，而且没有经历过什么特别生硬而急剧的转折或者变化。只需要想到一点，即在公元前 2 世纪初前后，法律专题著作的出现代表了一种清晰的新鲜事物，而这种作品在远古时代好像是罗马文化中很个别的产物（第 61 节）。

祭司们的法律活动，我们可以理解为是史前时代法学的一种类型。祭司是宗教和法律的管理者，在执法官身边并指导执法官们的决定，同时引导私人之间的行动。

在宗教领域，祭司们的任务是解释众神的意志（Cic. *de dom.* 107）。祭司们在法律层面上进行规则性的干预能够对城邦生活产生一种直接的影响，特别是在家庭法和继承法领域。最高大祭司实际上拥有召集库里亚大会的权利，可以在会上提出并通过自权人收养（*adrogatio*）的正式提案，即将一个家族共同体同另一个共同体合并，或者提出一份遗嘱的程式，这同样也是以极其严格的方式规定的，希望以此来指定一位家父的继承人。

从更加技术性的层面上看，祭司们的活动除了一般性的解答以外，主要还表现为"协助"和"提供"（第 59 节）。被命名为法律诉讼的那些程序是以具有某种资格为前提，尽管这些资格是最基础性的，这些情形正好就受到这类程序性机制的保护，但这种资格最初的时候似乎只是建立在习惯的基础之上。盖尤斯（安东尼尼 [Antonini] 时代的法学家）提出的看似可信但并不确切的一种解释其实是没有根据的，根据这种解释，"法律诉讼"这种表达可能是公元前 3 世纪末以后才引入的，它指代的程式来自于一些法律文本，这些文本中包含了对纠纷关系的明确的和实体性的规制。

更确切地说，这类程序带有一种"法定性"的称谓，因为它们是由《十二表法》或者特别法律所设立或者确认的（就像 Gai 4.11 所设想的那样：法律诉讼之谓……即来自于法律的指命 [*legis actions appellabantur... ideo, quod legibus proditae erant*]）。这就是这类诉讼的合法性。不过，这类诉讼是由祭司法学来具体构建的，也是由祭司法学来首先界定那些值得保护的实体上的情形。同样是这位盖尤斯还承认，存在一种专门的活动，将那些受调整的有关争议案件的诉讼整合到各自的模式中去。祭司们通过这样的活动来领导司法实践。　294

正是因为这些诉讼与类型在规制手段上的差别，承审员才可能在应该做出确认的时候，对程序中使用的套语程式和根据法律或者习惯所保护的关系类型之间是否存在着对应关系提出质疑。在这种情况下，他就会在普遍性的解答的范围内请求祭司们的意见。这些祭司来认定利害关系人在诉讼的法律审阶段向裁判官提起并使之理由生效的那种形式是否对应着受到保护的那些情况类型。在 Gai 4.11 当中或许就反映了这样一种情况类型，这个片断一般被引证用来展示祭司法学的形式主义，稍后会谈论到这方面。盖尤斯记载了一个古老的解答意见："……某人提起一项诉讼，宣称他的葡萄枝被另一人非法砍伐，但他会败诉，因为在诉讼程序中他本应该提及的是树木。《十二表法》是在一般意义上说砍树，因此这样同样也赋予其葡萄枝被他人不法砍伐的人以诉权。"

可以说，一种形式主义的法律观深刻地渗入了祭司们的解释活动中来。Gai 4.30 在回忆法律诉讼程序的衰落时，就提到了这种过分陈旧的法律字面解释（*nimia sublititas veterum*）。涉及最古老的罗马法的"形式主义"一词指代的就是，制度上特别突出地规定要以绝对严格的形式来完成特定的行为和宣读固定的词句。法律效果的生成仿佛也像是依附于这种表面化的形式，在这里面，个人的意志和行动被客观化了。

在"提供"的范围内，祭司们的行为是类似的，关于这一点，在各种要式行为里面，只要提到那种主导着誓约和要式买卖的发展和变化的程序就可以了。

在《十二表法》当中，誓约被认为是一种己方的给付允诺，据此产生了一种口头契约之债（*obligatio verbis contracta*）。根据这部十人委员会的法典，*dare oportere* 这种债可以在提出请求的预审（*per iudicis postulationem*）程序中以给付义务的形式推导出来（Gai 4.17），而这种债可能是在之前的年代里随着对人的誓金法律诉讼就已经有效存在了。最初，誓约 / 要式口约很有可能就是一种誓言，通过它来对第三人行为或者一个客观事实承担保证。这种保证立足于让起誓人（*sponsor*）受制于人身方面的执行手段。最久远的形式恰恰就是誓言，这个事实也与要式口约作为口头之债（*verborum obligatio*）在共和国时代里所具有的一套构造有关：表现为未来的债权人的一种质问（最简单的结构是：*centum dari sponders?* 即"你是否允诺支付一百元?"，不过，这句话最初的意思是“你是否承担对支付一百元的保证义务?”)，随后是债务人的回答。为了有效地承担起这种责任，后者必须要使用债权人用过的同样的套语(在这个类型中也就是“我发誓”[*spondeo*])。很可能，在以誓言作为誓约的最早表现形式里面，根据诵词令(*praeire verbis*)的逻辑，做出回答的人必须要复述出被宣读出来的整个质问句式(根据这种诵词令，这些程式于宗教仪式中先由祭司或者执法官员诵读，然后再由私人加以重复，这些程式必须被加以宣读，以具有神法层面上的约束效力)。 295

这种口头之债的机制首先在祭司法学的作用下(不过，后来则是市世俗法学的工作)有了很大的发展，并且被用于更加多种多样的关系类型：从婚约或者返还嫁资的承诺，到审判出庭保证，再到商业约定，它最终还成为也适用于外国人的万民法上的基本制度，但条件是在那些能产生债(*obbligato*)的郑重词汇里面不使用誓约(*spondere*)这个动词，因为该词被严格地限制在罗马市民身上(也见第99节)。

如果说祭司们的工作在誓约制度上已经具有这样一种重要性的话，那么祭司在要式买卖制度(*mancipatio*)的发展中就更为重要了(或许，该制度最初的时候称为要式所有权[*mancipium*])。在非常久远的年代里，要式买卖这种行为是对以铜块(*aes rude*)来表示价格的物品交换加以形式化，因此要式买卖中铜块的使用要早于现金(*pecunia numerata*，也即真正的货币)的引入。出卖人(要式转让人[*mancipium dans*])保持消极姿态，通常是不说话的，在他面前由买受人(要式受让人[*mancipio accipiens*])于五位到适婚年龄的罗马市民证人以及第六位需满足同样条件的市民——其任务是拿起一杆秤并称量铜块(执秤称铜式[*libripens*])的重量——在场的情况下，郑重地宣告该物品属于他了，并用其手上拿着的即将要称量的一定数量未铸就的铜块购买该物品(我声明，根据奎里蒂罗马法，这个奴隶是我的，而且他是我按照执秤称铜的方式购买的[*hunc ego hominem ex iure quiritium meum esse aio isque mihi emptus esto hoc aere aeneaque libra*])。当要式买受人宣读这套词汇的时候，他须向秤盘上投下用于付款所必需的铜块。

从这种模式出发，要式买卖被有意识地扩展并适用于多种多样的目的。从该制度在历史上最古老的年代开始，随着其发展持续整个公元前 2 世纪，祭司法学一直试图做这样一些扩大和补全的工作。因此，我们看到，要式买卖制度可能适用于买卖婚（*coemptio*）这种婚姻关系。通过要式行为，丈夫或者对该丈夫拥有父权的人获得对女方的夫权（*manus*），该女性是被其家父或者被她自己加以要式出卖的。不过，这种对女性的买卖行为跟纯粹的要式买卖有所不同，它并不意味着该妇女被降格为类似于奴隶的交易对象，如同在家子（*filius*）脱离父权（*emancipatio*）的过程中所发生的。所以，这一对女性的买卖行为的发生必须根据一项明确的条款来完成（Gai 1.123）。

296

通过要式买卖制度，家父也能够完成对自己家子的出卖，该家子对买受人来说就会处于一种类似于——但也不完全一样——被奴役对象的地位（受役状态 [*in mancipio*]），买受人对家子所享有的权利取代出让人的家父权。另一方面，最早的时候，家父权是永不断绝的，这就导致买受人一旦将该家子解放，就使家子又落入原家父权力之下。为了避免权力滥用，《十二表法》规定了如果家父想利用家父权的永恒性而卖家子达到三次的话，就丧失对家子的所有权力（如果家父三次出卖家子，家子就从家父那里得到解放 [*si pater filium ter venum duit, filius a patre liber esto*]）。这一规范也被祭司法学用一种间接的方式所利用，同样也是为了实现一种本不能实现的目的。因此，出现了一种习惯性现象：对家子实行三次信托出卖，为的是使其从家父权力中脱离出来（解放），这样使之成为自权人（*persona sui iuris*），即自身具有家父的身份（从罗马法术语的意义上讲），或者使其被转移到另一位家父的家父权之下（收养）。

与此类似的是信托制度（*fiducia*）中的要式买卖模式。这种出卖须以保证的名义完成，因涉及要式出卖人或者第三人同要式买受人达成的一笔消费借贷。所以，这一模式里包含了一个条款，据此条款，该物品所有权转移的方式是提供保证，一旦该笔消费借贷被归还，该物品就必须再次转让所有权以还给要式出卖人。家产要式买卖代表着同一制度在另一领域的运用。我们已经看到过，祭司团是如何通过最高大祭司（*potifex maximus*）参与在库里亚大会上制作会前遗嘱（也见第 11 节）。通过家产要式买卖（*mancipatio familiae*），祭司法学创造了一种用来调整继承制度的新机制，这样的新机制能够给不同于继承人指定制度以及将会前遗嘱中的非指定继承（*exheredatio*）的家子排除在外的那些规定带来法律上的意义。要式出卖人就是家产的所有人，他希望由他来确定把他拥有的财产分配给谁。因此，他通过要式买卖把整个财产都转移到一位朋友那里，这个朋友就成为家产买受人（*familiae emptor*），出卖人授权给买受人，在出卖人死后根据其在要式买卖行为里表达出来的意愿，将各个财产指定给各自的收受人。家产买受人总体上具有一种类似于继承人的地位，除非他是在转让人去世之前就获得了财产权。这 297 一新的机制相对于那两种最古老的遗嘱形式而言，具有一个优点：可以使得财产所有人的意愿以更加详尽的方式表达出来，并且通过对与要式买卖行为同时发生的语句的宣读，也约束着家产买受人须将各个财产分配给出卖人生前已经确定的对象，或者委托买受人将包括在家产当中的奴隶解放出来。

61. 塞斯特·埃里·贝杜·卡多之前法律知识的世俗化

直到公元前 3 世纪，进入祭司团体并成为其中一员被认为可能是学习由祭司们所掌管法律的最好方式（Catone, in Gell. 1.12.17）。但是，在这一时期，逐渐发展起一种法学，尽管它还有赖于神职传统，但是不再专属于祭司一职了，也并不分享从法律最起始时直到《十二表法》的年代里祭司们的工作中所伴随的那种神圣性。

公元前 4 世纪末和前 3 世纪最初几十年间，传统文献记述了开启法律知识传播和世俗化进程的若干历史场景。文献所谈论的这些信息明确地反映出了这一时期法学活动发展的实际走向，不过，正如我们将会发现的，这些信息本身非常缺乏可信性。在这一问题上，最明显的证据来自《学说汇纂》中彭波尼的《手稿单编本》（D. 1.2.2.7; 35-37）。

涅奥·弗拉维（Gneo Flavio），一名解放自由人的家子，于公元前 304 年成为贵族市政官，也是公元前 312 年的监察官，还是两次担任执政官（前 307 年和前 296 年）的法学家阿庇·克劳迪·切科（Appio Claudio Cieco）的誊写书记员。他将祭司历法（在什么日子可以提起诉讼）首次公布出来，并且发表了一部由阿庇·克劳迪本人所做的关于市民诉讼的作品。于是，由于如阿庇·克劳迪这样不属于祭司团成员的新贵族发布了个人性质的法学作品，法学的垄断局面被打破。另一方面，这也是首次针对一个特殊问题由私人撰写一部法学专著，题目即为《论先占 / 占有中断》（*De usurpationibus*）。在后来的文献里，*usurpatio* 这个术语即指无须任何严格意义上的技术手段而保留物权的方式，以及占有时效取得（*possessio ad usucapionem*）的中断。不过，很难想象在阿庇·克劳迪那个年代里这一术语可能具有的准确含义。

在其之后，公元前 304 年的执政官，也是公元前 300 年祭司团成员之一的森布罗尼（P. Sempronio），被公开地称为“智者贤人”（*sophós* 或者 *sophus*）。彭波尼并没有赋予他什么特别的重要地位（D. 1.2.2.2.37），不过，罗马人民表达出对这位不被遗忘人物的一种尊重，这一记载使人可以想象到他所从事的面对全体民众的解答活动。

298

不过，传统文献却把这样一种创新性活动归到了公元前 280 年的执政官提比留·科伦卡尼（Tiberio Coruncanio）名下，他是首位具有平民血统的最高大祭司，并引入了公开地进行解答这一习惯。

实际上，文献里出现的与阿庇·克劳迪和提比留·科伦卡尼有关的信息所具有的重要性都被拔高了。其实，一方面必须想到的是，从公元前 4 世纪末一直持续到公元前 3 世纪以后，祭司们的活动都不是严格地被神秘性所笼罩了。维护性的干预手段（通过这些手段可以安排行为模式）、造讼（*componere actiones*）和解答行为已经是相当公开常见而不可能是神秘且不可预料的了。不过，在另一方面，这尚不意味着，法律实践的引导性活动已经超越了属于祭司团这种旧阶层法学家的主导作用。

正如彭波尼所记述的那样，阿庇·克劳迪和涅奥·弗拉维公之于众的历法和诉讼必然不会受到神秘性的束缚。否则，无论是阿庇·克劳迪，还是这位誊写书记员都无法将其公开，因为他们都不是祭司团体。垄断，更多的是在对诸如行为程式等诉讼加以调试和补充的技艺中表现出来的；并且完全只是伴随着这类法学阶层的繁衍，才会有这一类型技艺的传播。只有在祭司这个圈子以外也诞生了新的法学家的时候，才可以说这种垄断性被打破了。随着公元前 3 世纪以来各种神秘活动日渐式微，在祭司圈子以外采取拓展法律学徒制成为可能，而这将正好与一种作品的出现相契合，这类作品在公元前 2 世纪之初指引着实践，并领导了法学活动。而在公元前 4 世纪，在没有任何法律著作作为参照范例的情况下，阿庇・克劳迪是完全不可能——像彭波尼归结到他名下的那样——写出一部有如此特定限制之主题，而又建立在一个相当普遍的法律范畴之上的著作的。

同样缺乏根据的是彭波尼归功于提比留・科伦卡尼的卓越地位，或许这来源于西塞罗一部作品里一小段对这位法学家的夸大其词。在这样的夸大里，西塞罗强调了一些最高大祭司在元老院或者民众面前献言献策的功劳（*De orat.* 3. 113-4）。其中西塞罗提到了提比留，而后者碰巧就是所引述的那些最高大祭司里面最古老的一位。实际上，在公元前 3 世纪初，仅有公开提供解答这样一种行为并不能构成一种革命性的变革。我们已经说起过的那位森布罗尼・索弗（Sempronio Sofo），他本人在祭司位置上肯定也从事过类似的行为，这比提比留还早，他比提比留年长大约三十岁。 299

所涉及的问题是，这些在法学家和求问者（或者是私人、官员或者审判员）的关系中神秘性被削弱了的实践活动，是否成为如彭波尼所说的那种真正的教学活动。没有任何证据证实这一假设，相反，缺乏证据以证明提比留・科伦卡尼可能拥有弟子，这就更加削弱了《手稿单编本》的片断里记载的“公开宣讲”活动（*publice profiteri*）的价值（D. 1. 2. 2. 35，37）。

尽管我们不能把诸如法律教学的起源这样一个重大的历史事实记在提比留的头上，也不能把首次使解答活动公开化的功劳算在他名下，但无论如何我们必须要理解，他在传统文献里所具有的那种象征性价值。他是第一位来自平民的最高大祭司。他公开从事的法学家解答活动，跟其他人相比，或许就具有一种对平民的特别保障，这正好与公元前 3 世纪期间将平民们动员起来的那种政治愿景相吻合：他们进入到神职团体中来成为其中一分子，并获得了对宗教和法律进行主动管理的平等地位。

随着塞斯特・埃里・贝杜・卡多成为公元前 200 年的贵族市政官、公元前 198 年的执政官和公元前 194 年的监察官，我们就来到了真正的法学著作诞生的时代。除了提供解答以外，他还写作并出版了《三分法》：在这部作品里面法律解释占据了中心位置（参见

Pomponio, D. 1. 2. 2. 3)。

从为数不多的记载塞斯特 · 埃里的传记和文化修养方面的书面材料当中，我们得知，他的父亲是一位平民最高大祭司，其兄长属于占卜官团体的一员，而他自己在执政官任上的政治行为则具有元老派阵营的倾向。塞斯特 · 埃里与那位“非洲之主”大西庇阿有着特别的联系。西塞罗提供的关于其文化倾向上的信息显示（特别参见 *Rep*. 1.30），他对希腊文化具有一种温和而谨慎的兴趣，集中体现在他肯定了实践相比纯粹的理论知识来说要居于首位。这涉及的论点很像是大约在该世纪中叶的时候，聚拢在“非洲之主”的儿子西庇阿 · 艾米利亚诺身边的知识分子更为广泛地表达出来的那种观点。

西塞罗不止一次地在塞斯特 · 埃里的形象上赋予重要性，其动机就在于这样一种文化态度里面（也参见 *De orat*.. 1.198）。西塞罗还记载了恩纽（Ennio）所表现出来的对塞斯特 · 埃里的尊崇。尤其是在已经提到过的西塞罗的《论共和国》（*De republica*）里的一个段落里面，塞斯特 · 埃里似乎是第一个去应对其自身的解释活动、自身的文化和希腊文化之间关系的问题的法学家，他坚持认为，纯粹哲学式的理论研究是没有用处的，真正有效的应该是这样一种法学：它是被用在日常生活和城邦组织当中、并被广泛而自由地理解的一种思考和研究。

300

彭波尼在两个不同地方谈论过塞斯特 · 埃里，第一个地方（D. 1.2.2.7）记叙了这位法学家发表的一部著作，包括了有关“诉”的新的模式：彭波尼看到，“诉”这种司法审判形式的创设对于城邦的某个发展阶段来说是必不可少的。这本书的题目应该就是《埃里法》（*Ius Aeliannum*）。彭波尼还在另一个地方（D. 1. 2. 2. 38）详细谈及塞斯特 · 埃里。彭波尼提到《三分法》一书的结构，该书我们已经提到过，其在法学（*iurisprudentia*）史上似乎具有特别重要的地位。这一作品因对材料的组织模式而得名，即将材料划分成三个部分：《十二表法》文本，接下来实际上是法律解释，然后是法律诉讼或者程式诉讼程序。

在《手稿单编本》里面，确认了《三分法》是一部“法学著作之摇篮”（*veluti cunabula iuris continet*）的作品。有些学者从字面上来理解“法学著作之摇篮”这个表述方式：在《三分法》一书里面有法的摇篮，或者更准确地说《三分法》是法学的起点。这里使用的 *cunabula* 一词是隐喻地指出法的极为初期的雏形阶段。另外一些人把同一个词解释成是法的构成要件，但似乎并没有指代法的起源的意义。

从彭波尼的整体探讨来看，关于法的诞生问题，他跟《三分法》的观点似乎并不一致。他不认为这部作品里涵盖了法的最初雏形。《三分法》一书最原始的面貌，也就是距今最久远的方面，涉及的正好就是法律解释所围绕的那些最基本的对象，即构成《十二表法》的那些规范。西塞罗说它是“塞斯特·埃里评注”，而这个词汇就确认了，这部作品的目的就在于评注、解释《十二表法》并使其具有现实意义。不过，根据这样一种既定的企图来解释一部已经有两个半世纪的古旧的立法文本，这就意味着篡改和勉为其难，也就不可避免地决定了要有一种认识，即这部古旧立法文本某些方面如今已是无法复原了，也无法再加以解释了（参见 Cic. *de leg*. 2. 59）。

因此，塞斯特·埃里所要做的就是，根据一部作为过往时代遗物的法来为当下创制规范。这就回转到制度的起源上来，不过，是从构成法之雏形的最古老立法中提取出一种有效的结构来。根据彭波尼谈到塞斯特·埃里的另一段话（D. 1. 2. 2. 7），对当下现状的适应性、而不是新颖性才是这部称之为《埃里法》的著作的本质特征。很可能，在这两段话里，是用了两个不同的名字（《埃里法》和《三分法》）指代同一部作品。前一个题目来自于作者的名字，似乎已被通用了；后者则指出了作品的结构，而很可能才是它最初的题目。

62. 马尼·马尼留、尤尼·布鲁图和布布里·穆齐·谢沃拉

据彭波尼所说，在塞斯特·埃里之后有三位法学家建立了（或者说重新建立了）市民法。正如通常情况一样，在关于安东尼尼这一时期的法学家的段落里面，“市民法”这一表述要从“由法学家解

301

释所阐明的法律”这个意义上来理解，而且“建立”（*fundaverunt*）一词不能够从字面上来理解，因为早在这个时候之前就已经存在法律解释活动了。因此只有说，在彭波尼的评价中是三位法学家重新提出了市民法才正确。这三位法学家是马尼·马尼留（Manio Manilio），公元前149年执政官；尤尼·布鲁图（M. Giunio Bruto），公元前140年前后的裁判官；布布里·穆齐·谢沃拉（Publio Mucio Scevola），公元前133年的执政官。

据西塞罗记载，马尼留因提供保障（*cavere*）及解答活动而闻名（*De orat*. 3. 133），他不属于元老院议员家族；而是作为有所作为的法律咨询家，并且是西庇阿·艾米利亚诺的好友。我们对其作品知之甚少，不过，一些关于马尼留进行的法律解释工作的有趣书面材料仍被保留下来。马尼留主要关注的是“债务口约”（*nexum*），他从一些不太确定的线索中，把这一意思表示理解为是普遍性的范畴，涵盖了所有执秤称铜式（*per aes et libram*）的行为，即那些伴随着物的交付和在秤上称取铜块而得以完成的行为（参见 Varr. l. L. 7. 105：……马尼留这里所写的债务口约是所有的执秤称铜式行为，他们本属于要式买卖行为 [... *nexum Manilius scribit omne quod per libram et aes geritur, in quo sint mancipia*）。但根据古人们的引证，马尼留的主要作品是一部关于行为和程序的程式汇编，包括诉，也被瓦罗在《论农业》（*De re rustica*）一书里加以特别记载；以及买卖法律（*leges rerum vendium*），即用于销售的程式。

尤尼·布鲁图是新贵阶层的成员，他创作了一部三卷本的关于解答的汇编文集，并且是问答体形式的（这在罗马法学史上是唯一的）。毫无疑问，在法律科学以外的领域里，有这种以问答体写作希腊式或者希腊化模式的先例。这些解答由布鲁图本人所收录，用来向他的儿子——其对话者——进行解释。在布鲁图看来，这些解答都具有范例（*exempla*）的价值。因此，这就特别显得脱离了日常生活实践，不过，做出这些解答的场合要对应于交织在城市生活当中的那些具体的私人关系，这一点仍然没有被忘记。

正如已经说过的，布布里·穆齐·谢沃拉于公元前133年升任执政官，而这是民主派当权的一年，当时提比留·格拉古正好任职平民执政官。布布里·穆齐似乎在第一时间就成了提比留·格拉古的参谋顾问之一，而在格拉古提议进行治权延期以反对马可·屋大维（M. Ottavia）以及面对新贵阶层中最保守派别的反应之后，布布里·穆齐又表现出一种前后摇摆的态度。一方面，一些议员要求颁布一部元老院最高决议，授权执政官动用武力反对提比留·格拉古及其运动，而布布里·穆齐拒绝了这种论调，因此最反对提比留·格拉古的元老院议员派系头领西庇阿·纳西卡（Scipione Nasica）指控他，说布布里·穆齐过分地拘泥于法条而且在政治上短视。另外一方面，当西庇阿·纳西卡以私人行动的形式领导对格拉古派的暴力镇压并以暗杀提比留·格拉古而告终的时候，布布里·穆齐又宣布必须把这种暴力看作是在完全尊重法律的情况下完成的，因此把这种私力取代公共权力的行为合法化了（也见第 63 节）。

302

按照彭波尼的说法，从政治生平的角度来看，这三位重新提出市民法的法学家几乎没有什么相同之处，除了他们都生活在一个新贵阶层内部的分裂不断加剧的时代这一点。在那个世纪的最后几十年里，老加图称颂的以及波利比奥（Polibio）加以理论化的建立一种固定体制的理想（尽管波利比奥对这种体制的蜕变风险有着警觉的敏感性），已被无法修复地破坏了。这几位法学家具有不同的立场，并且也参与到斗争中来，甚至还通过法律秩序（*ordo iuris*）这层过滤网加强了对这些斗争的引导。

在私法领域里（这才是彭波尼认为要把相当的重要性归结到马尼留、布鲁图和布布里·穆齐名下的地方），有一些文献记载了涉及这三位法学家的一场讨论，这场讨论的内容在后来公元 3 世纪的法律解释著作中似乎得以复原。Cic. *de fin*. 1. 12 里面提供了这场辩论的一些信息，涉及对被设定了用益权的女奴所生儿子（*partus ancillae*）的法律地位的讨论。我们明确地知道尤尼·布鲁图的观点跟另外两者似乎不一致，但是却普遍地被法学传统文献所收录。在布鲁图看来，女奴所生子具有的权利不属于用益权利，而要重新归入所有权人的权利之下。按照他的观察——或许这反映出了斯多葛学派的理由——这个孩子是一个人，不能被看作是孳息（参见 Ulpiano, in D. 7. 1. 68pr）。作为生产劳力，奴隶在价值上要比牲畜更宝贵，而且能够具有自主独立性。这促使这位法学家把这个儿子从孳息的概念中排除出来，为的是能够把这个儿子归到所有权人名下并对他的劳力加以利用。否则，用益权人就会拥有非常广泛的权利，而且会比所有权人（*dominus*）拥有更重要的经济地位。

可以肯定的是，我们没有什么书面材料可以用来澄清彭波尼是出于什么理由来认定马尼留、布鲁图和布布里·穆齐在共和国法学中所从事的活动的。或许，这三位法学家的工作距《十二表法》已经非常遥远了，他们旨在建立对一些规范性内容的法学解释，而这些内容相比于塞斯特·埃里的《三分法》里的内容要更加多样，可以更加自由地加以认定。不过，像西塞罗的那些很接近而且可信的书面材料并没有抓住这一点区别（也参见 *De orat*. 1. 240）。这种区别与其说是彭波尼主观鉴别的结果，不如说是在他进行历史考察的过程中，一种不那么形式主义的解释活动于公元 2 世纪中叶以后出现，并相对于过去的活动和法律的雏形阶段来说更加具有独立性。

303

63. 农业的危机和提比留·格拉古

公元前 2 世纪中叶前后，意大利的农业（参见第 55 节）危机大大地加剧了。作为对这场危机的主要原因的分析，文献上指出了（Plut. *Tib. Gr*. 8; Appian. *Bell. civ*. 1. 7. 26-1. 9. 37）这样一种趋势：富人们通过正当（即向占有人提供一些补偿）或者不正当的手段占有了公田，特别是那些被当局所忽略的被占据田（*ager occupatorius*）。实际上，在被征服的土地上分配给退伍兵拥有的那种农场的面积都极其有限（至多有十尤杰罗，也就是 2.5 公顷，很多时候还要更少些），这对于养活一个家庭来说是不够的。可以想见，这就是为什么他们会在被征服者的被没收土地上进行耕作或者进行放牧——这些土地仍然保留着公田的地位——以补充他们那贫瘠的收成。如果连这一资源也被剥夺的话，他们就会处于严重的窘境。而且，如果不是那些短期时段（比如，收获期或者葡萄采摘期），他们也不可能在富人的土地上找到工作，因为在那里主要由奴隶构成了富人们的长期的劳动力。

由于其他阶级逐渐富裕而形成的对立，导致贫农们的处境似乎还要更为悲惨和无法忍受。我们已经知道（第 55 节），一些中等大小的农业商社已经发展起来，用于种植经济作物，比如葡萄和橄榄。此外，在很多城市里，工商业活动也非常繁荣（尤其是在半岛中南部），罗马的、意大利的、南方的商人们出现在地中海流域的所有主要港口。而最终在罗马，因为东方战争的胜利所引发的数量惊人的人流，使得大量的公共劳动力成为可能，他们构成了相当大一部分的城市无产者。

西庇阿·艾米利亚诺和他的朋友们没有回避农业所面临的难题。他们中的一位，盖尤·雷里欧（Gaio Lelio）提出了一项农业改革（或者是在前140年），对此，我们不了解其细节，但可以肯定的是，鉴于盖尤·雷里欧的背景，改革必定不会是特别激进的。纵然如此，雷里欧还是遭到了很多元老院议员的反对，而他也就没再坚持。

公元前140年之后，由于一些也牵涉到罗马的新的因素，状况还在恶化。随着东方战争把积累的财富消耗殆尽，公共市政事业陷于停滞。大约在公元前135年，西西里岛上爆发了奴隶起义，经过多年艰苦战斗之后才被平息。而一般情况下，在该岛大部分粮食都是供给城市消费的，故岛上的战争使得粮食供给变得非常困难。

后面这些事件都促使这次农业危机的进程加速。到了公元前133年，平民保民官提比留·森布罗尼·格拉古（Tiberio Sempronio Gracco）提出了他的农地法案，在他头脑里，这主要是针对农村问题，而这项改革的受益者也应该是农民；在农民当中，而不只是在那些城市平民中，提比留找到了支持者。 304

我们从一些片断获知，在提比留的演讲中，他为那些被压迫者争取正义，主要是因为这些被压迫者被迫"为意大利而战并献出生命"。提比留的演讲提醒统治阶级，小型所有权制的坍塌会让共和国缺乏军队。今天，提比留的政策通常被界定为是"保守的"或者"修复性的"。但是，他所提议将事物修复至古老的状态，却比当时盛行的状况要更公正，而他向一系列业已巩固了的特权发起的攻击，也使得这项改革在同时代人的眼里具有革命性。

提比留提出的这项法律（所谓的《森布罗尼农地法》[*lex Sempronia agrarian*]：Liv. *per*. 58; Appian. *Bell.civ* 1. 37; 1. 46）再次诉诸古代的关于土地界限（*de modo agrorum*）的规范（见第47节），即强制规定占据公田的最大限额。在这次的规定中，仍然是一个家父不得超过五百尤杰罗，另外每一男性家子不得超过两百五十尤杰罗（由于对文献过于草率地解读，学界曾经一度认为提比留所提出法律的规定仅限于前面这两项。但此外，其计划还瞄准了使人口增值的目标，而且合乎逻辑的是，这样的规定对统治阶级范围内的众多家族也是有利的）。

不过，实际上，这是一部农业法，因为它也调整超过限额的土地的归属去向。这些被非法占有者闲置的土地，必须按份被分配给贫苦农民们，但所分配份额的面积大小我们尚不知，不过根据一种广泛传播而且较为可信的、建立在与另一部稍晚一些的法律（*FIRA*, I^2 nr, 8）进行类比之基础上的观点认为，可以想见是三十尤杰罗。

该规定的执行工作被交付给一个三人委员会（土地分配三人委员会 [*triumviri agris dandies adsignandis*]），这个三人委员会是由平民会议选举产生的（另一部法律确保了该委员会拥有完全的权力，这意味着他们的决定是不可被继续上诉的，因此该委员会的称号变成了土地分配和争议三人审判委员会 [*triumviri agris dandies adsignandis iudicandis*]）。考虑到要避免旧有的土地占领者的反对，该法律赋予三人委员会在允许的限度内对所占据的公田份额以完全的所有权。

在这位保民官的朋友当中，可能有一些哲学家（希腊人的或者是希腊思想的拥护者）汇集在他的号召之下。在这部法律里，唯一具有希腊起源特征的条款就是那些被分配到的土地份额必须是不得转让的。关于这一点，当代人看到的是这相当于坦白承认了改革具有某种缺点：害怕分配到土地的人把他们的土地卖掉，这意味着承认了这种新的农庄其实不具有生命力，或者在农民当中甚至存在着对农业“了无兴趣”的状况。不过，另一方面则是立法者的问题：经验已经证实，小型所有主或者分配到土地的人很容易被诱使转让土地，尤其是因为那些来自有权势的邻居们的压力，这个问题的严重性不比农民的丧失兴趣更轻；而且转让土地这种现象的反复出现就会使这场改革成为徒劳。

305

格拉古得到了一队新贵们的支持，其中两位法学家布布里·穆齐·谢沃拉和布布里·李其尼·克拉苏·穆齐亚诺（Publio Licinio Crasso Muciano）被认为合作起草了这部平民会决议。而一部分贵族则对此充满敌意，不过这一点似乎与一个事实是对立的：众所周知，在那个世纪上半叶，大规模分配土地的执行工作并没有遇到什么困难。格拉古分子所引发的反对意见应当从他们提案的一个新方面来解释。此前的分配产生的后果微不足道，因为一般说来，殖民者定居在未耕作的土地上，这些土地只有经过多年劳作之后才会变得具有收益，而这时候，从中受益的人那点贫乏的农资也已差不多消耗殆尽，这使得新型的农场在成长过程中遇到困难。所以，贵族们针对这种古老的制度延续并没有什么好反对的；而格拉古却提出把已经开发利用出来的土地没收掉并重新分配，这就打击了贵族们所珍视和捍卫的利益。

当这部农地法交付表决的时候，一个意想不到的情况突然发生，使得这位保民官可以在理论上对他的计划加以完善。在公元前133年的时候，帕加马王国（在小亚细亚地区）的国王阿塔罗斯三世去世，把他的王国作为遗产留给罗马人民。[①] 由于阿塔罗斯家族和森布罗尼氏族之间相联系的门客关系，提比留第一个得知这一事件，提前向元老院告知了阿塔罗斯三世的这一决定，且使另一部平民会决议得以通过，将该国王的这份大礼托付给一个土地委员会。他提出要更好地应对新农场起始阶段的困难，向新农场提供流动资金和固定资产（Plut. *Tib. Gr.* 14）。不过，亚洲爆发的一场反罗马的起义使得向罗马大规模转移金钱成为不可能（另外，在政治上这也不合适）。在公元前131年以前，共和国都无法有效地对这些起义加以镇压，而且这场战争还要持续多年。同时我们会看到，这个土地委员会的活动也已陷于停滞。

当时，在格拉古派和反格拉古派之间，似乎有很多元老院议员尚保持中立原则。但是随后，反对力量的同盟军成了多数派，因为提比留为了克服反对者给他提出的难题，同时也是为了自保，下定决心采用更加激进的制度，这吓坏了那些举棋不定者，并使可能持同情立场的支持者都远离了他。

首先，由于他的同僚马可·屋大维用否决权阻止该农业法的通过，提比留就用一项平民会决议的表决来罢免了屋大维（该表决结

① 阿塔罗斯三世是帕加马王国的国王，无子嗣，也没有选定继承人，立下遗嘱死后将其王国赠予罗马。

果由《关于罢免执法官马可·屋大维的森布罗尼法》[*lex Sempronia de magistratu M. Octavii abrogando*] 加以确认，这是废除保民官权力的第一个案例，并造成了极大的反响）。更晚些时候，通过一部关于阿塔罗斯三世遗产的平民会决议，提比留插手公共财政领域，但元老院才被认为是这一领域内唯一的有权机关。最后，为了避免他的敌人更加具有公然威胁性的报复，提比留决定再次参选公元前 132 年的保民官，通过这样的方式他可以继续受到“神圣不可侵犯性”原则的保护。没有什么规范禁止保民官任职的延续（见第 36 节）：但是这样一种任职延续事实上已经很久都没有发生了，而且这种企图被善意或者恶意地解读为是朝着建立一种专制体制迈出了第一步（或者用罗马的术语来说，这是王政 [*regnum*]）。所有这些解读都显示出希腊思想的影响，因为在很多城邦的传统里，人民最高主权是不受限制的，而罗马在这方面的实践和观念则认为是有限制的。

306

在公元前 133 年春夏之交，人民选举大会（有些人认为，所涉及的是一次人民立法大会，被召集来批准提比留再次参选行动的合法性）被最高大祭司布布里·科尔内利·西庇阿·纳西卡·塞拉比奥（Publio Cornelio Scipione Nasica Serapione）所打断，作为最出众的派系首领，很多元老院其他议员以及一群门客追随着他，他毫不犹豫地以非常手段采用了一种例外性的“征召”（*evocatio*）程序（并强制其成为正确的、合宪的使用方式），即同意任何人在危及共和国体制的时刻采取武力对付国家的敌人（不过，是外来的敌人）。一部分选举人反对进行这种抵制，于是在双方的打斗中有成百名市民丧生，其中就有提比留。纳西卡取代布布里·穆齐·谢沃拉成为执政官，后者因怀疑该行为的合宪性而拒绝执行元老院依一项所谓的元老院最高决议而交付的惩治任务（关于这场政治斗争中的阴谋手段，参见第 66 节）。

这场斗争持续了数年。公元前 133 年选举出来、并于公元前 132 年上任的这位执政官是反格拉古派。在元老院多数派的支持下，西庇阿·纳西卡设置了一个刑事法庭，那位保民官即提比留的支持者们在这里受到指控，推定他们是专制意图的同谋。用这样的方式，希望能够将西庇阿·纳西卡的行为合法化。连盖尤·雷里欧这个过去拥护改革的人，在西庇阿·艾米利亚诺的同意下（他当时刚刚在努曼西亚城打了胜仗），也参与到这些审判中来，这些审判以一些死刑判决而告终（第 56 节）。

另一方面，纳西卡（有些人认为，是他亲手杀死了提比留，而且不论如何都是这场大屠杀的罪魁祸首）也遇到一个非常困难的处境，元老院认为，应该将他派往东方，到帕加马王国领土上任职，让其组织一个新的亚洲行省。不过，帕加马王国尚且在叛乱者的统治之下，以至于这样一个职务显然只是一个借口。在那里，纳西卡没过多久就去世了，他的最高大祭司一职的继任者是李其尼·克拉苏·穆齐亚诺，此人是提比留的朋友和那个土地委员会的成员，当时，他是通过增补进入到大祭司团体里来的，但最高大祭司一职却是由人民选举的。克拉苏还在公元前 131 年当选为执政官，并且由于人民的投票表决取得了对西庇阿·艾米利亚诺的压倒性多数，而获得在亚洲战争的指挥权（所谓的《关于与阿里斯托尼克开战的法律》[*lex de bello cum Aristonico gerendo*][①]），而西庇阿的地位由于其反格拉古的立场而受到很大的削弱。晚些时候，还通过了一部《关于再次担任平民保民官的平民会决议》（*plebiscitum de tribunis plebis reficiendis*）（Appian. *Bell. Civ.* 1.90），该决议正式承认再次当选保民官一职是合法的（尽管这一点从来都没有被禁止过，但这次涉及的是对一个有争议的问题正式加以法律的澄清，并且不给那些改革者的敌人们留下任何话柄）。

307

所有这一切都意味着格拉古派势力仍然非常强大，没有人敢于废除这部土地法也能说明这一点。而且三人委员会也已经能够开展行动了，这被那些打入地里的界桩所证明，这些地桩被用来划定留给旧的占有者和补偿给新的分得者的那些土地（我们至今已发现十余根这样的界桩）。不过，结果还是非常微不足道，公元前 136 年的财产调查显示有产居民（*adsidui*）数量约为三十一万八千人，而公元前 131 年的调查仅上升到三十一万九千人。

公元前 129 年，由于艾米利亚诺的一项倡议，改革的实施遭遇到了一个严重的挫折。这个人提出了一项元老院决议（所谓的《关于废止〈森布罗尼土地法〉的法律》[*lex de lege Sempronia agraria*

---

① 阿里斯托尼克（Aristonic），也称欧迈尼斯三世（Eumene III），帕加马王国末代国王，他自称阿塔罗斯三世的弟弟，为反对阿塔罗斯三世向罗马遗赠整个王国的决定，率领当地居民起义反对罗马，后被镇压。

abroganda]）。根据该决议，留给三人土地委员会的职能就只剩执行了，争议案件则必须由元老院每年从执政官里面选出一位来审理。然而几乎所有的案件都充满争议，因为这些不法侵占行为常常要上溯到非常古老的年代去查证本来的所有权，而且也不再有什么书面文本能够证明被占土地曾是公共财产。由于盖尤·森布罗尼·图蒂塔诺（Gaio Sempronio Tuditano）被指定为执政官，而他又以最不利的方式来运用这条新的规范，因此，三人委员会的所有审议活动都被推迟，其工作也陷于停滞。之后不久，艾米利亚诺被派往伊斯特利亚（Istria）同凯尔特人和伊里利亚人的（illiriche）部落作战。

这位艾米利亚诺犹如罗马盟友们的救世主，这些盟友的利益由于格拉古的这场农业改革而受到损害。实际上，公田的大部分是在这些盟友们的手上，这也是因为罗马在将被战胜民族的土地没收以后，常常还允许原所有主继续作为占有者待在该土地上，成为缴纳租金的主体（见第 54 节）。总之，这些盟邦里的高级阶层受到这场改革的打击，而我们不知道是否像某些历史学家所认为的那样，城市贫民被认可为是这种分配的受益者。但可以肯定的是，对于西庇阿来说，更具影响力的是盟友中的贵族阶级的反对声，而不是来自同胞的对这部法律可能的支持。

308 这个迦太基的摧毁者艾利米亚诺在此之后不久就去世了，而每个人都影射说，是格拉古分子杀害了他。但可获得的证据资料不足以判断这种怀疑的有效性。

公元 125 年，据财产调查统计有三十万九千四百名有产居民，相对于此前的财产调查统计多出了百分之二十五。由于我们说过的那些事件，使人无法想象，这种增长应该归因于那部土地法的实施。如今，被认为最可能的一种假设应该建立在——就像此前多次一样——归属于第五等级所需的最低限额之上（从四千阿斯减少到一千五阿斯）。因此，贵族们不是重建了一个富裕的市民—士兵等级，而是通过把军事义务延伸到地位最低下的平民身上来解决提比留所提出的那个问题。

这场改革的支持者已经了解到，土地问题和跟同盟者的关系问题是不可分割的，因此，格拉古派的朋友马可·富尔维·弗拉科（Marco Fulvio Flacco）在担任公元前125年执政官的时候提出一项措施：向同盟者们授予罗马市民籍或者向人民申诉的权利以对付罗马官员可能的制裁措施，用以弥补这些同盟者因《森布罗尼法》而受到的实际损失（Appian. *Bell.civ* 1. 87; 1. 152; Val. Max. 9. 5. 1）。《关于申诉权的富尔维提案》（*rogatio Fulvia de provocatione*）在交付表决之前就搁浅了，这位执政官被派往高卢，承担起对马赛（Marsiglia）加以保护的职责。

64. 盖尤·格拉古任职保民官、“骑士阶层”

公元前123年，提比留之弟，盖尤·森布罗尼·格拉古（Gaio Sempronio Gracco）担任保民官一职。他利用此前表决通过的那部平民会决议（见第63节），于公元前122年再次当选，在这两年里，他展开了紧张的立法活动。

资料上相互混淆的特点使得很难把各种法律提案的提出顺序加以精确化（其中有一些也不是由盖尤，而是由他的同僚们提出来的）：因此，我们将不会按照其时间发展顺序来看待这位保民官的行动，而是根据其可以设想的内在联系来观察。

起点往往是一场运动的问题所在。尤其是，盖尤成为他兄长的继承人和接班人之后，他批准了一部土地法用来替代公元前133年那一部。关于这部平民会决议，我们不知道其细节，而只是通过一些间接的信息对其有所了解，主要是后来在公元前111年的一部土地法（所谓的“铭文上的土地法”），该法旨在对格拉古的遗产加以清算（见第65节）。

另外，很可能的是，盖尤的这部农业法将被西庇阿·艾米利亚诺拿掉的司法权力又还给了三人委员会；建立了新的土地分配模式以及规范了这些被分配土地的体制，并规定要交纳的田税（这样，就把这些土地转变为私人赋税田 [*agri privati vectigales*]，但有一些历史学家对此全盘否认）。或许，盖尤通过这部法律还规定了在意大利不同地区建立殖民地，并建设新的大道（有些人则认为，盖尤·格　309

拉古是通过一部单独的《道路法》[*lex viaria*] 和一部专门的《殖民地开拓法》[*lex de coloniis deducendis*] 来对此加以规定的）。总之，可以肯定的是，在意大利的塔兰托（好像还有卡布亚）和迦太基一带开拓的殖民地是由盖尤亲自或者其盟友提出的规范来加以规定的（迦太基的殖民地肯定是由公元前 123 年的一名格拉古派的保民官提出的一部平民会决议——《鲁布里法》[*lex Rubria*]——规定的、在意大利本土以外的第一个罗马市民殖民地 [*colonia civium Romanorum*]，但未能实现）。

这些提议旨在让意大利最肥沃且特别诱人的那些土地，比如坎帕尼亚田（*ager Campanus*），免受资本家们的无端占据——当时这些土地已经以独占的方式被资本家瓜分；鲁布里的平民会决议旨在打破元老院在行省土地的掌握和管理上的垄断。而《关于行省执政官的森布罗尼法》（*lex Sempronia de provinciis consularibus*）中的表述也是同样的一种政治标志，对此，我们在其他地方已经考察过（第 54 节）；《亚洲行省法》（*lex de provincia Asia*）则建立了新的行省，把设定阿塔罗斯三世那笔领土遗产的法律地位这样一个权限从元老院那里拿走，交给了平民会议，间接地从元老院转移走的还有对包税活动施加影响的权力（根据《监察法》[*lex censori*a]，这种包税活动必须在罗马加以特许）；《关于新关税的森布罗尼法》（*lex Sempronia de novis portoriis*）（如果这是一部独立的法的话，但其实不论是不是，其中的规范都具有这样一个目标）引进了新的税种，且规定了包税人对财政账户的义务。

另一组法律提案似乎是由一些具有广泛的政治一致性想法的人发起的（与城市平民、骑士和罗马的同盟者一起），提案的目的在于消除那些卡在这场土地改革实施过程中的障碍。但是，总的来看，这也代表了一种组织化的企图，即想要更新社会和国家结构。而实际上，具有贵族政治倾向的那些传统文献，从整体上把这组提案表述为是蛊惑人心而且相当危险的（*perniciosae*）：对共和国有害，而且使盖尤本来想加以利用的各阶层人士的那些古老而“健康”的风俗腐化堕落，并且认为这些提案也全部指向了一种攫取个人权力的邪恶而阴险的征兆。自然而然，在西塞罗著作里，不同的地方都会有代表性地概括出所有这些无情、带有偏见和蒙蔽性的评价（而且还常常笔法娴熟地予以强调），比如在《为塞斯蒂辩护》（*pro Sestio*）

一书中（第 103 节），就记载了那些有地位的人是如何反对这部土地法的，因为“他们发现了所有不和谐关系的发端”，而且坚信（无须谈及这在多大程度上是公平的）“将权贵（*locupletes*）、富人从他们几个世纪以来的占有物上驱逐出去”就意味着“消灭掉共和国真正的保卫者”。

因此，这位保民官另外一部遭到反对的法律——《粮食供给法》（*lex frumentaria*）——规定按照低于市场价的政府价格向每位无产者每月分配 5 摩（*modii*）粮食。西塞罗在《为塞斯蒂辩护》（第 103 节）中常常影射他是在取悦平民（*iucunda... plebi*），因为“他让平民无须劳动就获得大量食物”。持有正统观念的人也反对该法（*boni repugnabant*），他们坚信，采用这样的方法，“勤劳的平民就会为慵懒所激励”，而国库“就会走向破产”。 310

“民主派”那种“神经错乱式”的政策造成的公共财政无力支付的困境是一个充满争论的话题：所谓公共财政无力支付常常是一种借口，而且很明显是在贵族阵营的宣传当中不断借用的一种工具；每当有意阻止这种“粮食供给”实践的时候，它就会被特别危言耸听地提及。而正是由盖尤·格拉古的法律明确启动了粮食供给制度（尽管采用的方式往往有些哗众取宠），解决了城市平民实实在在的需求；以满足这些赤贫人群的迫切需求为目标，这的确是很危险的：但不是对共和国而言，而是对那些反对者的政治利益（实际上，还有经济利益）而言，他们（有时候就是这些有权有势者本身）利用共和国来榨取“人民身上的好处”。比如，卢齐奥·马尔奇·菲利浦（Lucio Marcio Fillipo）总是抨击后苏拉时代前期的一位“颠覆性”的执政官马可·艾米利·雷比达（Marco Emilio Lepido）（见第 69 节），说他不遗余力地“让国家衰败下去”（眼见共和国受糟蹋 [*rem publicam lacerari videbam*]），并把苏拉所废除了的“粮食供给制”又恢复起来，因此造成了不可弥补的损害，这种损害跟当年盖尤·格拉古应该负责的损害并无二致（Sall. *hist*. 1. 77M.）。

总之，这部《森布罗尼粮食供给法》在很早的时候就被修正了，并在一定程度上受到一部平民会决议（似乎是前 120 年）的决定性限制：提高了政府价格并降低了粮食的配给数量（与此相应，西塞罗在不同场合对保民官马可·屋大维都不吝溢美之词，说他“勇敢地”提出对那种约束加以收紧）。

格拉古派提出或者推动的很多其他的法律都具有显著的重要意义。《关于罗马市民资格的法律》（*lex de capite civis Romani*）（很显然，这是受到了针对提比留追随者而发展起来的那种镇压手段的刺激）加强了对向人民申诉制度的保障，禁止执法官或者元老院自作主张认定（可能是诉诸一项元老院最高决议）的严重叛国犯罪（*perduellio*）能够免受该制度约束，对于这些案件也禁止在无人民授权（*iniussu populi*）而只有元老院的（政治性）授权情况下设立有权判处死刑的特别法庭（非常刑事法庭）。《免职法》（*lex de abactis*）禁止被人民罢免的民选执法官获得其他官职。还有一项"高瞻远瞩"的提案——但我们看到，它从未获得通过，这"标志着它的破产"——向意大利盟友们授予拉丁人权（*ius Latinum*）、向拉丁人授予市民权。还有一部"从民主程度上"对百人团民众大会投票制度加以改革的法案，旨在将百人团投票的召集按照先把各等级加以混合（*ex confuses classibus*）然后再抽签的方式来进行（这场改革被苏拉所废止，见第67节）。尤其还有一部司法性法律，将刑事诉讼审判中陪审团的职能从元老院议员手上转交到骑士手上，后者已经在试图组成一个与元老院议员有相当区别的社会集团了。

311

在元老院议员和骑士这两个类型之间，从最初具有同一性开始，逐渐形成了一种截然有别的区分。从公元前2世纪末开始，政治斗争的轮替和利益上的区分使二者时而转化为同盟者，时而又形成尖锐的对抗。实际上，我们知道（见第24节），从对抗维伊城战争时起，骑士阶层的军事服役任务要么是由十八个骑士百人团（元老院议员也计入）里的由公家提供马匹的骑士们完成，要么是第一等级里最富有的市民来完成。在公元前2世纪，获得这样一种特权（那时候，从军事角度来看，骑士阶层被认为已经不再具有重要性了）所要求的财产额是一百万阿斯，等于是第一等级最低财产限额的十倍。

罗马人好像是带有某种模糊性地使用骑士（*equites*）一词：从官方意义上，这仅指那些登记在十八个骑士百人团里的人，但在公众语言里，也指那些已拥有财产上的资格的人。当代人通常在最为宽泛的意义上使用该词（私人提供马匹的骑士 [*equites equo privato*] 这一词组就避免了这种模糊性，但是却不为文献所承认）。

骑士贵族阶层如同元老院议员贵族一样，是由大地产所有主所构成，只不过很多骑士更加专注于商业行为，而另外一些（包税人）则致力于公共工程的承包、提供军需、开发矿山、收取税金和关税等活动。据记载，这些承包人为了保证向国家履行自身债务，必须拥有不动产。在骑士和元老院议员之间存在着亲友联系，一部分骑士跟议员的差别仅仅在于他们置身于政治生活以外。不过，骑士阶层中最活跃的一部分人是由包税人和商人组成的，他们拥有自己独特的利益。这种区别最初只是事实上默许的，后来被（公元前218年的）一部《关于元老院议员营利行为的克劳迪平民会决议》（*de quaestu senatorum*）所认定，该法禁止元老院议员从事商业行为，而另一部大约同时代的规范则将此针对元老院议员的禁令扩展到了公共承包行为上来（见第51节）。

312

公元前129年，或者之后不久，一部我们不知道提案者的平民会决议（所谓的《收回马匹的平民会决议》[*plebiscitum reddendorum equorum*]）使元老院议员们失去了公家提供的马匹（*equus publicus*），同时也失去了在十八个骑士百人团里的投票权。这使得公家提供马匹的骑士们同元老院议员阶层区分开了，尽管只是形式上的；并使得这些骑士们与数量上要多得多的其他类型的骑士更加接近，最终在很早的时候就融合在一起，形成了一个社会集团（西塞罗时代的骑士阶级）。这个新的社会集团对自己的阶级利益有着明确的意识，并且有能力（和政治意愿）有效地采取任何方式来维护这些利益。

如果考虑到所有这一切，并注意到由《关于审判员的森布罗尼法》加以确定而直接予以适用的那些原则——正如一部确定与其同时代的法律（可能要归结到一名格拉古派的保民官阿其里·格拉布里奥[M. Acilio Glabrione]名下）的石碑铭文上所证明的那样，该法调整的是搜刮钱财罪刑事法庭的程序（见第58节）——把元老院议员及其亲属从相应的审判法庭当中强制排除出去（“因其腐败堕落而威信扫地”），只召集骑士们来履行陪审员职责，就可以理解这场改革所具有的深刻的政治内涵，以及元老院议员阶层不平静的反应（几乎是绝望的），他们中的一些代表人物在行省政府中任职，常常受到盘剥、贪污的指控，这多少都是有根有据的，因此就落到了骑士阶层手上任其摆布。

人们常把盖尤说成是与提比留孪生的“政治家”，也是十足的理想主义者。实际上，盖尤因其广泛而复杂的众多计划而与其兄有所区别，不过却没什么更大的实践意义。盖尤想与之联合的那些利益形态更是与盖尤自身的立场互不相容，尤其是，无论城市平民也好、骑士阶层也罢，都没对给拉丁人授予市民权这一政策有什么好感。

而在盖尤的众多对手当中，最危险的要数公元前 122 年的保民官同僚马可 · 李维 · 德鲁索（Marco Livio Druso）（提比留也曾有过一位同僚对手屋大维。长久以来，保民官一职就已经是平民新贵政治生涯中一个通常的阶段了，这一职务不再跟任职之人的政治倾向有任何关系）。德鲁索在他的地盘上跟格拉古展开竞争，除了几乎是免费分配粮食以外，还要开辟整整十二个殖民地用于收容一无所有的人（雇农或者更有可能是城市无产者），甚至准备把这场改革的受益者为其所分得土地而缴纳的租金也取消掉。德鲁索对拉丁人则不授予市民权，改为给予申诉权，以及即使在战争服役期间也免受笞杖之刑（*verberatio*）（至少在理论上而言，罗马市民很早就被保证不受此刑了）。很可能，就其允诺的这些殖民地，有一部分实实在在地被建立起来了，不过，唯一可兹证明的一点迹象是这样一个事实：阿文利诺城（Avellino）直到帝国时代还保留了“李维殖民地”（*colonia Livia*）的名号；而李维的粮食供给提案（*rogatio Livio frumentaria*）和租税提案的命运则不确定，有利于拉丁人的提案则未获通过，或者就没有被交付表决。不过，这对于李维 · 德鲁索来说都不重要，他唯一的目的就在于削弱盖尤 · 格拉古，而且他当然实现了这一点。

313

公元前 122 年，盖尤第三次提出竞选保民官一职，但是遭到失败。不过，他继续组织迦太基的殖民地，推动殖民者的招募和派遣（市民或者同盟者）。公元前 121 年春，他的对手以在迦太基观察到的一些不祥之兆为借口，提出废止这部设立殖民地的法律。格拉古派反对这次表决，他们诉诸武力，但在这场冲突中，盖尤 · 格拉古、马可 · 富尔维 · 弗拉科（公元前 125 年的执政官）和数百名他们的支持者被杀。

权贵执政官卢齐奥 · 奥皮米奥（Lucio Opimio）以暴行领导了这次对格拉古派的镇压行动，——这跟那位法学家执政官布布里 · 穆齐 · 谢沃拉在提比留被杀害时的所作所为大不一样——他毫不犹豫地服从（甚至是怂恿）元老院在这一次通过一部元老院最高决议来下令他使用完全的权力：这种政治斗争工具（装扮成合法的权威性意见，针对向共和国袭来的“致命的”险情）注定会更加频繁地成为那些特权阶层的、后果严重但却仅能取得暂时性胜利的回应手段，其针对的是那些革命性的“震动”、那些转瞬即逝的希望、那些最初由格拉古兄弟、后来（我们会看到）则是格劳恰（Glaucia）和萨图尔尼诺（Saturnino）（伴随的背景是，马略虽有军事实力但却因犹豫不决而并不彰显）、苏尔皮其（Sulpicio），以及更晚时候的马可·艾米利·雷比达和其他人带给特权阶层的恐惧。

元老院议员贵族和掌握法律知识的那一部分重要人士通过诉诸这种紧急决议（可能有公元前 133 年，能够确定的有公元前 121 年、前 100 年、前 88 年、前 77 年以及其他数次），试图使他们所委任的执法官的权力免受任何限制，并通过宣布进入“紧急状态”来免除对《关于市民生命的森布罗尼法》以及其他一些确保市民获得向人民申诉这种宪政保障的规范的遵守，还通过在该决议里宣布最危险的对手为“祖国公敌”（*hostes rei publicae*）（最初是暗含的），而使得未经审判即处死该对手的行为成为合法的。

不过，就这方面而言，这份元老院最高决议（或者是《关于保卫共和国 [*de re bubulica defendenda*] 的决议》）并不充分。因为这种措施本身被认为无非只是一种号召，让执法官履行其本职，是“一种纯粹而简单的建议”（*consilium*），尽管特别有约束力和权威性，但在法律层面上，却不能在他们制度性的使命之外有任何增益，更不能授权他们对对手直接进行审判。从特别严格的意义上讲，这些措施的法律效果“纯属规劝性的，所以也就什么也算不上了”。自然而然，这无法完全满足元老院的需求，也不能确保他们在镇压行动里所直接从事的行为（公元前 133 年穆齐拒绝遵行这种决议就已经证明了这一点，后来纳西卡的强制令流放也是如此）。 314

为了回避这样一种障碍，于是，从公元前 88 年之后，元老院开始让元老院最高决议宣告某人是公敌的声明成为明示性的（最初是暗含的），并且常常是具有独立自主性的。这样，元老院就企图从形式上把阶级敌人或者派系上的敌手转变为共和国的“外敌”，从而剥夺他们向人民申诉的权利，因为这种权利是属于市民的，而不属于敌人。

所有这一切复杂隐晦的措施在今天看来都是一种基于诡辩之术的愚弄舞弊。实际上，这个问题的“最基本目标”居然被“承认”了，这个问题就是是否有可能去宣布市民是共和国的公敌。当然，这种可能性本是不存在的：“根据宪制，宣布战争和剥夺市民的市民身份的权力都不属于元老院。”但基于这样一种诡辩之术，那些权贵们试图使他们的镇压行动在法律上站住脚，而无视这一古老的原则，根据这个原则，即使是“从事革命的市民也仍然还是市民”。而且权贵们还枉法行事，而这些法律禁止把即使是起义者的市民抛弃给任何执法官，甚至是独裁官，由他们不受控制地行使生杀大权。

担忧丧失权力、意图逃避对权力行使的限制、意识到无法获得人民大会的同意——因为由人民大会所能够表达出来的人民的心声更为坚定而不那么顺从温驯——这些都是贵族统治阶级和能够更加完整地表达出他们这样一些倾向的宪制机构之所以操作出这些谎言骗术的根源所在。尽管有民主派势力的反对，但他们还是毫不犹豫地根据自己的利益对法律加以解释，并通过诉诸对一种意识形态的坚持来为自己辩护。这种意识形态曾经认定（并且仍然还在认定）一种社会保护，以及通过这种社会保护而产生的具有优势地位的、并与掌握权力的派别相契合的利益格局。共和国宪制上的开放式结构——这已经有很多证据（也有正面意义的）——证明该结构的自我修复能力，它接受一些革新的催化因素，以及在市民社会中业已成熟定型的一些需求上的调整变化因素（尽管是以一种带来伤害的方式），这种结构在关键意义上有助于实现一种征兆，这种征兆背离了《森布罗尼法》在法律层面上设定的各种限制。但该法从来没有正式地被废除或者修改过，这使得让人民大会用一部不同的规范性法律——这对于权贵来说没有什么不方便的——来公开地替代掉它成为可能（或者有对此所助益）的那种政治条件从来都没有实现过。然而，在相互对立的利益和原则的博弈过程中，在针锋相对、拥有并不平等权利的各种政治和社会力量的冲突当中，那些保障性的限制手段被不合法地牺牲掉了，而元老院将其恣意专断置于共和国法制之上的企图也成功实现，虽然只是暂时性的。

315

实际上，由于与这些决议（*consultum*）相伴生的法律措施的出现并得以发扬，寻求向执法官员授予法律的权威来对起义者进行审判而无须遵循某些既定的法律，而逐渐地确认了一种观念，即元老院最高决议是例外性权力的渊源。根据这种决议，完全同意赋予他们一种使命，来应对紧急状况、挽救国家和（正如曾说到的）保卫自由。

元老院以紧急状态为自己辩护，通过宣布公敌和公布元老院最高决议而故意窃取了部分并不属于它的职能和权力；并构想出一种所有人都必须认可的紧急状态权（只有一些当代的历史学家通常认为这是创制出来）；总之，元老院是以不正当的程序来对宪政制度进行无法修复的曲解篡改，显示出他们时刻准备着，甚至不惜以暴力的方式来捍卫他们的统治地位。在各式各样不同的情形中，元老院所使用的权力模式都是变化不定且模棱两可的，都在相当程度上表现出渎职和权力滥用。正是在元老院所希望的一种普遍化过程之中（“由执政官、摄政、裁判官，甚至更晚些时候一度是由保民官来负责确保共和国是平安无恙的”；“由执法官员来主张罗马人民的崇高地位和统治权”；“并采取国家力量来保卫法律和自由”），他们的反对者已经设置了更加糟糕的圈套，并显然极具威胁：在制度层面上，明确地赋予某些官员（而非其他官员）的信任增加了；而对采用特殊的手段来消除（有时候公开说“用武力”）元老院这些措施当中暴露出来的危险性的做法保持缄默不语的情况也增加了。

> 实际上，元老院以一种专断而不合法的方式，在人民大会之外重新构建起了在其本身和表现为其盟友的执法官之间的一种狭隘的团结性，并在权力使用当中引入了一种对于共和国法制而言更具重大颠覆性的实践，而这种颠覆是元老院一次次尝试着加以镇压的那种革命性的“企图”尚且不能实现的。元老院跳过人民大会，以一种不正常的手段集中了属于自己的政治领导职能（后来却又常常无法直接行使这种职能），而且实际上将该职能与一种霸权性地位结合在一起，即同时具有与刑事审判和强制权行使有关的职责，而这些权力本来分别属于人民和民选执法官员（而且不是没有限制和相互制约的）。这样的做法就打破了国家的各种机构与政治和社会力量之间曾经实现但并不牢固的平衡关系；于是就为职业军人干政打

开了更大的空间。更糟糕的还有，以私人军队的指挥形象出现的民选官员或者个人最终会具有严重的破坏性；当元老院说它想要保护共和国最大的自由的时候，恰恰才是对其最大的损害。

316

65. 马略和军队改革

两次长达十二年并伴随着暴力镇压行动的艰苦斗争消磨掉了格拉古集团。但有相当一部分市民在对提比留·格拉古与盖尤·格拉古这两位保民官的回忆中留有感念，他们的名字也不止一次地被共和国晚期的政治人物所提起。但是，除了极少数的情况以外，这都纯属情感上的追忆，或者只是某种宣传工具。在公元前2世纪到前1世纪之间实施过的一些倡议的确跟格拉古派的提议相吻合，不过，一般说来，这些倡议的激励因素是不一样的。实际上，随着一系列措施被安排停当以后，格拉古派最具意义的改革行动很早就被消解掉了。

阿庇安（Appian）的《内战史》（*bell. civ.* 1. 27）写道，经过十五年运转之后，提比留·格拉古的那部"土地法"先被打乱，最后被完全推翻。就在公元121年（或者是接下来一年），不得转让被分配的地块这一从来没有被严格遵守过的禁令被废除。而被通过的另外一部法律（斯普里奥·托利 [Spurio Torio] 或者叫斯普里奥·波利 [Borio] 的保民官的一部平民会决议）终止了其他任何一种土地分配，并且废止了土地委员会；无论以何种方式所取得的财产占有之确定状态获得了承认（除了格拉古派提出的一些限制）；占有者（不清楚究竟是全部占有者或者仅仅是那些除了法定土地范围以外的占有者）被课以田税，并将这些收益用之于"民"。随着第三部法律最终出台，连田税也被废除了，而且占有转变为所有权（尽管这种所有权"不同于"奎里蒂市民法所规定的所有权）。

很难确切地说出是"阿庇安所写的"这三部法律中的哪一部（关于其特定内容当然也存有疑惑）准确地对应着西塞罗谈及的《托利法》（*lex Thoria*），尤其是那部所谓的公元前111年的"铭文上的土地法"——这部平民会决议的文本保留在刻有《关于搜刮钱财罪的阿其里法》(*lex Acilia repetundarum*) 的那个青铜表残片的另外一边。各种假说皆有可能。但或许最有可能的是：这部《托利法》(日期不详，比公元前 111 年略早) 跟阿庇安所写的第二部法律是一致的，而第三部法律跟这部未知其作者的铭文法是一致的。

盖尤·格拉古最重要的遗产就是把骑士卷入到政治生活中。所有的新贵族集团都不得不面临和考虑骑士进入政治生活这个新的现实。

在公元前 125 年 (第 63 节) 盖尤·弗拉科帮助马赛人作战之后，还开启了其他一些远征：远山高卢 (Gallia Transalpina) 的一部分被征服而且被并入到临近近山高卢 (Gallia Citeriore) 一带；大约在公元前 115 年，演说家卢齐奥·李其尼·克拉苏 (Lucio Licini Crasso) 推动了那波纳 (Narbona, *Narbo Martius*) 的罗马殖民地的建立。

因为格拉古在迦太基的殖民计划已经被废除，所以克拉苏所推动建立的殖民地是第一个在意大利以外出现的殖民地，故克拉苏必须克服来自最保守派的成员的反对意见。而在另一方面，克拉苏的提议跟盖尤那个失败了的尝试也是可比较的：那波纳是罗马商人经常前往的凯尔特部落的一个活跃的贸易中心，在该处建立一个殖民地将给这些罗马商人的活动带来便利。但我们知道，克拉苏是反格拉古派的，而且大约十年之后，他大胆地发起斗争，把刑事法庭从骑士手中夺走并归还给元老院。因此，可以想见，有一些元老院议员在经济层面上支持骑士阶层，为的是让他们远离政治舞台。不过，如果说这是克拉苏的目标的话，那么他并没有实现。在那波纳建立之后不久，骑士们的自治性和实力明显地展现在非洲政策的发展上面。

317

努米底亚 (Numidia) 这个与罗马结盟的王国 (在现今阿尔及利亚的部分地方) 分裂并落入作为马西尼撒 (Massinissa) 国王后人的三位君主手上：阿德赫巴 (Aderbale) 和西耶普萨 (Iempsale) 兄弟——他们忠实于其家族传统，站在罗马阵营这一边；以及他们的堂兄朱古达 (Giugurta)。而后者则想要确立其独立地位，并在很短的时间消灭他的竞争者，把这个国家重新统一到他手上。阿德赫巴在最后一次抗争的尝试过程中退守齐尔塔城 (Cirta) 并受困于此，大量的罗马和古意大利商人赶赴该城给他助阵，这显然是因为这帮罗马和意大利商人知道朱古达会对他们的商业往来施以限制或者阻碍。齐尔塔城被攻陷以后，这位胜利者朱古达进行了屠城（前 112 年）。

新贵族中的大部分在这个时候对商业贸易行为都不甚感兴趣，也没有把这一事件太当回事，而且尽量避免对商业贸易行为进行干预。但盖尤·梅米奥（Gaio Memmio）的高妙引导，导致新贵族的群情激奋，不得不决定开战，而盖尤·梅米奥也于公元前 111 年当选为保民官。首批派往非洲的将领仅局限于一些宣示性行动，为的是获得国王朱古达的效忠保证和金钱补偿。因此，这些将领受到指控说他们被朱古达收买了：公元前 109 年保民官盖尤·马米略·李梅塔诺（Gaio Mamilio Limetano）发起表决，设立一个由骑士组成的非常刑事法庭，该法庭判处并迫使一些元老院议员被流放。指挥权被交付给库伊特·切其里·梅特罗（Quinto Cecilio Metello），这是一位没有争议的诚实之人，其将战争进行得有声有色且节节胜利，但却未能取得决定性大捷。这对于骑士阶层来说是不够的，所以他们提出一个得到他们信任且出自他们阵营的人选——盖尤·马略（Gaio Mario）作为新的指挥官，他是来自阿尔皮诺（Arpino）的“新人”。这就导致了梅特罗与盖尤这两位将领之间无法调和的敌对关系，而这种敌意还被一个事实所加深，即马略是以一种门客的身份与梅特罗所属的这个平民新贵范围内最有权势的家族之一联系起来的，而马略却背叛这种门客纽带关系。尽管库伊特·梅特罗没有可能把战争引向终结，但他还是举行了凯旋庆典，并根据其威望与能力获得了称号“努米底亚之主”（*cognomen ex virtute*）。马略用了差不多两年时间完成了这次战争，朱古达被俘并被处死，他的王国被交到其弟高达（Gauda）手上，这是一个懦弱而忠顺的人。

318 骑士阶层完全实现了他们的目的：向齐尔塔城的大屠杀复仇，而获得了自由进入努米底亚王国的保证。当时他们对努米底亚王国加以征服尚不感兴趣：因为他们觉得即使征服了该国，他们也只是更加自由地在一个附庸国里，而不是在一个罗马的行省里从事其活动。

由于资料的匮乏，不容易说清的是，梅米奥和马米略究竟代表了具有格拉古派渊源并使得那些改革支持者和骑士之间的联盟关系焕然一新的集团，还是简单地作为骑士阶层的工具在行事。据萨鲁斯特（Sallustio）的观点，梅米奥为格拉古兄弟的记录进行翻案，而马米略所建立的刑事法庭里的审判员们则判定领导了公元前121年镇压盖尤行动的执政官卢齐奥·奥皮米（Lucio Opimio）有罪（指控其被朱古达所收买）。不过，这些可能都是骑士们所采用的蛊惑人心的策略以讨好平民：关于梅米奥，没有任何立法行动方面的记载，而马米略可能跟一部平民会决议有联系，该决议以截然相反的方针调整了基于阿庇安所述的那三部法律的公田制度安排。

在朱古达战争期间，执政官盖尤·马略引入了一种有着技术性特征的改革，不过，这项改革注定会产生政治上的后果。他通过从当时被排除在军事服役以外的无产者（贫穷者 [*capite censi*]）当中招募志愿者来组成军队。从经济角度来看，这样的技术性调整并不涉及一种根本性的变革；被看成是有产居民（*adsidui*）并且登记到第五等级里的市民在经济条件上已经相当拮据，以致很早以来共和国就不得不有悖传统地向这些被征召的人提供武器和装备的费用。但是，随着时间推移，马略的这一倡议导致了“职业化”军队的形成，这些职业军人在军事服役当中看到了一种营生之道和晋升途径，而且期待不是由国家而是由军队首领来满足他们的希望。无须赘述，这一切跟提比留·森布罗尼·格拉古的想法大相径庭。

66. 从萨图尔尼诺到同盟者战争期间的政治斗争

后来，随着马略在两场大的战役中（公元前102年那波纳高卢地区的阿奎赛斯迪战役 [*Aquae Sextiae*] 和公元前101年在阿迪杰河与波河下游之间的维切雷 [*Vercellae*] 战役）歼灭了条顿人 [Teutoni] 和辛布里人 [Cimbri]，他的声望日隆。条顿和辛布里是两个强大而人数众多的日耳曼部落，他们从日德兰半岛（Jutland）南下寻找新的定居点。很久以来，罗马人就关注和担忧这两个部落的进犯，而马略被认为是唯一可以阻止他们的那个人。从公元前104—前100年，他连续被委任为执政官，而这违反了法律规定不得再次担任、更不得连任一项官职的禁令。元老院本来能够以合法的形式延长马略的指挥权，授予他代行执政官的头衔和治权，不过，他们想要避免的是其他人拥有高于他的治权。

公元前 100 年马略第六次当选执政官遭到了相当多的反对，而 319 这一次已经不能够用严重的危急状态来作辩护了。此外，尽管马略打了很多胜仗并且和贵族尤利乌家族联姻，但是很长一段时间以来他都感觉受到孤立，因此在最后一段时间里，他与卢齐奥·阿布勒伊·萨图尔尼诺（Lucio Appuleio Saturnino）、盖尤·塞尔维利·格劳恰（Gaio Servilio Glaucia）联合起来，后二者也不受占主导的寡头集团的待见。

萨图尔尼诺是公元前 103 年的平民保民官，他设立了一个谋反罪刑事法庭（*quaestio de maiestate*），并为骑士们提供了新的强有力手段以给新贵们施加压力；他还发起对土地的分配以及在非洲为朱古达战争中的老兵们建立殖民地。格劳恰则在公元前 101 年担任同一职位，他是一部《审判员法》（*lex iudiciaria*）的作者，该法废除了《塞尔维利和加比奥法》（*lex Servilia Caepionis*），并把搜刮钱财罪刑事法庭（第 58 节）交还到骑士手上。公元前 100 年，马略担任执政官，格劳恰为裁判官，而萨图尔尼诺第二次担任保民官，并批准了一项新的土地法，将高卢的土地全部分配给马略的老兵们。不久之后，三人之间的协议破裂，因为格劳恰在萨图尔尼诺的支持下，提出竞选执政官，但这违反法律；而马略拒绝接受这一候选资格（显然他认为只有他自己，而非其他人，才能够超越法律）。当这两人被认为是谋害公元前 111 年那位著名而受人民欢迎的保民官、执政官候选人盖尤·梅米奥（参见第 65 节）的责任人时，新贵、骑士、城市平民和马略共同提起了指控，元老院将惩治这一倾轧行径的任务交给了马略。他逮捕了他的这两位前盟友，并意图将其交付审判，不过，这两位身陷囹圄者却被新贵和城市平民们私下处决了。萨图尔尼诺的法律被废除，而与此相反，格劳恰关于刑事法庭的法律却仍然有效，被骑士阶层欣然接纳。

这一时期马略的政策或许可以这样来解释：他倾向于利用任何一种手段来巩固他在城邦元勋（*principes civitatis*）当中的地位，但他丝毫不愿动摇贵族统治政体。可以掌握的文献资料过少且充满派别偏见，这使得不容易看清萨图尔尼诺和格劳恰努力追求的那些目标。萨图尔尼诺表现得像是盖尤·格拉古的接班人（此外，他还想在意大利以外建立殖民地），不过，他的土地法只对马略的老兵们有利，并没有从根源上去应对农民阶级的问题。这两人都意图通过刑事法庭方面的法律来博得骑士阶层的好感，但是由于谋害盖尤·梅米奥，倒把他们给吓跑了，反而让他们对自己产生了敌意。

马略和骑士阶层之间的联系则仍然非常紧密，就像此后不久在针对布布里·鲁第里·鲁弗（Publio Rutilio Rufo）的审判中表现得那样。公元前 94 年，鲁第里以特使身份继任库伊特·穆齐·谢沃拉（Quinto Mucio Scevola）在亚州行省的总督之职，后者就像他家族里的其他人一样是出色的法学家，而且保护了那些臣民们的利益以对付包税人的贪婪与蛮横。这些包税人不敢针对这位总督谢沃拉实施报复，因为他的影响巨大且与马略沾亲；相反，在马略本人的支持下，他们指控鲁第里有贪腐行为，这些贪腐行为给行省和其他自治市造成损害；由骑士们组成的关于搜刮钱财罪的刑事法庭认定他有罪。鲁第里无法支付强加给他的极高的罚金，于是隐退回到小亚细亚。在那里，那些被臆想为是他的搜刮行为受害者的希腊化的城市，为了获得接待鲁第里这样一个荣誉而展开竞争。这场审判的结果很显然有利于马略和他的盟友，却削弱了鲁第里的地位，激化了旧有的一些敌意，而且还引出了马略及其盟友的新对手。 320

公元前 2 世纪，与同盟者的关系被多次讨论（第 63—64 节），而慢慢地，这导致这些同盟者等得不耐烦了。同盟者中的大多数所渴望的首先是一种能对付罗马官员专横武断行为的保护手段。不过，意大利和埃托鲁斯共同体的领袖们考虑的则是获得市民权，以使他们可以在履任“官职序列”（*cursus honorum*）后进入到元老院，或者因其财产而取得作为骑士进入刑事审判法庭的资格。

在对付辛布里人和条顿人的战争中，马略利用他的执政官权力曾授予个别士兵或者整个联盟单位以市民权，作为他们有价值行为的补偿。不过，这涉及的都是些零星细碎的措施，并不能把它归结为是一种具有完全平等性的计划。

另一些盟友则被纳入财产调查的清单中来，却不享有权利。公元前 95 年的执政官（演说家卢齐奥·李其尼·克拉苏和法学家库伊特·穆齐·谢沃拉）通过一部特别法律取消了这种做法（《关于收回市民籍的李其尼和穆齐法》[*lex Licinia Mucia de civibus redigundis*]）。这似乎意味着他们反对任何一种授予方式，不过也可以设想为，这只是否决了那种临时性的和不规范的解决方案，因为这会导致个别的个体得到特权的状况。

公元前 91 年，一位平民保民官又一次想要总括式地解决所有仍然悬而未决的问题；而正如盖尤·格拉古的倒台一样，他这一大胆而宽泛的擘画再一次遭遇失败。这关系到的是马可·李维·德鲁索（Marco Livio Druso），他是那位著名的反格拉古派政治家(见第64节)的儿子，据说他部分地受到了父辈传统的激励，因为他表现为是元老院贵族统治的捍卫者；一部分则受到盖尤的影响，因为他寻求满足各种各样的需求来获得广泛的共识以实现某些改革。

德鲁索的计划实际上旨在加强元老院统治，该计划以实现一个具有优先性的目标作为其基础：为令人焦虑的意大利人问题提供一种紧急而明确的解决之道。对此，该保民官瞄准了向意大利人授予市民权这一点。

321

在正式提出该方案之前（《关于授予拉丁人和盟友市民籍的李维提案》[*rogatio Livia de civitate Latinis et sociis danda*]，但未交付表决），德鲁索先提出一系列干预手段，其目的在于把共同的利益集团都团结到自己身边来，他知道来自罗马和古意大利的各阶层中较温和集团的同意（或者至少是身处中立）是他所需要的。

德鲁索的首部法律就决定恢复粮食供给制，该制度曾经随着萨图尔尼诺全部法律被废除而废止，并且（似乎）配给给穷人的粮食的价格有了实际的下降。而其所通过的一部《伪造法》（*lex nummaria*）则规定银币的铸造要包括一部分不能或缺的黄铜（八分之一）：这一规定用通货膨胀的方式主要惩治了骑士阶层。然后，根据一部“土地”法，德鲁索确定了对坎帕尼亚、埃托鲁斯、翁布利亚一带的土地加以广泛的分配，并削减其父亲那个时代规定的但尚未建立起来的意大利本土和西西里一带的殖民地（但好像阿文利诺除外）；他还设立一个十人制的官职，用来贯彻这场即刻生效的改革。最后，在艾米利·斯考洛（M. Emilio Scauro）的请求下，德鲁索利用数月之前因一个骑士所组成的陪审团对布布里·鲁第里·鲁弗的有罪判决所引发的反骑士阶层这样一种敌意，发起一项重要而复杂的“司法”改革。通过这场改革，组成刑事陪审团的任务又转交到了元老院议员手上，这一任务曾由公元前 100 年的《搜刮钱财罪的塞尔维利法》(见第58节)归还给骑士。不过，为了在这场改革中把一部分骑士拉过来，由此来拆散那个可以预见到的反对派阵营，德鲁索临时把元老院成员数量加了一倍，规定新的元老院议员必须从骑士当中选取。而且，对那些与过去的权力滥用行为脱不了干系、因此最不肯心甘情愿地交出入选陪审团这一特权的骑士们，德鲁索通过采取法律制裁手段来对其加以恐吓，他根据同一部法律创设了一个新的刑事法庭（可能是溯及既往的），用来对付那些“收钱方才审案”（*ob rem iudicatam* [*iudicandam*?] *pecuniam cepisset*）的人，简言之就是对付那些被腐蚀堕落的审判员。

尽管七年前《凯其利和蒂迪法》确立了不得有一揽子提案（*rogationes per saturam*）的禁令，但出于明显的政治性理由，李维的一系列法律：粮食供给、伪造、土地和司法等提案，都全部放在一起被提交给了人民大会，虽然有执政官卢齐奥·马尔乔·菲利浦（Lucio Marcio Filippo）的反对意见以试图阻止表决，该大会仍然通过了这些法律。这位执政官菲利浦也被德鲁索逮捕，后者利用的是一项古老的权力：对阻碍保民官行动的官员加以拘捕（*prensio*）。

德鲁索享有极高的民望，在其改革开始的一段时间里还得到了很多元老院议员的支持，这些元老院议员赞同这一看来已是刻不容缓的改革。在德鲁索的支持者里，还有公元前95年的执政官卢齐奥·李其尼·克拉苏。正如多数人认为的那样，在市民身份问题上，克拉苏改变了看法（不过，所说的这些都是从对他的法律进行的可能的解读中看出来的）。而骑士阶层仍然在根本上仇视罗马的同盟者，并且不愿意被排除在刑事法庭以外。在同盟者本身当中，那些埃托鲁斯的大所有主们已经不把市民身份看作是对这场土地改革强迫他们做出的那些牺牲所给予的充分补偿了。

322

克拉苏的突然辞世削弱了这些改革的动力，即使在元老院里也是如此；李维发起表决的一些平民会决议被判无效；而执政官马尔奇·菲利浦提议的《关于市民身份的提案》（*rogatio de civitate*）也未获通过；最后，李维这位保民官也在受到一群支持者的簇拥时，不知被谁在暗地里捅了一刀而身亡。

这一次，那些同盟者们更加感觉到被戏耍和冒犯了，于是纷纷造反（拉丁人除外，因为他们构成一种具有特权的类型）。公元前91

年年末，战争爆发——文献上称之为“同盟者”战争，即来自“同盟者”（*socii*）或者“古意大利人”的战争，这是因那些最好战且数量众多的意大利叛乱对手而得名“意大利人”战争，尽管也有一些埃托鲁斯人参战——并延续至公元前 87 年。最初的处境极为凶险，罗马人历经一个世纪之后第一次不得不同跟他们拥有同等装备和训练水平的对手作战。在公元前 90 年年末左右，一部《关于授予拉丁人和同盟者市民籍的尤利法》（*lex Iulia de civitate Latini et sociis danda*）（这是执政官卢齐奥·尤利乌·恺撒 [Lucio Giulio Cesare] 提出的，他是后来那位著名独裁官的远亲）授予所有尚保持忠诚的盟友以市民资格，另外授予那些陆续投降归顺的民族以市民籍的法律亦得以颁布。公元前 89 年（或前 88 年，但可能性较小）波河对岸的城邦（*civitates Transpadanae*）被赋予了拉丁人权（*ius Latii*），这公认为要归功于执政官庞培·斯特拉博内（Pompeo Strabone）（伟大庞培 [Pompeo Magno] 的父亲）提议的一部法律，因此多数人将这部法律命名为《关于波河北岸的庞培（斯特拉博内）法》（*lex Pompeia [Strabonis] de Transpadanis*）。更准确地说应该是《关于近山高卢的庞培法》（*lex Pompeia de Galllia citeriore*），因为正如最近所证实的那样，该规定也涉及了另外一些波河南岸的共同体，比如杰努阿（*Genua*）、拉文那（Ravenna）、韦雷阿（*Veleia*）等等，很多这样的共同体都提供了应对“同盟者”战争的援军。因此，可以说，罗马在军事层面上赢得了战争，却在政治层面上收获失败。一些意大利民族继续战斗，因为在他们当中兴起了一种更加激进的立场：他们要求的不是罗马市民身份，而是独立地位。

在战争开始的时候，元老院议员和骑士们对德鲁索充满敌意，并抓住一个机会建立了一个由骑士组成的非常刑事法庭（根据公元前 90 年的保民官库伊特·瓦里奥·伊布里达 [Q. Vario Hybrida] 的一项平民会决议），其任务是审判教唆同盟者发动叛乱的人。德鲁索的大部分朋友都受到判罚，或者还未等到判罚就自愿被流放。不过，这一法律是采取暴力而强加上的，但这并没有动摇民众对德鲁索的坚定支持。但无论如何，罗马公共生活的各种机制都感受到了多数人意见的迅速转变。公元前 89 年，保民官马可·普劳迪·席尔瓦诺（Marco Plauzio Silvano）在没有废除《瓦里奥法》的情况下就发起表决了另一部平民会决议（《关于审判员的普劳迪法》[*lex Plautia iudiciaria*]），此决议改变了刑事法庭的组成，使之成为选举性的，此外，也不要求候选人有什么特别资格（这是两个全新的条文，在共和国的历史上不会再出现）：因此，从元老院议员、骑士或许还有公共市民当中选举。在这个法庭面前，库伊特·瓦里奥及其一些同伙受到指控和判罚：罪名的定义是一样的，只不过此前一年被认为要对这场战争负责的是那些纵容了同盟者的人，而如今被认为有罪的则是那些拒绝做出任何资格授予，因而激化或者逼得同盟者把发动叛乱当作最后救命稻草的人。 323

67. 苏拉执政和苏拉的宪制

从本都王国（Ponto，在小亚细亚一带）的国王米特拉达梯六世（Mitridate VI）时期开始，他对附近国家的统治力不断增长，他知道罗马会来阻止他的政策，因此准备与之交锋。并且，在亚洲和欧洲的希腊人面前，他自我表现得像是使泛希腊化世界远离异族专制统治的解放者一样。罗马人也知道战争是无法避免的，而且有些人还有些迫不及待：活跃在亚洲行省的骑士们想要把他们的商业和投资拓展到这一地区；而一些元老院议员跟骑士有利益联系；所有人中最为甚者是马略，他期待获得新的指挥权，以恢复他作为军队统帅的荣誉。

这场战争的偶然起因是一次结果惨淡的投资行为。一些包税人借给了比提尼亚王国（Bitinia）国王尼科美德（Nicomede）一笔巨款，而他无力偿还；当同盟者战争尚在进行的时候，这群包税人就冒冒失失地怂恿尼科美德进犯本都王国，为的是从米特拉达梯那里渔利。后者击溃了比提尼亚王国的军队以及少量的罗马部队，并占领了几乎整个小亚细亚。因此胜利者米特拉达梯命令在这些希腊城邦屠尽罗马人和与其相接近的古意大利人：这些被害者有成千上万（当这些古意大利人的同胞们在意大利浴血奋战时，他们却在此遭受与罗马人一样命运，这一事实令人震惊）。这个国王的目的就在于使希腊世界和罗马世界之间不可能达成和解；因其矢志于此，而得到这些希腊城邦的服从，这也证明了罗马统治者是真的遭人憎恨。最后，米特拉达梯国王带着他的军队横跨希腊，包括雅典在内的众多城邦都热情地欢迎他。

因此，在公元前 88 年，就显得很有必要向东方派遣一支军队，但是指挥权并没有交给马略，当时他好像卷入与库伊特 · 瓦里奥和一些骑士的政治斗争里了，故指挥权是交给一位在任的执政官卢齐奥 · 科尔内利 · 苏拉（Lucio Cornelio Silla）。失望至极的马略设法反抗，却又使自己置身于与前同盟者有关的一场新的斗争中来。

在叛乱者当中很多人投降，另一些坚持这场毫无希望的斗争的人也受到孤立（萨姆尼人和卢卡人），这都减少了人们在市民籍这一问题上的兴趣；在曾与德鲁索合作的元老院议员当中，一些人已经死去，另一些人则被流放，还有一些人则顺从于不问世事的新的政治氛围。

与古意大利人的关系实际得以正常化是通过一项妥协达成的。古意大利人被授予了市民权，但这种特许权已被架空，这些古意大利人全部被打发到了为数不多的几个部落里面：最多有十个，或许也是重新（*ex novo*）创建的部落，允许他们在既有的三十五个部落之后到民众大会上来投票，“为的是这些在数量上超过了旧市民的（新市民），不能够在投票表决当中占得上风”。（Appian. *bell. civ.* 1. 215, 该文献恰恰支持这十个部落是新建立的这种观点）。当然，即使就像其他一些作者主张的那样——古意大利人被集中在了业已存在的三十五个人民大会投票单位中的仅仅九到十个里面——其处境还是一样的。

324　保民官布布里利 · 苏尔皮其 · 鲁弗（Publio Sulpicio Rufo）则仍然忠实于德鲁索的想法，他要求将新市民登记到所有的部落当中去。由于元老院对此毫不主动，促使该保民官同马略达成协议，后者提供来自他和骑士们的支持，作为交换，他要求得到与米特拉达梯战争的指挥权。马略对意大利人和埃托鲁斯人并不怀敌意，他们中有很多都是马略的门客，因此他完全倾向于落实他们的地位；而对于骑士们来说，当时的处境正好跟朱古达战争时的情况有得一比，所以对亚洲远征的指挥权才是最重要的问题。

苏尔皮其动用武力迫使平民大会表决通过其关于同盟者的提案

（这些人大量地涌向罗马，并多次与旧市民们大打出手），随后又表决通过将指挥权从苏拉转交给马略。

苏拉用另外一个非法行动来回应这次对他造成损害的不法行为，这一次则要严重得多，而且迄今为止闻所未闻。他带领全副武装的部队开进罗马，斩除他的对手，其中就有苏尔皮其，而马略和其他一些人则成功逃脱。于是，最近一段时间里表决通过的平民会决议全部被废除，也包括关于前同盟者的这些决议。

要注意的是，苏拉曾是德鲁索的朋友（因此可以设想，也是苏尔皮其的朋友），从理论上讲，他应该是支持这些新市民的；不过，他当然会试图限制他们的投票分量，因为现在他们已经和马略联手起来对付他。

公元前 88 年，苏拉用以“建立新秩序”（Liv. *per*. 77）的第一批措施当然地指向：限制人民大会还有“民主派”保民官的权力，以及加强元老院统治。关于他最早的一些“重建性”的干预手段，我们知之甚少，因为文献里似乎全部都注重对他独裁官任上这一最具重要意义和戏剧性的历史时期的考察，而多数时候忽略了他在公元前 88 年的法令（*acta*）。

阿庇安给出了一个简明概要的展示（*Bell. civ.* 1.266），他的这些信息并不在于准确而详细地证实这些“改革”，其价值主要在于勾勒出苏拉的倾向和计划。这些倾向和计划只是到了六年之后，苏拉第二次拥有绝对权力的时候才得以完全实施。总之，通过对提出的众多假说的判断，可以想见：公元前 88 年，苏拉重新使一种已湮灭失效多年的实践生效，即对保民官的提案做出预防性的元老院决议；而且，据认为，他并没有废除部落大会（确切的一点是，在他独裁官任上，还利用了这一大会），但是删去了盖尤·格拉古的改革，即按五个等级相混合（*ex confuses quinque classibus*）的百人团进行投票的命令（见第 64 节），恢复了“塞尔维”体制，即严格地与等级科层制相联系。通过这些手段（或许还有其他一些），他有效地实现对保民官权利的压制，更晚些时候，他将其削弱成毫无实权的角色（*imago sine re*）；最后，还有证据显示，他对元老院组成的干预（如果确实存在的话，是在公元前 88 年）可能是一

325

次议员的非常规选拔（*lectio*），旨在往这个大会里塞进他自己的支持者。如果说这些措施真的是他对共和国制度结构最初的一些干预的话，那么就可以分享有些人的一种判断，这样的判断有力地强调了：在苏拉早期的政策和德鲁索的改革思想之间存在着一种连续性——德鲁索的改革思想的关键点被以更加温和稳健的方式加以重新解读，其“不无某种蛊惑人心的谜药”，就像那些开辟新的殖民地的提议所展示出来的那样（Liv. *per*. 77）。

在这一阶段，苏拉不得不极为谨慎地行事，为的是缓和传统的元老院集团里的不同意见。这些集团是他所支持的，只是在他带兵进入罗马——这被证明是冒险的行动——的时候被打散了；也为了对付马略集团的敌意，他们虽然被打败但并没有被消灭；更主要的是为了取得指挥权，因为苏拉必须要向东方进军，而该指挥权的归属就是这场内战爆发的直接原因。

尽管有了保障，苏拉也未能完全控制公元前 87 年的执政官的选举：当他出发前往东方的时候，留在罗马的两位执政官，一位是他的支持者涅奥·屋大维（Gneo Ottavio），一位是他的反对者卢齐奥·科尔内利·秦纳（Lucio Cornelio Cinna）。后者立刻重新提出了苏尔皮其关于把新市民们分置到全部三十五个部落里去的法律，并且在与屋大维的一次冲突过后成功地使之被表决通过。而这一次冲突具有真正内战的特征了（罗马军队分裂为两个阵营）。很快，渴望复仇的马略也回来了，使得战败者中很多人遇害（也包括执政官屋大维）。不过，秦纳和他的特使库伊特·塞尔托利（Quinto Sertorio）成功地控制住了暴力，并重建了秩序，消灭了马略派里最残暴嗜血的分子。马略于公元前 86 年第七次品尝到执政官一职带来的满足感，数天之后离世。

一位主要具有苏拉派倾向的历史学家以色彩晦暗的笔调描绘了随后的几年。秦纳违反法律一年又一年地反复当选为执政官（直到他公元前 84 年去世），毫无疑问，这使得他威信扫地；而根据某些文献记载，他虽然并没有召集民众大会，却把持着这个执政官的头衔。不过，他没有建立一种专制制度，此外也没有诉诸恐怖统治，因为新贵阶层的各个代表人物都与之合作，而另一些人则保持观望立场。实际上，苏拉派和反苏拉派是两个少数派，他们不尊重游戏规则，因此其他的新贵对他们不抱同情。

另外，秦纳跟马略一样，都不能像某些当代的历史学家所做的，将其当成一个改革者，也不能给他们贴上“民主派”的标签。就前同盟者这一问题而言，尽管他在第一次执政官任上冒着很大的个人风险和以一场内战为代价，强制规定了将同盟者登记到三十五个部落里去，而且尽管他在说服萨姆尼人和卢卡人接受和平与市民身份上取得了卓越的成就，但随后他还是转到对典型的罗马贵族政治体制加以维护的立场上来。在公元前85年的调查中，共计有四十六万三千名市民，相对于公元前114年仅增长了七万人（关于这中间的调查结果尚未知晓），这说明半岛上的绝大部分居民尚未被登记在调查清单上，也意味着给他们的那种政治权利完全只停留在理论上。

326

与此同时，苏拉从希腊到亚洲取得了一个又一个的胜利。由于他唯一的目的就在于以忠于他的得胜之师的统帅身份回到祖国，所以对他来说，与米特拉达梯王国达成和解是可能的，故而尽管他索要了巨额赔款，但却把战争之前该王国的所有领地仍然保留给该国王；不过很多被征服的城市也被课以重税，因为他们曾支持米特拉达梯国王，而且参与了对罗马人和古意大利人的屠杀。

公元前83年，苏拉踏足意大利，经过两年的战争，他打败了共和国的军队。在共和国军队的统帅里，除了库伊特·塞尔托利以外，都没有什么军事才能。新贵阶层中的多数派在这场战争有结果的时候并没有受到什么牵连。努米底科（Mumidico）之子库伊特·切其里·梅特罗·皮奥（Quinto Cecilio Metello Pio）和后来的“三巨头”成员马可·李其尼·克拉苏与涅奥·庞培都站到苏拉这边来。由于苏拉在内战当中的胜利，他被誉为“伟大的”（Magno）。此外，苏拉还成功地安抚了新市民，确保尊重他们的权利。站在他对立面的仅有少数埃托鲁斯人的城市（他们受到了剥夺其领土的惩罚），以及曾被他屠戮过的萨姆尼人。

库伊特·塞尔托利抵达西班牙以后，将幸存下来的马略和秦纳的支持者都收至麾下。而塞尔托利治军和组织的才能使得这场对苏拉的顽强抵抗又延续了十年。这种抵抗之所以正当，既是因为罗马的马略派分子成为被残酷迫害的对象，也是因为古意大利人仍然处于较低等的地位，尽管交战各方都对他们有过承诺。在塞尔托利周围，不仅聚集了很多居住在西班牙的罗马人和古意大利人，还有一些贫困的部落。

在罗马的门户进行了最后一场残酷的大战以后，苏拉在公元前82年11月成了这座城市的绝对主宰者。他在未放下军事治权的情况下，带领全副武装的随从进入该城市。

于是，罗马开始了一个恐怖统治的阶段，苏拉针对马略阵营和对他有敌意的古意大利人展开无情的镇压。文献中给我们保留了关于这个阶段的一些骇人听闻的片断，比如，在离贝罗纳（Bellona）神庙几步之遥的地方对异族萨姆尼人的大屠杀，以及制定首批流放名单之后，又伴以众多特别恐怖的残杀。

苏拉及其追随者无情的行动完全是以他的军事力量作支撑的。为其说话的一些文献和当代的历史学家企图把这种行动同很早以前对行省总督治权的行使联系起来，但这无益于掩盖这些行动对共和国法制公然加以破坏的特性，因为共和国法制不能容忍在城界以内行使军事治权的行为，不允许未经上诉而判处市民死刑，不承认对流放名单上的人加以杀害这种实践，不承认对流放者的财产加以武断而“不公开”的没收。

327

当然，对所有这一切，苏拉本人都是相当了解的，他所追求的就是对古老的共和国加以正式重建的某种政治标志，并在此之上确立他的个人统治。苏拉尝试着为他明显不合法地攫取权力的行为以及与之相关联的行为（对异邦人的杀戮、大规模杀害马略派人士、个人复仇行为、首批流放名单等）嗣后地（*ex post*）赋予某种合法性基础。一些务虚的法学家历经数个世纪坚持不懈的努力，终于完成了对这种合法性基础的论证构想，这些法学家“想要在最悲剧性的历史时刻里找到可用的法律模式”（德 · 马尔蒂诺对此嗤之以鼻，不是没有道理的）。

在这座城市已经被恐怖统治牢牢地控制住以后，苏拉来到了离城市“不远的地方”。这导致执政官缺位（卡尔博内 [Carbone] 死于西西里，而小盖尤 · 马略 [Gaio Mario il giovane] 死于普勒内斯特），元老们宣布进入摄政体制。苏拉的追随者、首席元老（*princeps senatus*）卢齐奥·瓦勒里·弗拉科（Lucio Valerio Flacco）成为摄政。他没有像通常那样组织执政官的选举，而是向人民提出一项法律。百人团民众大会“在具有普遍的不确定性的情况下”通过了该法律，“并且接受了一种伪装，即这次表决从外表上看起来是自由的”（民众大会不再处理法律表决行动，并且认为该事务也不再取决于它）。通过这部法律，这位胜利者被赋予了制定法律和处理公共事务（*legibus scribundis et rei publicae constituendae*）的独裁大权，更无限（但也是有时限的：不过，有什么样的限制尚不明了，当然不会是关键性的限制，可能跟这种官职之所以被创设出来的那些宽泛目的的实现有关）延伸至古代的那种业已湮灭的共和国全权独裁（见第33节）。但是，反常的情况不仅包括不严格遵守通常最多六个月的独裁官任期，还有此次独裁制不正常的发起（民众大会决议；一位摄政的任命）、在形式上毫无规则可循的职责（在此之前从未有哪位独裁官拥有“制宪”权：实际上这是对既存的制度安排的颠覆破坏）及其实际目的（在于在共和国里为个人的不受控制且体制化权力的兴起做好法律和事实上的铺垫）。

古代的历史学家把给苏拉授予极其广泛的权力这一点同这部《关于独裁官苏拉的瓦勒里法》（legge Valeria *de Sulla dictatore*）联系起来（具有无限制行使的治权，军事统治 [*domi militiaeque*]：可见的表现就是在城界内拥有二十四个 [而非十二个] 侍从官）：“处死、没收、分配土地、随意地推翻、打倒或者设定王国”（普鲁塔克 [Plutarco] 语）。还有就是：任命执法官员、开拓殖民地、确定意大利和帝国边界、调整行省、指定行省总督和行省裁判官、处置公田、颁布法律。此外，对这些权力还统统都附加上了宗教性授权的牢固基础（这些授权是在他作为鸟卜官这一正常头衔以外所拥有的），苏拉是（或者被看作是）这类授权的所有人。而且从整体上看，这对于暗示出他制度性的、启示性的、不确定且模糊的职能角色大有助益，使苏拉的职能角色具有一种东方式的痕迹，这种迹象使得他那种在体制上无规则可循，而且实际在时间上不受限定的独裁官地位接近于希腊化的君王。比如说，改变城墙界限就是这方面的表现，还有获得菲列克斯（*Felix*）的称号（不仅是“幸运者”，还有“众神宠儿”的意思，从希腊人姓氏角度来看，主要是指阿弗洛迪忒 [Afrodite]），在神坛上树立他的镀铜骑马雕像，并有他的题词

328

“独裁官（统帅）科尔内利 · 苏拉 · 菲利奇”（*Cornelio Sullae Felici Dictatori* [*Imperatori*]），更晚些时候，还创立了极为郑重的公共竞技活动来庆祝他的胜利。

尽管有些不准确之处（可能苏拉有权“指定”他选中的执法官，而不是“任命”；另外，有疑问的是在法律提案权 [*leges rogare*] 之外是否实际赋予了他颁布法律 [*leges dare*] 的权限），但这些所涉及的信息从根本上讲是完全可信的。这些信息从整体上看是由完全有保证的书面材料所提供的。特别一致的一点是，这些材料强调了这样一种可能性，即赋予他权力处以任何市民死刑，而不得求助于向人民申诉制度来对抗他的决定。而《波尔其和森布罗尼法》原来曾经承认该制度可以用来对付独裁官针对任何一种罪行做出的判罚（见第 64 节）。文献上尤其明确的一点是，通过了两条基本规范用来赋予这套体制以合法性，以及赋予苏拉和他的“侍卫们”完整的豁免权：在他取得权力之后不久通过的一部元老院决议免除了他的所有责任，并“承认了”他从公元前 88—前 82 年间在亚洲、意大利和罗马所做的一切行为；进一步地，《瓦勒里法》里的一个条款赋予这位独裁官以完全的权力，并批准从那以后他可以任意行事或者确定的所有事务。

在这种规范的基础上，并且拥有豁免权保证（这可能也是根据一部明确的《关于流放的法》[官定法律？]，不过这一点尚有争论，但无论如何它通常是以《瓦勒里法》为根据的），这位独裁官致力于对他的对手加以明确的整治调教，他继续“不加审判地”往流放名单上添加名字，这些名单直到公元前 81 年 6 月 1 日时仍然是开放式的。

除了导致悲剧和极端的不公以外，这些流放令还引发统治阶层内部的显著改变，以及统治阶级范围内可观的财富转移。

329

瓦勒里 · 马西莫（Valerio Massimo）、阿庇安、普鲁塔克和奥罗斯（Orosio）的并不全面的数字都同样地令人震惊，都是数以千计；弗洛罗（Floro）谈到了元老院议员和骑士当中有两千人“被判罚”。为了对强迫移转的财富有一个概念，只需要这个信息就够了：仅仅在罗马市场上出卖一部分被查抄的财产（很多都被苏拉赠予他的追随者）就获利三亿五千万塞斯迪：而这一切的转移都是以相对于真实价值而言微不足道的价格进行的，所有的好处都归这一体制的既得利益者所得。

随着财产被没收和俘获的人被立即处决（成功逃脱者的命运也是被流放），流放措施还带来了其他一些法律后果，其中就有受到打击的人的后代丧失荣誉权（*ius honorum*）：实际上，这些后代（同被放逐的父辈一道）在政治生活当中被完全边缘化了。

苏拉在公元前 88 年的一部民决法律中加重了一些规定，首先就是对保民官权利加以极端的限制。

他剥夺了保民官的否决权（*intercedere*），把他们的权力缩减为对个别市民有利的、简单的保护建议权（*auxilii latio*）；强制规定平民会决议必须受到元老院预先性意见的控制，使他们的“立法”权形同虚设；采用同样的方式（设立了一个关于叛逆罪的常设刑事法庭和其他常设审判法庭），还限制了（后来则是在实际上消灭了）他们在平民会议上提起指控的权力；限制了他们在元老院出席之权（*ius referendi in senatu*）；排除了他们之后担任贵族官职的可能性；或许甚至还把对他们的“任命”（可能只是“指定”[*destinatio*]）赋予元老院；根据一些人的意见，甚至还确立了作为保民官参选资格的必要条件是必须是属于这个高级大会的成员。

在最后这些年里，尤其是因为流放令而遭受的损失，元老院被缩减到不足一百五十名成员。苏拉首先直接任命了一百五十名新成员，将已有的空额填满（好像除了从幸存的官员和盟友里面挑选以外，还有他自己的追随者：基层官员、士兵、发了财的解放自由人等），然后把这个机构扩大了一倍。对额外选拔的（*adlectio*）另外三百名（似乎是）从骑士当中挑选出来的元老院议员的任命，经常是他亲力亲为。

这位独裁官把司法职能再一次地从骑士手中拿走，交还给如此改组后的元老院，确定了只有从元老院当中才能选拔各个常设刑事法庭的法官，包括那些在已有的刑事法庭之外他新设立的法庭。对所有这些法庭，他都细致地调整了其职能、程序、权限、重要的罪名和刑罚。

这位独裁官明确地用这种新型的刑事审判程序取代了民众大会

审判，剥夺了人民的特权，即在民众大会集会表达的过程中作为最高刑事法庭行事的特权，以及在执法官们的合作下对被指控者有罪或无罪做出决定的特权（即人民审判 [*iudicium populi*]：关于苏拉设置的刑事法庭，参见第 58 节）。

330

可能除了关于谋杀罪和投毒罪（*de sicariis et veneficiis*）的刑事法庭似乎是托付给一名前市政官以外，其他每个这种法庭都被交给了一名裁判官。这样的裁判官数量因此上升到了八名（见第 28 节）：两名是完全从事司法审判活动（*iurisdictio*）的随员；另六名是具有主持常设刑事法庭进行刑事审判之责的裁判官（《关于设立八名裁判官的科尔内利法》[*lex Cornelia de praetoribus octo creandis*]）

在一年任职到期以后，所有的裁判官都会与离任的执政官一道承担起行省的治理之职（正如在第 54 节里所知道的）。早在选任这些执法官之前，元老院会把这些行省区分为执政官行省和裁判官行省，并按照地位等级，通过抽签的方式来向这些行省指定这些执法官。

苏拉还增加了财政官的数量（到二十名），并认可担任过该职务的人进入元老院，以此来提供必要的人手，以满足元老院大会（因此还有刑事审判法庭）成员数目增长所带来的招募需求，同时也是为了实现极大地限制（在某些人看来，甚至是废除了）监察官的自由选任权这一目的。

在使得高级官员的数量同日益增长的刑事司法管理、罗马和行省治理之需要相符合以后，苏拉开始从细节上着手对各种官职的序列、任职条件和权力的调整。他首先废除了公元前 151 年禁止重新担任执政官职位的那项平民会决议（参见第 56 节），但是重新确定再次担任该职位要有十年间隔期，这是早在公元前 342 年就确立下来的（不过，后来经常被违反）。

根据《关于民选执法官职的科尔内利法》（*lex Cornelia de magistratibus*），这位执政官严格规定了（官职）序列、最低任职年龄、经历官职序列（*cursus honorum*）上的不同位阶所需的必要间隔期间，这个序列是由《关于年度任职的威利法》（*lex Villia annalis*）

以不具有约束力的（或许也是间接的）形式于公元前180年确定下来的，不过，现在则成为强制性的，并且转变为一种坚决而不可减损的官职等级序列（*certus ordo magistratuum*）。

得以确立的是，监察官最低年龄是三十岁，裁判官和执政官分别是四十岁和四十三岁。在相互衔接的官职之间必须有两年的间隔期，成为普遍定制。

除了把执政官的选举时间从11月提前到6月，苏拉还使得与行省治理有关的治权延期制度成为定制并且有序可循，（正如第54节说过的那样）正常情况下，所有一年任期届满的执政官和裁判官都会被派往行省。这样，他就把纯粹的城内治权和军事治权的行使给区别开了，确立了“罗马城内”的执法官员在正常任职期间必须定居在罗马，因此仅仅执行共和国民事治理方面的任务；只有在元老院明确的委托之下或者通过特殊方式，他们才会被授权在意大利或者其他地方带兵出征；相反，通常情况下战争责任和行省的管理都被托付给了行省官员。这样就决定了治权这个传统的统一概念发生了深刻的分裂：最高指挥权实际上不再是以集体同僚和总括的方式由两名执政官行使了，而是由城内执政官（实际上仅仅是在罗马城）和军事化的行省执政官和行省裁判官行使（即在意大利和行省）。

331

意大利的边界延伸到了卢比科内（Rubicone），在此以北设置了一个新的行省：山南高卢（Gallia Cisalpina）。与此同时，苏拉还扩大了罗马城市的城垣界限，不过是小范围的。

与官制的改革一道，这位独裁官还批准了对神职的一些改动。

最重要的改动有：将大祭司团、占卜官（这两者此前都是九名成员）和神事十人委员会（*decemviri sacris faciundis*）成员的数量扩大至十五名；重新恢复了一种最可掌控的增补（*cooptatio*）最高大祭司的方法（因此，将此事交由“宗教民众大会”选举的规范就被废除了：参见第43节）。

苏拉还废除了粮食配给制度（见第64节），不过，他还是确立了一些粮食的政府指定价格，并且提出了一部关于浪费行为（*sumptuaria*）的立法。他发起了一个大范围的公共工程，这既是为了满足因意大利人和罗马农民不断涌入城内导致的需求，也是为了给城市平民提供工作，维持他们生活的稳定。尤其是他安排了一次重要的，而且在很多方面非常新颖的殖民计划，针对的是那些在流放行动和对马略阵营强加罚款之后变成公田的土地。

在内战期间以及内战以后苏拉对城市进行蹂躏，并且这位独裁官下令没收土地的数量是惊人而巨大的。针对敌对的古意大利人，他以无情的手段使用权力，夷平城堡，拆除叛乱城市的城墙，强加给他们罚款并用沉重的赋税压榨他们，没收他们的土地，收回曾经赋予他们的市民权。这样，就摧毁了他们任何一种军事的、经济的和法律的抵抗手段，而且常常颠覆性地搅乱了这些城市的原状。这些被收缴的土地大部分都落入到私人手上（这位胜利者的追随者、投机商和该体制的既得利益者），用来填补或者组成大的庄园；另一部分则以非殖民地形式按人头直接地（viritanamente）分配给了老兵们。而在剩余部分（以及曾经由同盟的共同体所有、但如今已经被收回的公田）上面，该独裁官则像已经说过的那样，开辟了很多退伍兵殖民地。二十三个罗马军团，即大约十二万人就这样定居在了意大利的腹心地带——主要是由最强大的反对阵营马略派所占据的那些地区（埃托鲁斯、拉齐奥、坎帕尼亚和翁布利亚—皮切诺地区）。

苏拉根据一项旨在达到政治、经济和军事秩序上补充性效果的规划，下令进行杀戮、查抄、开辟殖民地、以非殖民地形式进行土地分配：他以儆效尤地惩治对手，并从经济上打倒他们；给他自己的追随者以好处；根据军事上的职业逻辑和需求来给付士兵们的报酬，用新的门客联系纽带进一步把他们团结在自己周围；尤其是，在一些战略要点上，为他的统治准军事化的“警察”职能提供财政预算，只要有需要的话，他不用费多大劲就能够亲自动用这笔拨款。而他的殖民计划与具有格拉古风格的罗马传统的土地和殖民政策在主要目的上似乎也毫不相干：后者是对大庄园加以限制，并通过土地的重新分配实现，这有助于在最富裕阶层之外，小农所有主这个阶层重获新生，而小农所有主恰恰才是旧共和国里的

332

中坚力量。但是，随着这个阶层的衰落，苏拉的殖民行动（这一行动其实并无关于无产者，而是只跟退伍老兵们有利害关系）也推波助澜——尽管在意大利的不同地区程度不一——这一行动常常导致（尤其是在埃托鲁斯地区）为数众多的古意大利人的无产化，这些人被从他们曾经基于各种资格有权耕作的土地上赶了出去。自然而然，在这种有利的政治处境下，政客－既得利益者们的投机行为找到了更加适于生长繁衍的气候：不仅仅对那些直接以微不足道的价格购买、从而对被压迫的一派造成损害的行为而言是如此。而且，对于迅速地大规模表现出来的一种现象来说也是如此。按照习惯看来，这种现象与对这类土地的任何一种分配行动都是相伴随的（比如可参见第 63 节），即很多分得土地的人，没有能力或者不可能很便利地在新的环境里扎下根来，故倾向于违反既存的禁令而且有时候为了很少一点钱就把分得的土地卖掉。这样一来，在很早的时候，土地就通过这种途径又集中到了新的或者老的大庄园主手上。

所有这一切不可能不滋生出怨言，导致在新的土地购得者或分得者与旧的受到剥夺的贫困者之间关系紧张，并激化了二者业已产生的众多矛盾。因为这样的土地政策没有留给后者任何权利，而且常常在曾经是他们的土地上被当作雇农受到剥削。于是，由于这样一种特征（尤其因为被分配的小块土地和被剥夺的土地迅速地又重新组成了大庄园），那么苏拉的殖民行动就并没有给意大利的土地结构带来什么深刻的改变。而且一般说来，在农村所有者的范围里面，这也没有导致阶层上的显著更替，这种行动肯定不可小视地（在很多地方，甚至在罗马也间接地）导致了当时的政治和社会状态相当脆弱而不稳定，有时候甚至是容易爆炸的。正如不久之后的一些事件所展示出来的那样，这位独裁官突然间就放弃了权力。

令人意想不到的是，大约在公元前 80 年年末（当然是在公元前 79 年夏季的执政官选举之前），苏拉放弃了独裁官一职。他也拒绝第三次参选执政官（即前 79 年），还放弃了山南高卢的行省总督的大位。这位前独裁官回到了他在坎帕尼亚地区的领地，并非偶然的是，这里居住着他众多忠实的退伍老兵。

333

他自动交出权力对于所有人来说都显得是一件突兀反常的事情（对于很多人来说更甚），时至今日，人们还在探寻他的真正动机。或许，苏拉真的认为他从事的事业已经彻底完成了他作为“新罗慕洛”，即贵族政治共和国的组织者和重建者的角色，并且认为已经到达了实现他梦想的一刻，即呈现出另外一种更加具有崇高威望和重大意义的形象来：作为一个私人而被称为“祖国之父”“首席公民”，实际上就是这个重新建立的共同体生活的最高规制者。或者说，恰恰相反，他走出这一步是受到了一道不可逾越的困难的推动。由于反对意见的增长，这道难题横亘在他的计划实现之前，而且这些反对派最初还有些谄媚和语焉不详，但后来就更为坚决果断了。尽管尚未公开，但在实力强大的新贵团体当中逐渐得到巩固并开始对付苏拉（主要是他的 *commaculati satellites*，即那些“有污点的苏拉分子”），他们迫不及待地要自己重新来掌握旧有的领导职位和传统的特权，而不想要任何代言人或者中介。

在经历了一场大的（有时候还是众所周知的）政治失利之后短短数月，苏拉于公元前 78 年 3 月在他的领地逝世：公元前 78 年的执政官选举，选出了一名明确宣称是其反对者的人——马可 · 艾米利 · 雷比达（Marco Emilio Lepido）（相伴的一名正统的苏拉派，库伊特 · 卢塔兹奥 · 卡图罗 [Quinto Lutazio Catulo]），这是一个富有争议的人物角色，他最终会成为民众“领袖”。

这个人曾是苏拉的追随者，此后又改变了这一立场，并因此发挥了反苏拉派的挑战作用，故在竞选中受到权贵当中的主导派系的支持，这些派系已经掌握在庞培和那个古老而显赫的新贵家族手上（尤其是实力强大的切其里 · 梅特罗家族 [Cecilio Metello] 及其盟友们）。

苏拉放弃对权力的直接掌握之后仅短短数月，新贵族们就使其遭受这样一场选举失利，这证明了（或者说确认了）苏拉穷其一生所追求的政治构想全盘失败，这一构想的实现被太多的罪行所玷污，被各种冷酷的野心家所环抱，也被一种虚伪的（“准王权式的”）宗教氛围所围绕，对此我们已经谈到过。在这个国家，由“私人”

来攫取永久统治地位的野心（稍晚些时候，在不同的历史条件下，由奥古斯都实现了）的基础并不是像独裁官这种非常设的官职，而是军队的效忠和个人的威望。

> 苏拉的计划失败以后，罗马人继承到的是一个没有苏拉的苏拉式宪制，即在这个制度内，所有可能的策略都被用来配合和确保共和国贵族政治的存活。但是，所涉及的这种制度的运作要求新贵阶层有一定程度的自我约束性，而这种自我约束已经荡然无存多年了。比如说，保民官一职似乎已经是平民大家族的后裔荣升的一种有用工具，而且几乎很快就感觉不到它的存在了。后来也没有什么办法能够阻止那些在这个秩序环境下感觉受到了孤立的新贵们去寻求骑士阶层的支持，其代价就是把争夺激烈的刑事审判法庭还给骑士。此外，提比留提出的土地问题还是没有得到解决，这让人感受到了它的分量（要注意的是，对于共和国的最后一代人来说，“那个时代的历史”就恰恰是从格拉古兄弟开始的）。按照传统，那种农民士兵的军队所效忠的是他们自认为是其中一分子的国家，这种军队随着从中征召士兵的小农阶级的衰落也逐渐消失了，并让位于只承认军队领袖权威的部队：这就刺激了个人权力兴起，对于一个幸运的军队指挥官来说，这种刺激会使他变得更加强大。

334

68. 共和国晚期的法学：从穆齐到特雷巴奇·特斯塔

从公元前 2 世纪末到奥古斯都帝制初期，是罗马私法发生深刻变化的时期，在这种变化当中，法学是作为主要角色参与其中的。这些解释者们从习惯当中提取出来的各种具有意见性的原则具有一种新的复杂性，这正适应了与外来民族以及在罗马共同体本身范围内的交往关系的深化。那些解答的极端多元性也促成了新方法论的形成以及法学知识更加方便地传播。法学解释采用了更加精练的方式，在这当中就受到了希腊文化所设定的一些智识模式的深刻影响。这个时候，法学家就尝试着为他们的论述提出一种顺序格式：收集参与实践活动所必需的知识，然后把这些知识整理安排到具有普遍意义的概念模式当中去，并在这些模式之内强化这些解答意见的联系，努力串联成各种解决方式和规则所组成的一个具有必然性的链条。此外，程式诉讼和荣誉法的出现（第 30—32 节）标志着私法的转型；而这个时代的法学家们就是在这样一种新的事实基础之上开始了他们的劳作。他们的意见对于实践活动而言仍然是不可或缺的，因为实践中的法律程式都是因为他们高超的法学技艺才得以特征化。另一方面，通过一些界定性活动，这些法学家的意见还有助于确定一些法学概念的内涵是什么，受到保护的诉求以及审判员受理的范围是什么。

在整个公元前 1 世纪，法学家干预实践活动的形式实际上跟我们看到的从塞斯特·埃里到布布里·穆齐·谢沃拉时代（第 61—62 节）的形式都是一样的。但是法学家提供给执法官员们的参考意见具有了更大的价值。这些解答都是很简明扼要的，有时候甚至没有说理部分，而常常被看作是诉诸前辈法学家的权威（参见 Cic. *de orat*. 1. 239; *Brut*. 197; 以及对此有些冷嘲热讽的 *ad fam*. 7. 10; 7. 17）。

这些解答有些是从解答者的家庭藏书中收录的，有些则是由他们的听众（*auditores*）或者弟子誊抄或者重新提出来的，这都是法学知识最重要的材料。作为这些知识的外在表现的书面作品，绝大多数都是由这种解答意见所组成的。在这些意见里面出现了法律解释学（*interpretatio*）。而且相对于传统法学而言，各种更加现代的思维方式也百花齐放，比如说，在对授权性规范或者契约条款进行分析时，有“表示”和“意思”之间的对立（*verba-voluntas*）：这类分析模式更进一步地使得法学家们远离了那种旧有的形式主义。实际上，对言辞当中表达出来的真实意志的探寻，触发了对规范性的陈述和私人行为采取更加自由的解释。

335

法学家们试图从这些解答当中，得出各种概念的一个总和，而这些概念与对个案的决疑没有直接联系。必须要重新落在具体的案件上来对这些概念进行解释，以此来对案件加以调整规制。对这些概念的研习要非常勤谨，并作严格的区分，因为由这些概念概括所得并占主导地位的法律知识，通常都是通过实践活动而获得的，具有特殊性和复杂性。

无论是这些概念之间的划分，还是概念内部的分段划节，即从普遍的概念到特殊的概念，从最高的抽象类别到解答意见所调整的个别案例，都要求有同样一种智识上的方法类型，也就是说须通过一种分类方法来把一个概念与另一个概念区分开来，或者把一个概念涵括在另一个概念里。所有的文献都须参照这样一种逻辑和阐述模式，来对“种概念”和“属概念”加以关注（*genera*、*specie*，或者与之相似的形式 [*formae*] 和组成 [*partes*]），并将其当作是法学家思想和话语的构成要件。

实际上，这种分类（或者区分 [diairetica]）技术通过对概念进行组构，并以分门别类的活动为基础，从公元前 1 世纪初开始就成为所有法学家的共同财产。柏拉图、亚里士多德以及一些斯多亚派学者曾达到较高抽象性和严格逻辑性的理论就是这种概念架构的前身和模板。不过，这些法学家并没有遵循这种哲学模板，尽管他们也没有完全忽视它。在法学上使用的技术似乎具有同样的功能，但在结构上却更加简单而不那么严格。这样的技术不时利用同样的分类方式来对传统文献或者经验中所提出来的一些信息资料加以记载，而不是对概念进行某种建构。在这种情况下，这些信息资料不仅没有被改组为一种更高级的概念单位，甚至也显得不是按照某种逻辑顺序来加以安排的。

出于偶然，库伊特·穆齐·谢沃拉就成为一个最重要的法学家，把已经完全是世俗化了的“提供”“协助”“解答”活动都统一起来。这些活动是他在最高大祭司这个宗教职位上以其至高的权威所从事的。他因其重要且具原创性的法律专著而被铭记。实际上，他撰写了一部题为《市民法十八卷》（*Iuris civilis libri XVIII*）的作品，以及一部稍短一些的《“解说”单编本》（*Liber singularis* “*hóron*”），后者是一部会被优士丁尼时代的编纂者直接加以利用的各种规则的合集。对规则进行这样一种划定，顺应了共和国晚期法律广为传播的需要，即对个案决疑法加以抑制，并控制因交往的扩展以及裁判官的创造性行为所导致的法律形式的复杂化。 336

不过，优士丁尼时代的编纂者们手头似乎并没有这部《市民法十八卷》，也就没有直接地对其加以利用，在他们的编纂中重新出现的这部作品的很多片断都是据后世法学家们的引证。实际上，这部作品直到公元 2 世纪的时候还在使用，安东尼皇帝时代的两位法学家，盖尤斯和彭波尼还就其撰写了评注。彭波尼因此对它有直接而深入的了解，在《手稿单编本》一书里，他确认库伊特·穆齐是第一个按照体系化分类对市民法加以探讨的人（D. 1. 2. 2. 41：……第一次对市民法加以系统整理，将其编辑成十八卷 [*... ius civile primus constituit generatim in libros decem et octo redigendo*]）

有些历史学家对彭波尼的这一评价赋予很大的意义，甚至支持说穆齐的这部著作奠定了欧洲法学及与之相伴的制度理想的基石。但实际上，彭波尼使用的副词"*generatim*"（系统地、总括地）指的是一种风格、一种方式，而不是为了界定所划分的类之间的联系是什么，即使这些分类确实是库伊特 · 穆齐在对法（*ius*）和《市民法十八卷》一书的复杂结构加以描绘的时候首次遵照采用的。根据我们所能获知的证据，可以说穆齐是在很宽泛的意义上采用了一种很常见的分类做法。在一些规则（*regulae*）当中，我们可以看出这一点，这些规则涉及对各种相互区别、但在一些方面也兼有相同性或者相似性的情况加以同等对待（比如，可参见 D. 50. 17. 73. 4）。此外，在对单个的法律表现形式的分析当中、在对这些形式的多样性加以概念化和简化的过程当中，比如：在对各种监护类型（五大监护种类 [*quinque genera tutelarum*]：参见 Gai. 1. 188）或者占有的种类（*genera possessionis*：参见 D. 41. 2. 3. 23）加以区别（*distinctio*）的过程中，也可以看出这一点来。

不过，没有什么地方可以让人相信《市民法十八卷》在对各主题进行划分的过程中，从对少数具有极高抽象性的"种概念"的分类到对"属概念"的分段划节，再到对各种案件的探讨都遵循了一种体系化的顺序。相反，就这个作品的外在顺序和一般体系而言，实际上并没有用到分类技术。从已知的对穆齐这部作品的援引可见，在该书中一系列的话题相继出现，而在这些话题之间却并没有确定一种逻辑联系。唯一一个具有重要意义的信息是，继承法被放在开篇处，紧随其后的是对与家族更迭、与受家父控制的人的地位、与对家族财产加以处置相关的权力和行为加以考察。这些材料的主要内容让人想起这座城邦最古老的那些生活形态，与这类材料相并列的是买卖与合伙（*societas*）的合同模式，正如后来的一些文献所证实的那样，库伊特 · 穆齐肯定着力对此进行了大量的分析。不过，我们不能说出其他一些契约类型在这些讨论当中占据了多大分量，尤其是那些从诚信审判（*iudicia bonae fidei*）当中引发出来的契约，尽管西塞罗把穆齐描绘成是一个真正的关于"诚实信用"

337

理论的专家。就库伊特·穆齐展示出来的法律形式而言，也正如后世的法学家一样，其对分类技术的利用主要还是局限于有限的法律话语语境之下。这种技术所支撑的，只是个别的概念重构或者解释工作。

对于库伊特·穆齐而言，他的政治行动还与那种法学活动紧密相连。这样的政治行动也构成了他从其家庭背景里获得的具有确定性的一整套活动的一部分。作为布布里·穆齐·谢沃拉的儿子和学生，他曾是公元前 106 年的保民官、公元前 104 年的市政官、公元前 95 年的执政官、接来下几年里的最高大祭司和公元前 94 年在亚洲的行省总督。法学家与政治领导阶层具有关联，对于我们而言，这显得好像是公元前 2 世纪里一种可以预料到的事实（而诸如马尼留这样的新人则代表着一个例外，而他很容易从新贵阶层里被补选出来）。而到了公元前 1 世纪初和奥古斯都时代中期的时候，法学家与政治领导阶层这种联系就变得问题多多和更加复杂了。新贵阶层中的内聚力及其具有理想化色彩的稳固性已经从根本上遭到了破坏。罗马社会具有一张处于变动中的面孔，被深刻而不断重复的政治危机所激荡。与此相对应就是，在法学领域这个“开放式的体系”内，在法学家解释活动（*interpretatio prudentium*）的基础之上兴起了“论辩的法”（*ius controversum*）（第 48、84 节），相比而言，《十二表法》已经是一种遥远的历史陈迹了。

公元前 1 世纪法学家的历史出身跟过去已经大不相同了。有些人属于骑士阶层（*ordo equester*），而另一些人似乎有更加卑微的血统。但是，共和国晚期法学家们的智识劳动在根本上具有一种同质性。他们出于对自己学说的信心，想要对抗政治体制的不稳定性，有时候会公开推辞或者拒绝担任主要职务，在其自给自足的解释性活动里，这类学说代表了某种权威性的意识形态基础，而这种权威性常常都不是基于他们显赫的出身。

在当代人看来，就解答和教学活动而言，公元前 1 世纪上半叶的所有法学家中，最著名的是塞尔维·苏尔皮其·鲁弗（Servio Sulpicio Rufo），他生于公元前 105 年，是一位骑士的儿子（不过，他具有新贵族血统），公元前 74 年任财政官，公元前 65 年任外务裁判官，公元前 51 年任执政官。在成为库伊特·穆齐的助理以后，后者劝说他进行法律研习，而他则渴望成为一个演说家（D. 1. 2. 2. 43），此后，他与西塞罗一道在罗德岛研习修辞学，并于公元前 78 年完成了培养计划。回到罗马以后，他明确地选择从事法学工作并进入到官职序列。在这段修辞学训练之后，为了学习法学，他师从卢奇里·巴尔博（Lucilio Balbo）和阿奎里·加卢（Aquilio Gallo）。就我们所知的他的作品而言，占主导的是解答意见，而且他多次表现出与库伊特·穆齐针锋相对的立场，尽管是后者第一个把他引上了法学道路。

338

我们所知的关于塞尔维的一切都来自后世的书面材料。他撰写了一部关于库伊特·穆齐的《市民法十八卷》的评论，传统文献使用两个题目来指代这部作品：《对谢沃拉的批判》（*Reprehensa Scaevolae capita*）或者《穆齐评注》（*Notata Mucii*）。在这部著作中塞尔维发起了对这位老法学家和最高大祭司的批判。此外，他还撰写了一部专题著作《论嫁资》（*De dotibus*）和一部《论退教》（*De sacris detestandis*）。最后，他还创作了两部短小的《致布鲁图》（*Libri ad Brutum*），这两本书在整体上可以说是对告示文本进行解释的第一份手稿（D. 1. 2. 43-44）。另外，塞尔维的法律解答还构成了阿尔芬·瓦罗（Alfeno Varo）的《学说汇纂》（*Digesta*）的主体部分，优士丁尼时代的编纂者尚可通过两份摘抄获知其内容，一份是塞尔维学派的法学家保罗所作，另一份则是一位不知名人士所作。塞尔维的法律解答涉及的都是从具体经验中得来的意见，有时候会显现出对规则的阐明。不过，最明显的信息当然是关于法律思维中的个案决疑法：这就意味着在规则和实践之间的关联性仍在继续。通过其所使用的一些论辩工具，可以看出塞尔维看重的是修辞学技巧方面的知识，而其有关区分技术的使用则表现出与我们在库伊特·穆齐的作品中所看到的相同的风格。

塞尔维的朋友西塞罗赞扬了塞尔维的这种辩证法技巧：作为他的学友，塞尔维已经学会了如何使用分类、定义和解释方面的技巧，并且比库伊特·穆齐做得更好（Cic. *Brut*. 152-153）。但西塞罗的这种赞扬并不是表达对塞尔维的某部作品的评价，也无意把某部比穆齐的《市民法十八卷》更具完备而严格的体系化设置的作品认定为是这位法学家塞尔维的。另外，根据可获得的书面材料，我们也不知道究竟什么能够成为这类作品。西塞罗只是想表扬一下塞尔维的辩证法技能。塞尔维追求的目的并不是对以书面作品形式出现的法学加以体系化，而是使法学如同实践活动一样，使其本身所使用的方法措施具有严密的精确性。

塞尔维的教学与他的解答活动也是直接相关的：当着听课学生的面宣读，由他们研习和记录，成为理论学习和实践经验的基础。阿尔芬·瓦罗，我们曾提到过他的《学说汇纂》（一部有四十卷的作品），就是塞尔维最重要的弟子，并且十分忠于他的思想，不过，瓦罗也是一位富有原创性解答意见的作者。这部《学说汇纂》的排序可能跟裁判官告示是一样的；公元前1世纪中叶之后，这些告示已经成为有组织的评注书的对象。阿尔芬是克雷莫纳人（Cremonese），出身并不高贵，但仍然于公元前39年成为补选执政官（*consul suffectus*）。他并不像同时代的其他法学家那样拒绝政治，在这一点上他是以塞尔维作为榜样。除了《学说汇纂》以外，他还写了另一部两卷本的题为《综述》（*Coniectanea*）的作品。

在有关塞尔维的生平和思想的书面材料中，我们获得了两封他于公元前45年写给西塞罗的信件，里面流露出他对共和国发生政治动荡的悲观看法：大事都由专断者说了算，这就抹杀了个体存在的任何意义。不过，与此同时，这位法学家还是在履行政治义务过程中把尊严和责任置于首位，而且在遭遇困境的时候把灵魂的力量当作是必需的行动指南。总的说来，他仍然认同共和国的政治世界，认同其价值及其职位，尽管共和国出现了深刻的危机（参见 Cic. *ad fam*. 4. 5; 12）。

339

同时代的一些法学家则并不接受从过去继承下来的在法学和政治之间存在的紧密联系。他们以特别高的强度从事解答行为和著述活动。因此，他们放弃或者中断了政治生涯，不再追求更高的职位。在这些人当中，就有公元前74年之后成为塞尔维老师的阿奎里·加卢，他曾是库伊特·穆齐的学生，在跟随穆齐学习解答技能的法学家当中，他是最有权威的一位。彭波尼在引述塞尔维的一个相关评价里面（D. 1. 2. 2. 42），揭示出阿奎里在人民当中的崇高威望。而塞尔维的作品则是在公元1世纪和彭波尼的那个时代里能了解到法学家阿奎里的思想的唯一法律文献。

阿奎里来自骑士阶层，是公元前66年的外务裁判官，不过，他放弃了对执政官职位的追求，以便投身于法学事业。他多次履行审判员之职（比如前82年），并于公元前55—前44年间逝世。

在他任外务裁判官那一年，可能在他的告示里加入了一项诉（*actio*）和一项抗辩（*exceptio*）的规定，用来保护在法律行为或者程序范围内因欺诈或者诈骗而遭受损失的受害者（欺诈之诉 [*actio de dolo*] 与欺诈抗辩 [*exceptio doli*]）。这涉及通过一种司法工具来落实对私人关系的矫正。阿奎里还试图界定这一工具的基础：把古老的恶意欺诈（*dolus malus*）① 的概念转化为"蓄意捏造事实"，这是另一种隐瞒事实、前后不一的行动（*aliud simulare, aliud agere*）（Cic. *de off*. 3. 60-61）。这种告示上的规定可能在法律层面上落实了一种道德准则，即为人要诚实（*honestum*）。不过，与这种对诚实的保证紧密相关的是，对各主体之间关系的可靠性的需求（因此，"隐瞒事实" [*simulatio*] 是会被惩处的），以及法律行为和民事诉讼当中私人之间的平等性（因此，任何一种损人利己的欺诈行为都是无效的）。

塞尔维的学生奥罗·欧菲利（Aulo Ofilio）也是西塞罗和恺撒的朋友，他属于骑士阶层。在公元前46年前后，他从事过教学活动，并放弃了政治生涯，生活、工作到奥古斯都的年代。他撰写了多部《论市民法》（*de iure civili*），均以论述的原创性为特点。他最重要的一部作品是对告示的评论，这部评论并不仅限于简单的解释，而是勾勒出了裁判官为了规范司法活动每年列明的这种规范文本的新颖之处及其更加有组织的结构（参见 D. 1. 2. 2. 44）。

340 埃里·杜贝罗（Q. Elio Tuberone），公元前46年前是一位演说家，后来则从事法律研究，他是另一个非政治人物法学家的范例。他创作了一部解答意见的合集，并撰写了一部《论审判职务》（*de officio iudicis*）的作品。

---

① 与此相对的还有善意欺诈（*dolus bonus*）的概念，是指法律行为当中可以容忍的一类狡猾行为，比如对商品优点的合理夸耀和吹嘘。

奥罗·卡谢里（Aulo Cascellio），生于公元前104年，可能是一个不动产投机商（竞买人 [*praediator*]）的儿子，他因为其解答意见更具修饰性和自由的表现形式而闻名（参见 Macrob. *Sat.* 2. 6. 1; D. 1. 2. 2. 45）。他于公元前73年首次成为财政官，但随后放弃在官职序列里继续晋升。在元首制初年，奥古斯都向他提供了执政官一职，但被其拒绝。

特雷巴奇·特斯塔（Trebazio Testa），西塞罗的朋友，他是尤利乌·恺撒（Giulio Cesare）顾问委员会的成员，于公元前54年去了高卢。奥古斯都提升他到骑士阶层，并提供了执政官职位，不过，他为了从事解答和教学活动也拒绝了。他的作品在公元2世纪的时候仍然很知名，只是很少被援用了。

69. 苏拉之后的政治斗争、“民众派”

公元前79年夏季选举执政官一职的时候，在新贵阶层里面表现出深刻的分化（见第67节），这是苏拉亲自掌权的时候就已经存在的那种紧张关系的必然流露。

（阿庇安说到）马可·艾米利·雷比达和库伊特·卢塔兹奥·卡图罗这两位“相互极为敌视的执政官刚刚选出来不久，就开始冲突和对抗”。根据通行的评价来看，他们在执政官任上的历史可以这样来概括：雷比达试图顽固地坚持针对苏拉这位旧统帅突然出现的一种敌意（*odium*），“妄图做出一些具有风险性的改变”，废除（*rescindere*）苏拉的法令（*acta*），用他建立的新秩序来代替之，而这一计划遭到卡图罗的反对。这样一来，很久以来一直占主导的对共和国期间罗马的政治斗争加以阐释的模式又被提了出来，并且得到证实：民众反对权贵，而元老院“党派”中的“民众派”（*populares*）（大量无产者无力表现出独立自主的政治领导力，因此常常受贵族的统领，而贵族则准备引领这种反对意见并将其当成一种工具加以利用，以此来提出要求，力图实现各种形式的个人权力）反对“保守派”。

如果说随后几年里雷比达不成功的话，那么他旧有的支持者庞培很快将他抛弃就不足为怪了。这种本身也受到了削弱的“两党制”模式，本来应该从根本上加以改变，但在第一波反苏拉事件当中却被保留了（或者说是重新获得了）实际的有效性。政治博弈当然不那么直来直去，而且还有更加复杂的现实：在共和国社会处于衰落时有所行动的那些势力之间的关系、它们之间的结构性冲突、各种社会阶层的社会—经济与意识形态基础之间的相互作用，以及在统治阶层和被统治阶层之间、罗马外部利益和内部利益之间的裂痕及关联、相互敌对或者短暂地结成联盟的集团之间已有的紧张关系。

341

简单来说，老的新贵阶层里的成员，他们渴望（由反动分子来）重建苏拉之前的那种专制体制，因此从根本上倾向于对苏拉建立的秩序加以改动；苏拉派的保守分子（尚忠于这位前独裁者的贵族、他的老兵们、因为他的改革才进入元老院的骑士们），他们跟传统的这些统治集团联系不深，所以把苏拉的事业当作是不可动摇的并加以捍卫，因为从共和国权力旧的均势来说，表面上苏拉是重建者，但实际上却是颠覆者，所以这对他们是有利的；还有一些反对派，即从屠杀和流放中逃脱出来的老马略派，总之他们是苏拉敌人的支持者和座上宾、希望重新有粮食配给制的那些赤贫的城市平民、因为该独裁官为了他的老兵们而实施的殖民地拓殖计划而丧失土地的意大利土地所有者和市民们、支持恢复平民保民官特权的人、持有不同政见的新贵和骑士——他们在不同程度上因为这位专制者必然与其对立的政策而有所牺牲，因此或怀有私心或出于真诚的民主诉求来挑动人民的不满。在这样的背景下，军队已经无产阶级化了：反而是这些支持个人的各支军队成了共和国制度走向衰亡过程中贵族政治重建的基础，不过，这种重建常常进一步加强了这种军队，而且也为未来通过军队把重建本身以及既定的社会秩序彻底颠覆铺平了道路。

尽管在争夺统治权的斗争中有派系和利益的复杂多元性，但公元前 78—前 77 年之间运转的政治现实实际上走向了形成两个针锋相对的博弈的势力阵营（就像其他一些关键时刻一样，富人阶层基础性的团结和优势似乎都会受到根本性的威胁）。一边是元老院和骑士（旧的新贵阶层、忠于苏拉的人和商人阶层）的寡头政治，为了一致的目标潜伏起来，以保卫那种使他们的角色和权力获得总体优先地位的制度；另一边则是来自“人民”的企图（尽管这是由雷比达这个令人不安的角色所领导的），向这种制度发起进攻，以恢复被苏拉的“宪制”或者通过苏拉的政策而被不同程度地破坏了（在很多方面则是直接废除了）的政治职能。

逐渐地，庞培和他的盟友们抛弃了雷比达，而另一方面雷比达也公然地想要摆脱这个集团的影响，因为他们只在与反对苏拉有关的选举中支持他。于是雷比达促成了新的联盟，在民众和古意大利人的圈子里找到了新的赞同者和联结点，这些意大利人曾经因为倒向马略而被苏拉和他的支持者压制和迫害。因此，雷比达提出了一系列的倡议（不过，最初的时候是很谨慎地提出，后来则更大胆坚定了），有时候仅仅是为了收买人心，另一些时候又跟遥远的格拉古时代的追求相一致，在某种程度上这可以解释为是人民的某些关键的期待，虽然这些期待不能完全地转化为一种现行而有效的民主计划（至于是否被当作一种工具则不重要）。 342

除了恢复粮食配给制以外，雷比达还提出，把被流放而逃亡的幸存者召回罗马，并把被剥夺和财产都归还给他们及其子女；把没收的土地以及一部分被苏拉分配给他老兵的土地重新配发给城市以及旧的所有主和占有人；重新承认被剥夺了市民权的人的身份；恢复保民官的权力。尽管仅得到了部分执行（具体来看，有一些提议是无法实现的），但这些措施使得那些当时成为统治“精英”们已经获得的优势地位、大量的特权以及攸关重大的政治社会经济处境重新受到质疑。

眼见既有的权力关系正面临着风险，摆脱了苏拉统治的那些领导阶层不能容忍继续分裂了，尽管他们当中派系林立，而且内部也相互对立。因此，所有的元老院新贵集团，包括庞培和他的反苏拉盟友们，都一致行动反对雷比达具有颠覆性的计划，以此从总体上来保留他们对权力的把持。这场冲突极为尖锐。元老院动用了所有能够动用的手段，包括合法的与不合法的，来打击对手，还常常根据一项元老院最高决议来宣布对方为“祖国公敌”（*hostis rei publicae*）。共和国的两支军队之间爆发了公开冲突和大战：一方由雷比达指挥，针对卡图罗指挥的另一方，而后者成功地利用了涅奥·庞培征召的援军，庞培同样决定挽救元老院的统治。

战场上的失败加上此前在政治舞台上的失利，雷比达这个“破坏性的执政官”逃往了撒丁岛，在那里，因行省裁判官卢齐奥·瓦勒里·特里阿利（Lucio Valerio Triario）士兵的追捕而身亡。雷比达的部分追随者在西班牙加入到塞尔托利阵营，这显得就更加危险了。库伊特·切其里·梅特罗·皮奥（Quinto Cecilio Metello Pio）曾对塞尔托利开战，后来塞尔托利得到庞培率领的另外一支军队的支援。但尽管如此，西班牙的战争也直到公元前 72 年，在塞尔托利被他的一队军官谋杀之后才宣告结束。

> 与此同时，米特拉达梯国王因为担心罗马统治的扩张（当时尼科美德国王已经逝世，把比提尼亚王国作为遗产留给了罗马共和国），再一次带兵南下。为了对付这个老对手（参见第 67 节），卢齐奥·李其尼·卢库罗（Lucio Licinio Lucullo）被派上阵，当年他曾追随苏拉前往东方，熟知小亚细亚的情况。

这次跨海大战激战正酣时，意大利南部又爆发了一场角斗士和奴隶起义（前 73—前 71 年）。还有自由民中的一些最贫困的穷人

343

也参加到这场运动中来：因此，他们代表了一种相对于公元前 2 世纪的奴隶起义而言更新奇的现象（见第 63 节），这证明了经济和社会形势的严峻性及统治阶级的无能都更甚以往。角斗士斯巴达克（Spartaco）被拥立为起义者首领，他成功地打败了执政官率领的两支军队，但后来在马可·李其尼·克拉苏（Marco Licinio Crasso）动用巨大的军力之后被打败。幸存者在朝着北方转移的时候，又被从西班牙赶回的庞培偷袭，终遭歼灭。

尽管这一事件使得在克拉苏和庞培之间形成了某种竞争关系，但他们还是达成了选举方面的协议，并一同获得了公元前 70 年的执政官职位。他们感到，罗马的政治气氛已经变了，那些坚持传统的贵族在与苏拉派开展对付雷比达和塞尔托利的合作之后，认为当下他们可以重新掌舵了。在这个有些混沌的阶段里，两位执政官——他们年轻时都是苏拉派，但实际上却有自己的独立性——都看到了取得个人成功的可能性，并试图创造出有利于自己的政治形势。

这两位执政官之间的默契协作只持续了很短时间，不过却产生了重要的后果。在此前几年里，（公元前 75 年的《关于保民官权力的奥勒留法》[*lex Aurelia de tribunicia potestate*]）苏拉禁止前平民保民官获得高级官职的规范（见第 67 节）已被废除；并且保民官全部

旧有的权力（《关于保民官权力的庞培法》[*lex Pompeia Licinia de tribunicia potestate*]）都被归还。此外，十五年以来首次选举出了监察官（庞培的两位朋友）；他们调查出了九十一万名市民，几乎是以前调查结果的一倍；无论如何，这还是首次真正地把以前的同盟者考虑在调查范围之内（尽管这个数字相对于半岛的人口来讲仍然非常低）。最后，裁判官卢齐奥·奥勒留·科塔（Lucio Aurelio Cotta）颁布了一部重要的司法性法律，调和了从盖尤·格拉古时代就开始的两种极端对立的立场，把刑事法庭审判员的职位的三分之一分配给元老院议员，三分之一给公家提供马匹的骑士，三分之一给高级骑士（司库长，*tribuni aerarii*）（根据最可能的解释，也就是根据财产状况给了骑士）。但这项改革被恺撒所废除（见第 71 节）。

庞培和克拉苏实施的计划并不像表面上那么激进。保民官权力的恢复为平民所欣然接受，保民官也完全没有不受新贵阶层的待见，因为新贵们长期以来都知道如何按照他们自己的目的来利用保民官一职。实际上，从公元前 70 年开始，在经过很长一段时间的间隔以后，我们在保民官当中重新发现了很多执政官家族的名字，比如数位梅特罗和马可·波尔其·加图（即后来的那位“乌提卡城的”[Uticense]），公元前 59 年，贵族克劳迪家族的一个成员为了能够竞选公元前 58 年的保民官，还转换成平民身份。

克拉苏和庞培得到骑士们的支持，而且前者尤其与工商业主的行动有联系，因此加强骑士阶层对双方而言都有具体的好处。另外，元老院议员出身的审判员再一次因为开脱罪责的丑闻而声名狼藉，西塞罗对此有记载：公元前 70 年提起了针对盖尤·维雷（Gaio Verre）的搜刮钱财罪指控，他是最后一个仅由元老院议员组成的法庭审判的罪犯（在维勒案件里面，法庭判决其有罪，但必须要注意的是，这位被指控者是马略派，但在最关键的时候倒向了苏拉，他在政治上是非常软弱的，因此很适合用来当替罪羊）。 344

在财产调查清单上列入很多以前的同盟者，这毫无疑问是一种公正的行为，如果考虑到此前二十年以来对此所施加的阻碍，那也可以认为这是一个充满勇气的行为。不过，如同最精明的人从一开始就知道的那样，这种行动并不代表着统治阶级的危险。投票权只会由新市民当中一少部分人实际行使：权贵及其最显赫的门客们，因为他们有时间、有能力前往罗马投票。元老院议员很容易跟这一集团形成默契：实际上，公元前70年之后的执政官年鉴通常包含的都是贵族的名字，一个新人（像西塞罗）想像过去那样晋升就显得是一种不正常的状况了。

一般来说，从公元前70年以后就可以看到苏拉派逐渐的衰落：布布里·科尔内利·雷图洛·苏腊（Publio Cornelio Lentulo Sura）被元老院排除在监察官行列之外，而他曾是前一年的执政官；卢库罗尽管有战功，却于公元前66年因庞培的利益而被免除了米特拉达梯战争的指挥权。

在这一时期，政治语言当中兴起了一个术语：民众派（*popularis*）。说实话，在同时代的文献中，唯一或者几乎是唯一使用该术语的就是西塞罗。不过，他对该词汇的使用方式使得人们理解到，这个概念对于公众来说是很熟悉的。有时候，这位演说家以及稍晚一些受到他影响的文献也把这个称号赋予此前年代的一些角色，不过，我们不可能知道，这究竟是反映了过去的真实情况，还是犯下了误置年代的错误。

民众派，在其众多含义当中有"人民之友"的意思，因此很多人倾向于将其理解为是"民主派"，实际上，这个词语主要是在"笼络人心"这个贬义意义上使用的，它尤其标志着那些为了一己之利而煽动人群的人。西塞罗时代的民众派（庞培、克拉苏、恺撒和克罗迪 [Clodio]）都是主要致力于巩固自身权力的新贵的代表人物，他们相互攻伐或者结成同盟跟其他新贵大打出手。在罗马，民众派的传统与格拉古派的传统是一回事（相对于希腊和当代的民主的观念而言，这都是很微不足道的），都仅仅存在于一个有限的范围内，在这些传统文献里面，很少或者从不使用"民众派"这一术语：可以指出历史学家萨鲁斯特（Sallustio）为其代表。因此，恺撒所在的阶层注定也会对恺撒感到失望，不过，他虽然接受了格拉古计划当中的一些成分，但还是不想跟格拉古派搅和在一起，而是追求很多其他的目的。

公元前70年之后的十年间是以庞培的执政为特征：他获得了两项具有非常规性质的指挥权：首先是针对海盗祸害的战斗，然后是取代卢库罗指挥米特拉达梯战争。新贵们在很大程度上表现出了对

345

庞培的敌意，这不是出于原则标准方面的理由（当局势有需要的时候，其他一些将领也曾获得过非常权力），而是不愿把过多的权力集中到既有才干又有野心的人手上。但庞培拥有商人们（他们的贸易交往受到了海盗和战争的侵扰）以及包税人的支持（他们滥用权力而对行省造成损害的行为受到卢库罗的严厉打击）。

庞培在数月内消灭了海盗，又在两年时间内打垮了米特拉达梯国王的势力，后者兵败自杀。于是，他根据自己的决定进军叙利亚，废黜了国王安条克十三世（Antioco XIII），并在很大一片领域里确立了罗马的权威。他命令把占领的土地分为两个行省（这是临时性的打算：其决定必须要由元老院来批准）：比提尼亚—本都行省和叙利亚行省。

在前面我们已经看到，在不同的阶段，罗马的帝国主义路线在以联盟为基础的商业性扩张和领土性扩张这两者之间摇摆不定，甚至有些时候，在这两种倾向之间出现冲突（第 50—51、55 节）。然而在共和国末叶，我们看到征服政策重新出现，或许是通过对他人的资源进行剥削利用以解决内部经济问题的一种尝试。实际上，叙利亚的富庶使得在它被吞并之后的很短时间里废除意大利进口商品的关税（*portoria*）成为可能（不过，由于内战导致的财政危机，恺撒又重新引入了这种关税）。

在公元前 63 年年初，当庞培仍然在亚洲且西塞罗担任执政官职务的时候，保民官布布里·塞尔维利·儒洛（Publio Servilio Rullo）试图颁布一部土地法。一般认为，他是以恺撒和克拉苏的名义行事的；而且，实际上这个草案（塞尔维利土地提案 [*rogatio Servilia agraria*]）在有些方面与恺撒后来实现的那种计划（见第 70 节）有共同之处：分配坎帕尼亚地区的公田（正如我们所知道的那样 [见第 47 节]，这些公田是监察官田 [*ager censorius*]，即监察官为了国库收益而“出租”的土地），以及以市场价格购买其他一些土地用以分配。不过，很多元老院议员坚持认为，来自坎帕尼亚田的收入对于共和国财政来说是不可或缺的；西塞罗因此反对这项提议，他断定这一提议是直接针对不在罗马的庞培的，并在这个意义上给庞培的对手提供了权力、手段和影响力，而西塞罗成功地扳倒了这项提案，因为庞培在当时仍然处于民望的顶峰。

数月之后，一些在那场政治斗争中陷入孤立而背负债务的原苏拉派新贵们策划了一场政变，他们的首领是两个贵族：卢齐奥 · 塞尔焦 · 卡提里纳（Lucio Sergio Catilina）和布布里 · 科尔内利 · 雷图洛 · 苏腊。恺撒和克拉苏也被怀疑是同谋，这种怀疑看来是没有根据的，不过，这却是罗马存在着紧张局面的征兆：据认为，庞培的对手们已经做好一切准备来夺取他的最高统治权。西塞罗逮捕了雷图洛和其他一些同谋者，在元老院的授意之下，他们都未经审判而被判处死刑，并且没有向人民申诉权，卡提里纳则逃往埃托鲁斯地区。

346

跟其他几次一样，新贵们的复仇行动在更大的范围内激起了反响。一些卡提里纳分子在菲耶索莱（Fiesole）组织起一次起义，在那里行动起来的既有二十年前支持马略派而向苏拉开战、因此受到惩治并被没收了财产的农民，也有苏拉的老兵，他们本是被没收土地的受益者，却因卷入农业危机而陷入贫困窘境。很明显，局势本身非常严峻，而这些同谋者无非是想利用这场此前就已经存在的动乱。这一年之后，卡提里纳和他的支持者（有数千人）受到军队的攻击并全部战死，但并没有显示出采取了什么措施来挽救酿成这场起义的那种危机。

70. 恺撒和庞培

西塞罗认为共和国得到了拯救，尤其是因为骑士们都站到了元老院一方来对付卡提里纳，在这当中，他看到了他的“阶级和谐”（*concordia ordinum*）计划的实现。不过，正如我们将要看到的那样，和解的气氛注定首先会被主要的利益对立所冲淡。而另一方面，对于共和国制度而言，代表着真正危险的并不是卡提里纳分子，而是其他人：这个时候主要是庞培了，西塞罗因为反对他而被解除了军权，因为庞培顽固地坚信对共和制的忠诚。

另外一些最悲观的人则害怕庞培从亚洲回来（前 62 年）以后会效仿苏拉，即利用手中的得胜之师来攫取权力。但是，他却遣散了他的部队：这当然不是因为他的守法精神或者出于胆小腼腆，而是因为他已经理所当然地成为罗马政策的专断独行者了，这都要归功于他作为征服者而获得的民心所向和众望所归。但是，新贵中的多数派还是战胜了内心的恐惧，站到了他的对立面；尽管有西塞罗的支持，庞培也未能获得设立新行省和有利于他的老兵们的土地法的批准。

> 更晚些时候，克拉苏也遇到了困难，因为一些包税人，即他的盟友——他们通过承包活动而获得亚洲行省的税收，通常是以他们本身的报价为条件、并通过调整竞价而获得承包权——感到利润实在太低，于是要求重订合同。除了克拉苏以外，西塞罗也支持他们，尽管他认为他们的要求是不合法、不道德的，但他出于对“阶级和谐”的热爱，觉得接受这种要求也是合适的（包税人是骑士阶层里最团结、最具影响力的集团）。不过，小加图和他的盟友，作为毫不妥协的法制的捍卫者，成功地阻止了对他们有利的决定。

347

庞培和克拉苏因此感觉受到了孤立，这促成他们再次像公元前70年那样联合起来；这两个对手达成协议之所以可能，多亏了恺撒的调和，尽管他有着古老的贵族门第血统，但是远不及前两者强势和富有，因此在这个同盟中他完全是获利的。这三人之间私下的协定习惯被称为“前三头同盟”，很显然，其意义完全不同于“后三头同盟”，后者是公元前43年由一部专门的法律所设置的官职。

于是，由于得到两位盟友的支持，恺撒被选为公元前59年的执政官，而且他甫一上任就偿还了债务①，并让庞培的行省规定获得批准，还特许克拉苏的朋友们，使得亚洲税收的承包人的负担大大减轻。他还提交了两部土地法，实际上完全可以认为就是一部。其中一些条款跟塞尔维利·儒洛（参见第69节）的计划有关联，比如从市场上收购一些土地用以分配（这一提议相当温和）以及对坎帕尼亚田的分配。在这一点上，很多元老院议员、三位保民官以及恺撒的执政官同僚马可·坎布尔尼·彼布洛（Marco Calpurnio Bibulo）都加以反对，但是倚仗着武力，恺撒让这些对手都闭口不言，并且交付给民众大会表决。

分得这些土地的人也包括庞培的老兵们，所以这一土地立法行为当然是在选举前的那些协议中就规定好了的。不过，这位执政官展示出在政治现实上的一种激进意识，他不限制那些老兵们得到的好处。他明确追求的目标就是在这些被抛弃了的农地上大量繁殖人

① 据历史记载，恺撒的个人债务是克拉苏出资帮忙偿还的。

口；另外，还规定分得的份额不得转让（格拉古的理由）；最后同意拥有至少三个子女的家庭的家父有优先分配权，这个条款在提比留的法律里面是找不到的，不过，相关文献也记载了提比留这位保民官在人口统计问题上的兴趣。这就解释了为什么罗马的民众派倾向于站到恺撒这一边来。

作为给盟友提供这些帮助的补偿，恺撒这位未来的独裁者获得了对两个行省为期五年的统治：山南高卢（还加上了伊利里亚地区）和远山高卢（Gallia Narbonense）。这一职位无论就其所管辖的幅员范围还是就其任职时间来说都是非常例外的：不过，公元前 59 年，前三头已经既统治了平民大会（该大会对前一行省进行表决），也统治了元老院，后者则根据庞培的提议又加上了后一行省。

348　西塞罗则陷入麻烦，因为他虽然跟庞培交好，却不愿意接受这个集团不断提出的进行权力合作的提议。因此，恺撒支持贵族布布里 · 克劳迪 · 普尔克洛（Publio Claudio Pulcro）转换为平民身份（根据民间发音法，他被称为克罗迪 [Clodio]），他知道该人很长时间以来都是西塞罗的政敌，所以一旦他当选为保民官，就会给这位演说家带来极大的麻烦。

至少在这方面，克罗迪没有让恺撒的期待落空。但不能因此就说他是恺撒派。实际上，由于他真实且明显的前后不一致及其被迫或者自愿的模棱两可的态度，他的政治行为并未显露出与共和国开始走向解体时为了统治权而斗争的任何一个集团相一致的地方。相反，在他的限度内、在他的极端行为当中、在他的暴力行为中，都显得具有机动灵活的自主性，而且在很多方面都具有原创性，或者至少有独特性，富有新颖的元素，但相互缺乏关联。

这位保民官在（不仅仅是由恺撒）给他留下的那些政治空间里游刃有余。他利用一些能够给他带来有用盟友和偶然支持的机会，他也不反感收买人心的行为，相反，为了获得个人权力，他还公开利用这种手段（这正是那些具有贵族血缘的民众派领袖的一贯传统）。不过，他也成功地从中获得了必要的实力，用以提出客观上合适的手段，来满足最贫困的那部分城市平民的深切期待，并提出足以满足这些边缘化人群、穷人甚至奴隶的现实需求的措施。所有这一切就解释了：克罗迪为什么会成功，与此同时，他的对手为什么会害怕，历史学家的传统记述当中为什么会对其充满敌意的憎恶（这主要都是权贵们的传声筒），以及保守分子所作出的反应，这些保守分子同样也运用了大量他曾使用过的暴力手段，而且最终成功地消灭了他。

克罗迪最主要的一些行动就是致力于反对寡头中的头面人物和反恺撒派（或至少是反前三头派）：正如我们会看到的那样，除了他当然会反对的西塞罗以外，还反对马可·波尔其·加图。由于后者笨拙的表现，克罗迪成功地将其扳倒，并提出将其派往塞浦路斯（Cipro），负责管理这个海岛行省，而该行省恰恰就是为打发他而设立的（所谓的公元前58年的《关于托勒密王国和塞浦路斯岛收归国有的克罗迪法》[*lex Clodia de rege Ptolemaeo et de insula Cypro publicanda*]）。但在其他一些场合下，他又表现出具有反恺撒或者与克拉苏和庞培的利益相对立的态度，并提出此类倡议。这不仅证实了他有一种公认的不偏不倚的态度，而且证实了他在行为方式和目的的选择上相对任何一派都有着实质的独立性。总之，这种选择上的（相对的）新颖性可以从克罗迪成功发起这类运动的组织和社会基础当中看出来。尤其是在对无产者、小手工业者甚至奴隶群体加以政治性利用这种行为类型当中，他成功地（依靠这些人当中最绝望的人，承诺授予奴隶们自由权以及把解放自由人登记到全部三十五个部落当中去）实现并组建起真正的武装队伍，这帮人随时准备好以暴力行动来支持他，采用一切手段对他的立法提议表示欢迎。 349

这些提议中有很多似乎都跟那种“民众派”的传统做法是相一致的。比如说，他的粮食供给法律规定向罗马平民免费配给谷物，而不是按照政府指导价配给。

不过，在这里，也有一处具有新颖性的关键元素，即创设了一种行政化的官僚工具（粮食保佐官 [*curator annonae*]，其任务是编订有权获得免费配给之人的名单），该官职的提出在理论上仅仅是为了保证该制度的有效管理，但实际上其建立的目的明显在于从政治上掌控谁有权登入到此名单之上，以及使用这种行政管理权以达到收拢门客的目的（实际上，这位保民官采取的方法是把这一职责托付给他的助手，塞斯特·克雷利 [Sesto Clelio]）。

在其他一些场合下，克罗迪的各种法律所优先保护的似乎主要是：他所发起运动的基础力量在组织上的利益。《结社法》（*lex de collegiis*）就是这方面的例子。

克罗迪放开了结社权，也就许可了重建一些被公元前64年的一部元老院决议所镇压的协会（*collegia*）和团体，并且许可创立一些新的社团。这一措施满足了小手工业者、底层民众以及奴隶们进行礼拜活动和结社的需求。不过，与此同时，这部《结社法》（或许主要是）也同意向克罗迪的支持者赋予集会、聚会和组织权，这样在必要的时候，他们就变得更加容易动员了。

这位保民官提起的另外一些法律也直接指向对民众自由权的重新确认，并重申（或者说是恢复）了市民的宪制权利。

根据《关于法律提案的期限与权利的克罗迪法》（*lex Clodia de iure et tempore legum rogandarum*），阻碍民众大会程序的宗教命令这种限制也被取消了。众所周知，这些命令常常被用来扰乱民众大会的正常运作并破坏"人民意志"的实现。而该法明确规定：在所有吉日里都可以召开民众大会，并且祭司们不得再诉诸"鸟迹凶兆"（*obnuntiatio*）这种伎俩来阻碍其活动。另一部平民会决议（《关于监察官调查活动的克罗迪法》[*lex Clodia de censoria notione*]）限制了监察官的自由裁量权。这些监察官所拥有的权力——把并未明确受到其指控或者未被一致认为有罪的人从元老院选拔程序（*lectio senatus*）中排除出去（*praeterire*）——被砍掉了。

在这一组法律当中，相互联系而具有一贯性的措施是克罗迪在他保民官任职初期发起表决并通过的针对西塞罗的规定。第一部平民会决议是《关于罗马市民资格的克罗迪法》（*lex de capite civis Romani*），批准通过对一些执法官的流放刑，这些官员曾根据一份元老院最高决议，命令对未经正常程序判决的市民处以死刑（这明显是跟处死卡提里纳分子有关）。第二部平民会决议（《关于西塞罗流放的克罗迪法》[*lex Clodia de exilio Ciceronis*]）明确规定将西塞罗流放，因为他下令未经审判而处死罗马市民，甚至故意伪造那部元老

350

院决议。这位被流放者的财产被没收，房屋被夷平，并且宣布任何对其的容留款待皆为非法；而且这位演说家还被强制远离罗马至少四十万步长（为的是防止他逃亡到西西里或者马耳他）。

对西塞罗的流放持续了大约一年半。公元前 57 年，庞培一方面对恺撒和克拉苏不放心，一方面对克罗迪也不信任（因为后者按照自己的打算行事，正在以城市平民为基础构建自己独立的实力地位），所以决定向共和派靠拢，并同意他这位旧支持者西塞罗回来，因为他尚且还能有点用处。

但这位演说家，除了对庞培丧失信心以外——因为他有理由认为遭到其背叛，也不再对“阶级和谐”（元老院议员和骑士之间的合作：参见第 73 节）的可能性和效果抱任何希望。因此，他提出了一个前几年里已经策划出来的新模式：全体良善人民之间的协作（*consensus bonorum omnium*）。由于他获得在当时罗马人当中很少能获得的大量见闻，所以他宣称对共和制度的捍卫已经不仅仅要依赖于两个特权阶层了，还要依靠遍布整个半岛的市镇的小所有主、小商人和解放自由人。

有些历史学家已经观察到，如果西塞罗能成功地团结起这样一批力量，就会创造出一些非常类似于现代政党的东西，即一个以某一项纲领汇聚在一起的政党。

这种倡议失败了，因为该计划太过于笼统，而没有为好市民们（*boni*）提供任何愿意为之斗争的东西。因此就会像以前一样，贵族政体共和国得到保留，中低阶层的人无法从中获得任何好处。不过，西塞罗这个新人，在涉及社会问题的时候，也沾上了他同时代的新贵们具有的那种盲目性：他认为，罗马的混乱和农村的骚动都是由蛊惑人心的伎俩生硬做作出来的，而没有考虑到这些混乱所展现出来的社会困境。

共和制的瓦解还在继续。长期以来，庞培都立场不定，在公元前 56 年再一次跟恺撒和克拉苏靠拢。这三人在卢卡（Lucca）会面，并达成新的协议，约定由庞培和克拉苏第二次担任执政官一职（前 55），然后，由前者统治伊比利亚半岛的两个行省，但有权留在罗马并以派遣特使的方式治理西班牙；而后者统治叙利亚（这意味着他可以自由行动，发起针对邻近的帕提亚 [partico] 王国意在赢得声誉和战利品的战争）；最后，关于恺撒，则获得第二个为期五年的高卢行省总督之职，使其实现征服整个地区的目标成为可能。对于恺撒而言，这份协议有着重要的决定性意义：在高卢的胜利确保他建立起一支骁勇善战而且忠心耿耿的军队，而且带来雄厚的财力，让他能够成功地于千里之外影响到罗马的政治活动，并收买了很多有威望的元老院议员。

351

公元前 53 年，克拉苏由于对帕提亚王国（Parti）的军事实力一知半解（这个国家的军力主要建立在配备胸甲的骑兵和杀伤力极强的马上弓弩手的基础之上），于卡莱（Carre）战败并被杀害。剩余部队和叙利亚行省是由他的一位军官、行省财政官盖尤·卡西·隆琴（Gaio Cassio Longino）的军力拯救出来的。同年，罗马的混乱局面达到了顶峰，执政官和裁判官的竞选者——后者当中也有克罗迪——使用各自的武装力量来争夺对各条街道的控制，这使得选举不可能进行。因此，在公元前 52 年，一系列的摄政统治（*interreges*）开始了。在 1 月份的时候，克罗迪在一场派别冲突中被杀，而恺撒和庞培在权力斗争中成为仅存的两人。于是，最终的决战已不可避免。

克罗迪分子们被其首领的死亡所激怒而展开暴行。面对他们的暴力行为，元老院中的多数人，包括最坚定的共和派，比如小加图，也开始认为委任一个“强力人物”进行统治已经迫在眉睫。在超越了以往的不信任感之后，他们都同意要庞培来进行干预。此人虽是西班牙两个行省的总督（根据前三头协议，他是通过特使这一手段来统治行省的），却仍然待在罗马附近。庞培的支持者们想要他担任独裁官一职。不过，为了避免这个从苏拉以来预兆着灾难的官职称谓，他们借用很大程度上的伪装，采取了这样一种方式：把庞培选为“独任执政官”（*consul sine conlega*），并进一步同意他在这一头衔上拥有一种完全反常的权力（这是一种自相矛盾的命名方式，因为执政官一职的本质是建立在他的集体同僚性的基础之上：参见第 27 节），并兼有行省总督治权（*imperium proconsulare*）。这再一次完全逾越了共和国的宪制实践。不过，在这个时候，压在元老院大多数人心上的大事就是终结暴力行为、重新建立城市秩序。

庞培这种见风使舵之人，很快就投向给他授职的人那一边去了，表现出对法制加以维护的态度来。他利用常规部队（和很多关

于暴力罪 [*de vi*] 的审判程序）恢复了秩序（通过这些程序，不但清除了很多克罗迪分子，还有米洛 [Milone][①] 的人马）；大约在公元前52年的时候，为了显示对传统的回归，他还授意选出另一位执政官（不过，是在他的人马里面选出的一个人：其岳父库伊特·梅特罗·皮奥·西庇阿·纳西卡 [Quinto Metello Pio Scipione Nasica]，尽管此人在前一年的混乱当中牵连很深）。

352

庞培坚持一种模棱两可的行为方式，因此，一方面提出一些措施旨在使他的对手陷于困境，同时又提出另一些举措反而确保了恺撒受优待的地位。他发起表决了一项法律，规定行省总督要长久停留在行省，并且确定在担任共和国官职和担任行省官职之间要有五年的间隔期。不过，他又同意通过一部平民会决议，授权恺撒可以在重新回到罗马之前提出竞选执政官职位。此后不久，他通过了一部《民选执法官员任职法》（*lex de iure magistratuum*），重新在原则上确认了各官职的候选人要在罗马城市里现身的义务（由于恺撒的抗议，在这一份已经获得通过并存放在国库中的立法文本里面又塞进了一个本已无效的条款，使他的这位对手免受约束）。

为了抵达罗马取得竞选资格，恺撒不得不放弃行省总督治权，并脱离他的军队，以市民个人的身份回来。在这种情况下，他的敌手们（共和派或者庞培派）就会抓住机会立刻把他投入审判。至少可以借由他做过的这些违法行为：与公元前59年那次选举相伴随的一些不规范行为，以及在他第一任执政官任期中所做的各种“反对鸟卜官和执法官否决权”的行为。之所以直到当时他都免于受到指控，这只是因为从公元前58年1月起他就一直是行省总督，而在任的执法官是不能被审判的。因此，对他而言，唯一可能的解决方式就是，在他尚且掌握行省总督职位的时候，就参选并当选为执政官。这样，在他于高卢的统治到期以后，就立即担任新的执政官职位。

庞培通过的各种规定中的自相矛盾之处在随后几年里引发了更加尖锐的争议。一些元老院议员提出，恺撒和庞培同时放下行省总督治权，为的是让两人中的任何一个都不比另一个占有优势。在这

① 米洛是反对恺撒而支持庞培的罗马政治家，公元前57年任保民官，公元前55年任裁判官，公元前53年任执政官，被指控对克罗迪遇害负有责任。

样一个达成妥协的尝试上，集中了极为广泛的共识，公元前 50 年 11 月初，元老院照此意见以整整三百七十票对二十二票通过了一项决议。但这没有任何作用，庞培对此不予接受。相反，他从执政官马尔切罗（Marcello）那里——此人徒劳无益地去要求颁布一项元老院最高决议用来对付恺撒这位统领高卢各个行省的总督，因恺撒无理地宣称，他已经翻越阿尔卑斯山，要向罗马进军——（不合法地）获得了一项职责：保卫共和国。11 月末（27 日），恺撒向元老院发出了一封信函，宣布他已经准备好放弃治权，条件是他的对手也同样遵守元老们的这项决议，否则他本人会采取措施把罗马从非法状态下解放出来。但是，元老院议员们从公元前 49 年 1 月 1 日开始持续开会，对此前的决议加以修改——恺撒这个未来的独裁官写道（Bell. civ., 1.2.6）："不情愿的而且被强迫的。"（*inviti er coacti*）——并议定：庞培保留治权，而恺撒离开他的军队。于是，内战爆发了。

353

1 月 7 日，恺撒最后一次和解的尝试也失败后，通过了一项元老院最高决议，尽管遭平民保民官马可 · 安东尼（Marco Antonio）和库伊特 · 卡西（Quinto Cassio）否决。恺撒终于下定决心，于 10 月率一个军团越过卢比科内（Robicone）朝罗马南下（他说，是为了捍卫受到一小撮权贵 [*factio paucorum*] 冒犯的保民官的尊严和罗马人民的自由）。

庞培带着他的军队退到巴尔干半岛上，依托东方的一些城市和自治市能够给他提供的支持，这些地方跟他有门客宗派上的联系，而且是他在对付海盗的战斗和米特拉达梯战争中结下的。

元老院中还有很大一部分人在这个时间点上仍然保持中立，他们暗自庆幸恺撒的这个决定；而另一些议员则分裂为对立的两派，追随庞培的稍微多些，但一般说来，这跟庞培派都不沾边，而是一些对他们自己的领袖已经不抱任何信心的共和派分子。就连西塞罗也加入到庞培一派来，也仅仅因为他受到友谊这条旧纽带的驱使。他也知道他选择了一个会失败的目标，而且在任何一种情况下，两个竞争者中的任何一个人被消灭，共和国都会落入另一个人的权力之下。

在罗马城外召集了元老院之后——这是为了让恺撒能够在不放下行省总督治权的条件下与会——并把行省裁判官治权（*imperium pro praetore*）（不合法地）转交给平民保民官马可 · 安东尼和其他

一些他的将领之后，恺撒这个“意大利之主”转战西班牙去对付庞培在那里的代理长官，他们于莱里达（Ilerda/Lérida）城附近被迫投降。于是，他又转向东方来直接挑战这个对手。公元前48年1月，他抵达伊庇鲁斯（Epiro），并把庞培及其军队围困在了都拉斯城（Dyrrhachium/Durazzo）。但很不幸，庞培的舰队拥有制海权，并阻碍他获取必需的补充，而且这些被包围的人的突围行动也给他造成严重的损失。于是，他转向色萨利地区（Tessaglia），而庞培尾随而至，但是后者未能抓住这转瞬即逝的优势。大战发生于法萨卢（Farsalo），恺撒的胜利（公元前48年8月9日）决定了这场斗争的最终命运。

庞培逃往埃及，非常年轻的托勒密十三世（Tolemeo XIII）和他的姐姐（也是妻子）克里奥帕特拉七世（Cleopatra VII）共同统治那里，但他们之间也有冲突。他们是托勒密·奥勒特（Tolemeo Aulete）国王的子女，公元前52年，庞培曾让奥罗·加比尼奥（Aulo Gabinio）前往埃及把这个王国还给因为亚历山大城人民起义而丧失了王位的奥勒特。庞培本希望因为这件事情，那两位最高统治者会成为他的朋友，并同意让他避难。但是这位国王的一些权臣为了讨好恺撒这个胜利者，并怀着获得其支持来对付克里奥帕特拉的希望，杀害了庞培。不过，恺撒却无法容忍一位罗马的元老，尽管是他的对手，在尚未归罪的情况下在一个附庸国里被杀害。他也不能舍弃一个确认他是“宅心仁厚”的胜利者这种声望的机会，至少也要让反对他的那些市民们对此铭记于心。 354

克里奥帕特拉女王，有“一半马其顿血统，一半带有少许古伊朗人渊源的希腊血统”，恺撒与她的关系在任何时候都被（带有传奇色彩地）大书特书，从这段关系里面还诞生了他们的一个儿子：托勒密·恺撒（Tolemeo Cesare），希腊语中称为小恺撒，本书这里感兴趣的不是他们在感情方面的次要问题（如果他们之间有感情的话），而是滋养出这段关系的政治动机和权力方面规划。恺撒在罗马还有很多威望甚高的敌手，他的目标在于，通过这个血缘联系来确保对最富庶的地区之一的资源和这个正在成长的帝国的胃口加以牢固掌控；而这位精明干练的女王则渴望发展提升她的王国，并使之处于一种至少有别于罗马其他附属国的地位，即使不能独立的话（这是不可能的）。这在一段时间之后，当她跟马可·安东尼

（Marco Antonio）的爱情再次重演时，这一目标几乎就要成功了（见第 73 节）。

法萨罗大战之后，一些共和国派分子，比如西塞罗、盖尤 · 卡西欧 · 隆琴、马可 · 尤尼 · 布鲁图（Marco Giunio Bruto）也臣服于恺撒，他再一次地证明了他的宽宏大量（一贯的目的在于他的舆论宣传）。最坚决的一些人在非洲和西班牙坚持斗争了一些年，这是另外两个庞培党人势力非常强大的地区，很多人战死；而另外一些人，比如小加图到了乌提卡（Utica），在战败之后也自杀了。公元前 44 年，尽管大庞培之子塞斯特 · 庞培（Sesto Pompeo）还在战斗，恺撒对国内局势已经相当肯定了，他准备好对帕提亚开战。

公元前 49 年，恺撒第一次被授予独裁官一职，当时他取得莱里达大捷，正准备从马赛地区（Marsiglia）返回意大利。他所采用的程序跟库伊特 · 法比 · 马西莫（Quinto Fabio Massimo）当年任独裁官一职所遵循的程序相似：在执政官缺席的情况下，由裁判官马可 · 艾米利 · 雷比达在获得民众大会的明确授权之后进行任命（*dictio*）。抵达罗马上任以后，恺撒并没有像通常那样，任命他的骑兵长官，而是指示进行常设官员的选举，于是公元前 48 年民众大会还选举他为执政官，并兼任独裁官。在随后几年里，根据各种提议，他四次连任独裁官，最后于公元前 44 年年初被确认为“终身”独裁官。

355

从形式上看，独裁官头衔一直都是恺撒权力的基础，年复一年地以各种形式被另一些官职上的权力资格或者特定的权力或者属性所包裹，而这些权力或者属性跟独裁官最初表现出须承担的职责不相关联。在他个人身上，很早就集中了非常多的权力：除了交给他整个的军事指挥权以外，还有对共和国进行政治指导和行政管理的权力。他承担着永久的独裁官职位的同时，还是一位任期十年的执政官，拥有无须征询民众大会就任命几乎所有执法官和行省总督的权力，风纪整饬权（*regimen morum*），元老院派驻权（*legere senatum*，当然他利用此权力向民众大会安插他的支持者，使得其成员增至 900 人而显得臃肿不堪：参见第 71 节）。甚至，他作为最高大祭司还拥有对宗教生活的领导权（依此身份，他改革了历法）、授予贵族身份的权力、安排国库的权力、部分保民官权力等等。依靠城市行政长官（*praefecti urbi*），他组织起了首个初步的“内阁制政府”，用于日常的行政管理。

恺撒对国家同时也是对社会的“改革”计划，不仅可以在他行使权力的职务和形式上加以理解，还可以从他的立法中加以领悟。

71. 恺撒的改革

值得提及的是恺撒那广泛但却不一定一以贯之的众多立法，尤其是在其希望更加坚决地加以干预的公共生活的庞大领域当中，他所具有的影响力——而这还有待一种整体的分析，这种分析可以把此种立法同它得以表现出来的那种政治事件的各个时段勾连起来，也同它的历史和意识形态上的真正根源勾连起来。因此，先不说那些“经济状况上的”规定，这些规定跟各种集团之间的斗争中的特定的——而且并非无关紧要的——历史事件有紧密联系（比如《关于庞培派分子的伊尔蒂法》[*lex Hirtia de Pompeianis*]、《关于撤销伊比迪·马儒洛和卡塞迪·弗拉沃执法官职位的赫勒维法》[*lex Helvia de magistratu C. Epidio Marullo et L. Caesetio Falvo revocando*]以及多部“重新确立判罚的法律”[*de restituendis damnatis*]），这里要记述的法律都涉及这场现实的政治冲突的明确术语“关于叛逆罪的法律”或者（可能还有）“关于暴力罪的法律”（这里面可能规定了严厉的惩处手段，但仍然承认被推定有罪的罪犯有向人民申诉的权力），而且，公元前 46 年的《关于审判员的尤利法》（*lex Iulia iudiciaria*）以特殊的方式改变了公元前 70 年《奥勒留法》引进的那种体制（见第 69 节），把高级骑士（司库长）从刑事审判法庭中排除出去，确定刑事法庭审判员名册完全（按照相同的名额）由元老院议员和至少拥有四十万塞斯特银币的骑士所组成。

这涉及一系列在他执政期间的法律、提案和规范性规定，有时候这些并不是作为《尤利法》（*Iuliae*）[1]记载于文献中的，但是几乎 356

① 恺撒是尤利乌（Giulio）家族的成员，因此他将颁布和制定的法律都命名为《尤利法》。但在狭义上，《尤利法》是指（尤其是在英语世界里）被恺撒收养的屋大维（奥古斯都）掌权时颁布的一系列法律。

所有规定都是由他直接发起或者希望实现的。

当然，相比于编年史上已经做过的，如果进一步地深入研究的话，把这些规范提议归结到他的“追随者”中的代表的名下，而不是恺撒本人名下，这其中的政治动机（此外，有时候也是实践方面的理由）是很有意思的。

就这样，这些更加直接地对共和国制度产生影响的措施规定，又加入到尤其是苏拉以来所经历过的这种政治风潮中来。不过，这些规定所力求达到的目的是赋予这种制度以更大的合理性，而更加雄心勃勃的目标是扩大罗马的政治阶级，并因此扩大它能吸纳征召的力量基础，以及发起在罗马、意大利和行省之间结构一体化和政治一体化的进程。因此，必须从这个视角来看待他把元老院席位变成整整九百人的决定——元老院的组成曾经由苏拉（从三百人）增加到六百人（参见第 67 节）——以及他招纳人员占据这些新的席位，其中很多自内战爆发以来就空缺的席位都保留给不同社会集团的代表人物，所有这些集团在不同程度上对上面所指出的目标的实现都发挥了重要作用（当然，也在不同程度上跟他本人存在关联）。于是，苏拉所流放的那批人的子弟也进入元老院，在被边缘化三十年之后，这些人最终重新被许可参与到政治生活中来。与这些人一起的，还有骑士阶层的代表人物，以及数量上更多的自治市的贵族成员（恺撒把市民权扩大到了山南一带的人，尤其是那些在公元前 89 年只获得拉丁人权 [*ius Latii*] 的波河对岸的人：见第 66 节）。最终，一些山北高卢（Gallia Transalpina）的凯尔特人城邦的首领（对罗马人而言，他们是半开化的蛮族人）也成为元老院议员，恺撒个别地赠予他们市民权，体恤他们对共和国的忠心（其实，主要是对他个人的忠心：Suet. *Caes*. 76. 3）

斯维托尼奥（Svetonio）（80. 2）常常提起：“当异邦人被收揽进元老院时，贴出了这样一个布告：‘好样的！（*bonum factum*!）拜托，谁也别给这些新的元老指路说元老院在哪里！’还写了好多有名的小诗来调侃：‘恺撒执权杖，高卢人紧跟；来到元老院，就被请进门；高卢人的长脚裤，再也不见穿在身；原来所有这些人，都已元老长袍披上身！’（*...Galli bracas deposuerunt, latum clavum* *sumpserunt...*）”

反恺撒分子对这样的选择充满敌视与嘲讽，但不足以阻碍恺撒想要通过这类或者其他手段朝我们已经指出的方向打出政治旗号。比如《关于行省官职的尤利法》（*lex Iulia de provinciis*）（公元前 46 年提交百人团民众会议表决）规定，如果是前裁判官，行省总督保留职务可以不超过一年，如果是前执政官，则可以不超过两年。又比如，《关于神职的尤利法》（*lex Iulia de sacerdotiis*）（可能也是公元前 46 年的）扩大了占卜官团体和十五人祭司团（*XVviri*）的规模，允许不在罗马的人拥有神职的候选资格；或者还有其他一些《关于民选执法官的法律》（*leges de magistratibus*），（正如一般认为的那样）规定裁判官的数量增加到十位、后来则是十四位，最后甚至是十六位；而财政官数量增加到四十位，并设置粮食市政官（*aediles ceriales*）（见第 35 节），并且增加了三人行刑官和三人铸币官（*IIIviri capitals* e *monetales*）的数量。而且，关于地方机构的组成、行省的管理和赋税的征收的规定也更新了（刻在《埃拉克雷铜表》[*tabula Heracleensis*] 上所谓的《关于自治市的尤利法》[*lex Iulia municipalis*]：见第 72 节）。

357

为辨别恺撒体制的特征和恺撒党人同其他政治势力的关系，必须通过他制定的那些更典型的“社会性”法律。《农业法》（*agraria*）和《牧业法》（*de re pecuaria*）（这两部好像都于公元前 46 年颁布）确认了当时过度扩张的大庄园式农业，以及这种农业既存的范围和其中明显存在的奴隶制（恢复了业已存在但未公开适用的一些规范，后面一部法律还强行规定牧民中必须有三分之一的生来自由人）。

一部遭到反对的关于债务的法律（《关于可转让资产的尤利法》[*lex Iulia de pecuniis mutuis*]，与另一部流传下来的《关于财产转让的尤利法》[*lex Iulia de bonis cedendis*] 是否是同一部法律尚不明确）和《关于房租年金的尤利法》（*lex Iulia de mercedibus habitationum annuis*）（罗马的租金降为两千塞斯特，意大利的租金降为五百塞斯特）——其中一部是公元前 49 年的，另一部是公元前 47 年的——本身表现出恺撒党人因在行事时不得不考虑到城市各个社会阶层之间的利益冲突，而感到左右为难（这只要去查证一下裁判官杰里欧·鲁弗 [M. Celio Rufo] 的一些法律提案就够了）。在对粮食供给制的重建和对有资格之人的名单进行修订上，这一点也很明显，随着受资助人数（十五万人）的确定，这一公共慈善行动也开始制度化了。

最后，这些法律还提前涉及一些问题，而这些问题到奥古斯都时代的重建中就很少见了，即反对"奢侈"的规定（《关于花销无度的尤利法》[*lex Iulia sumptuaria*]，不过，该法没有确切的书面佐证），以及另一些规定（其目的非常模糊）——据 Svet. Caes. 42. 1 所说——禁止元老院议员的家子们"在不是具有较高身份的军队将领或者没有一位执法官员尾随的情况下，走出半岛的范围"，并且禁止任何二十到三十岁之间的市民"在远离意大利的地方连续停留超过三十天"。

显而易见，这次立法行动尽管非常猛烈密集，当然还是没能穷尽所有能够获得的、囊括并修饰"恺撒式法律政治"关系的"素材"。实际上，不应该忽略的是，这位独裁官个人对管理司法事务的人产生的明确影响（就连财产转移 [*cessio bonurum*] 和军人遗嘱 [*testamentum militis*][①] 制度都可以在被政治意味"覆盖包裹"着的裁判官们的大胆介入下，找到它们最初的发展机会），以及对恺撒友好而有着伊壁鸠鲁派倾向的一些法学家具有影响力的活动（可以想到特雷巴奇），还有一个信息则是（这是斯维托尼奥提及过，当然这不是他原创的）恺撒有一个将法律体系化的意图（这是"法典化"吗？）。

358

对于恺撒而言，对彰显出其元首地位的一些外在的象征形式进行选择，与对行使实际权力的工具加以选择一样重要。不可避免的是，他部分地会受到那些希腊化王国传统的启发，在这些王国里面，王者都被认为是一位活着的神：当时，一些邻近国家的君主制也没有什么其他的模式了。根据这样一种希腊式范例，恺撒也铸造了带有他头像的货币；而且，具有特别重要意义的是，补选（*suffectus*）执政官安东尼提出的一部法律，把一年中第七个月的名字 *quintilis* 变成 *Iulius*，因为恺撒生于公元前 100 年的 7 月。不过，不大可能的是，这位独裁官还想要走得更远，即让自己在市民眼中等同于那种东方式的君王，这些君王在以往被罗马军队多次打败，

---

① "军人遗嘱"原本是必须在民众大会上进行的极为郑重的行为，现在则改为司法性质的活动。

而他们末代的后裔也是在一种难以启齿的附庸处境下生存着。

> 还有些地方不太确定，比如恺撒是否想使用皇冠。我们知道，他的一些支持者，包括马克·安东尼，曾当着人民的面为他献上一顶皇冠，但被他拒绝了，恺撒因此受到欢呼称颂。后来，他也不要求像神一样地受到崇拜，唯一的一点让步在于，修建了一座“宽厚博爱之恺撒”（*Clementia Caesaris*）神庙：这一名称一方面暗指他跟神界的关系，另一方面又为罗马人所熟悉，在罗马人当中，对一些抽象实体的崇拜（善良 [*Mens Bona*]、财福 [*Fortuna*]、和谐 [*Concordia*]、荣耀 [*honos*]、健康 [*Salus*]、希望 [*Spes*]）是非常盛行的。

将此跟原始时期罗马王政勾连起来也是可能的，从某种程度上讲，这也是不可避免的，因为恺撒想要强调尤利乌氏族（*Iulia-gens*）的神圣起源，通过尤洛（Iulo），他把尤利乌氏族同英雄阿伊涅斯（Enea）（他是阿尔巴·隆加部落和罗慕洛部落王的始祖），因此也同维纳斯女神（Venere）联系起来了。[①] 实际上，他还把他的塑像与那些古代众王的塑像并置。然而，对于这样一种尝试，恺撒不得不更加小心谨慎，因为获得“王”的称号是很愚蠢和疯狂的：在罗马，很长时间以来，“王”就是“专制者”的同义词。如果说，谁企图向他授予这个称号的话，那必然要么归结于他对此超常的热情，要么归结于其支持者的迫不及待，或者就要归结于他的对手想把他打倒搞臭的企图。

另外，军事胜利也使这位独裁者头顶权力神授的光环：这位罗马将领的胜利要多亏了他亲自操办的鸟卜仪式，也就是多亏了他和众神同心同德。因此，他选择与古代诸王类似的着装风格就可以用这样一个事实来解释，即与国王有关的习俗与这位胜利者在凯旋之日遵循的习俗已经相一致了。 359

恺撒首次把“统帅”（*imperator*）这个名号变成永久性的，此前的将领们只可以在得胜当天即凯旋之日佩享此尊号。在这位凯旋者的队列中，他被视为朱庇特主神的化身：恺撒保留这样的服饰和

---

① 尤洛也叫阿斯卡尼奥（Ascanio），因别名为 Iulo，被恺撒尊为尤利乌氏族的先祖。他是传说中罗马人的始祖，特洛伊战争后逃至罗马的王子阿伊涅斯之子，而阿伊涅斯则是维纳斯女神的儿子。

尊号的同时，就确定地加入了神明的行列。需要注意的是，凯旋仪式尽管具有极其久远的起源（王政时期），尽管慢慢地被一些埃托鲁斯和希腊化的元素所丰富，但是从整体上看，它还是典型的罗马式的，表现出了贵族政治的思维方式（*forma mentis*）。因此，可以说新贵们本身提供了一种显著的可能性，让他们当中的一些成员相比于其他人显得更加出人头地。

很有可能但尚未非常明确的一点是，恺撒使用了"*imperator*"一词作为名号，并早于奥古斯都本人提出的"恺撒统帅"（*imp. Caesar*）这一专有称谓。[①]

72. 同盟者战争以后对意大利的组织

就地方政治而言，随着同盟者战争结束（第 67 节）而来的意大利的行政管理问题，使得公元前 2 世纪特点鲜明。的确，正如罗马在此前的年代里所遵循的那套体制昭示的（这导致要么吞并新的领土，要么就同既存的一些城市共同体结盟），这一切都是通过利用一种城市架构——准确地说是"自治市"——作为地方行政管理工具而发生的。在那个时代的文明当中，并不存在某种可以替代这种体制的有效制度，这种体制还在很大程度上适应了对被吞并领土的组织。

在这个形式上和实质上都趋向罗马化的时代里，在城市结构的种类上出现了一种——也是形式上和实质上的——统一化趋势：这意味着在很多方面，相对于此前一个阶段，广泛应用自治市这一组织形式的趋势逆流（见第 48 节）。毫无疑问，这种变化要归结于当时政治背景所发生的深刻变化，尤其是这种现象呈现出来的不同维度，以及在不止一种情形下，需要把城邦的这类形式上的结构附加到一些尚未进化到如此程度的社会和物质实体上面去。

需要注意到，在意大利半岛的东部和南部这一广袤的区域里

360

（以及主要由奥斯克—萨贝里民族 [osco-sabelliche] 居住的领土上，

① 在本书的译文中，按照学界的惯例，在特指作为罗马历史人物的 Caesar 时，译为"恺撒"，而在泛指君主制时代以后作为尊号的 Caesar 时，则译为"凯撒"。

他们并没有受到古意大利的城市国家文化的长期影响），形成对比的还有一些受到前文明时代的体制强烈影响的社会实体，或者也可以说是部落实体。引入形式上的城市结构在不同程度上加速了这些地区的城市化进程，即使从物质和文化的角度来看也是这样。

在这样一个框架下，就存在一个在理论上颇有争议的关于那部《关于自治市的尤利法》的合理性和内容的问题，它应该是由恺撒于公元前46—前45年间发起表决的，并且标志着地方自治构架的统一化进程中的一个重要阶段。在当时普遍的政治条件下，允许这样一种规范措施存在毫无阻碍。因为，在某些要点上，它只起到框架性法律的作用。另外，一部只有一般性内容的《自治市法》（*lex municipalis*）也为古典时代晚期的法学家所熟知，它不可能处在某个早于奥古斯都的年代里。毫无疑问，这部《关于自治市的尤利法》可能就出自于奥古斯都或者恺撒：文献里与之吻合的一些迹象似乎指出这部法律属于后者，而这部法律毫无疑问符合他那种集权化倾向的观点。

但是，另一种假说最终销声匿迹了，尽管它还曾得到权威人士萨维尼的支持，根据这种观点，《埃拉克雷铜表》中包含了这部《尤利法》的文本，尽管并不完整。根据更可信的一种假说，《铜表》就是一部具有各种起源和用途的规范的合集（不过，全部都来源于中央政府的规范性活动），并且可能跟埃拉克雷（Eraclea）自治市关系密切。

另外一个问题是这部《尤利法》的内容，要么是跟它的特定对象有关，要么就是涉及它跟各个城市共同体的章程的关系。在文献欠缺的情况下，这一问题无法得到解答，因此要从这一时期与罗马城邦有关的立法整体当中辨认出一些根本的倾向来。

这方面的信息主要来源于以各种形式保存下来的那些一般性法律和地方共同体的章程。《（罗西・佩杜凯・阿里恩・法比）马米利法》（*lex Mamilia* [*Roscia Peducaea Alliena Fabia*]）就是通过土地志流传下来的，这部法律颁布于公元前55年，主要用于具体实施于公元前59年的涉及地方区划的《关于土地的尤利法》（第70节）。

所有其他的书面材料都是铭文，已经说到过的有《埃拉克雷铜表》。而《关于山南高卢的鲁布里法》（*lex Rubria de Gallia Cisalpina*）和《亚特斯丁残片》（*fragmentum Atestinum*）——两者具有明显不同的一些立法规定的片断——都跟罗马于公元前 49 年授予山南高卢人市民权有关：《亚特斯丁残片》代表了这方面最初的和临时性的调整手段，后来则是由《鲁布里法》来明确地予以规制。剩下的一些片断涉及的全都是自治市的司法权，不过，并不知道这些规定的最初范围是否仅限于这方面。我们还有一些涉及这一时期的自治市章程的片断，其中特别重要的一个就是《班蒂铜表上的奥斯克法》（*lex Osca tabulae Bantinae*）——这里讨论的是一个译本（或多或少也是正式版本）或者是原版中的一个——证实在奥斯克（Osco）一带有一部《自治市法》。在这个城市被罗马化之后，该章程仍然是以当地的古代语言所写。另外，它作为章程和古意大利自治市的行动见证被记载下来，并且以希腊语文本被保留到了元首制时代。如果说，《奥斯克法》是在公元前 89 年之后不久颁布的话，那么，在这个世纪上半叶的时候，则还有一部《塔伦蒂自治市法》（*lex municipii Tarentini*），而公元前 44 年还有一部《关于杰内蒂弗殖民地的尤利法（或乌尔索内斯法）》（*lex coloniae Genetivae Iuliae* [od *Ursonensis*]），这是恺撒为开辟古西班牙地区（Ispagna）的奥萨苏纳（Osuna）附近的殖民地而颁布的。

361

首先，要考虑到的是这些地方共同体的类型。自治市和（罗马人民）殖民地的区别实际上仍然涉及采用此种或者彼种形式的前提条件。如前所述，对前者的使用是为了把同盟者战争之后合并到罗马共同体里面来的意大利人土地加以制度化地构建，最晚到这个时候，借着这个机会，全权自治市（*municipia optimo iure*）和无投票权市民共同体（*cives sine suffragio*）（第 48 节）这两种城邦之间的区别就消失了：在公元 1 世纪上半叶，所有自治市都成为具有完整权利的市民的共同体。在这一时期，殖民地仍然行使其原始的功能，即在一块领土上设立新的居民定居点：这些居民具有完整的权利，并创建了一座从实际角度来看也是全新的城市。这种形式不再仅限于意大利使用，而是扩展到了行省地区，尤其是在东方行省。无论如何，表现得非常明显的一种趋势是，从法律调整的角度把自治市和殖民地统一地来看待：在功能上的区分并没有导致他们在体制上有什么实质的差别，这种体制正在应用到所有的罗马化城邦（*civitates Romanae*）里去。

其次，在这一时期，无论是实质上还是形式上，在共和国时代业已熟知的其他一些领土区划的类型（第48节）也逐渐展开了的“自治市化”进程，这些区划类型都曾是在实际需求的激励下以经验化的方式慢慢形成的。现在，它们在形式上都转变为自治市，或者在某个转变阶段上，涉及其结构和调整方式时，就被实际地看作为自治市了，即使它们还保留着一些旧的名号，比如大区（*praefectura*）、街区（*forum*）、定居点（*conciliabulum*）等等。

最后，还要考虑的是地方官职的类型，在同盟者战争之前，尤其是在自治市里面，官职的表现方式显然是各不相同的（第48节）。到了公元前1世纪，要注意一种形式上和实质上都走向统一的趋势。从形式上看，对于高级官员而言，有两种相互交替的模式。这两者存在的前提是司法与统治的行为和行政与治安的行为在功能上的区别。在第一种模式中，有一个四名官员的统一集体（四人官[*quattuorviri*]），在其内部被认定为是两对官员：有司法权的四人官（*IVviri iure dicundo*），他们拥有较高的尊贵地位，履行城市的司法权和统治行为；以及有市政官权力的四人官（*IVviri aedilicia potestate*）（或者市政四人官[*IVviri aediles*]），其尊位较低，从事行政管理和治安。在第二种模式中，其实质通常也是保留在四名从事这类职责的官员上面，只是其中有两个相互独立的团队：有司法权的两人官（*duoviri iure dicundo*）和市政两人官（*aediles*）（或者是有市政官权力的两人官[*IIviri aedilicia potestate*]）。 362

从实质上看，在集体同僚制的安排下，并没有显示出前面提到的那些区别导致了这些官员们所采取——他们要么履行这种职能，要么履行另一种职能——的权力调控手段的区别（见第97节）。因此，在各个城市里，两人官和四人官模式之间的相互轮替对于地方行政管理的具体运作而言，完全只有次要的意义（从整体视角而言，还可以参见第97节）。

在理论上，有各种各样的尝试来对这一交替性进行解释，而这些解释主要是在历史层面上做出来的。在这些解读当中，最古老的一种——常常或多或少地有些变动——把四人官的设置归结到自治市名下，而把两人官的设置归结到殖民地名下。毫无疑问，这种解读正符合在文献上证实的一些情形里所表现出来的具有一定规律性的区别：不过，有很多的例外即使从历史的视角上也无法合理地得到解释。另外，由于官员的数量和在功能上成对地划分在这两种制度上碰巧都是一致的，那么就不能排除，至少在某种意义上来讲，这种变异有时候仅仅是形式上的，也就是说，称之为"有统治权的两人官"在实际情况里就是"有统治权的四人官"：这种情况尽管不多见，但也得到了积极的证实。

总结：这种统一的趋势，在颁布一部统一的《行省法》这个简单事实里就已经很明显了，这充分地适应了我们所知道的那种很久以来就适用于地方共同体的调控方式。因此，这至少涉及这部法律的基本面貌。而在其扩展到的领域内，这部法律谈论的内容就是它与地方章程的最确切的关系，但这一点在学说上却没有得到更加具体的明确查证。

73. 3 月月中日[①] 到亚克兴角海战、共和国的末日

除掉恺撒的计划曾被如盖尤·卡西·隆琴这样的人多次提出，这位独裁者也曾深知他处境危险，但他的勇气和不愿削弱自己名望的念头诱使他拒绝了人身保卫。对付帕提亚的一次胜利巩固了他的个人化体制。因此，公元前 44 年头几个月，一场具体行动也就开始了。参与这场密谋的人，部分来自共和派分子，他们曾在内战中打过仗，并被赦免（比如卡西和马可·尤尼·布鲁图 [Marco Giunio Bruto]），部分是恺撒派成员（比如德齐莫·尤尼·布鲁图·阿尔比诺 [Decimo Giunio Bruto Albino]）。

363

这两个集团的刺杀动机非常接近，这超乎人们的想象。共和派分子在战争失败以后就一蹶不振，但是他们中很多人仍为自己辩护，他们抱有希望地认为，恺撒在雪洗了对他新贵身份所加的冒犯

① 3 月月中日（Idi di marzo），即 3 月 15 日，是古罗马立法上的一个重要节日。公元前 44 年的这一天，恺撒在元老院遇刺身亡。

之后（这就是他在《内战记》[*Bellum civile*] 用来使其行为正当化的理由），在已经确保了他毫无异议的权威之后，就应该重建法制。这其中一些人，比如马可·布鲁图的盼望毫无疑问是坦诚且由衷的，但是到了公元前 44 年就显得荒谬愚蠢了。而在恺撒派成员里面，也有一些人与贵族政治这类传统体制有联系，他们是为了自己那一派的胜利才加入到斗争中来的，但后来才发现自己竟是仅仅为了一个人而斗争。

可能还有另外一个集团，包括一些曾相信恺撒是罗马社会的革新者和改革者的人，而如今他们有全部的理由相信他们这位首领的民主姿态纯属被利用的工具。

就在出征帕提亚战争之前几天，公元前 44 年 3 月 15 日，当恺撒正要去主持元老院一次大会的时候，他被害身亡。

共和派分子的势力是很弱小的，因为他们中没有任何一个人跟城市平民结成重要朋党（西塞罗也没有，尽管他没有参与密谋者的行动，但他们还是把他视为首领）。恺撒派成员虽手执权柄（马可·安东尼是执政官、马可·艾米利·雷比达是骑兵长官，控制了在罗马附近的军队），却群龙无首且相互不合，因为他们中很少有人准备承认安东尼或者雷比达。这种情况就有利于达成某种妥协：只要这位执政官保证不迫害谋杀恺撒的人，他得到的回报是在那位独裁官任上颁布的所有法律都继续有效（这是一个重大的让步，因为这使得这场密谋显得好像是一场没有任何政治含义的行动）。在第一时间里，这位执政官就占据了上风，在恺撒的葬礼上，表现出很多针对布鲁图和卡西的敌意来，他们被迫离开了罗马。为了让他们离得远远的，执政官托付给他们一个任务，即主管从西西里和亚洲运出的粮食的供应。不过，恺撒的遗嘱任命的继承人是他的甥孙盖尤·屋大维，他把屋大维收养为家子，这就改变了势力均衡。

根据习惯，屋大维获得了“盖尤·尤利乌·恺撒·屋大维”（Gaio Giulio Cesare Ottaviano）的名字，为了跟他的养父相区别，我们就称他为“屋大维”。但是，要提醒的是，在当时，只有他的对手采用这个姓来称呼他，旨在强调这样一个事实，即屋大维出身的那个姓氏家族并不属于新贵阶层；而对于其他所有人来说，他就仅仅是恺撒，这让他在竞争中受益匪浅，确保了那些老兵对他的忠心，而实际上这些老兵才恰恰是这场斗争真正的裁判者。

364

根据元老院批准通过的《恺撒法令》（*acta Caesaris*）（据 Cic. *Phil.* 2. 100 所说，是出于和平的原因 [*pacis causa*]），公元前 43 年年初，安东尼应该承担马其顿行省的统治任务。但他不愿意离开意大利，并提出高卢一带作为恺撒的根据地有多么的重要，发起部落民众大会表决了《关于变更任职行省的法》（*lex de permutatione provinciarum*），把山北高卢和山南高卢都交给他管五年（山南高卢应该从行省制管理当中剥离出来，并入意大利，这是恺撒的决定，但已经不再执行了）。山南高卢的行省总督德齐莫 · 布鲁图，是一位反恺撒派成员，他不愿意让位，以武力保卫他的领地。很显然，安东尼来自具有合法性的一派，但西塞罗却认为这部《关于变更任职行省的法》是无效的，因为它是强行制定的，也因为它从来没有正式公布（*Phil.* 5. 7：法……以成文形式提前提出 [*lex... ante lata quam scripta*]），西塞罗还让元老院相信这场斗争会决定共和国的命运。于是公元前 43 年的执政官们受命召集部队，出兵援救德齐莫 · 布鲁图，结果后者被安东尼围困于摩德纳（Modena）（摩德纳战役 [*bellum Mutinense*]）。

屋大维深知，他在恺撒派的圈子里只处于附属地位，于是公开宣称他对共和国的忠诚，并带上两个老兵军团追随执政官们，这两个军团是被安东尼舍弃的，因此听从屋大维调遣。西塞罗跟他有些分歧，但认为他的支持是必不可少的，为了让他的指挥权合法化，西塞罗允许他以私人身份被授予"代行裁判官治权"（*imperium pro praetore*）（Cic. *Phil.* 5. 46）。安东尼战败，不过救出了部分人马，并退至远山高卢行省，在那里同雷比达会合。而得胜的两位执政官中的一位仍然在战场上，另一位则在重伤后不久亡故。屋大维闪电般地抓住天赐的机会，获得了对整个军队的指挥权，向罗马进军并占领这座城市。于是，为了给他的行为披上合法性的外衣，他宣称对传统的规则予以正式的尊重，出城以后，不满二十岁的他被民众大会选为补选执政官，这次大会是由临时代理的执法官召集的。

这位新任执政官的第一批行动就是根据《库里亚约法》（*lex curiata*）批准他被恺撒收养，并由此发起通过由另一名执政官库伊特 · 佩蒂（Quinto Pedio）提出的一部法律，取消了前一年的大赦，设置了一个非常刑事法庭来迫害反恺撒党人，对密谋者下达了"放逐令”（*aquae et igni interdictio*），并没收他们的财产，还给告密者颁发了奖赏（Liv. *epit.* 120; Appian. *bell. civ.* 3. 95）。 365

作为罗马的执政官和主宰者，屋大维的实力地位已经可以跟安东尼和雷比达对话了。于是，他们很容易地就达成了一项协议。公元前43年11月27日，保民官布布里·蒂齐（Publio Tizio）顺理成章提出一部平民会决议，授予他们“为共和国设立的三头执政同盟”（*tresviri reipublicae constituendae*）的称号。

这部《蒂齐法》(*lex Titia*)——在公布之后不久就提交表决，且没有遵守三次集会期（*trinundinum*）的规定——旨在为那种绝对化的权力提供一种合法形式。这三巨头已经决定，在博洛尼亚附近会面期间获取这种绝对的权力，但他们之间相互不信任，并受到各自军队的操纵（以及支持）。在这次会面当中，签署并盖印了一份条约，重新确定了针对谋害恺撒的人开展一场彻底斗争的任务，并且每人都相互同意对指挥权、军团和领土进行瓜分。

安东尼保留了对山南高卢和山北高卢（Gallia Comata）的统治；雷比达则是远山高卢和西班牙，而屋大维——他把执政官一职转给他的特使安东尼·翁提蒂·巴索（Antonio Ventidio Basso）——被赋予意大利、非洲两个行省、西西里和撒丁岛的指挥权（不过，后者实际上是由塞斯特·庞培所控制）。

与公元前60年庞培、克拉苏和恺撒创立的、通常只是一种私人性质的、纯粹的政治协议的三人同盟不同，“后三头执政同盟具有一种真正的官职形式”。这是一种非常设的集体同僚制官职，为期五年，具有与当年授予给独裁官苏拉一样类型的制宪权（见第67节）。这种权力是无限的（一种更高治权 [*imperium maius*]？），并且三巨头就是这么认为的，也是照此来行使的，而其他的任何一种权力实际上都被架空，正常的官职完全成了附属品，只选出他们指定的人员来；在元老院——战争中大批成员被杀，而且我们看到，还有大批成员会被流放——则塞进了大量的他们的支持者。

在一些人看来，赋予三头执政同盟权力五年的固定期限（从公元前43年11月27日到公元前38年12月31日）在某种程度上跟这个官职的“制宪”目的是相矛盾的，因为这类目的要求不固定的期限，跟设立该官职的特定目标的实现有关（国家的重建、建立共和国 [*rem publicam constituere*]）。这里，还有进一步对《蒂齐法》确切内容的不同解释，尤其是五年期限届满后，对三头执政同盟权力进行展期的民众决定的必要性进行明确的解读，也就是这种展期的性质和效力。比如说，当这个决定在公元前 37 年 9 月姗姗来迟的时候（有溯及效力么？），安东尼已经简单地继续自称为是“为共和国设立的三头执政同盟”（*triumvir r. p. c*）了，屋大维使用的称号则是“为共和国设立的新任三头执政同盟”（*triumvir r. p. c. iterum*）（就雷比达而言，表达出来的措辞则是“为共和国设立的两任三头执政同盟”[*triumvir r. p. c bis*]：ILR 1276）。另外，需要强调的是，在三头执政同盟中，有两位在法律称号上自我重复的提法是这样一种事实的征兆，即（Appian. *bell. civ.* 5. 398）有一部可能是屋大维所要求的平民会决议给该官职的展期赋予了法律效力：如果说，这几位大员连续任职只是因为一个简单的事实上的延期就发生了的话，那么“新任”（*iterum*）和“两任”（*bis*）这类同位语就不具有任何意义。

366

《蒂齐法》通过当天，在罗马提出了首份流放者名单。于是，就像苏拉当年一样，一场搜捕又开始了。且这场搜捕因为残杀和刑讯而变得更加冷酷无情，这些都施加到那些企图帮助被流放者的人身上，包括他们的家人、奴隶和朋友，并对告密者和刺客还提供了赏金（这份法令对告发自己主人的奴隶不仅承诺了报酬，还承诺了自由权和市民权）。

当然尽管无法完全忠实于原文，但这份关于流放的告示文本（是由 Appian. *bell. civ.* 4. 6-11）仍然提供了一个关于这次恐怖统治的范围、方式和理由（不仅仅是政治上的）。这再一次重创了罗马，打击了三巨头的对手及其追随者，特别是曾经支持过庞培及其贵族统治的元老院新贵和骑士集团，或者是那些总对恺撒及恺撒派人士抱有敌意的人，即便在并不明显或者并不积极的程度上。然而，在这场恐怖当中，新人（*homines novi*）和自治市家族里那些显赫的头面人物也未能幸免，还包括一些仅仅因为有钱就有罪的纯粹的市民。除了对复仇的渴望或者个人和政治的积怨以外，这次流放行动的爆发